新编组织行为学（第3版）

组织行为学编写组　编

国家开放大学出版社·北京

图书在版编目（CIP）数据

新编组织行为学／组织行为学编写组编．--3版．
--北京：国家开放大学出版社，2021.1（2023.7重印）
ISBN 978-7-304-08055-6

Ⅰ.①新… Ⅱ.①组… Ⅲ.①组织行为学—开放教育—教材 Ⅳ.①C936

中国版本图书馆CIP数据核字（2020）第189954号

版权所有，翻印必究。

新编组织行为学（第3版）
XINBIAN ZUZHI XINGWEIXUE
组织行为学编写组 编

出版·发行：国家开放大学出版社	
电话：营销中心 010-68180820	总编室 010-68182524
网址：http://www.crtvup.com.cn	
地址：北京市海淀区西四环中路45号	邮编：100039
经销：新华书店北京发行所	
策划编辑：赵文静	责任校对：吕昀豁
责任编辑：赵文静	责任印制：武 鹏 马 严
印刷：北京宏伟双华印刷有限公司	
版本：2021年1月第3版	2023年7月第7次印刷
开本：787mm×1092mm 1/16	印张：19.75 字数：440千字
书号：ISBN 978-7-304-08055-6	
定价：42.00元	

（如有缺页或倒装，本社负责退换）
意见及建议：OUCP_KFJY@ouchn.edu.cn

组织行为学课程组成员

课程组组长：王承先
主　　编：孙成志
教学设计：王承先
课程组成员：孙成志　李宏林　王新超　李　慧　卢玉珑　潘　璐
　　　　　　　马晓静　邢　梅　王晓娟　周素萍　刘晓燕　高世民

组织行为学编写组成员

组　　长：王承先
主　　编：孙成志
参　　编：王新超　王承先　李宏林　刘明霞

组织行为学审定组专家

主审专家：鲁　军
审定组专家：李林曙　刘　臣　刘湘丽　李曼春
　　　　　　　周文霞　裴利芳　侯铁珊　王振华

前言　PREFACE

　　管理是人类社会永恒的主题，正是有了管理，人类社会才能有序发展。管理科学的出现是社会发展的要求，同时，管理科学的发展又推动了人类社会的进步。人是社会活动的主体，对人的管理是管理的核心。在管理中，人既是管理者，也是被管理者。对人的行为规律的研究已经成为管理科学的重要内容。在对人的行为规律的研究中，心理学家、社会学家、哲学家、管理学家都做出了贡献。组织行为学正是在这些研究的基础上产生和发展起来的。组织行为学是综合运用与人有关的各种知识，采用系统分析的方法，研究一定组织中人的行为规律的一门科学。

　　21世纪的管理者每时每刻都面临着挑战，这些挑战既来自组织外部各种确定的或不确定的变化，也来自组织内部形形色色的问题。可以说，管理正成为组织创造价值过程中日益精细且辛苦的工作。管理不再是简单发布命令，运用自己的职权指使他人工作，而是不断地设计或寻找解决问题的方案，努力争取上级、同级以及下级的支持，组织团队完成任务，制止损害组织利益的行为。在充满变化与挑战的环境中，一名合格的管理者要完成这些任务，就需要学习管理科学的理论，在理论的引导下探索更加有效的管理方法。当下采用互联网等现代媒介来学习管理专业知识的学生，应该思考四方面的问题：为什么学？学什么？怎么学？学习目标是什么？古今中外，管理类的著作可谓汗牛充栋，其中绝大部分是源于生产、生活经验的归纳、提炼和总结。一般来说，管理者可以根据自己的生活和工作实践，提出一些经验性的管理措施、方法和手段。因此，在经验管理时代，一个工作人员要成长为一名管理者，不用进入学校学习专门的管理知识，只要沿袭传统的方法——跟师傅学习或善于总结工作经验，即可成为一名管理者，甚至有可能成为优秀的管理者。如此事实，在历史长河中、现实生活中不乏优秀案例。自从泰勒基于生产实践提出科学管理思想，使管理成为一门真正的科学以来，学校设置专门的管理专业也就成为一种必然，学生进入学校学习专门的管理知识就成为一种必要。由此可以推论，一个组织，小至班组、团队，大到企业甚至国家，如果想从经验管理逐步转向科学管理，乃至以人为本的现代管理，不是随便哪个人都能胜任的，只有那些接受过良好的管理科学教育，并经过长期实践锻炼的职业人，才有可能成长为一名管理者，甚至成长为优秀的职业管理者。

　　在管理科学的诸多领域中，组织行为学占据重要的位置。组织行为学是集科学性、系统性、综合性、应用性于一身，理论应用前景广阔，实践性、可操作性极强的一门学科。它是工商管理专业的必修内容，更是企业管理者在实际工作中必须储备的知识。组织行为学是地道的舶来品，其在我国应该如何被借鉴与应用呢？如何使这一外来的管理理论在有着几千年历史的中华传统文化的土壤里生根、发芽、开花、结果呢？我国的理论工作者和实践工作者贯彻"以我为主、博采众长、融合提炼、自成一家"的方针，稳健地走出了一条根据我国国情发展组织行为学的道路。

自20世纪末开始，互联网技术不断发展，随之发达国家发生了一场大规模的组织转型。新的、与以往组织有着巨大差异的组织不断出现。传统互联网（PC互联网）解决了信息对称问题；移动互联网解决了效率对接问题；而未来的物联网，则需要解决万物互联问题，即数据自由共享，价值按需分配，大家各尽其才、各取所需，每个人都能在这样的组织中找到与之相匹配的人，然后发生各种关系。

组织的变革极大地影响了组织中人的行为，对此，编者在修订本教材的过程中，针对这些变化，增加了一些新的内容，也对全书的原有内容作了适当调整。

本教材为国家开放大学各管理专业通用的主干必修课程"组织行为学"的教材，编者以认真严肃的写作态度、精益求精的科学精神和一丝不苟的治学态度，用马克思主义基本原理作指导，坚持理论联系实际，充分考虑开放教育教学和成人学习者的特点，在教材中科学、系统地阐述了组织行为学的基本概念、原理和方法，使教材充分体现了科学性、趣味性、启发性、开放性、交互性和服务性，充分适应了远程开放教育的需要。更难能可贵的是，本教材紧密联系我国构建社会主义和谐社会的实践，努力做到充分反映国际上组织行为学的最新研究成果，从而使读者能够有的放矢地运用本学科的理论知识。

对于构建社会主义和谐社会，从不同角度、不同阶段思考，会有不同的标准。人自身的心理和谐及人与人之间的和谐是最基本的标准，它是通过以人为本的理念实现的，因此，对组织行为学理论的掌握和应用就显得尤为重要。我们强调的以人为本，说到底是强调以人的需要的满足、人的才能的发挥、人的价值的实现、人的生命质量的提升为根本宗旨，而这正是旨在协调文化的组织行为学的基本观点。

为开放教育编写的教材经过修订，以崭新的面貌与读者见面了，希望它能给大家的学习带来新的启迪。

孙成志　王承先
2020年8月

目 录　　　　　　　　　　　　CONTENTS

第一章　组织行为学导论 ··· 1
　第一节　组织行为学的研究对象与学科性质 ··· 1
　第二节　组织的类型与作用 ··· 8
　第三节　组织行为学的研究方法 ··· 13
　第四节　组织行为学的产生与发展 ··· 23

第二章　个体行为 ··· 31
　第一节　人的行为分析 ··· 31
　第二节　关于人性假设的研究 ··· 34
　第三节　知　觉 ··· 40
　第四节　个性理论 ··· 47
　第五节　气质、能力和性格 ··· 57
　第六节　价值观、态度与工作满意度 ··· 65
　第七节　情绪与情感 ··· 76

第三章　激　励 ··· 83
　第一节　激励概述 ··· 83
　第二节　经典的激励理论 ··· 90
　第三节　综合激励模式 ··· 109
　第四节　有效提高激励水平 ··· 111

第四章　群体行为 ··· 119
　第一节　群体行为的一般问题 ··· 119
　第二节　群体互动 ··· 128
　第三节　群体中的人际关系 ··· 133
　第四节　信息沟通 ··· 141
　第五节　冲突与谈判 ··· 150

第六节　工作团队 ……………………………………………… 159

第五章　领导行为 …………………………………………………… 164
　　第一节　领导概述 ……………………………………………… 164
　　第二节　领导理论的研究 ……………………………………… 170
　　第三节　领导决策 ……………………………………………… 192
　　第四节　领导效能评估与行为监控 …………………………… 205
　　第五节　提高领导的有效性 …………………………………… 212

第六章　组织设计与文化 …………………………………………… 220
　　第一节　组织理论 ……………………………………………… 220
　　第二节　组织设计 ……………………………………………… 232
　　第三节　工作压力 ……………………………………………… 253
　　第四节　组织文化 ……………………………………………… 259

第七章　组织变革与发展 …………………………………………… 269
　　第一节　组织环境 ……………………………………………… 269
　　第二节　组织变革与对策 ……………………………………… 274
　　第三节　组织发展 ……………………………………………… 283
　　第四节　组织行为的评估 ……………………………………… 295

参考文献 …………………………………………………………… 304

后记 ………………………………………………………………… 306

第一章 组织行为学导论

学习目的和要求

通过本章的学习，重点掌握组织行为学的概念、学科性质和主要理论来源，掌握组织行为学的研究方法，了解组织行为学的发展状况。

第一节 组织行为学的研究对象与学科性质

一、组织行为学的概念

组织行为学是综合运用与人有关的各种知识，采用系统分析的方法，研究一定组织中人的行为规律，从而提高各级主管人员对人的行为的预测和引导能力，以便更有效地实现组织目标的一门科学。

这一概念包括以下含义：

（1）研究对象和范围。组织行为学研究的对象是人的行为的规律性，但不是研究人的一般的行为规律，而是集中研究在各种工作组织中的人的行为规律。所谓组织，主要是指工商企业、政府机关、学校、部队、医院等。

（2）组织行为学是综合运用心理学、社会学、人类学、生理学、生物学等一切与人的行为有关的学科的知识和研究成果，来研究一定组织中人的行为规律。这些科学为组织行为学的产生和发展提供了理论依据。

（3）组织行为学不是孤立地而是系统地研究一个组织中的人的行为规律。用系统的观点考察组织，就是把组织看成一个开放的社会——技术系统，从系统的整体出发，研究组织的运行和发展。任何一个组织从功能上又可分为目标价值子系统、组织结构子系统、心理社会子系统、技术子系统、管理子系统五个分系统；从层次上，这个系统又是由许多群体组成的，在群体内又包含若干个体。在一个组织中，各子系统相互联系、相互影响，构成组织的整合系统。

（4）研究组织行为学的目的不仅在于掌握组织中人的行为规律，更在于在对组织中人的行为规律认识的基础上，准确地预测人的行为发展趋势，并采取相应的措施引导人的行为，控制人的行为，变消极行为为积极行为，并使积极行为保持下去，从而提高组织的工作绩效，可靠地实现组织的预期目标。

二、组织行为学的性质

（一）边缘性和综合性

组织行为学是一门多学科、多层次相互交叉和渗透的边缘性、综合性学科。

1. 多学科交叉性

组织行为学综合应用管理学、心理学、社会学、人类学、生物学、政治学、伦理学等学科的知识，在组织管理工作的实践中，解释组织中人的行为。在上述诸学科交叉的边缘上组合成组织行为学。所谓交叉性学科，就是在两种或多种原有学科的互相交叉重叠中生长起来的新学科。它既有原有多种学科的特点，又有原有学科所不具备的新特点。管理学、心理学、社会学、人类学、政治学等结合产生了组织行为学。

2. 多层次性

组织行为学不仅具有多学科交叉性，还具有多层次性。这种多层次性主要表现为：组织行为学是一个综合研究组织中个体、群体和整个组织的行为的发展规律，以及它们与社会环境的关系的知识系统。

第一层是个体。这是组织行为学研究的基础和出发点。马克思研究整个资本主义社会，是从资本主义社会最基本的细胞——商品开始研究的，通过层层分析，揭示资本主义社会的基本规律。而组织行为学，要研究整个组织的行为规律性，也必须从组织中最基本的细胞——作为个体的人的行为开始分析。这部分主要研究影响个人行为的因素是什么，一个人会把个人的哪些特征带入组织，有哪些因素影响个人的态度、价值观、积极性、工作的满意程度，个人的个性又如何影响其行为和工作绩效，等等。

第二层是群体。组织行为学在研究个体的同时，还要研究群体和群体结构、形成群体的过程、群体的发展、影响群体工作绩效的因素、如何进行群体决策等。

第三层是组织。所有的组织，无论其规模、类型和行为如何，都是由个体与群体所组成的。所以个体的人既是群体的一员，也是组织的一员。各组织都具有各自的特征，如组织结构、规章制度、奖惩办法和工资分配制度等。这些因素都会影响个体和群体以及整个组织的行为。

第四层是组织的外部环境（包括物质环境和社会环境）。任何个人、群体和组织都处在组织外部的环境中，他们是社会环境的成员。他们的行为均要受到外部环境的影响。要真正掌握组织中人的行为规律，还必须研究组织与外部环境的相互关系。

上述四个层次不是互相排斥的，而是互相补充的。因此，必须把这四个层次结合起来，协调地加以研究，才能真正掌握组织中人的行为规律，全面提高组织的效率，提高组织的管理水平。

（二）两重性

组织行为学又是一门具有两重性的学科。它既具有与组织中人的行为生物性特征相联系的、反映人的行为一般规律的属性，即自然属性，又具有反映人的社会活动规律的社会属性，即阶级性。这种两重性来自三方面。

（1）来自多学科性。组织行为学的研究既应用了普通心理学、生物学、生理学等不具有阶级性的自然科学，又应用了社会学、社会心理学、政治学等具有明显阶级性的社会科学。组织行为学正是在这些自然科学和社会科学互相交叉、渗透的基础上发展起来的，在性质上也就反映了这些学科的特性。

（2）来自组织行为学的研究对象"人"本身的两重性。组织中的人既是生物性的人，又是社会性的人（主要还是社会性的人），既是生产力要素之一，又是生产关系的主体。从生物性特征看，组织行为学研究的人具有自然属性；而不同社会制度下生产关系的性质不同，致使组织行为学所研究的人又具有社会性（阶级性）的一面。

（3）来自管理的两重性。在某种意义上说，组织行为学就是一种以人为中心的管理学。一方面，管理作为对人们共同劳动的协调和指挥，属于管理的自然属性，反映了社会化大生产的共同规律，是人类生产实践中共同形成的文明成果。这种管理的属性，不受社会制度的制约，不管是资本主义社会，还是社会主义社会，都需要通过协调和指挥来管理社会化大生产活动。另一方面，管理又是一种监督劳动。这种监督劳动具有社会属性的职能，它反映了一定社会生产方式下生产关系的要求，不同的社会制度下，管理的社会属性是不一样的。管理的两重性决定了专门研究管理领域内人的行为规律的组织行为学也具有两重性。

根据上述两重性的分析，我们清楚地看到组织行为学除在不同社会制度下具有不同的阶级性这一面外，还具有一切社会均有的共性的一面，而后者也正是我们可以借鉴和吸收国外在组织行为学上的研究成果为我所用的依据。

（三）实用性

相对于心理学、社会学、人类学等理论性学科来说，组织行为学属于应用性学科，而这些理论性学科知识是组织行为学研究的基础。组织行为学是要在研究和掌握了组织中人的规律性后，进一步研究评价和分析人的行为的方法，掌握保持积极行为、改变消极行为的技术。其目的是紧密联系组织管理者的工作实际，提高他们的工作能力，改善组织的工作绩效。所以说，组织行为学是一门实用性的科学。

三、研究和应用组织行为学的意义

国内外的实践证明，加强组织行为学的研究和应用，对于改进管理工作和提高管理水平，培养和选拔各级管理人才，改进领导作风和提高领导水平，提高工作绩效，改进干群关系，调动广大员工群众的积极性、主动性和创造性，增强企事业单位的活力和提高社会生产力，具有重要的意义。

（一）有助于加强以人为中心的管理，充分调动人的积极性、主动性和创造性

组织行为学认为，人是组织的主体，在现代化的管理中，最重要的管理是对人的管理。实现管理的目标，就要实行合乎人情味的管理，建立以人为中心的而不是以工作任务为中心的管理制度。科学技术越发展，就越要重视人的因素，就越要重视提高人的素质，提高脑力劳动者的比重。据统计，体力劳动和脑力劳动的耗费比重，在机械化水平低下的情况下一般为90：10，在中等机械化水平下为60：40，在全盘自动化的情况下为10：90。特别是进入使用电子计算机的信息化管理时代，管理对脑力劳动的要求越来越高。实践证明，越是面对高级的脑力劳动者，就越需要实行具有人情味的管理，充分发挥其主动性和自觉性，而不能主要靠监督。

（二）有助于知人善任，实现最佳用人效益

组织中的每个人均有各自的个性特征，有不同的气质、能力、性格和兴趣。而组织行为学所涉及的个体行为部分，是通过对个性理论及其测定方法的研究、对个人绩效考核方法的研究，使组织领导能够全面地了解每个人的性格特点和能力所长，从而安排与之相适应的工作岗位和职务，真正做到扬长避短、人尽其才、才尽其用，取得最佳的用人效益。同时，组织行为学中个体行为的研究也可为我国制定用人和育人政策提供科学依据。

（三）有助于改善人际关系，增强群体的凝聚力和向心力，促进社会的和谐发展

组织中的个体绝不可能孤立行事，必然在一定的工作群体中与他人协作和配合，发生各种各样的关系。人际关系的和谐是组织正常运行的保证，也是建立和谐社会的基础。组织行为学对群体行为规律的研究，为改善人际关系、发挥群体的功能、提高群体绩效提供了依据。例如，组织行为学主张把组织中的正式群体和非正式群体的作用结合起来。又如，当前劳动优化组合的形式就是把非正式群体转化为正式群体，实行将点兵、兵择将的自由组合。由于这些人感情、志趣相投，价值观一致，他们组合在一起，更能增强群体的凝聚力和向心力，满足人们对归属感和友情的需要。在这样和谐的人际关系中，人们心情舒畅，也会进一步提高群体绩效。

（四）有助于提高领导水平，改善领导者和被领导者的关系

在不同的社会制度下，领导者与被领导者的关系是具有不同的阶级性的，所以，不能混为一谈。但是，任何组织的领导者又是生产和工作任务的协调者和指挥员，他们与员工的关系，除了有一般意义上所说的生产关系的一面，还有一般社会关系的一面。马克思多次把生

产关系和社会关系区别开来，他从来不认为生产关系就等于社会关系，当然社会关系的核心是生产关系。由于企业领导与群众的关系还具有一般社会关系的一面，所以西方组织行为学中关于一个有效的领导人应具备的素质、领导艺术和如何根据不同情况采用不同的领导方式等原理、原则，对于提高领导者的水平，还是很有借鉴意义的。

（五）有助于组织变革和组织发展

组织变革和组织发展是组织行为学的重要课题。它要研究如何根据组织所处的环境、组织的战略目标、技术和人员素质的变化和发展，来进行组织的变革和发展，设计出更合理的组织结构。这种研究对于我国的企业经济体制改革，特别是对于增强企业活力有许多启示。其中主要启示有下列两个：第一，应根据我国企业的规模、技术水平、产品或劳务性质、人员素质的不同，设计出不同的企业组织结构，改变改革前那种不顾企业的差别而一律采用同一种僵化的组织结构的做法；第二，鉴于同一个企业或单位的环境、技术、产品、劳务和人员素质在不同时期是不同的，有时变化很大，所以其组织结构也必须随着时间的变化而变化。

四、组织行为学面临的机会与挑战

世界环境的变化既给组织行为学的发展带来了机会，也给组织行为学的发展提出了挑战。在新的形势下，管理者了解和应用组织行为学比以往任何时候都更重要。组织行为学可以为管理者解决他们面临的关键问题，这些问题有如下几方面。

（一）提高生产率和改善质量

面对全球的激烈竞争，一个组织为了生存，不得不提高生产率，改善质量。而任何提高生产率和改善质量的努力要想成功，都离不开员工。员工不再只是执行变革的主要力量，而会越来越主动地参与变革计划的制订过程。组织行为学为管理者处理这些变革提供重要启示。

（二）回应全球化与管理劳动力多元化

组织不再受国界的制约，各国的许多企业都进行了跨国经营，世界变成了地球村。在这个过程中，管理者的工作发生了变化。一个管理者将有可能面临承担海外的工作，不得不管理一群新的员工，这些新的员工在需求、爱好和态度方面与管理者原来在国内管理的员工完全不同。即使在自己的国家，管理者也发现与自己共事的上司、同事和下属是在不同文化中出生和成长起来的，调动这些人的积极性的因素也发生了很大的变化。管理者为了与这些人有效共事，就必须弄清并理解文化环境、宗教信仰如何塑造了这些人，学会调整自己的管理风格以适应这些差异。全球化企业的管理者已经开始认识到经济价值观并不是全球通用且可以相互转换的，管理实践需要不断修正，以反映一个组织所在国家的价值观。

全球化的直接结果是组织管理劳动力的多元化，跨国公司的成员来自不同的国家和民族。组织所面临的挑战是通过澄清不同的生活方式、家庭需要和工作风格来使成员适应各种各样的人群。管理劳动力多元化对管理实践的意义重大，管理人员需要改变他们的经营哲学，从把员工作为相同的人来对待转变为承认差异，并以能够保证员工稳定和提高生产率的方式对差异做出反应。同时，不带任何歧视。如果管理得当，多元化会提高组织的创造性和革新精神，通过鼓励不同的观点来改善决策质量。如果管理不当，就可能出现流动率高、沟通困难和更多的人际冲突。

（三）面对临时性

动荡的环境使管理特点发生了很大的变化，以前的管理特点是长期稳定伴随着短期的变革，而今天的情形正好相反，即长期的变革伴随着短期的稳定。管理者和员工所面对的世界是一个永久的"临时性"。以前，员工被分配到一个特定的群体中，这种分配几乎是永久的，工人每天与固定的人群在一起，安全感很强。可现在不同了，稳定的群体被临时群体取代，团队成员来自不同部门，成员总是在变化。组织本身也处于不断变迁的状态，组织不断地重组它们的部门，卖掉经营不善的业务，缩短作业流程，用临时工代替长期工。这一切都要求组织成员学会应付临时性，学会在充满灵活性、自发性和不可预测的环境中生活。组织行为学能帮助人们更好地理解不断变革的工作环境，使人们能够克服变革的阻力，创造一种积极的组织文化，在变革中求得繁荣。

（四）员工的忠诚性减弱

随着经济体制改革的推进和市场经济的发展，"铁饭碗"被打掉了，减员增效使一部分人面临下岗的命运。这些在发达的资本主义国家早就出现了，从20世纪80年代开始，为了适应全球性的竞争，以及不友好的接管、收购、兼并等，许多公司开始摒弃传统的工作稳定性、资历和报酬政策。通过关闭工厂、把生产转移到劳动力成本低廉的国家、卖掉或关闭不盈利的企业、减少管理层次等，适应竞争的环境。这些变化导致员工的忠诚度急速下降。组织行为学所面临的一个重要的挑战，就是为管理者设计出能够调动忠诚度不高的员工的积极性的方法，同时又能维持组织在全球竞争中的能力。

（五）激发创新和变革

当今成功的组织必须鼓励创新，并精通变革这门艺术，否则它们将成为破产的候选者。只有保持灵活性，不断改善产品质量，通过持续不断的产品创新和服务赢得市场竞争的组织，才能取得最后的胜利。

组织中的员工可能成为创新和变革的推动力，也可能成为绊脚石。管理面对的挑战是激发员工的创造性以及他们对变革的认同。组织行为学应该为组织提供丰富的观点和技术，以帮助组织实现这些目标。

（六）网络化组织的挑战

互联网在改变一切。在网络化的组织中工作，人们即使相隔千里也能相互沟通，共同工作。借助这种组织，人们可以成为独立的承包人。他们运用计算机与全球各地的工作场所相连，进行远程办公，当他们的服务要求改变时，也可以跳槽到其他雇主那里。软件工程师、平面设计师、系统分析师、技术协调员、图片研究员、媒体编辑等，都可以在家或其他非传统办公地点办公。

网络化组织中的管理者的工作方式是不同的，通过在线的方式激励和领导员工、做群体决策等需要不同的技术，这与真实地和别人面对面处理问题有所区别。随着越来越多的员工通过网络完成工作，管理者要开发新的管理技能。组织行为学应该为开发和完善新技能提供帮助。

（七）帮助员工平衡工作与生活的冲突

当今的工作场所已今非昔比，20世纪六七十年代以前的典型员工形象是：每周周一至周五（六）出现在特定的工作场所，工作明确地界定为8~9小时。而今，工作与非工作之间的界限越来越模糊，这导致工作与生活的冲突产生的压力日益增大。全球化组织的产生意味着世界无眠，任何一天的任何时间里，全球化企业的成千上万的员工在世界的各个角落里工作。为了与相距8~10个时区的同事或客户保持联系，这些员工每天24小时在线。再有，电信技术使得很多员工可以在家里、在车上甚至在休假的海滨办公。许多人感觉他们从未离开过办公室。还有，越来越多的组织正在让它们的员工工作更长的时间。各种组织里员工加班加点的事已司空见惯。这就使得双职工夫妇、已婚员工越来越难以有时间履行自己对家庭、配偶、孩子和朋友的承诺。单亲家庭和需要供养父母的员工，在平衡工作和家庭责任上面临更大的挑战。

许多组织中的工作正在挤压员工的个人生活，有证据表明，平衡工作与生活的冲突的重要性超过了员工对工作安全的考虑。无法帮助员工实现工作与生活平衡的组织会发现，它们越来越难以吸引并留住绝大多数有能力和有积极性的员工。组织行为学应该帮助管理者设计工作场所和工作岗位，向员工提供处理工作与生活的冲突的方法。

（八）改善道德行为

一直以来，对于什么是符合道德的行为并没有明确的定义，近年来，正确和错误的界限变得更加模糊不清了。这样，在以削减开支、期望提高员工生产率和市场竞争激烈为特征的组织中，不少员工抄近路、走捷径、违反规则，或卷入其他不正当的活动中就不足为奇了。组织成员日益发现自己面临道德困境和道德抉择，即他们需要对哪些是正确的、哪些是错误的行动进行界定。例如，如果他们在组织中发现了违规行为，是否应该揭发？他们是否应当遵从自己不认同的命令？如果他们知道绩效评估的结果能够保住同事的工作，应该给自己喜欢的员工言过其实的绩效评价吗？为了自己在组织中晋升，能否耍一些政治手腕？在全球经济中，不同的文化对特定的道德问题有不同的视角，对宗教、种族和性别多元化的感知在世界各地并不相同，因此，判定符合道德的行为方式尤为困难。

今天的管理者需要为员工创造一种健康的氛围，在这样的氛围中，员工可以全力从事自己的工作，尽量减少碰到那些难以判断行为对错的模糊情境。那些倡导更多道德使命、鼓励员工的诚信行为、提倡强有力的道德领导的公司，能够促使员工做出符合道德的决策。组织行为学对此应提供帮助。

第二节 组织的类型与作用

一、组织的概念

现代社会到处都有组织，组织是人类社会生活中最常见、最普遍的现象。工厂、机关、学校、医院、政府部门、党派和政治团体等，都是组织。现代社会就是由这样许许多多的组织构成的。社会中几乎每个人都至少在一个组织里工作和生活。人们利用各种组织把资源集中起来，从事政治、经济、文化等方面的社会活动，在组织内，通过组织、代表组织、为了组织的利益而行动。组织，已成为当代社会学、政治学、管理学、心理学、经济学、文化人类学以及组织行为学等许多学科的热点研究对象。

"组织"这个词，英语为"organization"，来源于"organ"（器官）。器官是指自成系统的具有特定功能的细胞结构，后来逐渐演变为组织。组织是针对人群而言的，常被运用于社会管理之中。在汉语中，组织的原始意义是"编织"。

组织产生于人类社会的生产斗争和社会斗争之中。在人类社会发展中，仅凭个人力量无力完成很多工作，于是就需要和他人相互合作，联合起来，共同行动，创造群体合力。长期的实践，使人们有了发展这种合作、增进相互依存关系，并使这种关系科学化、合理化，以不断提高群体效能的要求。组织于是应运而生。组织是社会、国家、地区、部门实行管理、维持秩序和发挥效能的重要手段。正是组织的重要性，使得许多学科的学者都对组织产生了浓厚的兴趣，进行了广泛的研究。但由于角度不同，所以得出了不同的结论。

一些学者提出了静态的组织观点，认为组织就是指社会集团，指一套人与人、人与工作的关系的系统或模式。他们主要分析社会各种组织的断面结构，侧重于对组织中职责权限的分配、部门层级的关系等问题进行研究。

而另一些学者则从动态的角度来研究组织，认为组织是一个动态系统。他们发现，社会组织是一个不断处于发展运动中的社会机体，运动中的组织反映出的各种信息，远较静态组织中的信息丰富和有用。因此，他们主张对组织现象进行动态观察，形成了动态的组织观点。

此外，有人从发展的观点分析组织，认为组织不仅有静态的结构、动态的运动过程与功能，而且还是一个有机的"生长体"，它是随着时代环境的演变而不断适应、自动调整的社会团体。

还有人从心理学的观点分析，认为组织不仅是责权分配系统，组织活动的运动过程，或是一种不断适应环境而成长的有机体，同时也是组织成员根据自己特定的地位扮演一定的角色，由此构成等级体系的人际关系网络。

从以上对组织的不同角度的分析，我们可以得出结论：组织就是存在于特定社会环境中，由人群构成的，为了达成共同目标，通过责权分配和层次结构构成的完整的有机体。

二、组织的要素

为了深入研究组织系统的结构、内在联系与功能，有必要对组织的构成要素进行研究。我们认为，构成组织的要素可分为有形要素与无形要素两类。有形要素是构成组织的物质条件，无形要素是构成组织的精神条件。

（一）组织的有形要素

组织的有形要素包括：实现组织预期目标所需实施的工作，确定实施工作的人员，确定必备的物质条件，确定权责结构。

（二）组织的无形要素

组织的无形要素包括：共同的目标，工作的主动性与积极性，良好的沟通网络与制度，和谐的人际关系，有效的配合与通力协作。

三、组织的一般性质

组织的一般性质具体包括：

（1）所有的组织都存在于特定的社会环境之中，组织的形态、功能、结构、管理活动都受到环境的影响，有时是决定性的影响。

（2）人是组织的主体，人群中存在着复杂的人际关系、分工和合作，正是这些关系使得组织能够在运行中保持较高的效率。

（3）任何组织都有一定的目标。不管这个目标是明确的还是隐含的，目标是组织存在的前提。

（4）组织要有由不同的权力层次构成的责任制度。这是工作分工的要求，权力和责任是达成组织目标的必要保证。

(5) 组织是有生命力的有机体，组织会成长、发展、衰落、消亡，组织的管理效能、环境压力对组织的生存和发展有重大影响。

四、组织的分类

（一）国外学术界的主要观点

1. 帕森斯社会功能分类说

美国著名社会学家帕森斯认为，组织应按社会作用和社会效益进行分类。这是一种用社会功能对组织及组织中各级系统进行分类的观点。按这种分类标准，组织可分为：

（1）以经济生产为导向的组织。这类组织以经济生产为核心，运用一切资源扩大组织的经济生产能力。这类组织除生产产品以外，还负责劳务工作，包括公司、工厂、饭店等组织。

（2）以政治为导向的组织。这类组织的目标在于实现某种政治目的，因此，它的重点是权力的产生和分配，如一些政府部门的组织就属此类组织。

（3）整合组织。这类组织的社会功能在于协调各种冲突，引导人们向某种固定的目标发展，如法院、政党等组织。

（4）模型维持组织。这类组织的社会功能在于通过维持固定的形式确保社会的发展，如学校、社团、教会等。

2. 艾桑尼人员分类说

美国社会学家艾桑尼则根据人员的顺从程度对组织进行分类。

（1）强制型组织，指用高压和威胁等强制手段，控制其成员，如监狱、精神病院、战俘营等。

（2）功利型组织，指以金钱或物质的媒介作为控制手段控制所属成员。这类组织包括各种工商企业等。

（3）正规组织，指以荣誉鼓励的方式管理组织人员，而组织的人员对这种管理方式是认可的。属于这种类型的组织有政党、机关、学校等。

3. 布劳的实惠分类说

美国社会学家、交换学派的代表人物布劳以组织内部人员受惠程度作为组织分类的标准。他将组织分为四种类型：

（1）互利组织，指一般成员都可获得实惠的组织，这种组织是以全体成员最终能得到实惠为依据，如工会、政党团体、宗教团体等。

（2）服务组织，指为社会大众服务，使他们得到益处的组织。这种组织的目的在于使服务对象得到实惠，如医院、大学、福利机构等。

（3）企业组织，指组织的所有者和上层经营者（如经理、股东等）得到实惠的组织，如工厂、企业、银行、各种公司等。在这种组织中，获利最大者往往是组织的上层人士。

(4)公益组织,指为社会所有人服务的组织,如警察机关、行政机关、军事组织等。

(二)国内学术界的观点

1. 按组织的性质分类

(1)经济组织。经济组织是人类社会最基本、最普遍的社会组织,为人们提供衣食住行和文化娱乐等物质生活资料,是社会经济职能的履行者。在现代社会中,经济组织具有庞大复杂的体系,其中包括生产组织、商业组织、银行组织、交通运输组织和服务性组织等。

(2)政治组织。政治组织出现于人类社会划分阶级之后,包括政党组织和国家政权组织。在现代社会中,政党代表本阶级的利益和意志,为本阶级提出奋斗目标,制定方针政策。国家政权组织是国家管理社会的重要机器。

(3)文化组织。文化组织是以满足人们各种文化需求为目标,以文化活动为基本内容的社会团体,如学校、图书馆、影剧院、艺术团体、科学研究单位等。

(4)群众组织。这些组织在党和政府的领导下,广泛团结各阶层、各领域的人民群众,开展各种有益活动,为社会贡献力量,如工会、共青团、妇女联合会、科学技术协会等。

(5)宗教组织。宗教组织是以某种宗教信仰为宗旨而形成的组织。其基本任务是协助党和政府贯彻执行宗教信仰自由的政策,帮助广大信教群众和宗教界人士提高爱国主义和社会主义觉悟,代表宗教界的合法利益,组织正常的宗教活动。

2. 按组织是否自发形成分类

按组织是否自发形成,组织可以分为正式组织和非正式组织。

(1)正式组织。正式组织是为了有效地实现组织目标而规定组织成员之间职责范围和相互关系的一种结构。正式组织具有下述特征:

①不是自发形成。正式组织是根据社会的需要,经设计、规划、组建而成,不是自发形成的,其组织结构的特征反映出一定的管理思想和信念。

②有明确的目标。正式组织具有十分明确的组织目标,并且为实现组织目标制定组织规范,以最经济有效的方式达到目标。

③以效率逻辑为标准。在正式组织中,以效率逻辑为其行动标准,为提高效率,组织成员之间保持着形式上的协作。

④强制性。正式组织通过方针、政策、规则、制度等对组织成员发挥作用,通过建立权威,约束组织成员的行为,因而对组织成员具有强制性作用。

(2)非正式组织。非正式组织是人们在共同工作或活动中,由于有共同的社会感情和爱好,以共同的利益和需要为基础自发形成的团体。非正式组织具有以下特征:

①自发性。如果正式组织不能满足其成员获得友谊、帮助和社交的需要,成员就会在正式组织之外自发地组成一些非正式组织,以满足其需要。

②内聚性。非正式组织没有严格的规章制度约束其成员,他们之所以能够集合在一起,是因为他们有相近的价值观或共同的兴趣爱好,或有切身的利害关系等,这些都会使其成员

产生较为一致的"团体意识",这种意识起内聚和维系其成员的作用。

③不稳定性。由于非正式组织是自发产生、自由结合而成的,因而呈现出不稳定性,它往往随着环境的变化、观念的更新、新的人际关系的出现、活动范围的改变等而发生变动。

④领袖人物作用较大。非正式组织中往往有一两个自然形成的领袖人物,他们在组织中起着诸如提出权威性意见、负责维系组织的相对稳定、提供行为模式等的作用,对组织成员行为的影响极大。

此外,还有以组织的人数来划分组织类型,以组织对环境适应的不同来划分组织类型,以组织成员的关系划分组织类型等。这些对我们研究组织的类型划分是有启发的。

五、组织的功能(基本作用)

抽象地研究组织,我们可以发现组织有两种基本功能,即人力汇集功能和人力放大功能。

(一)人力汇集功能

社会中单个的人对于自然来说,其力量是渺小的,单个的人不仅不能发展自己的生活,有时甚至不能维持自己的生存。在自然选择面前,人们需要联合起来,互相协作,共同从事某项活动。这种联合与协作是以各种组织的形式实现的,它实际上是个人力量的一种汇集——积涓滴以成江河,把分散的个人汇集成为集体,进而在同大自然的搏斗中实现个人存在的价值。

人力汇集这种组织行为,需要借助于一个组织体系,要做好充分的准备,要筹划好人力的集中与分配。仓促而成的大规模社会活动是不会得到好的结果的。

(二)人力放大功能

组织起来的力量绝不等于个体力量的算术和,正如亚里士多德指出的"整体大于各个部分的总和"。正是在这个意义上说,社会组织具有一种放大人力的作用,即对汇集起来的个体力量的放大。人力放大是人力之间分工和协作的结果,而任何人力的分工和协作都必然发生于一定的组织体系之中。

六、组织模式的发展变化

20世纪90年代,发达国家出现了一场大规模的组织转型,与以往组织有着巨大差异的新的组织不断出现。新型的组织强调:以顾客为基础;以团队为根本;和供应商、顾客,甚至竞争对手结盟,进而形成经营网络;扁平化、柔性化、创新性、多样化和全球化;员工被授权并承担相应责任；经理不做老板而扮演教练的角色；作为一个"学习型组织"，就要不断改变和创新。互联网的盛行，强化了上述趋势，许多组织行为学家已经预测到向知识社会的转变会带来大规模的组织变革。这种变革不仅在企业组织中得到响应，一些政府机构也希望从企业界寻找有效的组织实践模式。

新的组织变革，在世界经济增长、扩大就业和新型产业发展、全球竞争等方面取得了一定的成果，也证实了这种变革的合理性。但是，在20世纪80年代晚期和90年代早期，人们刚从"传统"的、乏味的工作方式中解脱出来，产生的那种兴奋和自由的感觉很快被21世纪早期组织转型中面临的巨大挑战取代。人们发现，不仅把组织从"传统型"转变成"新型"困难重重，而且在某些公司中建立起的"新型"组织本身也存在问题。传统组织中的工作和管理方式已经让人感到厌烦、压抑和无奈。一个以网络化、团队为基础的，扁平化、柔性化、多样性和全球化的组织中的管理和工作方式更会导致过长的工作时间和高度的不确定性，网络建设过程也会造成人员的频繁更替。压力和疲劳会让人感到筋疲力尽，很多员工选择辞职去寻求一份压力较小的工作。同时很多公司把裁员作为一种生存手段，这使得被动离职人员的数量增加。相关材料说明，1999年美国裁员的人数创下20世纪90年代以来的最高纪录。我国的国有企业也经历了员工下岗、减员增效的过程。20世纪60年代人们还期望科技进步会带来一个富足安逸的社会，但很快就被证明这是一种误解。人们的工作时间在延长，除了高层管理者之外的个人工资整体没有增长。在公司员工中，收入差距持续拉大。例如，20世纪70年代早期，美国首席执行官的工资是那些"入门"工人的35倍，到2002年，他们的工资已经是普通工人工资的400倍，这种情况在我国也比比皆是。

组织变革所带来的挑战仅仅是向新组织模式转变时产生的副产品，还是这些挑战与新组织的扁平化、柔性化、网络化特征有着本质的联系，对这个问题的认识，使研究组织行为的学者们分成两派。但他们的共同认识是：第一，对于在传统组织模式中成长起来的组织来说，向新模式转换比较困难；第二，在新组织模式下工作也存在困难。

20世纪90年代早期，人们确定每个组织都会向新组织转变，但现在他们认识到新型组织有很多变化因素，而且对很多组织来说，传统模式也具有很大的优势。因此，更多的选择则是将旧模式的特点与新模式的某些方面结合起来，构成新的混合型组织。

第三节　组织行为学的研究方法

组织行为是组织的个体、群体或组织本身从组织的角度出发，对内源性或外源性的刺激所做出的反应。有的学者把组织行为分为个体行为和群体行为，而实际工作中又常表现为管理行为和业务行为。这是一种重要的组织现象，组织管理学家十分重视对这种行为的研究。

一、科学的研究方法应遵循的基本原则

任何一门科学都有与之相适应的一套合乎科学性的研究方法，没有科学的研究方法，就无法揭示客观规律，组织行为学和其他科学一样，也有一套揭示事物客观规律的科学的研究方法。这些研究方法要遵循如下的科学研究方法的一般原则。

（一）研究程序的公开性

任何一项科学研究都必须公开说明研究的全过程、所用的程序、所测的变量和测量方法。其他研究人员只要按照这种程序去做，就能得到同样的结论，这样可以起到进一步验证的作用。

（二）收集资料的客观性

在科学研究中，研究人员要尽量避免受自己个性和主观偏见的影响，也就是要客观、如实地收集和占有数据、资料，这样才能得出正确的结论。坚持收集资料的客观性是任何科学研究方法的最基本的原则和重要的特点之一。

（三）观察与实验条件的可控性

由于影响人的行为和工作绩效的因素是多方面的，要找出某一因素与人的工作绩效的关系，就必须把其他可能影响工作绩效的因素控制在一定条件下，而集中精力专门观察和实验这一因素对工作的影响。研究条件必须是可控的，这样才能在研究中按照预定的要求选择相关因素，才能对研究结果进行比较，所得结论才是可信的。

（四）分析方法的系统性

坚持分析方法的系统性，是指不仅要把每个影响事物变化的因素都置于整个大系统中去研究分析，还要把从过去到现在有关方面的知识加以系统化、条理化，即从纵、横两个维度进行研究。这样才是科学的研究方法，才能得出正确的结论。

（五）所得结论的再现性

只要采取上述公开相同的研究程序，收集的数据资料是客观的，在相同可控的条件下，不断重复做相同的实验，相同的结论就会不断出现。这样才能证明所得结论是符合客观规律的、是可信的。

（六）对未来的预见性

由于所用的研究方法是科学的，所得结论是反映客观规律的，运用这个规律就可以预见

未来，从而有可能事先采取有效措施来预防消极行为，引导积极行为的发生。

二、模型

人的行为，无论个体行为、群体行为还是组织行为，都是非常复杂的现象。为了把这一复杂的事物清楚地表达出来，必须在不致引起人们歪曲理解的情况下，将其简化。组织行为学在研究人的行为时，往往通过建立模型的方法来达到这一目的。

（一）模型的概念

模型就是对某种现实事物的抽象，是对现实事物的简化表示。模型与理论不同。虽然二者都是对现实事物的抽象，但理论是抽象出事物的本质特征并加以概括，具有普遍的指导意义，模型则并不一定抽象出本质特征，而是根据研究的需要，只抽取事物的某些特征，目的是对更清楚地了解事物的真实情况有所帮助。

（二）模型的分类

模型的种类是多种多样的，可以按不同的标准对其进行分类。

（1）按模型产生的形式，可分为主观模型和客观模型。主观模型是指人们对某一事物的直觉看法。这种模型比较粗糙，不是运用科学的方法获得的，如某个领导头脑中的用人之道，或对某一工作的设想。客观模型不同于主观模型，它是用系统的、科学的分析取代人的直觉，对某一事物进行的描述。例如，采用科学分析的方法编制出一套干部选拔、任用、培养、提升的程序和制度，就是一个客观模型。

（2）按模型的形态，可分为物理模型与抽象模型。物理模型是有形的、具体的模型，如医学教学用的人体模型、建筑上所用的建筑模型。抽象模型是无形的、用符号表示的模型，其主要形式是数学模型。

（3）按模型反映事物的特征，可分为标准模型和描述模型。标准模型表示事物应当成为什么样子，而描述模型则表示某事物现在是什么样子。例如，企业中的规章制度、标准化的操作规程都是标准模型。

（4）按模型的发展变化，可分为静态模型和动态模型。静态模型是表示事物静止状态的模型，如一张组织结构图就是一个静态模型。动态模型则是表示事物发展动向的模型。

（三）模型的结构

任何模型，包括行为模型在内，都是由三个部分组成的，即目标、变量和关系。

1. 目标

编制和使用模型，首先要有明确的目标，也就是说，这个模型是干什么用的。例如，是要预测员工的缺勤率，还是要选拔优秀人才；是要解释员工的工作动机，还是要考察干部的领导作风；是要解释生产率为什么下降，还是要试图解决企业的产品质量问题；等等。只有明确了模型的目标，才能进一步确定影响这种目标的各种关键变量，进而把各变量加以归纳、综合，并确定各变量之间的关系。

2. 变量

变量是事物在幅度、强度和程度上变化的特征。

人的行为变量有两个维度的变化。第一个维度是定性的，不同工作行为的性质各不相同。操作工的行为不同于检修工的行为，生产部门管理人员的行为不同于销售部门管理人员的行为。第二个维度是定量的。不同性质的行为有不同的计量单位。例如，生产绩效可以用产量、错误率、产品不合格率、操作的精确度以及单位时间内完成的工作量进行定量的测量，人的工作行为可以用缺勤率、任职时间的长短或态度量表（如测量工人对车间主任的反映）进行定量测量。

由此可见，对于人的工作行为，首先要做定性分析，在此基础上确定行为变量的计量单位，再进行定量分析。一般来说，行为变量的定性和定量维度都很重要。但从人的工作行为的角度来看，变量的定性比较容易，而行为变量的定量研究则比较复杂。因此，在组织行为学的研究中，确定了影响行为的重要变量之后，要选择适当的标准测量工具测定这些变量，从而确定有关变量与相应行为之间的关系。

在组织行为学研究中要测定三种类型的变量，即因变量、自变量和中介变量。

因变量在组织行为学中就是所要测量的行为反应，而自变量则是影响因变量的变量。在组织行为学中通用的因变量是生产率、缺勤率、离职率以及工作满意度等，而通用的自变量也是各种各样的，如人的智力、个性、经验，以及领导作风、选人方法、奖励制度、组织设计等。

掌握因变量和自变量的概念，对于行为研究的设计有重要意义。例如，如果以产量为因变量，以领导作风为自变量，就可以设计出三种领导作风（如民主作风、专制独裁作风和放任自流作风）来考察不同领导作风对生产率的影响。又如，如果以缺勤率为因变量，以工作监督方式为自变量，则可以设计出不同的监督方式考察它们对缺勤率的影响。

在行为研究中因变量有时也被称为效标，而自变量有时也被称为预测因素。从行为研究的意义来看，这两个概念的内涵是一样的。

中介变量又称干扰变量，它会削弱自变量对因变量的影响。中介变量的存在会使自变量与因变量之间的关系更加复杂。举例来说，加强现场监督（自变量）会使工人劳动生产率（因变量）提高，如要加上一个条件，即这种效果要视任务的复杂程度而定，这里任务的复杂程度就是中介变量。

3. 关系

确定了目标及影响目标的各种变量之后，还需要进一步研究各变量之间的关系。在确定各变量之间的关系时，对何者为因、何者为果的判断，应持谨慎态度。不能因为两个变量之间存在统计上的关系，就简单地认为它们之间存在因果关系。对变量间因果关系的判断，不能轻率。现实生活中有许多表面上看来是因果关系的情况，实际上并不一定是真正的因果关系。总之，在确定因果关系时，应持慎重态度。

图1-1是组织行为学的权变模型，它表明了四个因变量（生产率、缺勤率、离职率、工作满意度）与大量的自变量的关系，但影响组织行为学研究的变量实在是太多了，很难把它们全部包括在模型内。这个模型描述了组织行为学研究中的组织系统水平、群体水平、个体水平三个层次之间的关系。例如，组织结构与领导有关；权威和领导是有联系的，管理层通过领导实施他们对群体行为的影响；沟通是个体传达信息的手段，也是个体和群体行为的纽带。

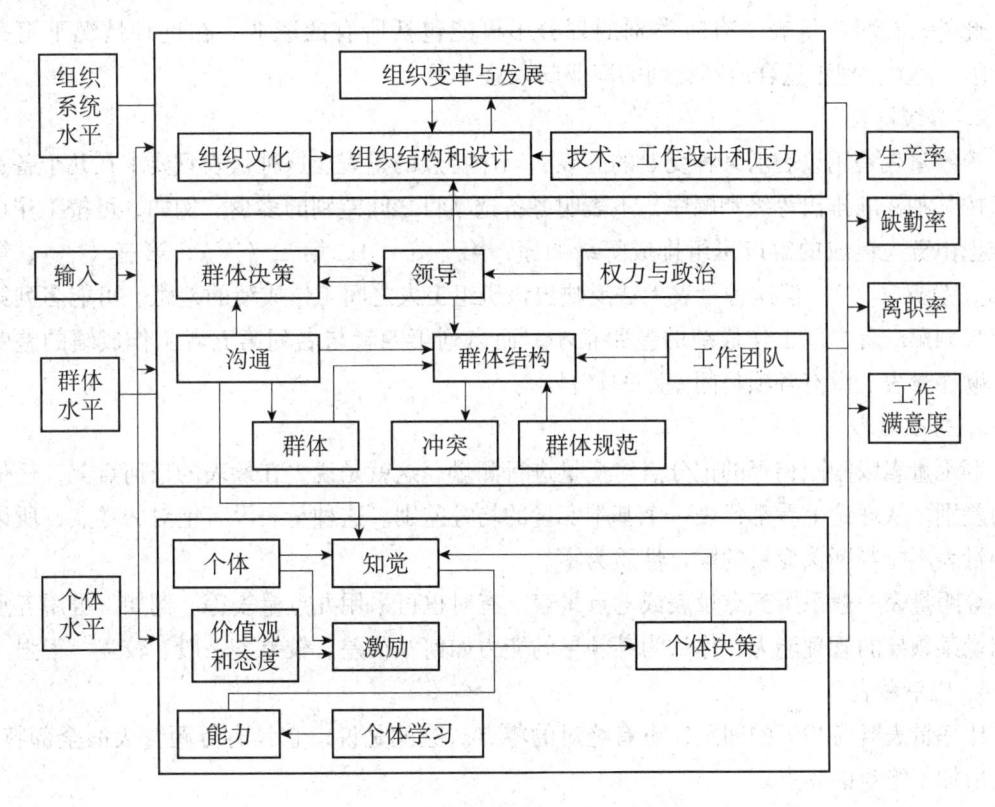

图1-1　组织行为学的权变模型

三、行为变量的测量

任何行为的研究，除定性的研究外，其他研究都需要进行定量的测量，这就是要测量自变量与因变量之间的关系。对行为变量的测量一般采用行为变量测量量表。

（一）量表

量表是用于每一被观察单位的测量系统。根据行为变量研究任务的不同，量表测量有关变量的精确程度也各不相同。一般来说，量表可以分为以下四种类型：

1. 名称量表

名称量表也称为类别量表。这种量表要求必须有两个或更多互不包容的类别或范畴，要对测量对象进行分类，并根据规定给测量对象的每一类别赋予数字或其他标志，这些数字和标志仅是符号或称呼，没有任何数量大小和含义。例如，把人按男女性别分类就是一个最简单的名称量表。在组织行为学中，常用的名称量表之一是职业量表，如把本厂员工划分为木工、电工、机械维修工等。使用名称量表时有一个条件，即只能把每个人或每一事物归入一类。此外，在职业量表中有时类别的划分不可能包括所有的职业。在这种情况下可列出"其他"一类，把不适合所列类别的职业归入这一类。

2. 等级量表

等级量表是用以表示某种变量的等级、顺序特点的量表。这种量表只要求在几个备选项目中按某种标准排出等级和顺序，不表明各备选项目之间差别的多少。例如，可按工作成绩标准把由五人组成的生产班组排成等级顺序：第一（　），第二（　），第三（　），第四（　），第五（　）。但这种量表无法反映出该班组工人之间工作成绩的差距。可能名列第一者与名列第二者之间工作成绩的差距很小，而名列第四者与名列第五者工作成绩的差距甚大。顺序量表上没有各项目间差距的资料。

3. 等距量表

等距量表以间距相等的记分点对变量进行测量。这就是说，在量表的任何点上，任何数字的差别，从理论上看都代表一个基本变量的均等差别。这种量表没有绝对的零点，所以用这种量表不能判断该变量的限定性质为零。

等距量表一般采用五点量表或七点量表，有时也可采用九点量表等。例如，可用五点量表测量某领导的管理能力：你认为某领导的能力如何？很差、较差、一般、较强、很强。

4. 比率量表

比率量表既有相等的间距，也有绝对的零点。这就是说，它具有等距量表的全部特征，只是增加了绝对的零点。

（二）变量的处理方式

一般来说，在行为研究中，对变量的处理有六种不同的方式，应根据研究任务的不同决定选择何种处理方式。这六种处理方式是：置之不顾、随机化、不加控制、保持恒定、匹配、规定特定的标准或范畴。

1. 置之不顾

无论从理论还是从实际来看，有些变量是人们在研究中不感兴趣的，或者这些变量对所研究的问题没有什么影响。在这种情况下，可对这些变量采取置之不顾的处理方式。例如，我们的任务是研究两种不同型号的机器，哪一种会使工人操作起来更为方便。在这种情况下，机器的颜色也是一个变量，但我们认为这个变量无关紧要，因此可以对它置之不顾。

2. 随机化

仍以上例来说，尽管我们认为机器的颜色无关紧要，但在研究过程中发现机器的颜色确实对工人操作有某种影响，这样，对这一变量就不能再置之不顾了。这时，可以采用随机化的处理方式，也就是说，随机地选择颜色不同的两种类型的机器进行多次的比较研究，以排除偶然机遇的影响。

3. 不加控制

在任何研究中，处理一个或更多的变量时，可以采用不加控制、让各变量随意变动的处理方式，然后加以测量。

4. 保持恒定

保持恒定是指在研究中使一个变量保持相同。例如，上述关于两种型号机器对工人操作方便程度的研究，可以使两种型号机器的颜色保持相同，这样，即使颜色对工人的操作有某种影响，也不至于影响工人对两种机器操作方便程度的判断。

5. 匹配

各种变量也可采用匹配的方式加以操纵，从而排除某些变量的可能影响。例如，我们要研究两种不同的培训方案对提高工人技术水平的影响，但其中要控制性别因素，这样就要使采用不同培训方案的两个培训班男女学员的人数比例相同，这就是匹配。当然，这样说并不是一定要求两个培训班里男女的比例各占50%，而只是男女学员的比例必须相同。

6. 规定特定的标准或范畴

这种处理变量的方式要求规定变量具有不同水平。例如，我们要研究某一车间里班组的规模对生产率的影响，可以规定由5人、7人、9人组成班组，并研究这些人数不同的班组对生产率的影响。

上述六种变量处理方式一般应根据研究任务、研究对象、研究背景等进行选择。

（三）测量的信度与效度

不同于对物理变量的测量，我们可以用一把尺子测量某一物体的长度，对行为变量的测量没有那么简单。在多数情况下，对人的行为的测量要根据某些问题做出主观的判断或评定，或者说要对一些问卷和测验题目给予回答。对这种主观的判断或评定是否可靠、是否有效应加以检验，这就是测量的信度和效度问题。

1. 测量的信度

信度是指测量的稳定性或可靠性，即对人的行为先后数次测量的一致性。大部分的信度指标都是用相关系数表示的，称为信度系数。信度系数越大，说明测量越可靠；信度系数越小，说明测量越不可靠。不可靠的测量是不能用的。

一般来说，检验测量的信度有下述几种方法，每种方法适用于检验信度的不同方面：

（1）重测信度。这种方法有时叫作测试再测试法，是指由同一个人在不同的时间内对同一组人员的行为进行测量和评定，然后计算两次测量或评定的相关系数。为了使前一次测量的记忆不至于影响后一次测量,两次测量要有一段间隔时间,有时要间隔若干天或更长时间。一般来说,相关系数达到 0.7 以上,才能认为这种测量是稳定的和可靠的。但是这种方法不能用于知识测验之类的测量,因为对第一次测量的回答会保持在被测者的记忆中,影响第二次测量的真实性。

(2) 等值性信度。这种方法是设计和编制两套项目类似的问卷,两套问卷在内容和难度方面是一致的。这种方法也称为平行测试法。用两套问卷对同一被测者进行测量,然后计算它们的相关系数。

重测信度和等值性信度的评定都需要对同一被测者进行两次测量,然而这有时很难做到,因而需要采用一次性的信度评定程序,这就是下面所说的一致性信度。

(3) 一致性信度。对某种行为的测量,其各项目或各问题应当基本上测量同样的东西,这就是说,各个项目或各个问题在内部是一致的,这就是一致性信度。

2. 测量的效度

测量的效度是指行为测量的有效性,即测量到的是不是所要测量的行为特征。效度是对所要测量的某种行为特征的真实性或正确性的反映。越是正确地把握目标,这种测量的效度也就越高。

如果说信度是测量本身内部的比较,那么效度则是测量与某种外部标准的比较,因此效度的评估比信度更为复杂。按用途的不同,可把效度分为三类,即内容效度、效标关联效度和构思效度。

(1) 内容效度。内容效度是指测量项目在多大程度上反映了所要测定的行为特征。例如,我们用一组项目测量员工的操作技能,则内容效度反映的是这组项目在多大程度上系统地代表了操作技能。内容效度主要是通过专家的经验判断来评定的。例如,对于车床操作技能的测量,可以请一些熟悉车床操作的人来评定,先让他们仔细研究车床操作的具体要求,然后请他们判断测量的项目与所要求的操作技能之间关系的密切程度。

(2) 效标关联效度。所谓效标,就是为测量规定的标准。效标关联效度是通过测量的分数与一个或几个独立的效标之间的比较来确定的。这两方面相关的程度越高,表明该测量的效度越好。效标关联效度有两种类型,即同时效度和预测效度。

同时效度是测量的结果与现有的效标(如个人的工作绩效)之间的比较。如果两者的相关程度很高,则表明同时效度很好。预测效度是指测量结果能够预测人们将来行为的程度,在组织行为学中,往往需要对某类工作人员进行评定,并希望测量结果能预计出被测者将来的工作成绩和表现。因此,在进行实际测量之前,要先确定或检验该测量的预测效度。其做法往往是在正式进行测量之前,先进行小样本的测试。预测效度实际上是测量结果与一定时间以后人们行为表现之间的相关程度,这种相关程度越高,表示测量的预测效度越好。

(3) 构思效度。构思效度是指某种测量能测出该项测量赖以建立的理论构思的有效程度。确定构思效度的目的在于检验该测量是否真正测出了研究的理论构思。确定构思效度一般遵循下述程序:首先从某种理论出发,提出关于某种或某些行为特征的基本假设;其次根据假设编制测量量表或问卷；最后根据测量结果，由果溯因，通过各种统计方法（如相关分析、因素分析等）检验测量结果是否符合研究的理论构思。所以，构思效度的评定往往需要用较复杂的统计方法。

四、组织行为学研究的具体方法

组织行为学研究的具体方法是多种多样的，目前常用的方法有观察法、调查法、实验法、测验法和个案研究法。

（一）观察法

在日常生活条件下，观察者通过感官直接观察他人的行为，并把观察结果按时间顺序做系统记录，这种研究方法称为观察法。在现代研究中，观察往往借助各种视听辅助手段，如录像、录音、摄影等。

观察法按被观察者所处的实际情境特点，可分为自然观察与控制观察两种。自然观察是在完全自然的条件下所进行的观察，被观察者一般并不知道自己正处于被观察状态。例如，要了解工人成就动机的水平，可以观察他们在上班、打球、文化考试等各种不同场合的行为。控制观察是在限定条件下进行的观察，被观察者可能知道也可能不知道自己正处于被观察的状态。例如，为了进行时间—动作分析，观察者就需要系统地观察工人的操作方式。

按观察者与被观察者之间的关系，观察法可分为参与观察和非参与观察。观察者直接参与被观察者的活动，并在共同活动中进行观察的方法称为参与观察；观察者不参与被观察者的活动，以旁观者身份进行观察的方法称为非参与观察。

观察法目的明确、使用方便、所得材料比较系统，已在组织行为学中得到广泛应用。但运用这种方法，只能了解大量的表面现象，很难了解复杂现象的本质特征，不能对"为什么"做出回答。因此，最好能与其他方法结合使用，以便取得较好的效果。

（二）调查法

这种方法是运用各种调查的方法了解被调查者对某一事物（包括人）的想法、感情和满意度。可运用的调查法有以下几种：

1. 谈话法

研究者通过面对面的谈话，借助口头信息沟通的途径直接了解他人的心理状态和行为特征的方法称为谈话法。

根据谈话过程中结构模式的不同，可以把谈话法分为两大类：有组织的谈话和无组织的谈话。有组织的谈话结构严密、层次分明，具有固定的谈话模式。研究者根据预先拟定的提纲提出问题，被研究者依次对问题进行回答。这些问题一般涉及的范围较小，整个谈话过程中被研究者犹如做了一份口头问卷。例如，招聘中的第一次谈话，了解年龄、学历、工作经历等就属于有组织的谈话。无组织谈话结构松散、层次交错、气氛活跃，没有固定的模式。研究者提出的问题涉及范围很广，被研究者可以根据自己的想法主动地、无拘束地回答。通过这种谈话，双方不仅交换了意见，也交流了感情。

运用谈话法时，既要根据谈话的目的，保持主要谈话问题的基本内容和方向，也要根据被研究者的回答，对问题进行适当的调整，更要善于发现被研究者的顾虑和思想动向，进行有效的引导，还要注意在整个谈话过程中保持无拘无束、轻松愉快的和谐气氛。

谈话法简单易行，便于迅速取得第一手资料，因而使用范围较为广泛。但谈话法的有关被研究者行为特征和心理特点的结论必须从被研究者的答案中去寻找，所以有较大的局限性。

2. 电话调查法

电话调查法是通过给被调查者打电话了解有关情况，这种调查法的优点是花钱少、省时间，能调查较多的人。但这种方法也有缺点，即它不像面谈法那样可以采取多种方式详细询问和解释问题，容易使被调查者产生误解。此种方法只能用在电话普及的地方。

3. 问卷调查法

运用内容明确、表达正确的问卷量表，让被研究者根据个人情况自行选择答案的研究方法称为问卷调查法。常用的问卷量表有是非法、选择法和等级排列法三种格式。

（1）是非法，即要求被研究者对问卷中的每个题目做出"是"或"否"的回答。例如：你喜欢一个人单独工作吗？　　　　　　是□　否□

你为了多拿奖金而愿意增加工作时间吗？　是□　否□

（2）选择法，即要求被研究者从并列的两种或者若干种假设中做出选择。例如：

我有意见就向上级反映。　　　　　　□

我在上级领导面前总感到胆怯。　　　□

（3）等级排列法，即要求被研究者对各种可供选择的答案，按其重要程度排列出等级顺序。例如：我最喜欢的奖励方式是上光荣榜、获得奖金、脱产学习、休假、旅游。

问卷调查法的优点是可以在较短的时间内取得广泛的材料，并使结果达到量化。但对问卷调查法所取得的材料很难进行质量分析，因而无法把所得结论与被研究者的实际行为进行比较。

（三）实验法

研究者有目的地在严格控制的环境或创设具备一定条件的环境里诱发被研究者产生某种行为特征，从而进行有针对性研究的方法称为实验法。

实验法依实验场所性质的不同，可以分为实验室实验和现场实验。

实验室实验是在专门的实验室内进行的，一般可借助各种仪器设备取得精确的数据，它具有控制条件严格、可以反复验证等特点。组织行为学研究中关于学习行为、信息沟通等的许多实验都是在实验室中进行的，但实验室实验具有很大的人为性，往往把复杂的问题简单化，使所得结果与实际情况存在一定的差距。

现场实验是在实际工作场所进行的。在这种实验中，一般都把对情境条件的适当控制与实际生产活动的正常进行有机地结合起来，因而具有较大的现实意义。但因为现实工作场地的具体条件是非常复杂的，许多控制变量很难排除，或在一段时间内保持稳定不变，所以往往需要有周密的计划，对取得的数据要做复杂的统计分析，并坚持长期观察研究。

（四）测验法

采用标准化的心理测验量表或精密的测量仪器，测量被研究者的有关行为特征和心理品质的研究方法称为测验法，如智力测验、机械能力测验、个性测验、驾驶员反应测验、手指灵巧度测验等。在组织行为学研究中，测验法往往为人员选拔、安置和提升等提供依据。在运用测验法时，应特别注意使测验的信度和效度维持在一个合理的范围内。

（五）个案研究法

对某一个体、某一群体或某一组织在较长时间里连续进行调查，从而研究其行为发展变化的全过程，这种研究方法也称为案例研究法。例如，研究者在某先进班组通过较长时间的调查研究，掌握了整个班组的人员状况、生产状况、智力结构、领导特征、关键事件等主要因素，并在此基础上进行深入分析，整理出能反映该先进班组特点的详细材料。这份材料就是个案，个案产生的全过程就是个案研究过程。

以上各种方法都有一定的应用价值，也都有一定的局限性。在许多情况下组织行为学研究并不是只采用一种方法，而是同时采用几种方法，以期取长补短，相得益彰。究竟采用哪种方法最好，要根据研究的课题和所处的具体情境而定。

第四节 组织行为学的产生与发展

一、管理科学的发展与组织行为学的产生

系统理论的出现推动了科学技术的发展，科学研究的内部分工促成了原有学科的分化和新学科的诞生。组织行为学就是在管理科学发展的基础上产生和发展起来的。管理是人类社会的永恒主题，它是人类社会有序发展的推动力。管理是管理者运用一定的职能和手段协调他人的活动，使他人同自己一起高效率地实现既定目标的活动过程。尽管管理活动自古就有，但是形成一门独立的科学还只是19世纪末20世纪初的事。1911年，泰勒的《科学管理原理》一书的出版，是管理学成为一门独立科学的标志。管理科学的发展经历了传统管理、科学管理和现代管理三个发展阶段。人是管理的主体，也是管理的对象，在管理发展的每个阶段，都涉及对人的管理，于是，研究人的行为的规律，便成为管理科学的重要内容。

但是在传统管理和科学管理阶段，对人的管理表现为轻视或忽视组织中人的因素，仅仅把人看成一台机器，而完全不考虑人具有思想、感情、主观能动性。这种不重视人的因素的倾向，逐步被社会的发展所否定。社会的进步促使组织中的管理者必须重视对人的管理，组织管理学、人事管理学这些管理学的分支，越来越显示出其在管理科学体系中的重要地位。组织行为学正是在管理学特别是在组织管理学和人事管理学的基础上产生和发展而来的，是管理科学的新发展。

（一）由组织管理学到组织行为学

鉴于不同历史时期的科学技术和社会生产力的发展水平不同，管理学家在如何协调、控制和指挥一定组织中人们的协同劳动问题上所强调的重点不同，组织管理学的发展可分为若干阶段和学派。美国管理学家托马斯·彼得斯和小罗伯特·沃特曼在1982年出版的《寻求卓越的经营之道》一书中提出，组织管理学的发展经历了四个阶段，有四种类型。

第一阶段是20世纪初到20世纪30年代，以美国的管理学家泰勒、法国的法约尔和德国的韦伯为代表，称为科学管理学派。当时由于工业革命以后普遍推广了机械化作业，市场逐渐扩大，产品供不应求，因此他们根本不考虑企业组织的外部环境、竞争、市场等状况，只是把组织看成一个封闭的理性系统。这时组织管理的中心思想是：从管理对象来说，只注意对物的管理和对工作的管理，而忽视对人的管理；从管理的目的来说，只强调工作高效率，而忽视对工作者的各种需求的最大满足；从考虑工作者的需求来说，把工作者看成只有经济需求的"经济人"，而忽视工作者的社会心理需要。总之，科学管理学派把组织中的人看作理性的"经济人"，一切均按事先规定好的规章制度、原理和原则办事。

第二阶段是20世纪30年代到60年代，以美国管理学家梅约、麦格雷戈、巴纳德和塞尔兹尼克为代表，称为行为学派。他们把组织看成一个封闭的社会性的模式。梅约通过著名的霍桑实验证实只有把人当作"社会人"来看待，而不是当作完全理性的"经济人"看待，才能创造出高效率。这时组织管理学开始重视人的因素，重视人的社会的和心理的需求，以及企业组织内部人与人关系的改善等影响工作效率的因素，并于20世纪30年代建立了"人际关系学"，进而推动了行为科学的发展。霍桑实验成了行为科学发展的里程碑。麦格雷戈于20世纪60年代归纳出X理论与Y理论，他否定不相信员工的X理论，坚持相信员工的Y理论。他认为Y理论给组织中的员工提供了一定的社会心理需要的满足，从而改善了上下级关系，调动了员工的积极性，促进了工作效率的提高。巴纳德又提出，经理人员的关键作用是通过组织内部的各种非正式的组织，确立企业的指导思想和价值观。塞尔兹尼克则指出了组织的"性格"和"特长"的概念，认为组织是承担社会使命的有机体，组织管理必须走出只注意目标、效率和技术的狭隘范畴。

第三阶段是20世纪60年代到70年代，代表人物是美国管理学家钱德勒、劳伦斯和洛希等，称为管理科学学派。他们把组织看作开放的理性模式，把组织管理归结为简单明了的、用数量表示的工作目标和工作成果，提出组织结构和管理方式要服从总体战略目标。但他们过于强调采用数学和电子计算机的理性方法做决策,把它看成唯一的正确方法。他们不知道要做出正确决策,只靠数学和电子计算机是不行的,还要靠管理人员的工作经验和对主客观条件的全面分析,以及对社会环境和科学技术发展趋势的预测和推断。

第四阶段是20世纪70年代以后,代表人物是美国管理学家维克、马奇等,称为综合性的现代管理学派。它综合了前三个阶段、三种学派各自之所长,把组织看作一个开放的社会性的模式。这种组织模式主要强调组织的生存价值、社会作用和性格特征,强调人是企业组织的中心,认为不能单纯用理性的利润指标衡量企业经营的好坏,还要考虑人的情感能否得到满足。在工作中,员工之间、班组之间以及领导与被领导者之间的关系的变化,都可以引起人的情感上的变化。一个组织上下级、同级经常沟通思想、交换意见,就会减少误解,强化共同的价值观。在组织内部要创造一种有原则、和谐、相互了解、信赖和支持的气氛。同时,要使每个人都感到自己的存在、价值以及所受到的尊重和信任。要使每个人都知道:他的努力会得到群体、组织和社会的承认,在他有困难时会得到帮助和支持,在他犯错误时会受到公平的对待,等等。这样就会产生一种归属感和向心力,形成能克服困难、胜利完成组织任务的群体意识和群体动力。

在组织管理学的发展过程中,除了上述这种趋向综合的发展趋势之外,同时还具有下列三种趋势:由以基层管理为主发展到以高层管理为主;由以日常业务性管理为主发展到以经营战略管理为主;由以物为中心的管理发展到以人为中心的管理。组织行为学正是在这三种趋势的基础上产生和发展起来的。

(二) 由人事管理学到组织行为学

人事管理学是一门研究如何重视人和对人进行科学管理的学科。传统人事管理学的通行原则,只是通过福利的方法、合理配备人员和选择合理工资形式等一套传统的办法来实施对人的管理。而组织行为学正是这种传统人事管理的新发展。

传统的人事管理是通过帮助人解决困难、关心他们、给予必要的福利,使他们能够更好地完成组织的任务。这种办法只有在人们确有困难、需要给予物质帮助时,才是一种有效的管理人的方法。但是,人除了有物质福利需求外,还有精神需求,要发挥人的潜力,还必须采取更多的方法。招聘、挑选、录用、培训和合理配备人员等是传统的人事管理采用的方法,在现代人事管理和组织行为学中也采用这些方法。选择合理的工资形式也是传统的人事管理方法。例如,在19世纪末20世纪初,西方国家普遍采用的是计时工资,随后才提出计件工资和分红制以及奖金制等形式。

传统的人事管理方法的局限性是:只着眼于静止地、死板地、制度化地挑选人、配备人、培训人和给予福利和报酬这些事务性的工作;只是静止地在人数上做文章;把人看作只有经济需要的经济人,而没有动态地从不断满足人的心理需求和社会需求方面来研究人的行为。也就是说,传统的人事管理还没有实现以人为中心的管理。而实现以人为中心的管理的过程,正是由传统的人事管理向现代的人事管理和组织行为学发展的过程。

二、组织行为学形成的理论基础

组织行为学的产生和发展，经历了一个漫长的从理论准备向实际应用演变的过程，具有丰富的理论基础。

（一）心理学

心理学是研究人类心理现象规律的科学，心理现象的规律性包括心理活动的规律和心理特征的规律两部分。一般意义上认为，心理活动是内省的，行为是外显的，要研究组织中人的外显行为的规律性，必须要以心理学为理论基础，因为心理活动和心理特征是人们产生行为的重要原因和内动力。

心理学又分为个体心理学与社会心理学，个体心理学集中于个人的心理活动和特征的分析，是一切心理学研究的基础，也可称为理论心理学。社会心理学是把个人作为社会的人来研究其心理过程的学科。组织行为学是以个体的一般心理过程的规律为基础，进而研究群体的行为，以及个人与群体之间的相互关系。要研究组织行为学，必先研究普通心理学的实验资料、关于基本的心理活动和心理特征的基础知识，以及社会对个人的影响及相互关系。

对组织行为学影响最大的是工业心理学，工业心理学是一门用心理学原理与方法分析工业生产、分配、交换和消费等领域中人的心理和行为规律的科学。这门学科的创始人是美国心理学家孟斯特伯格。工业心理学又包括人事心理学、工程心理学、组织心理学和消费心理学。

（1）人事心理学是研究企业人力资源的充分利用和合理开发的一门科学，主要探讨人的各种心理特征和分析各种工作职务的要求，使其合理配合，调整人与事的相互关系，真正做到人尽其才、才尽其用。

（2）工程心理学是研究如何设计机器设备和厂房设施以便于工人使用，以及如何使人有正确的行为，能恰当地使用机器和设备的一门科学。它主要研究操作机器的人与机器的配合，即人机关系问题。它是工程学、心理学、生物学、生理学知识相融合的结果。工程心理学又称为人类工程学或工效学。

（3）组织心理学是研究解决人与人配合关系的一门科学，又称工业社会心理学，也就是20世纪20年代末30年代初梅约通过霍桑试验提出的人际关系学。40年代，随着人际关系学的进一步发展，梅约又开展了对工作者所处的社会气氛和心理状态的研究。到50年代形成了组织心理学，它是研究人际关系的社会因素与个人心理因素相互配合的一门科学。

（4）消费心理学是研究生产者、供应者与消费者相互关系中的心理和行为规律的科学。这种心理和行为存在于生产、分配、交换和消费的整个过程中，只要我们进行了全过程的研究，就能找出正确解决生产者、供应者和消费者相互关系的途径。

从以上分析可以清楚地看到心理学向组织行为学的发展过程。以人的行为规律为研究对象的组织行为学正是心理学原理应用的新成果。

（二）社会学

社会学是一门综合性较强的科学，它把社会视作一个整体，综合研究社会现象各方面的关系及其发展变化的规律性。从广义上说，社会是人类关系的体系，包括人类所有直接和间接的关系。从狭义上说，社会就是某种特殊的和比较具体的人类结合体。凡是一群有某些共同的观念、态度和行为习惯的人，或是在一块共同生活的人，就可构成社会。任何社会或群体都是有组织的，而社会的组织又是由各种制度维系的。所以一般来说，社会学是研究社会关系的科学。社会关系又可分为动态的社会关系和静态的社会关系两种。动态的社会关系是指社会中人们的互动，如合作与冲突等。静态的社会关系是指社会现象的关系模式，如家庭结构、群体、组织、阶级等。

组织中人的行为是离不开社会关系的，研究组织行为学就要从其所处的整个社会关系着手，这样才能全面认识人的行为规律。研究组织中个人的行为受组织内外社会环境的影响，个人在社会中所担任的角色和社会地位，群体的动力、结构、交往、权力和冲突，非正式组织、群体之间的合作配合，以及人与人之间相互关系等都需要社会学的知识。

（三）人类学

人类学是研究组织行为学的重要的理论基础之一。人类学是研究人类的科学。这门学科一般分为体质人类学、文化人类学（又称社会人类学）和考古学。而其中与研究组织行为学关系最密切的是文化人类学。文化人类学从集中在对原始社会及文化的研究，已逐步扩展到对现代文明社会的研究。文化人类学对组织行为学的贡献，主要是组织中人的行为、人类社会的起源、人类社会行为以及人类和文化的关系等理论。人类的行为，并不是完全按照本能产生的。人的行为中文化性的行为多于生物性的行为。人类通过不断的社会化学习过程，使行为超越了本能性行为。在文化环境中逐步形成价值观念、规范、风俗、习惯、民族性等，由于文化背景的差异性，其所熏陶出来的民族性格也不同。在一个组织中，其成员（员工）的受教育程度和所处的家庭背景、社会环境也有差异性，这些都会影响他们的态度与行为。文化对个人、群体、组织以及整个国家和社会的行为影响极大。可以说，社会是由文化形成的，文化与社会的关系是紧密相连的。生活在社会中的人离不开文化的影响，一个组织的有效管理者和领导者，对组织中人员和群体的个性和共性要有深刻的了解。在管理方式和领导方式上，不仅要针对不同个人的特点，而且要针对文化背景不同的群体和组织，采取相应的领导方式和管理方式。例如，西方人有西方人的文化，因而有西式的管理；日本人有日本人的文化，因而有日本式的管理。管理方式如能结合国情、社会习俗等文化背景，就可收到明显的成效。因此，有效的管理，就应该对社会文化环境、国民性格等进行分析研究，从而采取相应的管理方式和领导方式。

（四）政治学、伦理学、生物学、生理学等

这些学科的知识也是研究组织行为的理论基础。政治学中的权力与冲突问题、伦理学中的道德规范都会影响组织中人的行为。人体犹如一个生物钟，有他自己的生物节奏的规律性，有体力、智力、情绪的低潮与高潮，这都会影响人的行为。20 世纪 80 年代，组织行为学开始研究工作压力对个体、群体、组织的行为和工作绩效的影响。其主要分析当人们承受工作压力时，身体所做出的生理反应，引起的身体生物结构的变化及其如何防治，等等。

三、组织行为学是行为科学的新发展

虽然梅约等人的霍桑实验开创了运用心理学和社会学知识综合研究人的因素的新方向，但是，由于霍桑实验得到的结论带有一定的推测和联想性，缺乏充分的客观依据，因而后来受到一些人的批评。所以，许多学者包括心理学家、管理学家、生物学家、社会学家和人类学家等，都纷纷研究霍桑实验的结论，来说明产生那种不符合一般逻辑的行为的原因。

20 世纪 40 年代，系统理论的提出和运用，也进一步促使各学科的学者聚集在一起，共同探讨人的行为产生的因果关系。1949 年，在美国芝加哥大学的一次跨学科的科学讨论会上，有人提出了如何运用现有的学科知识研究人的行为的规律性。会上有人提议：用这种综合各学科的知识系统研究人的行为的科学叫作行为科学（behavioral sciences）。接着 1952 年又成立了"行为科学高级研究中心"。1953 年美国福特基金会邀请了一批著名学者，经慎重讨论后，才把研究人的行为的学科定名为"行为科学"。1956 年正式发行《行为科学月刊》。

《美国管理百科全书》对行为科学的定义是：行为科学是运用研究自然科学那样的实验和观察的方法，来研究在一定物质和社会环境中的人的行为和动物（除人这高级动物外的其他动物）的行为的科学。已经确认研究行为所运用的学科包括心理学、社会学、社会人类学和与研究行为有关的其他的科学。

这个定义指明了下列三个要点：

（1）人的行为的产生实际是个体对外部环境所做出的反应。用一般的数学公式来表示，行为是个体心理特征和外部环境的函数。公式为

$$B = f(P_{a,b,c\cdots} E_{m,n,o\cdots})$$

式中：B 为行为；P 为个体；E 为环境。

这个公式反映了人的行为的最一般规律。

（2）研究行为规律应当采用研究自然科学所用的实验和观察的方法。

（3）行为科学是一个学科群，它和社会科学一样，是一门综合性的科学，包括一切与行为有关的学科。

行为科学运用的范围极广：把行为科学运用到教育方面，就构成教育行为学，如运用行

为改造方法来改造人的消极不良行为等；把行为科学运用到医学领域，就构成医疗行为学，如运用行为疗法治疗精神病等；把行为科学运用到政治领域，就构成政治行为学。

而组织行为学是把行为科学的一般原理和知识运用于各种组织管理的产物，组织行为学是行为科学的新发展。所以也有人把行为科学叫作"大行为学"，把组织行为学叫作"小行为学"。

四、组织行为学的发展动向

20世纪60年代之后，行为科学进入组织行为的研究阶段，开始形成组织行为学。西方国家在组织行为学的研究队伍、研究范围、研究方向和研究方法等方面，都有较大的进步。在研究队伍方面，除了以心理学家为主体之外，管理学家、社会学家和人类学家也参与进来；在研究范围方面，由工业组织扩大到政治团体、公共机构、政府机关、军队、医院等各类组织；在研究方向方面，逐渐趋于综合化，综合有关学科的观点来研究组织中人的心理和行为规律；在研究方法方面，逐步从单因素分析发展到多因素的综合分析，从传统的实验室实验方法发展到现场实验、参与观察以及大规模的问卷调查和统计分析。20世纪90年代以后，科学技术飞速发展，世界经济一体化的进程加快，对组织的发展与变革提出了新的课题，学习型组织、流程再造、虚拟企业等组织理论的出现，标志着组织行为学的研究已进入一个新的阶段。

组织行为学不仅在西方受到重视，在俄罗斯、日本等国家也有一定的发展。

我国对组织行为学的研究和应用，已由起步阶段向普及阶段发展，但与西方国家相比还有很大差距。1985年，我国著名科学家钱学森指出，行为科学是从个人与社会互相作用的角度研究客观世界的，并已成为与自然科学、社会科学、数学科学、系统科学、思维科学、人体科学、军事科学、文艺理论八大门类相并列的独立的第九个科学门类。现代科学技术体系，在总的方面就分为这九大门类。中国行为科学学会于1985年1月在北京成立，由时任工业机械部副部长的孙友余先生任学会会长。著名经济学家马洪在会上做了题为《发展马克思主义行为科学》的报告。之后，许多省市又相继成立了行为学分会。中国工业经济协会还专门设立了行为科学组。我国许多企业在自己的经营管理过程中，在研究和应用组织行为学方面也取得了可喜的成绩。

1999年，教育部工商管理硕士指导委员会决定将组织行为学列为工商管理硕士研究生的必修核心课程，其他高等财经院校也相继开设了组织行为学课程，组织行为学的教学与研究有了进一步的发展。

应当指出的是，虽然在我国对于行为科学和组织行为学的研究和应用起步较晚，但是，与人有关的管理思想在我国古代思想家的论著中早就有了。这些思想至今还为日本和美国的一些管理专家和学者所高度重视。比如，孔子有"律己"及"温、良、恭、俭、让"等重视人和人的关系的思想。孟子有"天时不如地利，地利不如人和"的思想。荀子的"水火有气而无生，草木有生而无知，禽兽有知，而无义；人有气、有生、有知，亦且有义，故最为天下贵也"，是重视人的高级心理品质和高级需求的思想。韩非子有赏罚分明和重赏重罚的思想，他在《韩非子·五蠹》中说："是以赏莫如厚而信，使民利之，罚莫如重而必，使民畏之；法莫如一而固，使民知之。故主施赏不迁，行诛无赦，誉辅其赏，毁随其罚，则贤不肖俱尽其力矣！"还有孙子的重视满足人的需求来激发动机的思想，以及他的"上下同欲"的个体与组织目标相一致的思想。由此可见，在组织行为学的发展过程中，我们不仅要学习和借鉴国外的研究成果，更要注意发掘历史遗产。

思考题

1. 什么是组织行为学？简述其性质。
2. 试述组织的要素及其分类。
3. 组织管理者有哪些角色和技能？
4. 研究和应用组织行为学有何重要意义？
5. 组织行为学的研究方法应遵循哪些原则？
6. 试分析组织行为学的研究方法。
7. 试述组织行为学产生与发展的过程。

第二章 个体行为

学习目的和要求

通过本章的学习，重点掌握管理活动中涉及的基本的行为概念与知识。这对于今后的组织管理实践，加强对组织成员行为的认识与了解，将是十分重要的。掌握影响人的行为的主要因素，个性理论及其对人的行为的影响，个性非倾向性心理特征与倾向性心理特征对人的行为的影响，知觉、情绪、情感、态度、价值观等行为的基础现象及其对人的整体行为的影响；了解人性假设的主要观点。

第一节 人的行为分析

一、组织中人的行为类型与特征

（一）人的行为类型

对人的心理活动的认识，以及对组织行为现象的研究，都是要从人的活动开始。因为人是构成组织最基本的单元，组织中的人的行为是千差万别、千变万化的。如果我们对人的行为进行分类，则可以看出人的行为的差别。

（1）按行为主体的自然属性分类。从年龄看，婴儿、幼儿、少年、青年、中年、老年，人的一生的各个发展阶段的行为表现是不一样的；从性别看，男人、女人的行为表现也不相同。

（2）按行为主体的社会属性分类。从不同的社会职业看，工人、农民、商人、军人、科教人员、行政管理干部的行为是很不相同的；从不同的社会发展阶段看，原始社会、封建社会、奴隶社会、资本主义社会、社会主义社会，由于生产、经济、政治、科学文化发展水平不同，人们的行为表现也不同；在同一个社会或国家的不同历史时期，人们的行为也有显著的差别。

（二）人的行为特征

尽管人的行为是千差万别的，但是无论是男女老少，无论是属于哪个民族或哪个社会阶层，人的行为都有其共同的特征。这些特征包括以下方面：

1. 行为的自发性

人的行为是自动自发的。外力能影响人的行为，但无法发动其行为。外在的权力、命令无法使一个人产生真正的效忠行为。

2. 行为的因果性

任何一种行为的产生都是有一定原因的。行为同人的需求有关，还同该行为所导致的后果有关。就需求来说，人们的行为受自我需求激励，而不受别人认为他应该有的需求激励。对于旁观者来说，一个人的需求也许是离奇而不现实的，但对这个人来说，这些需求恰恰是处于支配地位的。

3. 行为的目标性

人类行为不是盲目的，它不但有起因，而且有目标。有时，在旁人看来是毫不合理的行为，对其本身来说却是合乎目标的。

4. 行为的持久性

任何行为在目标没有达成以前是不会终止的，也许行为方式会改变，或由外显行为转为潜在行为，但总是不断地向着目标前行。

5. 行为的可改变性

人类为了达到目标，不仅常改变行为方式，还会通过学习或训练改变行为的内容。这与其他受本能支配的动物的行为不同，人类的行为具有可塑性。之所以人类的行为具有以上这些特征，就是因为人类的行为都是具有动机性的行为。

二、人的行为模式与影响人的行为的因素

人的行为受诸多因素影响，有其自身的规律和特点。

（一）人的行为模式

不同个体的行为特征不同，如需要、情绪、兴趣、意志、能力、气质、性格以及态度等都有差异，加上个体的社会经历不同，不同个体会对同一种刺激产生不同的反应，即不同的知觉。人的行为不仅受个体本身的心理特征的影响，而且受客观环境的影响。在相同的心理特征下，由于环境不同，人们会采取不同的行为。外在的刺激与内在的反应并非直接地、机械地联系在一起，而是受主观评价的影响。在研究人的行为时，不仅要研究引起行为的外界刺激条件，更重要的是要分析个体行为的主观心理特征。刺激反应机理如图 2-1 所示。

刺激 → 个体心理特征 → 对刺激的个人解释 → 行为反应

图 2-1 刺激反应机理

（二）影响人的行为的因素

任何事物的运动都有其内部原因和外部原因，人的行为也不例外，可以从内、外两个方面去寻找影响人的行为的因素，具体如图 2-2 所示。

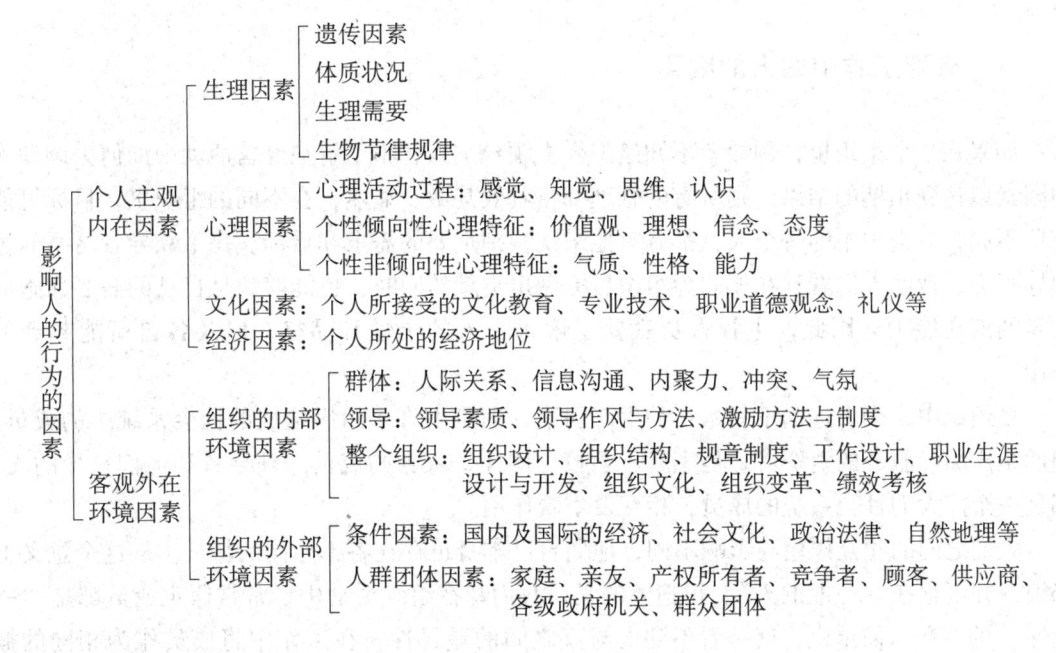

```
影响        个人主观    ┌ 生理因素 ┬ 遗传因素
人          内在因素    │          ├ 体质状况
的                      │          ├ 生理需要
行                      │          └ 生物节律规律
为                      │ 心理因素 ┬ 心理活动过程：感觉、知觉、思维、认识
的                      │          ├ 个性倾向性心理特征：价值观、理想、信念、态度
因                      │          └ 个性非倾向性心理特征：气质、性格、能力
素                      │ 文化因素：个人所接受的文化教育、专业技术、职业道德观念、礼仪等
                        └ 经济因素：个人所处的经济地位
            客观外在    ┌ 组织的内部 ┬ 群体：人际关系、信息沟通、内聚力、冲突、气氛
            环境因素    │ 环境因素   ├ 领导：领导素质、领导作风与方法、激励方法与制度
                        │            └ 整个组织：组织设计、组织结构、规章制度、工作设计、职业生涯
                        │                        设计与开发、组织文化、组织变革、绩效考核
                        └ 组织的外部 ┬ 条件因素：国内及国际的经济、社会文化、政治法律、自然地理等
                          环境因素   └ 人群团体因素：家庭、亲友、产权所有者、竞争者、顾客、供应商、
                                                    各级政府机关、群众团体
```

图 2-2 影响人的行为的因素

心理学家首先肯定了遗传等内在因素对个体行为的影响力。遗传不仅决定个体的生理特征，而且对个体的心理和行为特征，也起一定的决定作用。比如，由于体质特征的差异，身体强壮的个体更易有攻击性，由于对身体条件自信，这些个体容易成为群体中的核心人物，对其他成员产生影响力；而身体羸弱的个体，不仅个人的自信心、自我效能容易受到消极的影响，这种体质也会影响个体在群体中的行为表现。再比如，在个体的行为类型上，比较典型的内向型性格和外向型性格，在很大程度上也取决于个体的遗传特性。个体的能力类型与能力程度的差异，更是受到遗传等内在因素的强烈影响，这一现象很早就引起心理学家的注意，这些前辈进行的许多研究奠定了现代心理测量理论与方法的基础。

在强调遗传对个体行为影响的同时，环境因素对个体行为的影响也是不容忽视的。其中，家庭环境因素在塑造与改造个体的行为上起到了重要作用。在良好的家庭环境中成长，不仅能保证个体生理正常发育，而且对心理健康以及行为发展的健康也有决定性的影响。根据美国心理学家研究的结果，幼年时期家庭的环境会影响个体一生的心理与行为表现。通常，在青少年与成年期具有较强攻击性与反社会行为倾向的个体，往往童年生活不幸福。对成功的企业家与管理人员的研究也证明，个体成长过程中的挫折经验，对于后期的创业成功具有重要意义。成长环境中的刺激的丰富程度，也决定了个体情绪的丰富程度，这对于生活与工作环境中必要的人际关系行为的发展起积极的促进作用。

第二节　关于人性假设的研究

一、管理工作中的人的因素

如果在一个组织里，领导者不知道怎样去领导别人，不了解在经营活动中如何去调动人的因素以达到预期的结果，则所有的管理都将收效甚微。显然，在不同的组织里，目标可能有所不同，但组织中的每个人，都有对他来说特别重要的需求和目标。每个领导者需要通过领导行为，帮助人们看到在他们为组织目标做出贡献的同时，也能够满足自己的需要并施展自身的潜在能力。因此，主管人员就要了解每个人的个性和品格，以及各自所能起到的作用。

在组织中，个人远远不只是一种生产因素，而是由许多组织构成的社会系统中的成员：他们是产品和服务的消费者，是家庭、学校、团体、政党的成员。领导者和他们领导的人，都是一个广大的社会系统的成员，相互发生着作用。

人们之间的相互作用与影响不同，他们自己本身也存在各不相同的特征。从这个意义上来说，并不存在"一般的人"。很遗憾的是，我们却在组织活动中，常常假定成员都是"一般性"的存在。简单说，就是看不到人与人之间的差异性，在工作中将成员作为相同的概念来处理。组织制定的各种规章、程序、工作进度、安全标准和职务说明书等，都隐含地假定人在根本上是相同的。当然，从组织工作方面来看，这种假定在很大程度上是很必要的，这使我们的工作更容易实现"标准化"和"规范化"。但是，我们在实际工作中，更应该承认个人的特殊性，即他们有不同的需要、责任感、志向、态度、愿望、知识、技能水平以及潜在能力等。领导者如果不了解人的复杂性和个性，就有可能误用关于激励、领导与信息沟通等的一般法则。

管理虽然涉及实现组织的目标，但是实现目标的方法或手段丝毫不能侵犯人们的尊严。个人尊严是指人必须受到尊重，而不论他们在组织中职位的高低。总经理、副总经理、经理、一线监管人员和工人，都在为组织的目标做贡献，他们每个人都是具有不同能力和愿望的独特的个人，都应该受到平等的对待。各种组织都要实行以人为本的管理方式。

人是受外界因素影响的一个整体，就这一点来说，人是相同的。人们工作的时候，不可能摆脱这些外界力量的影响。如果我们不把人作为一个整体来考虑，而只是考虑不同，如知识、态度、技能或个性品质，我们便无法谈论人的本性了。人都有这些特征，只是程度不同而已。况且这些特征彼此间相互作用，在特定情况下何种特征占优势也是瞬息变化和难以预料的。

领导者对人性的认识决定了领导者的领导行为，对人性假设的研究是领导行为研究的重要内容。

二、关于人性的假设

为了理解人的复杂性，国外一些学者如薛恩、麦格雷戈等提出了多种模式，这些模式都是以对人性的假设为基础的。这些假设对研究组织中的人的行为的规律性和特征具有一定意义。

（一）关于经济人的假设

美国心理学家薛恩在《组织心理学》一书中指出，关于人性是理性的和经济的说法，归根结底，是从享乐主义哲学衍生出来的。这种学说主张，人的一举一动，都是为了使自己的利益最大化。

由此，薛恩引出如下假设：

（1）员工基本上都是受经济性刺激物的激励的，无论是什么事，只要能向他们提供最大的经济收益，他们就会去做。

（2）因为经济性刺激物又是在组织的控制之下的，所以员工本质是被动的，要受组织的左右、驱使和控制。

（3）感情是非理性的，因此必须加以防范，以免干扰了人们对自己利益的理性权衡。

（4）组织能够而且必须按照能中和并控制人们感情的方式来设计，也就是要控制好人们那些无法预计的品质。

与薛恩的这些假设相类似，麦格雷戈总结出 X 理论。麦格雷戈在用组织方法对人进行分析时，把传统的关于人性的假设都包括在 X 理论之内。X 理论假设认为：

（1）人生来就是懒惰的，因此，必须由外界的刺激物加以激励。

（2）人们天生的目标就是跟组织的目标背道而驰的，因此他们必须由外界的力量来控制，才能保证他们为组织的目标而工作。

（3）由于人们具有非理性的感情，因此他们基本上是不能自我约束和自我控制的。

（4）不过，人大体上可划分为两类，一类人符合上述假设，而另一类人则是能自律和自制的，并且不那么受感情的摆布。必须把管理的责任授予后面一类人。

管理者对人性的假设类型，将决定他们所采取的管理策略和领导行为，并决定他们关于组织及其员工间应保持哪种心理契约。上述对人性的假设，意味着员工是计较型参与的。组织用经济性奖酬购买员工的劳务和服从，也有义务通过一套权力与控制系统保护它自己和员工，免受人性中非理性因素的损害。权威于是就必然存在于被指派的职位上，并指望员工能服从占据权威职务的人，而不管这个人的能力或个性如何。

（二）关于社会人的假设

随着社会的发展，工作变得更复杂了，组织间的竞争也变得更加激烈，使得管理者不得不越来越倚重员工的判断力、创造力和忠诚心。随着组织对员工期望的增加，企业也不得不重新审视对员工所做的假设。另外一些研究的结果也证实了组织成员的动机、需要与期望并不符合经济人的假设。霍桑实验把人们的注意力引向这样的事实：人们有想被自己的同事所接受和喜爱的需要，这种需要可能比管理部门提供的经济性刺激物更为重要。这项试验还进一步表明人们往往还会抵制别人想把他们置于一种与他人做竞争的处境中去的企图。对于竞争给失败的一方所带来的威胁，个人可以通过与别人联合起来解除这种威胁。而英国心理学家舒斯特通过对煤矿工人所做的调查与分析，也发现了与霍桑实验类似的情况。

正是霍桑实验的资料使梅约发展出了一种对人性的十分不同的观点，即提出了关于社会人性的假设：

（1）社交需要是人类行为的基本激励因素，而人际关系则是形成人们身份感的基本因素。

（2）从工业革命中延续过来的机械化，其结果是使工作丧失了许多内在的意义，这些丧失的意义现在必须从工作中的社交关系里找回来。

（3）与对管理部门所采用的奖酬和控制做出反应相比，员工会更易于对同级同事所组成的群体的社交因素做出反应。

（4）员工对管理部门的反应能达到什么程度，当视主管者对下级的归属需要、被人接受的需要以及身份感的需要能满足到什么程度而定。

建立在这种假设基础上的管理方式，显然与根据"经济人"的假设得出的管理方式完全不同。这种假设要求主管人员不要把自己的注意力局限在要完成的任务上，而应更多地关注为完成任务而工作的那些人的需要；主管人员应该关心的不仅是怎样对下级进行指导和监控，更应该关心他们心理的健康，尤其是他们对于自己能否被人接受的感情需求以及他们的归属感和身份感；主管人员应把工作班组整体当作一种不可回避的现实接受下来，并应考虑给予班组集体奖酬而不仅是给个人奖酬；主管人员的作用要从抓计划、组织与控制，转为充当下级员工与更上一层领导的中间人，要倾听并力求理解下级的需要和感情，要对这些需要和感情表示关切和同情，还要在更上一层领导面前支持下级的要求，响应他们的呼声。从这种假设来看，对工作的主动性由发自管理阶层转为发自工人了。主管人员不再是任务的下达者与授予者，不再是激励者与控制者，而成为给工作创造条件与提供方便的人，成为工人的富有同情心的支持者。

（三）关于自我实现人性的假设

以社会人假设为基础，在组织管理中出现了"人际关系运动"，突出训练管理人员，强调他们要能更多地意识到员工的（社交）需要。尽管这种训练确实提高了工人们的情绪和士气，但是从提高劳动生产率方面来说效果究竟如何还很难说。与此同时，有越来越多的研究组织行为学的学者相信梅约关于工作已变得失去意义的基本论断，因此他们把注意力转向工作本身的性质。在这类学者中，麦格雷戈、阿尔吉里斯和马斯洛等人认为，由于要求工人所做的工作不能使他们以成熟的、高产的方式来发挥自己的潜力与技能，他们对工作的态度变得冷淡、无动于衷了。许多证据表明，现代工业中的许多工作已被分解得支离破碎过分专业化，以致工人既不能发挥自己的能力，又看不出他们正在做的工作与整个组织的使命有什么关系。于是一种关于人性的新的而更为复杂的假说开始形成，被麦格雷戈称为Y理论的假设对此表达得最为贴切。

Y理论的假设认为：

（1）工作中消耗体力和脑力，正如游戏或休息一样是自然的。一般的人并非天生就厌恶劳动。当依赖于可控制的条件时，工作可以成为满意的源泉（自然地从事工作），也可以成为惩罚的源泉（尽可能地避免工作）。

（2）外力的控制和处罚的威胁，都不是促使人们为组织目标做出努力的唯一手段，人们在实现他们所承诺的目标任务时，会进行自我管理和自我控制。

（3）对目标、任务的承诺，取决于实现这些目标、任务后所能得到的报偿的多少。

（4）在适当的条件下，一般的人不但会接受而且会去主动担当工作。逃避责任、缺乏进取心、强调安全感，一般来说是经验的结果，不是人的天性。

（5）在解决种种组织问题时，大多数人，而不是少数人，会运用相对高水平的想象力、才智和创造力。

（6）在现代工业社会的生活条件下，一般的人的潜在智能只得到了部分发挥。

自我实现的概念，强调的是自主、挑战、个人成长以及充分发挥自己潜能与才智等较高层次的需要。有明确的证据表明人们追求自我实现的驱动力，对于主管人员和专业人员的行为来说是很重要的，这也许是最关键的方面。然而，还不清楚这种动机与较低层的员工有什么关系。

从这种假设中推演出的关于权威及心理契约的含义是很深刻的。权威不再存在于某一特定的个人，甚至也不在某一个特定的职位上，而是寓于工作任务自身。让人们能自己彻底解决一项问题的挑战，正是自我实现的核心。

按照Y理论的假设，主管人员就不会太担心是否对员工给予了足够的体贴和关心，而会较多地考虑怎样才能使工作本身变得具有更多的内在意义和更大的挑战。管理自我实现的人应重在创造一个使人得以发挥才能的工作环境，此时的管理者已不是指挥者、调节者和监督者，而是辅助者，从旁给予支援和帮助。激励的整个基础已经从外在性的转到内在性的了，也就是从组织必须做些什么事来激发员工的积极性，转为组织只是为员工的积极性提供一个表现与发挥的机会而已，而这种积极性是本来就存在的，只不过要把它引向组织的目标。在管理制度上给予自我实现的人以更多的自主权，实行自我控制，让组织成员参与管理和决策，并共同分享权力。

显然，Y理论的假设与X理论的假设是根本不同的。X理论的假设是悲观的、静态的、僵化的，控制主要来自外界，亦即由上级强加于下属。与此相反，Y理论的假设则是乐观的、动态的、灵活的，它强调自我管理和个人需要与组织要求的结合。

（四）关于复杂人性的假设

前面所说的关于经济人、社会人、自我实现人性的假设，虽然都有其合理的一面，但并不适用于所有人。薛恩于是提出了关于复杂人性的假设，他认为：

（1）人类的需要是分成许多类的，会随着人的发展阶段和整个生活处境的变化而变化。

（2）人在同一个时间内，会有多种的需要和动机，这些需要和动机相互作用、相互结合，形成了一种错综复杂的动机模式。

（3）由于在组织中生活，人会产生新的需要和动机。在人的生活的某一特定阶段和时期，其动机是内部的需要和外部环境相互作用形成的。

（4）一个人在不同的组织或同一个组织的不同部门、不同岗位工作时会形成不同的动机。一个人在正式组织中郁郁寡欢，而在非正式组织中有可能非常活跃。

（5）一个人是否感到满足或是否表现出献身精神，取决于自己本身的动机构成及他与组织之间的相互关系。工作能力、工作性质与同事相处的状况皆可影响他的积极性。

（6）由于人的需要是各不相同的，能力也是有差别的，因此对不同的管理方式各人的反应也是不一样的，没有一套适合任何时代、任何人的普遍的管理方法。

薛恩在做出上述假设后指出，以前人们对人性的假设过于简单化和一般化了。按照复杂人性的假设，主管人员应该保持足够的灵活性，掌握高超的处理人际关系的技巧。在管理方法上，对不同的人，在不同的情况下采取不同的措施，即一切随时间、条件、地点和对象的变化而变化。他称这种管理模式为"权变模式"。而麦格雷戈则称其为"超Y理论"。

三、对人性假设理论的分析

人性假设理论是西方组织行为学家和管理学家提出来的，其中有科学的成分，也有其片面性。由于我国是社会主义国家，具有东方民族的文化传统，这就决定了我们不能照抄照搬西方的东西，要根据我国的实际情况，区别对待西方的人性假设理论，为我所用。

（1）人的本质并不是单个人所固有的抽象物，在其现实性上，它是一切社会关系的总和。从这个观点出发，我们反对离开社会和组织的影响研究人的本性，更反对把人的本性说成是生来具有并且一成不变的。每个人都是几种因素交织在一起的综合体，其表现也会随着时间、条件、地位以及生活水平的变化而变化。由此可见，关于经济人、社会人、自我实现人性的假设是有片面性和局限性的，而复杂人性的假设是有一定道理的。

（2）几种人性假设反映了资产阶级在各个不同的历史时期对人的看法，也相应地在不同程度上反映了随着生产的发展、技术的进步、工人的文化水平和生活水平的提高，工人在需要层次和需要结构上也发生了变化，这对我们是有启发的。

（3）人性的几种假设都认为，应根据人的不同需要和素质采取不同的领导方法，这一点具有普遍意义。但是，必须指出，任何一种管理方法和管理制度都是针对一定的情况提出来的，都不能绝对地说哪种好、哪种坏，不能把管理方法僵化。

以上分析是针对一般情况而言的，结合我国的具体情况，运用几种对人性的假设来研究人性与组织管理的关系时要注意以下几个问题：

（1）对多数人来说，现阶段劳动还是赖以谋生和满足其他各种需要的手段，人们共同的、迫切的需要仍然是改善生活状况。但人们不仅仅是为谋生和金钱而工作，人有各式各样的需要，需要的层次也会随人们的文化水平、生活水平以及地位和年龄的变化而变化。

（2）多数人对组织任务及其管理方式的最初态度，是视其能否满足自己需要而定。但是这个态度是可以通过组织和个人的相互作用，通过采取适当的措施和教育来改变的。如果引导和教育得法，多数人是能焕发敬业精神，在自己的岗位上为组织做出贡献。

（3）在我国，各级组织目标和个人目标，从长远来看是一致的，但近期也可能不完全一致。为此，组织和个人双方都应当做出努力，使个人目标能更多地反映社会需求，包含更多的组织目标，而组织也必须了解和洞察群众的需要，使组织目标中能包含更多的个人利益。如此才能调动人们的积极性，提高工效，增加满意感。

（4）管理的方法应因人、因任务而异。由于人的成熟程度、需要层次和能力随生产的发展、思想文化教育以及生活水平的提高而不断增长，所以与之相应的管理方式也会发展。主管人员应当努力创造条件，合理地安排分工，使更多的人在工作中能充分发挥自己的聪明才智，并得到内在的满足。

（5）我国是社会主义国家，职工是国家和国有企业的主人。领导者、管理人员和工人应当是平等的、相互信任的、相互协作的关系。所以，无论采用哪种管理方式和方法，都应当关心人、尊重人、爱护人，应说服教育、发扬民主、适当参与、启发自觉、提倡自治。

四、人性化管理

伴随着人性假设理论的发展，管理观念也经历了从以物为中心的管理到以人为中心的管理的发展过程。在现代管理阶段，人性化管理思想越来越受到人们的重视。"以人为本"的管理方式即人性化管理模式，泛指在管理的一切活动中，始终把人放在中心位置。在手段上，着眼于最充分地调动所有员工的工作积极性，优化配置人力资源；在目的上，追求人的全面发展以及组织效益的最大化。

对人性化管理的理解,要把握以下几点:

(1) 人性化管理的主体是人,是具有一定政治素质、科学技术素质、文化素质和操作技能的组织全体成员,而不是少数组织成员或个别领导人。

(2) 人性化管理是同对物、对事的管理紧密结合在一起的,是在对人、对物和对事三者管理的紧密结合中,突出人在组织中的主体地位和能动作用。

(3) 人性化管理是把组织成员的个人价值与社会价值结合起来,使个人利益和国家利益、组织利益一致起来,使每个组织成员认识到自己在为满足社会需要而劳动的同时,也在为满足自己个人的需要而劳动。

(4) 人性化管理要贯彻全心全意依靠广大劳动人民的方针,发挥组织成员在民主管理中的主体作用,强化劳动人民的主人翁地位。

(5) 人性化管理要建立组织的人才开发体系,从战略的高度全面开发组织的人力资源,开发员工的现有潜能,全面提高组织成员的政治素质和科学文化素质。随着人类生产生活中各种生产要素竞争的演化,人力资源特别是人才资源,无疑是21世纪最为宝贵的竞争性战略资源。领导者常言道"发展是第一要务,人才是第一资源,创新是第一动力",这是鼓励人才为实现中华民族复兴伟大目标而奉献自己的智慧和力量。

人性化管理的本质是人的全面解放,它包括人的物质、思想、文化等方面的解放。人的物质解放是劳动者全面富裕、生活不断丰富,而思想文化解放是人的精神文化素质的普遍提高,最终使劳动者成为完全自主自立、全面自由发展的人。人的全面解放不单指个人能够适应不同的劳动职能,并使先天、后天的各种能力得到充分发展,还包括社会全体成员才能的充分发展,即个人发展与全社会的发展能够保持协调统一的形态,通过这种全面发展进而达到人的全面解放。

人性化管理作为一种哲学观念、管理思想,对社会进步和组织的创新发展具有重大意义;作为一种管理原则和基本管理方法,更显示了它的实用价值。它能有效地密切组织中人与人的关系,充分发挥人的聪明才智,有力地保证组织在竞争中的优势地位。

第三节 知　　觉

一、知觉的概念

从概念上说,知觉被定义为直接作用于感觉器官的整个客观事物在大脑中的反映。当一个客观事物的某一种属性对有关的感觉器官发生作用时,一系列传入神经把这一感觉信息传入大脑相应的感觉中枢,引起相关感觉信息的组合活动,从而反映整个事物的存在。

知觉和感觉一样，它是当前客观现实的直接反映，是人的社会实践活动的具体产物。但是，知觉和感觉又是有区别的，这主要表现在它们反映的具体内容和产生的过程上。知觉和感觉的具体内容是有区别的，感觉是人脑对客观事物个别属性（如颜色、声音、气味等）的反映，通过感觉可获得事物的个别属性的知识。知觉是对事物整体的反映，这种反映不再是事物的独立，或部分的属性，而是事物的意义。知觉和感觉的产生过程是有区别的，感觉是通过感官的特殊传导通路，把信息投射在大脑皮层的相应区，经过简单的加工就获得了事物属性的知识。而知觉是依赖大脑皮层联合区的机能实现的，也就是说，在主体脑中出现了这个事物的整个映象。例如，一台机器在一定距离作用于视感觉器官，大脑随即出现这台机器的映象：立体的，由几个不同形状的部分组成，能发出某种声音，有光滑感，等等。这就是对这台机器的知觉。

知觉之所以在当下能够一下子反映事物的整体，是因为在此之前，已经经历了对该事物各种属性的感觉，并在脑中储存了相应的感觉信息组合。因此，当前只要其中一种感觉信息起作用，就能引起这个感觉信息组合的兴奋，产生相应的知觉。从这个意义上说，知觉是在感觉的基础上产生的。如果以前没有对一台机器形成包含视觉、听觉、触觉等的感觉基础，就不可能对这台机器产生知觉。往往某种感觉会迅速地转变为相应的知觉，由于它们的密切联系，我们把二者合称为"感知"。

正是在知觉的基础上，我们能够认识事物的名称、性能、因果关系等意义。这属于思维的范畴。在普通心理学里，知觉只限于在脑中呈现出事物的整个映象。而认知事物的意义则是思维起的作用。但在心理活动中，知觉与思维紧密地相互联系着。知觉是思维的"窗口"，为思维提供感觉信息，而思维又对感觉信息进行加工处理，把知觉组织起来（知觉的组织），使其获得一定的意义。当我们感知客观事物时，从大脑的储存信息系统中提取相关信息，与知觉相结合，从而获得某种意义。因此，在心理学分支学科中，应用知觉的概念时往往或多或少地把知觉与思维结合起来。下面将要述及的"社会知觉"和"自我知觉"都与思维有关。

（一）社会知觉

1. 社会知觉的概念

1947年美国心理学家布鲁纳提出"社会知觉"的概念，用以表示他对知觉的一种新观点。社会知觉是指知觉过程受社会因素的制约。以后，这个概念在社会心理学中得到了发展，认为社会知觉是对社会对象的知觉，包括一个人对另一个人、个人对群体、群体对个人、群体对群体的知觉，以及个人间、群体间关系的知觉。简言之，社会知觉是对人和社会群体的知觉。其实，对社会群体的知觉，归根结底也是对人的知觉，只不过把人归入某一个群体，作为群体的一个成员来知觉罢了。因此，社会知觉实质上就是对人的知觉。

社会知觉是知觉主体的一种特殊的社会意识，它影响主体的心理活动，调节主体的社会行为。

2. 社会知觉的分类

社会知觉以人为对象，从不同侧面来知觉一个人。因此可以把社会知觉分为对人知觉、人际知觉、角色知觉和因果关系知觉。

（1）对人知觉。对人知觉是指通过对他人外部形态和行为特征的知觉了解其心理活动。一个人的特征包括面貌、仪表、风度、言谈、举止等，它们都是直接知觉的对象，是通过大脑得到的客观的映象。主体过去得到的此类映象经过思维活动的加工处理，使相关的映象（表象）系统化，具有一定的意义。将这种映象与有关的知觉相结合，就可以了解对象的心理活动。但主体的动机、感情、兴趣、观点等心理因素可能渗透到思维活动中，对人知觉会带有某些主观色彩。因此，对人知觉除了客观的一面以外，还可能有主观的、不切实际的一面。不应当小看知觉中主观的一面，虽其分量可能很小，但可能使知觉面目全非。为了客观地知觉每个员工，管理人员应当经常提醒自己：知觉中是否掺杂主观的成分。如果未能客观地知觉每个员工，就不可能真正地了解他们，也就谈不上调动他们的积极性了。

（2）人际知觉。人际知觉是指对人与人之间关系的知觉。这种知觉主要是在人际交往中发生的，以各种交际行为为知觉对象。交际行为指人们在交往中相互接触和交换的言语、态度与动作，包括礼节、交谈、表情、援助、侵犯等行为。在感知这些行为的基础上，借助于思维的作用，人们感知自己与他人之间建立的某种关系：友好的、一般的或对立的，并有与此相对应的情感。人们在人际交往中彼此发生频繁的人际知觉，使彼此在心理上相近和相似，从而形成友好的关系和情感。如果人们在交往中彼此发生过一些利害冲突，又未能得到妥善处理，则会形成对立的关系和情感。如果人们彼此很少往来，人际知觉淡薄，就会形成一般的关系和情感。管理人员应当与员工进行一定的人际交往，通过友好的人际知觉，建立相应的关系和情感。这是调动员工积极性的一个重要因素。

（3）角色知觉。角色知觉是指对人们所表现的角色行为的知觉。每个人在社会中都扮演某些角色，如家庭关系中的角色、性别角色、职业角色、群体角色等。人们通过人际交往、社会活动和业务活动，不断产生对他人角色的知觉，并借助于思维的作用，掌握各种角色的行为标准，形成角色意识。例如，一般认为外交官员的角色行为是有礼貌、脑子灵活、善于言谈、感情丰富、有幽默感等；商人的角色行为主要表现为善于推销、斤斤计较、以赚钱为目的、言行真真假假等；经理人员的角色行为是善于在工作中进行计划、组织、指导、控制等，任务第一，业务外交能力较强；等等。主体以有关角色的行为标准要求和评价他人，同时也以有关的行为标准要求自己——应当怎样行动才符合自己的角色。管理人员应当通过一定方式，特别是以身作则，使员工产生更多的角色知觉，加强角色意识，从而更好地发挥员工角色的作用，确保生产效率的提高。

（4）因果关系知觉。因果关系知觉是指在有关的一系列社会知觉中对因果关系的知觉。这种知觉的形成，一方面取决于有足够的某种社会知觉，另一方面借助于思维的作用，分析出知觉间的因果关系。一个车间主任感知到许多员工对某一员工非常敬重时，这个"果"

的"因"是该员工经常帮助他人。这就是因果关系知觉。为了了解员工及其他问题，管理人员要善于进行因果关系知觉。

（二）自我知觉

作为社会知觉中一种特殊的形式，自我知觉在个体行为活动中具有特别重要的地位。个体的自我知觉，既包括对自己心理与行为状态的知觉，又包括对自己的目标与发展途径的认识。我们也可以将后一个内容称为自我效能。俗话说"人要有自知之明"，一个人能正确认识并判断自己的状态并不是一件容易的事。当一个人意识清醒时，他（她）应该对自己的状态、角色、与他人的关系，以及行为表现等，有一个基本正确的判断。如果发现自己的行为与环境不符时，个体就会进行适当的调整。所以说，自我知觉是在主动的意识状态下进行的。这种自我的调整，不仅是适应与应对外界环境的需要，也是个体对自己人生发展目标的认识。通常，如果一个自我效能较强的人能够正确分析自己的能力优势，正确判断环境特点，选择一个有利于自己成功的途径，这将保证个体的顺利发展，并实现自己的目标。

二、影响知觉选择的因素

对影响知觉选择因素的分析，应该从客观与主观两方面考虑。

（一）客观因素

1. 知觉对象本身的特点

在知觉过程中，环境中刺激作用强烈又突出的事物比较容易引起人们的注意，并成为知觉的对象。色彩鲜明、闪动的事物，特别容易成为引人注目的对象。在生产活动中，我们应该将与工作活动有关的重要信息，通过适当的安排吸引人们的注意。而对于干扰与影响个体生产行为的刺激，尽量降低其强度，减少它们的消极影响。

2. 知觉对象与背景的差别

对比可以加强印象，知觉对象与背景的对比效应，也对个体的知觉活动有很大的影响。在知觉的环境中，经常同时存在许多刺激，而外界环境是丰富多彩的，因此如果我们知觉的对象与背景的其他事物之间没有明确的对比，我们的知觉就会模糊与混乱。在军事上，用迷彩的方式进行掩蔽，就是根据对比的原理保护自己、扰乱敌人的知觉。所以，在生产活动环节中，应该强化事物之间的对比性，从而帮助我们对知觉对象有清楚、准确的认识。

3. 知觉对象的组合

知觉的整体性特点决定了知觉是对一些信息的整合，不是单一的刺激，我们要将若干事物组合成一个整体作为知觉的对象。因此，按照一定的组合原则，就会产生有利于知觉或不利于知觉的效果。比如，根据接近原则，在空间上接近的事物，更容易被知觉为一个整体；根据相似原则，当几个事物在性质与形状上存在相似性时，常被人们组合成一个整体而知觉；根据闭锁原则，如果几个事物共同包围一个空间时，这些事物就被人们看作一个整体；根据连续原则，如果几个事物在出现的时间、空间上具有连续的性质，这些事物也容易被人们知觉为一个整体。

（二）主观因素

知觉是一种主观认识活动，个体的主观因素对知觉活动的影响是显而易见的。但知觉对个体的主观影响程度，根据个体的差异有所不同。通常，我们可以从以下三方面分析主观因素的影响。

1. 需求、兴趣与动机的影响

个体的需求、兴趣与动机使知觉活动带有一定的指向性，我们对于自己感兴趣的事物以及迫切需要的事物，具有更大的知觉敏感性。特别是在职业活动中，受过训练并具有丰富经验的个体比没有经验的个体，能够知觉更多隐蔽的细节。

2. 气质与性格

气质对知觉的影响主要表现在知觉的方式上，如知觉的灵活性、速度、注意的广度和数量等，这些都取决于气质特征。而性格主要集中影响个体在知觉中的心情，以及知觉活动中包含的情绪体验。人们对人与事的敏感程度不同，对自尊与竞争性的人际关系的认识也不同，这些特点都取决于个体的性格特征。

3. 知识与经验的影响

个体过去积累的与当前知觉有关的经验与知识总是会对个体的知觉活动产生一定的影响，这种经验的影响有时起积极作用，能帮助我们更好地全面知觉环境事物，但有时也会产生消极影响。例如，在环境已经产生变化时，我们的经验使知觉活动仍然保持原有的认识基础，导致不能发现环境变化。

三、知觉错误

由于观察的角度不同或得到的信息不够全面、不够充分，个体对客观事物会产生错误的认识，这就是知觉的错误现象。在组织管理活动中，经常容易出现的知觉错误形式有以下几种。

（一）知觉防御

当个体希望维护与保护自己的观点时，他（她）就会更多关注与自己意见一致的信息，而那些与自己的观点或需要不一致的信息与事物，就容易被个体忽视。有时，当我们全神贯注于某项工作时，也会出现类似的现象，注意力会完全放在活动有关的环节上，而不会注意周围其他事物。

(二) 晕轮效应（哈罗效应）

如果我们在知觉活动中，只能注意到某个事物或个人比较突出的特征，并用这个特征代表整体的性质，这种现象就是晕轮效应。晕轮效应使我们不能全面认识问题，以点带面，会形成错误的判断与决策。这种现象常出现在人员的选拔过程中。

(三) 首因效应和近因效应

一方面，我们会先入为主，对于一开始知觉到的信息，总容易留下特别深刻的印象，而对于后面的信息不能给予平等的或足够的重视，这种现象就是首因效应的错觉形式。另一方面，在知觉过程中，有时最后留下的印象与记忆，会给我们相对较大的影响，这就是近因效应。不管是首因效应还是近因效应，都会对我们正确知觉事物与人产生不利的影响。

(四) 定型效应

定型效应主要反映个体过去的经验对当前知觉的影响。对一些熟悉事物的长期观察，会使我们产生一种比较固定的观点，当环境产生了变化，而我们仍然保持原有的观点时，原有的经验就会使我们的知觉定型。

(五) 对比效应

对比效应是对多个认知对象与参照点进行比较时产生的认知和评价的偏差。对比效应常常发生在面试过程中。当面试者很多的时候，面试官无法记住每个面试者的相关信息，于是他会将前后的面试者进行比较。例如，第一个人表现非常好，而第二个人表现一般，那么面试官很可能会觉得第二个人的表现很差；如果第一个人表现非常糟糕，第二个人表现一般，那么面试官则会认为第二个人表现不错。这就出现了对比效应。对比效应往往会使结果产生严重的偏差。

(六) 投射效应

有研究表明，人们有这样一种强烈的倾向，总假设他人与自己是相同的。人们在认知他人时，常常假定他人与自己有相同的倾向，于是把自己的特点归属到他人身上，即所谓的"推己及人"，这就是投射效应。投射使人们倾向于把自己的感情、意志、特性投射到他人身上。按照自己的模式来知觉他人，而不是按照被观察者的真实情况进行知觉。比如，自己喜欢说谎，就认为别人也总是在骗自己；吸烟者总觉得身边的烟民多于非烟民。对于管理者，投射效应会降低他们了解个体差异的能力。

针对知觉错误的这些特点，我们应该在工作活动中自觉利用知觉的规律，以帮助我们更好地认识外界的事物，同时，也要注意避免相应的问题。

四、管理者的知觉与管理方式

管理者的社会知觉会直接关系其所采用的管理方式。

（一）人际知觉与"人群关系"管理方式

如果管理者能够重视与员工交往，并与员工建立友好的"人群关系"，那么他们就能获得丰富的人际知觉，从而领会人际关系的重大性，形成相应的人际关系意识。这样，他们就能自觉地采用和执行与"社会人"假设相适应的"人群关系"管理方式。例如，关心员工，满足员工的需要，特别是人群关系的需要，培养员工形成归属感和整体感，提倡集体奖励制度，采用"参与管理"方式等。

（二）自我知觉与"自我实现"管理方式

如果管理者善于在各种社会知觉中进行自我知觉，根据他人的行为，特别是他人对待自己的态度发现和了解自己，形成某种"自我实现"的需要（意识），那么他们就会倾向于采用和执行"自我实现"的管理方式。例如，为开发员工的潜力，发展他们的才能，重视创造某种适宜的工作环境和条件。在奖励方式方面，允许和鼓励员工从工作中得到"内在鼓励"。这就是从"知己"到"知彼"的认知及发展的过程。

（三）对人知觉与"应变"管理方式

管理者如果能够经常与员工接触和交往，参加员工的一些活动，与员工探讨一些问题，就能获得充足的对人的知觉，了解人的各种个性心理特征，形成相应的意识，把人作为一个"复杂人"来看待，从而采取和执行相应的"应变"管理方式。这种管理方式总的要求根据企业和员工的不同情况，采取灵活多变的管理方法。如根据组织性质的不同，可以采取固定的或较灵活的组织形式，奖励的方式不应千篇一律，应尽可能做到因人而异，等等。

（四）角色知觉与责任制管理方式

如果管理者善于进行角色知觉，掌握各种角色的行为标准，形成相应的意识，那么他们就会发现，人们都具有一定的角色意识——责任心。这种责任心自觉地表现在相应的行为中。据此，他们可能倾向于利用人们的责任心，实行责任制的管理方式。按职责严格要求所属的每个员工，以充分调动积极性。管理者应当善于进行各种社会知觉（包括自我知觉），并能自觉地消除可能产生的知觉偏差和主观消极意识的影响，这样才能综合地利用各种管理方式，取得积极的效果。

第四节 个性理论

一、个性的概念、特征以及个性对个体行为的影响

(一) 个性的概念

心理学的研究将个性定义为一种个体特有的、经常性的、稳定性的心理特征的总和。根据基本的概念分析，个性应该是既包括个体的身体特征，又包括个体的心理特点，个体在行为过程中展现出观察、思考、行为、情感等方面的综合倾向。

中国古代的哲学思想蕴涵着丰富的关于个性心理的思想，这些文化的精髓被现代世界心理学界接受。比如，孔子就认识到个体心理表现的不同侧面，他不仅将个体分为不同的类型，更在自己的思想观点与教育实践中，提出因材施教、因人施用的观点。按照儒家的思想，个性更多是受到社会环境与教育的影响，通过仁、义、礼、智四种因素表现出来的综合特征，是在环境与教育的共同影响下形成并发展的。尽管在中国古代传统文化中，也存在以法家思想为代表的更强调个性的先天决定特性的思想。但在社会传统中，仍然是以环境作用的观点为主。

科学心理学对个性的研究，早期大多是从临床应用的角度开始的，这些研究工作的目的是试图发现异常的个性特征表现，努力从临床角度开展治疗与纠正工作。在传统的临床研究基础上，对个性的研究也逐渐开始重视对社会正常状态下以及在工作情境中个性的特征表现的研究。研究侧重于对个性的测量，通过认识个性的特征，试图进一步对个体行为的表现与发展进行预测与控制。这种研究显然对于组织管理工作是非常有帮助、有意义的。

环境对个性的影响在社会发展的不同时代，表现出来的差异是比较明显的。比如，人们的行动目标，在行动中的付出与期望的结果，在社会的发展的不同时期有非常明显的差距。在传统社会环境中，个体在行动上更多考虑对家人、组织、社会的付出，而要达到这个目的，个体更能够对自己的欲望加以克制。但在现代这种物质条件相对丰富的环境中，个体的行为追求已经产生了明显的变化，强调自我成就，强调个性的全面与丰富的发展，已经成为现代社会人们追求的基本目标。这种观念的变化，也对现代组织管理活动产生了较大的影响。我们不仅从理论的研究上，从社会经验中也已经感受到这种人力资源特点的变化。

对个性的认识，在日常生活中，一般是通过用个体身上的一种比较突出的心理特征来描述的，如善良、温和、坚强、懦弱、害羞等。中国古代对个体个性的分析是从"道、德、仁、艺"四个结构进行的。这四个结构根据层次从低到高排列，分别包括：

(1) 艺，反映了个体在礼、乐、射、御、书、数等才能上的表现。在这六种才能中，中国的古人更重视礼和乐，因为它们可以使个体行为受到约束，有利于个体的学习。

(2) 仁，是对个体行为加以判断的尺度，通过对恭、宽、信、敏、惠等特征的判断，

能反映个体性格的差异，如刚强、勇敢、质朴、谨慎。

（3）德，是个体行为的原则，中国古代社会对德的要求分为九种品质：宽宏大量、温顺柔和、老实厚道、办事认真、刚毅果断、温文尔雅、志向远大、实事求是、符合道义。

（4）道，既是最高的层次，也反映个体的整体特点，它包含前面所有层次的内容，要求个体行为顺应规律，内心平静，天下为公，追求志向高远。

科学的心理学对个性概念的解释，是从个体心理活动的机能与心理活动特点方面进行分析的。个体的心理活动包括认知活动、情感活动与意志活动三个过程，由于遗传与环境作用的不同，不同个体在这三种活动过程中会产生一定程度的差异，是个体表现出的心理活动的倾向性。比如，个体的兴趣、爱好、态度、需要、动机、理想、世界观等，甚至能力、气质、性格等，都会存在于一种活动过程中，带有一种稳定的活动倾向。我们就将个体的这种心理活动的倾向性，定义为个体的个性。

个性现象的复杂性使个性问题的研究存在很大的不确定性。在心理学研究领域，20世纪30年代，美国著名心理学家奥尔波特对研究文献进行总结，发现被心理学家使用过的个性概念有五十余种。现在的心理学研究比较接受个性是遗传因素与环境因素共同作用的结果，个体的心理发展是个体适应环境并改造自己行为的结果。而通过反映客观事物并与客观环境交互作用，个人从中积累经验，从而形成个人比较稳定的个性特点。这种个性特点，又通过一定的形式，如个性的不同类型，表现在个体的行为上。总的来说，个性与行为是一致的，但在一些特定情境下，个性与行为也会产生暂时的背离。很显然，在组织情境中，组织文化、领导行为、群体关系等环境因素，都可能对个体存在的个性特点产生强烈的影响，并使个体在组织情境中的行为表现在一定程度上偏离其行为类型。

（二）个性的特征

尽管不同的个体的个性特征带有不同的色彩，但根据对人群的总体分析，我们可以总结出个性的规律。一般来说，可以从以下几方面分析个性的特征。

1. 社会性

个体是人性的特殊表现形式，是一种社会历史现象。个性的特征是受社会文化因素影响而形成的。个体如果离开了群体，离开了生活的社会，也就丧失了存在的基础。

2. 组合性

个性并不是一个孤立的心理特征，而是一组心理特征的有机组合。描述一个人的特征，往往只会描述其行为的某个角度，但只有从一组心理特征上对个体进行分析，才能全面地认识其个性特点。这也是由个体生活与工作活动的多样化特点决定的。每个个体的社会活动有多种情境，它不是单一的，这也就决定了其个性的多种表现形式。

3. 独立性

在心理活动中，存在共性与个性的差异。在认知过程中，通过视觉、听觉等反映的大多为基本的感觉现象，主要反映的是感知对象的共同特点，如情感、学习等现象的类型和发展规律等。但个性主要体现的是个体之间的差异性。正如我们的相貌不存在完全相同的特征，个体的个性特征具有差异性，是独特的。观察与研究也证实，即使是同卵双生的孪生子，成长在相同的家庭环境中，也存在个性的差异。这种差异是我们区分不同个体行为活动特点的基础，也使我们的行为丰富多彩。

4. 稳定性

个性不仅体现一定的差异性，在一个人的身上，在某个相对稳定的时期，其个性特征又带有一定的稳定性。只有在个体身上表现出的一贯的、经常的并持久存在的心理特征，才是一个人的个性特征，也才被称作个体的个性。一些由于特殊的情境作用在个体身上偶尔出现的、波动性较大的心理行为特点，并不是一个人的稳定个性特征。这些偶尔表现出的特点，是不能代表一个人的行为特点的。只有稳定的个性特点，才构成一个人独特的个性。当然，稳定性特点与个性的改造并不矛盾。在生活环境发生变化的时候，通过个体主观的努力，可以对已经形成的稳定个性特点进行改造。组织文化就是通过管理手段，根据个体的主观努力，对个体个性特征进行改造。它要求个体放弃不被组织活动接受的个性特点，使自己的行为活动符合组织的要求。

5. 倾向性

个性是带有个体的主观意识成分的，朝什么方向发展，维持怎样的类型特点，都带有个体的主观努力的成分。特别是在个性中反映的需要、动机、兴趣、理想和价值观等核心成分，更是能代表个体的倾向性。个性决定行为的表现，能观察到的只是个体外在的行为特点，但这些特点决定了内在的个性倾向。这也是研究个性的重要意义所在，只有正确认识个性的特征，才能对个体的行为活动做出正确的解释。

6. 整体性

个性包括很多成分，但在个体的心理活动过程中，它们是以整体的特点反映出来的。如果失去个性的整体特点，个体的行为活动就会显得支离破碎，我们将不能很好地判断与预测其行为的现象，个体也可能会做出变态的行为反应。个性的整体特点，也是与个体认识与改造外界客观环境的整体性紧密联系在一起的。我们对世界的认识，包括对客观环境的认识，也包括对他人与群体的认识，都是根据对整体现象的判断进行的。

个性的这些特点，并不是孤立的，它们反映在个性这个统一的概念中。同时，这些个性的特点也充分体现在心理活动的各个过程中，相互制约，交互影响。把握住个性的这些特点，有利于我们更好地认识与分析个体的行为表现，更好地预测与控制个体的行为活动。这一点显然对于管理活动的成功是非常重要的。对这些个性特点的认识，一方面，可以帮助我们分析个体适宜从事的工作活动，使个体的特长在工作岗位上有更好的发挥；另一方面，也可以帮助我们判断在职业活动和组织环境中个体的潜在发展空间，从而对个体开展有针对性的培养。

（三）个性对个体行为的影响

早期的管理活动中，人们基本没有认识到个体之间的差异，因此在组织管理中只强调一致性原则，认为员工进入组织后就一定会发生改变，人们会自动被组织同化，最终成为同质群体中的一员。但后来的管理实践活动证明，人们对个体差异性的这种不充分的认识，不仅影响组织工作的计划与分配，也影响个体在组织中的正常发展。因此，个体差异的观点开始被普遍接受。直至现在，人们不仅承认个体差异的存在，甚至认为这种差异的存在对组织发展是非常重要的，它也是组织创造力与革新性的来源，需要得到组织的保护。

个性对个体行为的影响，一方面表现在对个体的工作活动、群体人际关系的影响，这对于个体在组织中的表现与成就是至关重要的。由于个性差异的存在，个体在工作上的动力、活动的内容类型、活动的过程特点、活动的方式选择，以及对活动结果的影响上，具有一定的独特性。这些因素对于确定管理活动中的人力资源配置、人员的发展与培养、绩效考核的目标与方式等，都会产生重要影响。

另一方面，个性对个体行为的影响也表现在个体的行为方向的主观选择上，以及在行为过程中克服困难、忍受挫折的意志品质上。这在现代组织管理活动中显得格外重要，传统的物质性的激励手段在现代社会中越来越失去原有的作用，通过精神性的因素调动积极性已经广泛引起管理者的重视。个性的差异意味着个体的意志品质存在一定的差异，因此，通过了解个性特点，选拔能够适应组织的特殊要求，并能在组织环境中充分发挥自己特长的个体，是组织管理活动成功的重要保证。

二、影响个性形成的因素

由于个性这种心理现象比较复杂，因此影响它的因素也是复杂的、多样化的，这为我们清楚、准确地把握个性带来较大的困难。根据现有的研究成果，影响个性的因素有两种不同的性质，有一些影响因素几乎是完全由先天遗传所决定的，而另一些因素又完全取决于后天环境的特点。当然，大多数决定个性发展的因素在很大程度上是交互影响的，也可以说，个体的个性主要是在后天环境中形成的。

（一）先天遗传因素与个性

从理论上说，人的个性是在后天成长发展的过程中逐渐形成的。但对初生婴儿的观察发现，不同的婴儿也是有类似个性上的差异的，有些好动，应该是兴奋型，有些较安静，可看作抑制型，这些神经类型上的差异就是遗传。但生理素质仅仅是决定个性差异的一个因素，决定个性类型的更重要的因素，是在个体发展过程中那些来自外部的影响，严格地说，应该是客观环境影响与个人主观能动性影响的双重作用。

先天遗传因素对个性发展的影响，应该属于稳定的气质心理特征，它决定了人的心理活动动力属性，这包括心理活动的速度、强度、指向性等。由于气质为个体确定了独特的行为特征，所以，气质也应该是个性的组成部分之一。

但是在决定个性心理特征的价值观、信念、兴趣和爱好等这些主要及关键的因素上，都不完全依赖于人的气质。实践证明，个体的工作成效，主要受思想认识水平（包括理想、信念、工作态度等）、文化水平和技术能力等因素的影响。

（二）后天社会环境因素与个性

与唯心论和机械论心理学家立场不同，辩证唯物论的观点认为，在遗传因素影响的基础上，真正对个性形成与发展起决定作用的应该是社会环境因素，而不是遗传的生物性因素。

历史上行为主义学派的研究者曾经做过同卵（纯合性）双生子的研究，即把遗传因素完全相同的同卵双生子放到不同的社会环境中，研究可以刻意地控制环境的物质生活水平和文化水平。研究结果充分证明"个性特征是遗传的"这一观点是错误的。因为双生子在遗传性的气质特征上很相似，但他们表现出的整体个性特征或性格特征差异很大，并且这种差异性会随着他们的年龄增长，表现得越来越明显。

所谓后天因素，主要包括家庭、文化传统和社会阶级和阶层等方面的影响。

1. 家庭影响

家庭影响是最基本也是最重要的因素。在家庭影响中，父母的个性和家庭教育方式这两方面起到最主要的作用。

在常识与经验方面，我们可以在子女身上，明显地观察到父母个性的痕迹。在态度与价值观上，父母个性对子女的影响尤其显著。在对待他人的态度、处理困难与挫折的方式以及对待生活与工作的态度上乐观还是悲观，最能体现出父母个性的强烈影响。当然，这种影响是以潜移默化的方式发挥作用的。子女从日常生活朝夕相处的点滴、细微观察中，感受和观察到父母的态度与行为表现，并由此形成自己的态度体系与行为方式。

与此同时，父母对待子女的教育方式，在影响子女的个性形成上，起着更积极、主动的作用。西方学者在这方面的研究中发现，如果将父母教育子女的方式分为"民主型"与"权威型"，则民主型教养方式影响的孩子，更容易表现出合作意愿，在处理伙伴关系上，他们更容易表现出友好的态度与行为；相反，在权威型教养方式中成长的孩子，通常会更多地表现出自卑、怯懦的个性特点，事实上，他（她）们更难以协调自己与别人的关系，容易表现出较强的冲突性的态度，更喜欢或倾向于选择攻击性的行为来解决自己与别人的矛盾。心理学家列维对母亲的教育角色研究，将母亲对孩子的消极影响教育方式，分为纵容式与过分支配式两种，研究结果证明，两种不良方式对孩子的消极影响不同，过分纵容方式给孩子的影响，是个性上带有不听话、易发脾气、不能克制自己的特点，特别是在不能达到要求的目标时，容易出现明显的退缩、怯懦现象；而采用过分支配型的教育方式，孩子表面上虽然会表现出顺从、有礼貌的特征，但行为的总体特点还是带有软弱的特性。

2. 文化传统影响

生活在社会环境中的个体，在个性形成与发展中必然会受到所处社会文化传统的影响。尤其是社会文化中重要的价值观念，如对人生的看法，对自然界的看法，对人与人关系的看法以及解决问题的方法和行为模式。早期的观察发现，在美国和日本这两个国家中，对职工在工作组织间的跳槽行为，就存在不同的价值观念：日本社会大多数采用终身雇佣制，职工从甲厂流动到乙厂的行为，更容易被看作叛逆行为；而由于美国社会多半采用合同制、聘任制，人员流动更容易被接受，跳槽就会被视为正常的职业行为。这种对待人员流动不同的观念，也影响到职工个性的形成，在日本工厂中，工人更喜欢选择以厂为家，不愿意跳槽，而美国工人则愿意经常变换工作单位，喜欢跳槽。

荷兰的心理学家及人类学家霍夫施泰德在工作价值观的比较研究中也发现，工作活动中的个体行为、群体行为、组织行为都是受到社会的文化传统影响的，这些影响在上下级关系类型、组织决策类型、成就动机倾向、风险感受与忍耐、群体合作与冲突等多种活动过程中都有明显的表现。根据文化传统的相似与差异，霍夫施泰德将不同国家，划分为不同的价值观群体。在不同群体之间，管理上存在明显不同的风格；而在不同群体之内，管理上则表现出更多的相似性。很显然，这些影响不仅反映在组织与群体层面，也同样会表现在个体的层面，使不同文化背景下的个体，形成特有的个性倾向。

3. 社会阶级和阶层影响

任何社会都存在不同阶层，像现在社会的发展已经将"中产阶层"的成熟作为社会发达程度的一个标志。个性研究也承认社会阶层的存在，以及这种差异的影响。事实上，阶层因素对个性的影响更普遍，也更持久。根据职业活动与社会经济地位进行的阶层划分，对个性的影响有更明显的效果。由于中产阶层对社会发展起到重要影响作用，研究人员对中产阶层家庭环境影响个体个性形成与发展做了更多的观察与研究，他们发现，在中产阶层家庭中成长的个体，更容易成为社会经济活动的中坚骨干；不同领域的成功者，也大多出自这样的家庭。这不仅是由于中产阶层的家庭能提供较优越的生活与教育条件，恐怕更重要的还是这种家庭独特的气氛，能促使个体形成并发展追求成功的观念，以及形成更有利于成功的个性特征。

三、典型的个性理论与观点

对于个性理论的总结，是在对个性现象深入研究的基础上为使人们更好地理解个性实质与其发展过程提出来的。这些理论观点能综合概括个体的个性结构、功能、改变的性质等，并能反映个性与外在行为的关系。

（一）特质论或特性论

特质论的代表人物有阿尔波特、艾森克和卡特尔等，这是从心理特性来研究个性的一类理论。

同样是强调心理特性，但不同学者观点之间还是有差别的。阿尔波特认为，只有能够被测定的因素才是特性，个性就是由这些能被测定的因素构成的。阿尔波特提出的特性，被他定义为一种行为的倾向，像有谦虚特性的人，就会表现出对朋友和气，对父母尊敬，对工作认真等。

与阿尔波特不同的,艾森克则认为,个性是一种行为的反应或习惯,这些超出特性的反应或习惯组成一个层次,形成个性。艾森克提出用两个独立的维度来描述个性特质:一个维度是,情绪稳定—神经过敏;另一个维度是,内向—外向。维度是连续的尺度,并不是两个极端。个性可或多或少具有这两个维度的特性。

卡特尔的观点与前人不同,他的观点对现在个性研究领域的影响也最大。卡特尔首先肯定个性的基本结构单元是特质。但在特质的定义上,卡特尔强调特质应该是个体行为上表现出的,带有强烈倾向性,也表现为某种特征化的,比较持久与稳定的行为属性。卡特尔还特别强调这种特质可以被分为表面特质和根源特质,简单地说,就好像一个学生各门功课考试所得分数就是表面特质的表现,而其智力的好坏才是真正的根源特质。

(二) 心理分析论或心理动力论

心理分析论或心理动力论是在研究人的变态行为中总结出来的,理论的主要代表人物有精神病医学家弗洛伊德及其学生荣格和阿德勒。尽管他们三人有很多关联,但在学术观点上还是有相当大分歧,并对后来的研究工作都产生很大的影响。

根据弗洛伊德的观点,个性是一个整体,在个性之内包括彼此关联又相互作用的三个部分,即本我、自我和超我。这三部分的相互作用产生的内在动力,支配了个人所有行为。弗洛伊德将本我(或无意识)定义为个性结构中最原始的部分,是人生而有之的,主要是一些生物性或本能性的冲动(最原始的动机),正是这种原始的冲动成为推动个人行为的原始动力。由本我支配的行为是不受社会规范与道德标准约束的,而自我(或潜意识)是随着个体出生后的成长,从本我中逐渐分化出来的。要想使个体的原始冲动得到表现与满足,就必须与周围现实世界接触、交往,从而使自我能适应现实环境。因此,个性的自我部分是受"现实原则"所支配的。最后,超我(或有意识)部分是在个性结构中可控制并处于最高层位置的,这是人在参与社会生活后,接受社会规范、道德标准、价值观等并将其变为指导自己行动的准则而形成的。所谓"理性的文明"就是属于超我范畴的。

本我寻求满足,自我考虑现实环境的限制,超我按社会规范来衡量是、非、善、恶,弗洛伊德认为本我、自我和超我这三者是分立,但又彼此相互作用,从而构成个性的整体。健康及正常的人,个性的这三部分应该是彼此平衡且和谐的。

与弗洛伊德不同,荣格的理论被人们称作新心理分析论,荣格在三个方面与弗洛伊德有较大差异:

(1) 承认潜意识是支配行为的内在因素,荣格将"潜意识"又分为个人潜意识和集体潜意识。个人潜意识,由个人压抑自己的意识经验而形成;集体潜意识,由人类多代遗传演化累积而成。两种潜意识对人的行为产生合二为一的影响。

(2) 个性发展不取决于人本能的冲动,而是受个人为达到自我实现而产生的内在潜力所引导。

（3）自我才是个性结构的核心，在这一点上，荣格表现出与弗洛伊德极大的不同，弗洛伊德是强调本我的核心作用，荣格则认为自我又取决于两种"态度"或倾向：外向，与内向。内外倾向由人的感情显露与否来划分，它们也将人的不同特征组合成不同个性结构的人。除了把人的性格分为内向、外向之外，荣格还把人的不同特征组合，分为敏感型、感情型、思考型、想象型等不同的性格。

阿德勒的观点放弃了弗洛伊德对生物或本能因素过分重视的做法，他强调人的个性发展中社会因素的核心价值。具体的内容包括：

（1）否认弗洛伊德的原始本能无意识的冲动是人的行为动力的看法，而是强调个人争取优胜的意识才是人的行为的主要内动力。

（2）他认为，在个性结构中起核心作用的是意识，而不是潜意识。他认为个人不但意识到自己的行为，而且有计划、有方向地去追求成就以胜过他人。

（三）社会学习论

社会学习论更强调环境和情境对个人行为和性格的决定性作用。这种观点认为，环境中的事物必须通过学习才能成为个体行为的模式，而个体的行为对环境也有一定影响。社会学习论有以下几个特征：

（1）在特定情境和环境中，一个人的行为表现取决于情境和环境的特殊性，取决于个人对情境和环境的评价以及对别人类似行为的观察。如果遇到的情境和环境与自己的愿望相吻合，或者他人有类似的行为，就会经常出现同样的行为。

（2）当个体看到别人的行为受到奖赏或遭到惩罚时，这对他自己的行为起强化作用。个体的有些行为是直接学来的，有些行为则是通过观察而产生的。更常见的情况下，个体是通过观察别人的行为及其后果，而学会辨别行为的好坏，并知道在什么情况下选择表现什么样的行为是适宜的，应该仿效，在什么情况下选择表现哪些行为是错误的，应该摒弃。

（3）强调个人行为和别人的关系。例如，常和别人争吵的人容易受到别人的轻视，而这种轻视是自己的行为所引起的；一个讲礼貌的人使人感到舒适，同时别人也会以礼相待。

社会学习论的核心内容，就是强调环境的变动将引起人的特殊行为。它引导人们认识人类的行动是对特殊环境的反映，环境影响人的行为，而人又可以通过改变环境来改变自己的行为。虽然这个观点的应用可以帮助人们有效地改变不良行为和性格，但这种过分重视环境因素，而忽视人内在的个别差异的倾向，也使其具有较大片面性。

（四）个性性格类型论

这一类观点重视将典型的个性表现归为不同类型，这样有利于我们更容易认识与理解不同个性类型的特点，并能指导我们在实践中更好的处理相关问题。荣格和麦迪是个性性格类型论的比较主要的代表人物。

荣格不仅提出了心理分析论，同时也是个性类型论的倡导者，应该说是荣格最先把个性性格分为内向和外向类型的。荣格将内向人的特点定义为害羞、喜独自工作,在情绪上受到压力和内心冲突时,总是反躬自问,自己责备自己。而他对外向的人的描述则与内向相反,外向的特点是好与人做伴,善交际,喜欢可以和别人直接接触和打交道的工作,如对外联系、推销和采购等工作。

简单的内向与外向划分只是理论上的清楚与方便,现实中绝对典型的内向和外向表现都是很少的,我们大多数人是介乎两者之间的,并且人的性格又是各不相同的。荣格在后来对其理论的发展上,又把生活中,特别是与人交往中的性格特点,细分为敏感型、感情型、思考型和想象型四类。个体可能同时具有两种或两种以上的性格类型(特征),但其所具有的主要特征总是属于某一类型的,就是都在内向倾向中,或是都在外向倾向中。

麦迪的个性性格类型理论应该说是在荣格的内向与外向理论基础上进一步发展的,但麦迪创造性地提出人出生后受环境压力的影响,将逐渐形成高忧虑、低忧虑两种类型。麦迪认为,个体为应付环境压力,企图降低忧虑的痛苦,就会逐渐发展形成各种适应的行为方式。如果孩子由于缺乏父母的爱而感到孤独和不安,就会产生忧虑,将变成对人采取仇恨和敌对的行为方式,也可能变成对人羞怯和温顺的行为方式。所以,麦迪对个性的研究是以内向、外向和高忧虑、低忧虑等四个因素为基础的,这四个因素的不同组合形成四种个性结构,如表2-1所示。

表2-1 四种个性结构

	高忧虑	低忧虑
外向	紧张、激动、情绪不稳定、爱社交、依赖	镇静、有信心、信任人、适应、热情、爱社交、依赖
内向	紧张、激动、情绪稳定、害羞	镇静、有信心、信任人、适应、温和、冷淡、害羞

四、个性理论的应用

谈到理论的应用,重要的是看这种应用能否给组织的管理提供有效的帮助,是否能在说明、预测和控制员工行为,以及促进工作绩效上产生积极的影响。员工对组织中工资制度、特定的领导方式、一定的交往形式、非正式群体内的凝聚力,或战略变革反映出的积极或消极的反应,都是与个体的需要、期望、兴趣、价值观和态度等个性特征有密切联系的。实践证明,在影响员工的工作成就、健康水平、管理水平上,个性因素确实起到了很重要的作用。

(一)运用个性理论提高工作成就

根据个性的特点,在人员安置上,以个性特征为基础进行岗位与个性的匹配,保证人尽其才,这是通过运用个性理论提高工作成就的基本要求,也是现代人力资源管理的基本原则之一。美国心理学家特尔曼曾在1921年开始对个体才能与活动成就的关系加以研究,在对于 1528 名超常儿童进行的几十年追踪调查中,他的研究证明个性与成就的关系要高于智力与成就的关系。有相同智力条件的个体不一定能达到相同水平的成就,造成这种差异的主要原因是个性的差异导致的。

(二) 运用个性理论提高健康水平

个性因素与身体健康之间也是有密切关系的。贝兹和托马斯在 1948 年开展了一项实验,根据性格不同对 45 名学生进行分组:第一组,学生的性格特征为谨慎、含蓄、安静、知足;第二组,学生的性格特征为自觉、积极、开朗;第三组,学生的性格特征为情绪易波动、急躁、易怒、不太知足或不想知足。在经过 30 年后(1978 年),再一次对这些学生的健康状况进行检查,事实证明第三组的学生中,患癌症、高血压、心脏病和精神错乱症的占 77.3%;而在第一组中,这个患病比例仅占 25%;在第二组中,这个比例为 26.77%。

利用动物模型的实验也得出同样结论,即心理紧张、抑郁、烦恼都会促使癌症的发生。所以,不论人类,还是动物,情绪的紧张状态都会导致防御能力的降低,并可能在某种情况下引起癌症,个性因素在促使这一情况的发生上,会产生很重要的影响。一个个性开朗乐观、对生活充满希望、沉着、善于摆脱烦恼和忧虑的人,更容易保持身体健康、抗拒衰老。

(三) 运用个性理论提高管理水平

真正与组织管理直接相关,在工作中结合个性原理,改进我们组织工作效率的,应该是领导及管理者能在安排工作时,尽可能考虑到人员的个性心理特征问题。不同工作对个性心理特征的要求是不同的。越是高级的职业,在这方面的要求就越高。一般来说,对于工程技术人员,需要个性上具有理智、外倾、独立的特征;善于思考问题和与人相处,决策果断,同时对集体事业抱积极负责的态度;在气质上能控制不良的情绪;精力饱满,沉着而不呆板,外倾性明显;在能力上不仅具备独立解决专业问题的能力,而且有一定的管理能力,善于领导所属工程师进行有效的工作。因此,在选拔培训专业技术人员时,就应该考虑当事人的个性心理特征,充分发挥其特长,如此才能更好地增强培训效果。总之,更好地掌握个性心理特征原理,这确实能帮助管理者更有效地工作。

当然,在个性心理特征的各项指标发展中,由于其性质的异同,在发展变化中也可能发生方向一致的协调作用或不一致的矛盾作用。无论一致的协调还是不一致的矛盾,都有积极与消极之分。简单说,如协调作用的双方都是积极的,矛盾作用中积极的一方占优势,这两种作用就是积极的;如协调作用的双方都是消极的,矛盾作用中消极的一方占优势,这两种作用就是消极的。在这个问题上,管理人员有责任引导职工的个性心理特征朝积极和协调的方向发展,使其个性发展能不断达到更高水平,并为集体事业做出更大贡献。

第五节　气质、能力和性格

一、气质

（一）气质的概念

　　心理学将气质定义为一种心理活动的动力性特点，所谓"动力特点"，就是在行动上表现出的一种稳定特征，并且不依赖于活动的内容、动机和目的，只是行为方式的特点。理论上确定，气质是一种与神经过程特性相联系的行为特征。兴奋和抑制是神经类型的主要类型，其基本特征有：第一，神经过程的强度，指大脑细胞的工作忍耐力，有强与弱之分；第二，神经过程的均衡性，指兴奋过程和抑制过程之间的强度关系，有均衡和不均衡之分；第三，神经过程的灵活性，指兴奋过程与抑制过程之间转换的速度，有灵活与不灵活之分。

　　各种心理过程都是通过兴奋过程与抑制过程的协同而实现的。神经过程的特性也就必然在心理活动中表现出来，成为一种稳定的心理特点。这些特点主要体现在心理活动上：一是活动过程的强度，如情绪、意志等过程的强弱；二是活动过程的速度和稳定性，如知觉的速度、思维的灵活性、注意力集中时间的长短等；三是活动过程的倾向性，包括外倾性（心理过程倾向于外部事物和人，从而获得心理需求的满足）和内倾性（心理过程倾向于内心世界，体验自己的情绪，分析自己的思想）。这样的一些心理特点就被称为心理活动的动力特征。

　　由于气质是神经动力特点和心理动力特点相结合的，因此，它既有遗传的基础，是先天决定的，又有后天影响成分，所以气质并不是一成不变的。随个体的年龄增长，特别是在社会生活上的变化，一个人的气质在其一生中，是可能发生不同程度的变化的。

（二）气质差异的表现

　　气质的差异，主要表现在气质类型及其行为特征上的差异。由于神经过程的基本特性是按照一定的方式结合，从而形成不同的气质结构。因此，气质类型的行为表现就带有稳定的规律性。一个人无论从事什么职业活动，即使这些活动的性质和内容千差万别，个体的气质都应该有相似程度很高的特征。

　　我国春秋战国时期的古代医学，就曾经根据阴阳五行说，把人的生理特点归于金、木、水、火、土五种类型，并猜测这些不同类型代表着不同的体质形态、肤色、脾性和气质。

　　在西方，古希腊医生希波克拉底则根据当地的"四根"说，提出人体内有血液、黏液、黄胆汁和黑胆汁四种体液，这些体液是由冷、热、湿、干四种性质相互配合成比例产生的。血液是热与湿的配合，多血质的人湿而润，就好像春天；黏液是冷与湿的配合，黏液质的人冷酷无情，好像冬天；黄胆汁是热与干的配合，胆汁质的人热而燥，犹如夏天；黑胆汁是冷与干的配合，抑郁质的人冷而燥，好像秋天。根据这四种体液混合比例占优的情况，就可以把气质类型分成四种，它们的不同表现特点为：

（1）血液占优势的属于多血质，又称为活泼型。这种类型的人在神经过程中表现较活跃，具有均衡、灵活的特点。这种气质类型的人也较适合从事内容多变的活动，行为反应灵活而敏捷，情绪善于表现并变换较快，行为外倾型特点明显，其行为也比较容易被改造。

（2）黏液占优势的属于黏液质，又称为安静型。这种类型的人在神经过程中表现活跃，但具有不均衡、不灵活的特点。在均衡性上的主要表现是抑制过强，兴奋不够。其主要行为特征是有精力，沉着平稳，行为反应迟钝，不灵活、不敏捷，情绪易受抑制，不易表露情绪，行为内倾性较强。

（3）黄胆汁占优势的属于胆汁质，又称为兴奋型。这种类型的人在神经过程中表现较活跃，但有不均衡、不灵活的特点。不均衡的特点主要是兴奋过度，抑制困难。其主要行为特征有精力充沛，胆量大，好猛干，做事粗枝大叶，较难控制情绪，具有爆发性的特点，行为也较难改造。

（4）黑胆汁占优势的属于抑郁质，又称为抑制型。这种类型的人在神经过程中表现较不活跃。这一类型的人的主要行为特点是：对事物感受性强，特别敏感多疑，精力不足，忍耐性差，胆量小，行为反应细心谨慎，但迟疑缓慢，行动带有刻板性，情绪易波动且持久，行为内倾性较强，很难对其行为进行改造。

后来的罗马医生盖伦是首次使用 temperametnum 来表示气质这一概念的人。与前人不同的是，盖伦除了用生理和心理特性来描述，他还加进了道德品行这一因素，并组配成 13 种气质类型。正是从盖伦开始，人们就习惯使用气质这一术语，用以说明人的自然心理差异。

在近现代心理学研究中，关于气质的理论观点有很多，影响较大的有体型说、血型说、激素说和活动特性说等。其实这些气质的观点并没有真正从根本上解决气质的理论问题，也就是没有明确地解答气质的生理和心理机制问题。20 世纪 20 年代末开始，苏联生理学家巴甫洛夫通过对高级神经活动类型与规律进行研究，才从神经动力学角度说明了人的气质理论问题，并清楚地揭示了气质的生理机制。20 世纪 50 年代以后，苏联的心理学家捷普洛夫和涅贝利岑等人又进一步发展了巴甫洛夫的学说，以神经动力学和心理动力学为基础，提出高级神经活动特性说，也为解释气质的生理心理机制开创了有效的途径。

（三）气质差异的应用

1. 气质差异应用的范围

各种气质类型都有积极和消极的一面。许多行业，尤其是某些特殊的行业，对人员的气质有更高的要求。如果人们能够从事较适合自己气质特征的工作，就能扩大气质类型积极的一面，缩小消极的一面。这样气质就能更好地发挥积极作用，从而保证工作的安全和效率的提高。因此，应当应用气质的差异，妥善地安排人们的工作。气质差异的应用可以从人机关系、人际关系、思想教育等方面考虑。

（1）人机关系。一般来说，在现代社会中，许多行业都存在人与机器（或仪器）的关系的问题。操纵机器要求人员具备某些气质特征。例如，要求飞行员、大型动力系统调度员、宇航员、矿场救护员等，能迅速地对各种信息变化做出反应，并能采取正确的措施。如果人员的气质特征符合操纵机器的要求，能使人机关系协调，就能保证工作的正常进行。如果人机的关系失调，即人的动力性行为失误，那么轻者会影响工作效率，重者会造成重大事故。与人机关系有关的气质特征主要有胆量和忍耐力，以及行为的强度、速度、灵活性等。

（2）人际关系。人际关系是影响工作效率的一个重要因素。管理人员应当了解每个员工的与人际关系有关的气质特征，主要是心理的倾向性，即外倾性与内倾性。外倾性明显（多血质与胆汁质）者，好与人交往，其人际关系可能较好；内倾性明显（黏液质与抑郁质）者，较不愿与人交往，其人际关系可能较差。因此，在为员工编组时，应考虑这种气质特征，使多血质、胆汁质与黏液质、抑郁质适当地搭配，以有利于群体中人际关系的发展。在管理人员与员工的交往中，对内倾性明显的员工应当主动些，因为他们较不愿主动地与管理人员交往。如果管理人员忽略了这点，往往会使这部分员工脱离组织，感觉自己得不到组织的温暖。

（3）思想教育。在对员工进行思想教育时，如果必须采取批评教育的方式，也要考虑气质差异，运用不同的批评方式。对外倾性明显的员工采取公开的批评，即使严厉一些，他们也受得了，同时也只有这样才足以促使他们改正错误。而对内倾性明显的员工，则不能采取这样的批评方式，因为他们害怕暴露思想，受不了公开批评的刺激，会产生抵触情绪（逆反心理），这不仅不利于思想改造，甚至还可能对工作产生消极影响。因此，对他们适于进行非公开的批评，并多从正面加以鼓励。对于抑郁质者更应当如此。

此外，要选拔和培训某些特殊专业的人员，也必须运用气质差异，这样可以增强培训效果。

2. 气质差异应用的原则

气质差异的应用要遵循以下原则：

（1）气质绝对原则。有些特殊的专业工作要求人员具备某些气质特征。如果这些气质特征未能达到所要求的水平，那么有关工作就很难进行，甚至会造成重大事故。因此，为了适应这种工作，必须以其所要求的气质特征为绝对标准，挑选和培训人员。这就是气质绝对原则。例如，驾驶飞机，由于快速飞行的需要，对飞行员动作的速度、灵活性和准确性的要求特别高。仅飞行着陆的短短 5 分钟内，飞行员必须做出 100 多个操作动作，注视仪表达 100 多次，每次注视的时间只有 0.4~0.6 秒，如果动作稍微有一点差错，就有可能造成机毁人亡的严重事故。因此，应用气质绝对原则，以快速飞行对气质特征的要求为绝对标准，通过气质测量来选拔飞行员。实践证明，由于应用该原则选拔飞行员，飞行员淘汰率大约从 23% 下降到 13%，从而避免了智力投资和开发的巨大浪费。

（2）气质互补原则。组织中一般的工作，虽对气质特征有一定的要求，但并非必须，可以由其他气质特征予以适当的补偿，而不会影响工作任务的完成，这就是气质互补原则。

由于气质特征有积极的和消极的一面，这个原则指的就是这两面的互补。例如，一个纺织工人需要同时看管多台纺织机，这种工作既需要稳定的注意力——发现断头，消除故障，又需要灵活的注意力——能迅速地转移注意力，同时照顾多台纺织机。有些黏液质的纺织工人，具有稳定的注意力，而缺乏注意力迅速转移的灵活性。另一些属于多血质的工人具有注意力迅速转移的灵活性，而缺乏稳定的注意力。在一个集体中，按个人的气质特征适当地编排班组，使不同气质的工人在同一个班组工作，可以起到彼此补偿气质行为的作用，因而有利于班组工作任务圆满完成。例如，多血质与黏液质的两个工人合作看管纺织机，不仅可以发挥彼此气质行为的互补作用，也有利于生产效率的提高。此外，在人际关系方面也可以应用这个原则。

(3) 气质发展原则。虽然人们原始的气质特征是遗传的，要对其加以改变并不容易，但在主客观条件的影响下，气质特征终究会缓慢地发生某些变化。何况大多数人都属于中间气质，更有利于气质行为的改变。因此，对那些经过气质测量而被认为气质行为稍有不合格的人，通过培训有可能使其气质行为得到一定程度的发展，这就是气质发展原则。例如，有些工人原来以黏液质为主，但不够典型化，就可以结合多血质特征，对他们进行某种技术的培训，使其向多血质方向发展。发展了的气质行为，标志着在一定程度上克服了其消极的一面，而积极的一面得到了进一步的发展。气质发展原则的意义就在于此。

二、能力

(一) 能力的概念

能力是大家都比较熟悉的概念。但在心理学的研究中，对能力概念的认识与我们日常生活中的能力概念，还是有很大的差别的。在了解能力概念之前，我们有必要首先区分几个比较相近又容易混淆的概念。

心理学家对能力概念的定义是个体为完成某种活动所必备的基本心理素质，它是基本的心理特征之一。这种素质是一种整体的、潜在的、由个体先天遗传决定的特性。能力与知识、技能不同，知识、技能也是完成任务应该具备的素质或条件，但这种素质或条件，并不是个体先天获得的，而是后天学习与训练的结果。首先，知识是对社会累积的经验的反映，个体通过学习获得与某种活动领域相关的知识。随着实践活动的深入，这些知识也随着我们经验的丰富而更完善。所以，知识是后天学习获得的一种素质。其次，严格来说技能是对具体动作的反映形式，当个体通过训练熟练地掌握了与某个具体的工作任务相关的一套动作，并在记忆中将这套动作完整、准确地保持下来，我们就认为其已经具有了完成这个任务所需的技能。所以，不论是知识还是技能，都是个体经过学习与训练得到的经验。

能力则与知识和技能完全不同。在心理学的研究中，人们对于能力的概念有不同的认识。比如，有一种观点将能力定义为执行某种行动的技巧，这种行动需要解决复杂的动作和智力问题；另一种观点则认为，能力是人类与生俱来的"潜能"，是人们生理活动的能量。

心理学词典将能力定义为：个体在某种机能方面的最大可能性，这种可能性受先天的身体组织的限制，从理论上可以用这种机能在适当条件下所能开发的极限来加以限制。

不管我们怎样定义能力，心理学的研究都一致认为能力具有一定的结构，并且这种结构是可以测量的。斯皮尔曼最早提出能力的两因素理论，他认为能力是由一般因素与特殊因素构成的。一般能力是人类所共有的能力因素，在人群中，并不存在大的差异。但特殊因素则是由于遗传的不同形成的，个体之间表现出很大的差异。这些差异表现在个体的特殊因素的类型不一样，比如，有擅长音乐、绘画、分析等特殊因素。个体的特殊因素的数量也有不同，有的个体的特殊因素多，而有的个体的特殊因素少。后来的心理学家又提出智力是由液体能力与晶体能力构成的观点。液体能力是与脑神经和生理结构直接相关的，是处理抽象问题、新奇问题及探索问题的能力；晶体能力是陈述性知识的积累，这种能力受到文化、教育等环境因素的影响。

在管理活动中，人们通常将个体的能力看作顺利完成某种活动任务的心理特征，又将这种心理特征区分为一般能力与特殊能力。一般能力以人的基本智力为基础，是在各种活动中普遍表现出来的能力特征，如观察能力、记忆能力、思维能力等。而特殊能力带有较强的专业性特点，特别反映在专业性较强的活动中，如财会核算能力、飞行能力、科学研究能力等。与此同时，由于个人存在潜在的能力素质，所以在个体能力分析中，可以预测个体在某些特定工作领域的成就的大小，这也被称作"能力倾向"，如机械能力倾向、数理能力倾向、认知能力倾向等。其中，认知能力倾向是一种比较基本的、综合的在决定个体的职业活动中表现得非常重要的一种能力倾向。认知能力倾向主要由以下几方面构成：

（1）言语能力，即理解与有效运用书面和口头语言的能力。
（2）定量能力，即迅速、准确地理解与运用数学规则，以及完成数学运算的能力。
（3）推理能力，即进行归纳、演绎推理，提出解决问题方案的能力。
（4）空间能力，即准确勘察客体空间特征，并进行时空特征心理操作的能力。

在实际的工作环境中，个体的能力表现绝不是某一种能力品质的表现，如果期待顺利完成工作任务，往往需要综合运用多种能力特征。这种在应用活动中对深层综合能力的概括，被看作一种"综合才能"，也被称作职业上的胜任力。胜任力的概念包含了对任务、岗位、职务要求"胜任"的含义。近几年，对领导胜任力模型的研究，对领导者的选拔与培训产生了很重要的影响。

（二）能力差异的表现

由于先天与环境的各种因素的影响，个体的能力带有很明显的差异性。我们可以从以下几方面对个体能力的差异特点进行分类。

1. 能力的水平差异

能力的水平差异决定了不同的个体在能力表现的程度上具有强与弱的不同。通常，我们是以个体智力测验的成绩划分能力强弱的等级。智力测验是一种对个体能力进行检测的标准，比较有影响力的智力测验包括斯坦福-比纳智力量表、韦克斯勒智力量表（儿童版、成人版）、瑞文推理测验等。在智力量表的测验分数上，我们将 100 分（智力分数，是用生理年龄与心理发育成熟年龄的比率表示的）作为正常的智力标准，高于这个标准的被定义为具有较高才能，表现非常高的则被定义为"天才"；相反，在智力测验分数上低于 100 分的，被看作智力低下，分数极低的被定义为"白痴"。

如果个体能力表现低下，就只能从事简单的工作活动。能力表现重度低下，被诊断为"白痴"的个体，就丧失了工作活动能力，甚至连生活自理能力也不具备。如果个体的能力程度表现为一般水平，就能完成一般的工作任务；对于需要特殊才能、有一定创造力的工作，就需要能力水平比较高的个体从事，而测验表明是"天才"的个体，更有可能在工作中达到较高的成就水平。

一般来说，在任何社会的人群智力或能力分布中，都是能力一般的个体占大多数，基本占人口数量的 2/3，而能力低下与具备特殊才能的个体只占少数，数量相加只占人口数量的 1/3。

2. 能力的类型差异

个体在能力差异上的另一个表现是能力的类型不同。认识这一点，对于组织管理工作非常重要，因为能力类型的差异决定了个体胜任工作任务、岗位的程度，这将影响个体的工作积极性以及在工作岗位上的成就水平。

研究证明，高工作绩效要求个体具有良好的心理能力和生理体质。比较特殊的工作任务对能力有特殊的要求。例如，飞行员工作需要很强的空间视知觉能力，高楼建筑工人需要一定的平衡能力，记者应该有较强的推理能力，等等。

在组织中，管理是一个比较特殊又重要的工作，要想在管理岗位上表现出更优异的绩效，个体就要具备相应的能力。一般来说，管理活动要求管理者具备技术技能、人事技能、概念技能，它们综合体现为管理者的胜任力。在这些技能中，尽管我们可以通过培训提高、加强个体的水平，但这些技能因素与个体先天的潜在能力因素有非常密切的关系，也可以说，不同的个体在这些技能上可以被培养与造就的程度是不同的。

3. 能力发展达到成熟所需要的时间差异

个体在能力上的差异也表现在其能力发展达到成熟的时间具有一定的差异。有一些能力可能某部分人一生也不会具备，这是能力类型与程度上的差异。但也有一些能力，最终人们都可以获得，但不同个体达到最高水平的时间可以有早有晚。有些个体在能力发展上，带有"早熟"的特点，可以在其年龄很早的时期就达到较高的程度。例如，以前人们比较关注的"少年大学生""天才儿童"，这些孩子大多数只是在能力的成熟的时间上比一般人早，其他方面并没有什么特殊的地方。对此，我们应该用正确的态度对待能力发展的时间差异。

也会有一些个体在某些能力的发展上表现得比较迟缓，甚至到中年、中年后期才能使自己达到比较高的水平，这就是"晚熟"。在历史上，不仅有少年早熟的记载，也有大器晚成的人才，如北宋文学家苏老泉就是文学才能大器晚成的人物。

一方面，在能力的发展成熟上会表现出时间的早晚，另一方面，在能力的衰退上，不同的个体也有时间的差异。能力的衰退速度以及不同能力的衰退程度，也存在个体的差异。

（三）能力差异的应用

在组织活动中应用能力差异概念，主要应考虑个体的能力与工作任务要求如何匹配。这也是现代人力资源管理的基本原则。具体在应用中，可以考虑以下几个原则：

1. 能力阈限原则

每一项工作任务都有基本的能力水平要求，被称为工作活动的能力阈限。因此，在选择人员时，应该坚持被录用的人员能够达到基本的能力阈限，这就是能力阈限原则。一方面，只有满足这个要求，才能保持工作中的人机协调，使操作者胜任工作，完成工作目标。如果能力阈限原则不能得到保证，就会出现人机不协调的可能，这不仅会影响生产任务的完成，甚至会引发生产事故。另一方面，如果个体的能力远远超出工作任务的能力阈限，就会影响个体的工作行为表现。操作者会由于行为过于简单而减少努力的程度，忽视必要的操作环节，也会影响其积极性与工作满意度。

2. 能力合理安排原则

在岗位和工作的安置上，除需要考虑能力阈限的原则外，也要根据个人的兴趣与特长进行合理的安排，这就是能力合理安排原则的要求。个人的兴趣与特长，既决定了个人的基本需求、能力特点，也决定了个人的目标志向以及成就抱负的水平。能力合理安排原则，可以有效激发个体的积极性，使其在工作中能够产生内在的工作驱动力，从而有利于工作任务的顺利完成，也能满足个人的"自我实现"需求。个体的兴趣与特长也在不断变化，在管理上采用积极的奖励、教育、培训等措施，将有利于促进个体将兴趣转向组织目标。

3. 能力互补原则

能力互补是从群体的角度考虑问题。由于不同个体的能力有差异，在工作安排上应该取长补短，使不同能力的个体之间在能力上有所补偿。这样，可以帮助群体提高工作效率。

三、性格

（一）性格的概念

气质是神经类型的反映，是先天的因素，而性格完全是受后天环境因素的影响形成的。我们将性格看作个体对现实的稳定态度和习惯化的行为方式。

能力是完成一定活动的必备的心理素质特征，气质是心理活动的动力性特征，性格则是个性心理特征中的核心部分。通过性格的整合，个体的心理特征成为一个整体。性格成分带有个体强烈的主观意识色彩，这种意识的倾向性，一方面使个体的性格倾向具有社会性，我们可以根据性格的类型，判断个体是符合社会与组织规范，还是具有反社会或者不被组织接受的性质；另一方面，性格的倾向性，又使个体的行为活动体现出整体一致的特点。

通常，心理学家将性格看作个体的态度体系，包括个体如何认识与处理自己与外界的关系，如对待客观事物、生活、劳动和他人的态度等。由于这些态度存在积极、消极、强烈、平和的差异，所以性格带有强度与方向性的特征。从强度上看，性格在表现程度上有温和与爆发的差异。从方向上看，则体现积极或消极的倾向。在组织管理中，应该注重改造个体的性格，使个体的性格符合组织的目标与利益。

（二）性格的类型

美国职业指导专家霍兰德提出的生活方式分类，是一种早期影响较大的对性格类型进行分析的观点。按照社会活动的基本领域，斯布兰格将个体的性格分为六种类型，分别是理性型、政治型、审美型、社会型、宗教型、经济型。理性型的人比较重视以批判和理性的方法寻求真理，政治型的人更重视拥有权力与影响力，审美型的人重视外形与和谐匀称的价值，社会型的人强调对他人的爱，宗教型的人关心对宇宙整体的理解和体验的融合，经济型的人强调有效与实用。大多数的心理学家认为，这种对性格类型的划分，应该与个体的社会活动以及职业发展有密切关系。

其他对性格类型的划分方法包括：

（1）按照占优势的心理机能划分，将性格类型分为善于思考问题的理智型、情绪容易波动的情绪型、目标明确的意志型、没有明确优势机能倾向的中间型。

（2）根据心理活动倾向划分，将性格类型确定为外倾型和内倾型，前者善于表露情感，与人交往开朗而活跃，后者不善于表露情感，与人交往显得沉静而孤僻。

（3）按照思想行为独立与否划分，将性格类型分为顺从型和独立型，前者独立性差，易受暗示，容易在紧急情况下惊慌失措，而独立型则善于思考与解决问题，不受外来影响干扰，能镇定自若，积极发挥自己的作用。

以上这些对性格类型的划分，是从某个方面反映性格的差异，不能完全、准确地反映性格。这也说明了性格的复杂性，以及认识、把握它的难度。因此，在学习与实际应用上，我们不能简单地认识问题，而要结合不同的观点，对性格现象进行综合的分析判断。

（三）性格差异的应用

1. 性格差异应用的范围

性格差异的分析可用于思想教育、人员选拔、行为预测等方面。

（1）思想教育。思想教育是促进性格发展和改变的一个重要途径。在思想教育中应当了解和掌握人的性格特征，以便有的放矢地进行思想教育。例如，对于理智型的人，应当着重通过提供有关的信息，让他们自己考虑如何解决问题；对于经济型的人，要着重从价值观分析问题，触及其个人利益，从而使其态度有所改变；对于独立型的人，要多启发其进行独立思考，切忌施加压力，以免引起反感，否则不利于其态度的转变。

（2）人员选拔。在人员选拔时要着重考核思想品质，如工作态度、责任心、自我控制力、价值观、世界观等。对管理人员，特别是高层次领导人的选拔，应更重视对其思想品质的考核。

（3）行为预测。性格差异对行为预测有重要意义，应当切实掌握人员的性格类型，借以推测他们可能表现的态度及有关的行为方式，以便合理地安排和分配工作任务。对独立型的人，要相信其在紧急和困难的情况下能镇定自如地处理问题；对情绪型的人，要估计到其行为易受情绪左右；对内倾型的人，要知道让其完成与交际有关的任务是有困难的。对人员性格的预测，有助于必要时在工作中采取预防性措施，避免工作出现问题。此外，在人际关系方面也可以用到性格差异分析。

2. 性格差异应用的原则

性格差异的应用要遵循以下原则：

（1）性格顺应原则。为了开展工作，顺应人的某些性格特征，采取相应的措施，这就是性格顺应原则。要改变性格特征是不容易的，有些性格特征也没有必要改变。因此，我们要从工作出发，按照性格顺应原则办事。例如，权力型的人之间因争夺权力而发生矛盾，可以把其中之一调离；某些员工的价值观与众不同，可以对他们适当鼓励；即使态度不同，也允许人员保留对有关问题的看法。遵循性格顺应原则，于公于私都有利。

（2）性格互补原则。在处理人际关系时，应考虑相关的性格问题，充分发挥不同性格的互补作用，以利于人际关系的发展，这就是性格互补原则。性格对人际关系的发展有很大的影响。有的人自尊心适中、谦虚有礼、待人和气，对他人善良、诚实、热情，而有的人与此相反。诸如此类的性格特征会影响集体中人际关系的发展，如果因性格问题已在人际关系中造成尖锐矛盾，则应当调配人员，消除人际关系的矛盾，让各种不同类型的人相处，取长补短，促进人际关系的发展。

第六节 价值观、态度与工作满意度

一、价值观

（一）价值观的概念

价值观是指一个人对周围的客观事物（包括人、物、事）的意义、重要性的总体评价和总体看法。对一个人来说，他认为最有意义和最重要的客观事物就是最有价值的东西。比如，不同的人有不同的价值取向，人们对金钱、友谊、权力、自尊心、工作成就和对国家的贡献等的总体评价和总体看法就不尽相同。有的人把金钱看得很重要，有的人则把对人民的贡献看得最重要，也有的人把自尊看得最有价值，等等。就是对同一个人来说，他对不同的事物的看法和评价也不是完全一样的。这种人们对诸事物的看法和评价以及在心目中对其主次、轻重的排列次序，就形成了价值观体系。社会主义核心价值观的基本内容是富强、民主、文明、和谐、自由、平等、公正、法治、爱国、敬业、诚信、友善。这种价值观及其体系是决定人的行为的心理基础。

价值观取决于人生观和世界观。一个人的价值观是从其出生开始，在家庭和社会的影响下逐步形成的。一个人所在社会的生产方式及其所处的经济地位，对其价值观的形成有决定性的作用。当然，报刊、电视、广播等宣传的观点，以及父母、老师、朋友和英雄人物的观点和行为，对于一个人的价值观也有不可忽视的影响。后一种影响，在人的幼年和少年时期显得尤为突出。

在特定的时间、地点、条件下，人的价值观念是相对稳定和持久的。比如，对某种人、物、事的好坏的评价和看法，在条件不变的情况下不会改变。但是，随着人们经济地位的改变，以及人生观和世界观的改变，这种价值观也会随之改变。

不仅如此，生产发展水平和人民生活水平的变化，也会影响价值观的改变。比如，"商品越经久耐用越好"，是过去我国长期存在的一种价值观。它在人们的心中之所以能够较长期地起作用，主要是因为我国有它发挥作用的主客观条件。第一，我国的生产力水平低下，商品经济不发达，消费品供应不足，是一种短缺经济。特别是在人们的认识上，过去长期把商品经济与计划经济绝对地对立起来，从而阻碍了商品生产和商品交换的发展。第二，我国有几千年的封建社会历史，传宗接代的意识根深蒂固，家庭财产和用品也要父传子、子传孙。第三，人们生活水平低，并且素来就有勤俭节约和勤俭治家的美德，很多人只是以商品的使用寿命作为评价商品的最主要的标准。所有这些都要求商品经久耐用。但是，现在的情况发生了很大变化，随着科学技术水平和社会生产水平的提高，市场经济的发展，以及人民生活条件的逐步改善，人们普遍意识到，虽然说超前消费不太好，但一味去限制消费也是不对的。因此，人们对商品好坏的评价观点也就发生了相应的变化，出现了人们对商品质量和品种的要求越来越高的趋势。比如，有人对消费品提出了"一新、二美、三优、四廉"的要求，从而破除了"商品越经久耐用越好"的传统价值观念。

（二）价值观的作用

价值观不仅影响个人行为，而且影响整个组织的行为，进而影响企事业单位的经济效益和社会效益。在同一客观条件下，对于同一事物，由于人们的价值观不同，会产生不同的行为。在同一个企事业单位中，有人重视金钱报酬，有人注重工作成就或权力地位。这就是价值观不同导致的不同的侧重。同一个规章制度，如果两个人的价值观相反，那么他们就可能采取完全相反的行为。认为这个规章制度合理的人，就会认真贯彻执行；认为这个规章制度错误的人，就会拒不执行。而这种截然相反的行为，对组织目标的实现起完全不同的作用。因此，为了获得好的经济效益和社会效益，企事业单位的领导人在确定组织目标时，就必须考虑有关人员的价值观。只有在平衡各方面价值观的基础上，才能确定合理的组织目标。比如，消费者要求物美价廉，生产者要求增加盈利，员工要求增加工资福利。我们在确定组织目标时，要兼顾各方面的利益，不能只顾一方面。当然兼顾并不是均分。

成功公司的经验之一就是有明确的价值观和共同的信念,并严守这个信念。正如 IBM 公司前董事长兼总经理小托马斯·沃森在他所著的《一个企业的信念》一书中,回顾他父亲老沃森经营公司几十年的经验,指出:第一,任何组织要生存和取得成功,必须有一个坚定的信念,作为该企业一切政策和行动的出发点;第二,公司成功的唯一重要的因素是严守这个信念;第三,一个企业在其生命过程中,为了适应不断变化的世界,必须准备改变自己的一切,但不能改变自己的信念。该公司价值观和信念中最核心的内容,就是为顾客提供世界上任何公司都比不上的最佳服务,以及尊重公司员工。也正是因为该公司始终严守这个信念,所以它在与同行业的竞争中获得了最大的市场占有额。

在社会主义市场经济条件下,有效的经营管理者必须十分重视价值观的变化,以及其对经营管理和经济效益的影响。为此,一方面要使经营管理工作适应人的普遍价值观,另一方面又要树立和培养新的价值观。比如,消费品生产部门必须按照人们对消费品的新评价来安排自己产品的品种和花色。又比如,"时间就是金钱""效率就是生命""信息就是资源"等价值观念,一旦为更多的人所接受,就会大大地推动企业经营管理工作和整个经济工作的开展。

(三)价值观的分类

价值观是由人生观和世界观所决定的,所以不同阶级、群体和组织的价值观是不完全相同的。西方组织行为学家在价值观上的阶级局限性使他们很少或根本不从人的经济地位和阶级立场上去研究分析。

美国心理学家格雷夫斯在对企业各类人员进行大量调查的基础上,曾把错综复杂的价值观按照其表现形态的不同,归纳为下列七个等级:

第一级是反应型。这类人不考虑周围的人,他们只对自己的生理需求做出反应。这类人在企业中很少见。

第二级是宗法式忠诚型。这是从父母或上级学到的价值观,其忠诚带有封建色彩。这类人喜欢按部就班地看问题、做工作,依赖成性,服从习惯与权势,喜欢友好而专制的监督以及如家庭一样的和睦集体。

第三级是自我中心型。这类人性格粗犷,富有闯劲,为了取得自己所希望的报酬,愿做任何工作,愿意尊敬严格要求的上级领导。

第四级是顺从型。这类人具有传统的忠诚努力和尽职的性格,勤勤恳恳,谨小慎微,喜欢任务明确的工作,重视安全和公平的监督方式。

第五级是权术型。这类人重视现实,有目标,喜欢成就和进展,喜欢玩弄权术的诡诈工作,乐于奉承"有权势"的上级。他们常通过摆弄别人、篡改事实达到个人目的。

第六级是社交中心型。这类人重视工作集体的和谐,喜欢友好的监督和平等的人与人的关系,在他们看来,善于与人相处和被人喜爱重于自身的发展。

第七级是存在主义型。这类人喜欢自由和创造性的工作,喜欢灵活的职务,重视有挑战性的工作和学习成长的机会,把金钱和晋升看作次要的。他们能高度容忍不同观点和模糊不清的意见，对于僵化的制度、滥用权力、空挂职位等现象能直言不讳。

1974年，美国的一项企业调查研究采用以上七个等级分析研究组织中的不同价值观，得出这样一种看法和结论：企业员工的价值观分布在第二级到第七级之间。就管理人员来说，过去属于第四级和第五级价值观的人是多数，虽然目前属于第六级和第七级的人占少数，但从发展趋势看，属于这两级的管理人员正在逐步取代属于其他级价值观的管理人员。

组织行为学家斯布兰格认为，人的价值观可分为六类：

第一类是理性价值观，它以知识和真理为中心。

第二类是审美价值观，它以外形协调和匀称为中心。

第三类是政治性价值观，它以权力地位为中心。

第四类是社会性价值观，它以群体和他人为中心。

第五类是经济性价值观，它以有效和实惠为中心。

第六类是宗教性价值观，它以信仰为中心。

根据调查，美国人更重视上述六类中的第三类和第五类价值观，究竟哪一类或哪几类最重要，看法并不一致，尚待进一步讨论和论证。

二、态度

（一）态度的概念与特征

态度，被定义为个体对人、对事所持有的一种持久而一致的心理和行为倾向。

态度不是指行为本身，它只是一种心理和行为倾向。态度不能直接观察，只能从个人所表现出来的语言及动作中推测。态度具有认知、情感和意向三种成分。认知成分带有对对象的评价，包括对对象的认识、理解以及赞成或反对。情感成分是指个人对于对象的好恶，如尊敬、轻视、同情、排斥、喜欢、厌恶等。意向成分是个人对对象的反应倾向，即采取行为的准备状态。

态度不是天生的，是通过后天的学习获得的。态度的形成需要一段孕育过程。形成态度的核心因素是价值，即人们对事物的态度往往取决于事物对他的意义的大小。态度具有两极性和间接性的特征。

（1）态度的两极性。这是指人们对事物往往有两种相互对立的极端态度。就其表现形式来看，有肯定与否定态度、赞成与反对态度、亲近与疏远态度等。就其意义来看，有积极态度与消极态度。积极态度对事物起提高、促进等作用，而消极态度则起倒退、破坏等作用。态度的表现形式与意义之间的关系是复杂的，肯定态度不一定是积极态度，如对错误的问题抱肯定态度就是消极态度。否定态度也不一定是消极态度，如对奢侈浪费的否定态度就是积极态度。态度的两极性与其情感的两极性是相联系的。在态度的形成中可能存在一种"中性态度"，但它是短暂的，终究会向态度的两极发展。

（2）态度的间接性。这是指态度只是行为表现前的心理状态，即行为准备状态。态度对行为的激励作用就在于此。归根结底，行为是由外界事物（刺激）引起的，但它们之间并非直接的作用关系，而要以态度为中介起作用。许多管理人员经手过大量的钱财（外界刺激），但只有极少数人出现贪污行为。这是由个人对他人、集体、社会的态度（态度的中介作用）决定的。就彼此的关系看，态度与行为的方向是一致的。但是，制约行为的不只是态度，还有其他中介因素。因此，就结果来看，态度与行为之间可能存在不一致，这是自我意识调节的结果。个人在考虑某种利害关系时，可能做出与原态度相违背的行为，如花言巧语的欺骗行为就是例证。应当看到态度的间接性是复杂的。

一个人的某些态度是相互联系、相互制约的，组成了态度系统。其中往往有一个主导态度，在态度斗争中起支配作用。

（二）态度形成与改变的因素分析

态度的形成与改变是同一发展过程不同的两个方面。态度的形成强调某一态度的发生、发展，而它的改变则强调由旧的态度改变为新的态度，二者相互联系、相互衔接。态度的改变可分为两种：第一种是态度的一致性改变，是指改变原有态度的强度，而其方向不变，如由稍微反对（或赞成）的态度变为强烈反对（或赞成）的态度。第二种是态度的不一致性改变，是指以新的态度取代旧的态度，其方向改变了，如由反对的态度转变为赞成的态度，或者相反。

态度的形成与改变受以下主客观因素的制约。

1. 社会因素

社会因素是指社会上各种事物，包括社会制度、社会群体、社会交往、道德规范、国家法律、社会舆论、风俗习惯等。社会因素的作用是强有力的，它影响人们态度的形成和改变。社会上刚出现的新的事物，往往会遭到一些人的抵制和反对，但只要这种事物有利于社会和个人身心的发展，它迟早会被人们接受。对旧的思想和态度加以改造，从而形成新的思想和态度，这个过程可能是在潜移默化的情况下进行的。例如，辛亥革命以后，人们改变了对封建道德、封建婚姻、妇女缠足、男子留长辫子等的态度；改革开放以来，人们对竞争、奖金、税收、法律、交际、文艺生活等有了新的态度。总之，社会因素是态度形成和改变的一个强有力的客观因素。

许多社会因素往往通过各种团体起作用，团体是社会的缩影。团体因素包括一定的信仰、目标、组织形式、规章制度、行为规范、成员与团体的关系等，是强有力的客观因素。个人出于某些需要加入一个或几个团体，与团体建立一定的关系，团体对其成员施加影响，使他们改变和形成有关的态度。团体的影响力取决于个人与团体的关系。个人与团体的关系越密切，在团体中的地位越高，其归属感就越强，团体就越能对其施加影响，使其形成有关的态度，而改变不相适应的态度；反之，个人与团体的关系越疏远，就越难对其施加影响，直至其脱离团体，重新改变和形成态度。员工对劳动、公共财产、管理人员等的态度，在很大程度上取决于他们与组织的关系。

许多社会因素和团体因素往往通过一定的宣传因素起作用。宣传因素是指在宣传过程中，宣传者的威信、宣传内容、宣传方式等结合，形成一种客观的说服力，影响被宣传者形成和改变有关态度。

2. 个性因素

主观的个性因素包含个性倾向性因素和个性心理特征因素。

（1）个性倾向性因素。个性倾向性是指个体心理活动中稳定的意识倾向性特征，分为需要、动机、兴趣、理想、信念、世界观等因素，从而组成统一的个性倾向性系统。它们作为各种心理动力调节着主体的行为，主体的态度则受这个系统中各因素的影响。例如，需要对态度的形成和改变就起很大的作用。需要因素包括物质需要和精神需要，它是主体企求获得某种事物的一种心理动力状态，能激发主体为需要得到满足而采取行动。因此，凡是能够有助于需要得到满足的对象，主体就会对其产生喜好的、积极的态度；反之，对阻碍需要得到满足的对象，则产生厌恶的、消极的态度。如果某种需要能够不断得到满足，那么有关的态度就会巩固下来，成为一种习惯性的态度。原来的需要一旦得不到满足，或产生了新的需要，就会促使态度改变或形成新的态度。可见，需要是态度形成和改变的一个心理动力。

（2）个性心理特征因素。个性心理特征是指个体心理活动中稳定的心理特征，包括能力、气质和性格三个因素。一般把态度作为个性心理特征归于性格。能力、气质和性格的某些特征作为主观的心理条件影响态度的形成和改变。

能力主要通过感知及思维影响态度的改变和形成。态度的认知因素与此相联系。通过感知和思维引进新的知识，如果能对原有的知识加以充实，则会促进相应态度的形成和发展；如果与原有的知识相矛盾，则推动态度的改变。例如，一种新的、行之有效的管理方式与原来执行的管理方式产生了矛盾，为了提高生产效率，这个矛盾会推动管理人员改变有关的情感和意向，即改变整个态度，采用新的管理方式。在新的管理方式的实践中，如能取得良好的效果，就通过感知和思维的反馈，发展和巩固新的管理方式的态度。态度的认知因素比较活跃和有革命性，它往往会推动态度的改变和形成。

气质主要以其灵活性和可塑性影响态度的改变和形成。例如，灵活性及可塑性较大的多血质者，较易改变态度；灵活性及可塑性较差的黏液质者和抑郁质者较不易改变态度。性格则以其类型特征影响态度的改变和形成。例如，外倾型者及顺从型者较易改变态度；内倾型者及独立型者较不易改变态度；理智型者善于通过认知因素改变和形成态度；意志型者易于通过明确目的改变和形成态度；情绪型者易受情感因素的影响而改变态度。

3. 态度系统特性因素

一个人会形成某些态度，它们相互组合成一个态度系统，具有某种特性，并作为主观的心理条件影响态度的形成和改变。态度如具有以下特性，则较不易改变：态度是幼小时形成的；态度发展到极端；态度所涉及的关系较复杂；态度在长时期前后一贯，并已形成相应的信念；态度中认知、情感和意向三个因素完全协调，且稳定；态度强烈地激励着行动，并使主体获得较多的满足；态度与价值观的联系较密切等。如果态度具有更多的上述特性，则其强度更大，所表现的行为更激烈，因而要改变它也就更不容易。

总而言之，态度的形成和改变是上述各种主客观因素相互作用的结果。其中，客观因素是外因，以社会因素为主；主观因素是内因，以思维和个性倾向性因素为主。外因通过内因起作用，使态度得以改变和形成，态度反过来又能作用于主客观因素。这就是态度因素分析的辩证唯物主义观点。

（三）态度改变理论

究竟态度的改变是怎样发生的呢？美国社会心理学家对此进行了许多研究，下面简要地介绍几种理论。

1. 平衡理论

1958年，美国社会心理学家海德提出平衡理论。他认为，认知对象包括世界上各种人、事物、概念等，有的各自分离，有的相互联结，组合成一个整体而被认知。海德把构成一体的两个对象的关系，称为单元关系。这种关系是由它们之间的类似、接近、相属形成的。人对每种认知对象都有喜欢厌恶、赞成反对的情感与评价，海德将其称为感情关系。

海德认为个体对单元中两个对象的态度一般是属于同一方向的。例如，我们对某个工厂的评价很高，也就会对该工厂的员工产生或多或少的好感；我们对某人没有好感，见到他的朋友也可能感到有点讨厌。人们的认知系统中存在着使某些情感或评价趋向于一致的心理压力，因而在同一个整体内相互联系的对象之间，可能发生态度同化现象。当个体对单元的认知与单元内对象的感情关系相调和时，其认知系统便呈现平衡状态；反之，当个体对单元的认知与对单元内对象的感情关系相矛盾时，其认知系统便呈现不平衡状态。这种不平衡状态会使个体心理紧张，产生不满的情绪。人们总是试图消除这种不平衡状态，以恢复一定的平稳状态。海德从这个观点出发，提出了平衡理论。

虽然平衡理论有一定的意义，但其主要缺陷是把复杂的态度改变问题过于简单化了，忽视了态度改变的内在过程。

2. 认知不协调理论

认知不协调理论是社会心理学家费斯廷格于1957年提出的。他认为认知是指任何一种知识，包括思想、态度、信念以及对行为的知觉等认知元素。人的认知元素是无穷无尽的，它们之间存在三种关系：第一，协调——彼此不发生矛盾；第二，不相关——彼此没有关系；第三，不协调——彼此发生矛盾。一般来说，人们力求将认知中各种元素统一和协调起来。但要做到这一点是有一定难度的，因为认知元素间难免发生矛盾，呈现不协调状态。例如，某员工确实付出很大的努力，想把生产搞好，但结果并不理想；某管理者多次与某员工谈话，要帮助他解决存在的思想问题，结果不但没有达到目的，反而引起他的反感；某经理制订了工作计划，因遇到一些意外的困难，未能完全实现；等等。

不协调有程度上的差别，这取决于两个因素：第一，认知对于个人的重要性。不协调认知的重要性越大，可能造成的不协调程度就越大。第二，不协调认知数目与协调认知数目的相对比例。其认知的不协调程度可用以下认知公式表示：

$$认知不协调程度 = \frac{不协调的认知项目的数量 \times 认知项目的重要性}{协调的认知项目的数量 \times 认知项目的重要性}$$

认知不协调是一种不愉快的情感体验，具有动机的作用，会驱使个体设法减轻或消除不协调状态，使认知系统尽可能协调起来。消除这种不协调状态的方法很多，主要有：

（1）改变行为，使对行为的认知符合对态度的认知。例如，某人想得到一等奖金（原来的态度），但因自己努力不够（原来的行为），未能达到目的。这样，应当加倍努力（改变原来的行为），力争获得一等奖（符合原来的态度）。

（2）改变态度，使其符合行为。例如，某人想得到一等奖金（原来的态度），虽努力工作，但因能力有限（原来的行为），未能达到目的。因此，他应当降低对奖金的要求，改为二等或三等奖金（改变原来的态度），使能符合原来的行为。

（3）引进新的认知元素，改变不协调状态。例如，某人想得到一等奖金（原来的态度），自己付出了很大的努力（原来的行为），但未能达到目的，在这种情况下，主体可能引进某种新的认知元素，如强调客观条件不佳、工作难度太大、有新的竞争力量等，尽可能使原来的态度与行为相协调。

当人们的认知系统发生不协调时，只有找不到适当的理由加以解释，行为与态度才会失调，从而引发行为与态度的改变。

由此可见，费斯廷格的认知不协调理论同海德的平衡理论的基本假设是一致的。但是，前者强调了个体通过自我意识调节达到认知平衡，而后者更着重于人际关系对认知平衡的影响。二者各有特点，可以相互补充，都有参考和应用的价值。

3. 功能理论

功能理论认为，人们之所以持某种态度，是因为这种态度可以满足个人一定的心理需求。不了解这种需求，就无法改变这种需求所支持的态度。

既然态度是由个人的心理需求支持的，我们就可以针对个人的心理需求开展相应的工作（改变其需求），以达到改变态度的目的。若一个人的态度受自我防御需求支持，则应向他传播解释性信息，说明有关问题。若一个人的态度受知识需求支持，则应向他传播常识性信息，以扩充知识。

功能理论注意到个人的态度受其心理需求影响，态度的改变在于改变相应的心理需求，这对研究如何改变人的态度有参考和应用的价值。

4. 沟通改变态度理论

沟通改变态度理论起源于美国心理学家墨菲关于对待黑人态度的研究。他选择了一批白人作为被试者，随机地把他们分为两个组：实验组和控制组，并用瑟斯顿量表法对他们进行态度测量，证实他们对种族歧视的态度大体相同。随后，让实验组看宣传黑人成就的电影、电视和画报，控制组则不参加这种活动。结果发现，实验组对黑人的态度发生了显著的改变，而控制组的这种态度则没有变化。

沟通改变态度理论着重从沟通信息及其所起作用、所依存的条件论述态度的改变，有参考和应用的价值。

5. 预言实现理论

这个理论的含义是：如果一个人（或一群人）被以一种预定的看法看待，这种预定看法就有可能实现。例如，某人被认为是一个有希望、有作为的人，人们对他往往给予鼓励、支持，这个人就会根据这种预示去发展。美国曾流传过"斯尼奈"奇迹的故事。斯尼奈原是某计算机中心的扫地工，中心的负责人预言，他将来会成为计算机专家，并把预言告知这个工人，对他大加鼓励，结果这个工人后来真的成了计算机专家，实现了中心负责人的预言。这说明，别人的预言以及自己被对待的方式会影响一个人的心理，从而使其态度转变。称赞和鼓励会促使人上进；经常被人指责、歧视，会使人消极、颓唐、自暴自弃。

关于态度改变的理论，除了上述几种，还有和谐理论、参与改变理论、角色扮演法理论、态度改变三阶段理论等。各种理论都有独到之处，应当根据具体情况，综合应用，取长补短，以提高态度改变的效应。

三、工作满意度

（一）工作满意度的概念

工作满意度是指个人对他所从事的工作的一般态度，即对所从事的工作持有的评价与行为倾向。一个人要从事这种工作，而不从事那种工作，与其对工作的评价有很大关系，对工作的评价主要与工作态度的认知因素相联系。对待工作的行为倾向，表现为工作的需要、动机、自觉性、责任感、积极性、目标导向性等，主要与工作态度的情感与意向因素相联系。工作满意度表现在两个维度上：第一，工作满意度是对工作情境的一种情绪反应，人们无法观察到它，只能推断得到；第二，工作满意度经常是由结果在多大程度上符合或者超出期望来决定的，如果期望很高，而与实际得到的不一致，就会产生不满，这可以从心理契约理论上得到解释。总之，工作态度作为内在的心理动力，会引发相应的工作行为。

（二）影响工作满意度的因素

影响工作满意度的因素主要有以下七点：

1. 更富挑战性的工作

员工喜欢挑选这样的工作，是因为这些工作能够为他们提供使用自己的技术和能力的机会，有一定的自由度的多种类任务，以及为工作提供反馈。这些特点使得工作更富挑战性。挑战性低的工作使人感到厌烦，但是挑战性太强的工作又会使人产生挫折和失败的感觉，在挑战性适中的条件下，大多数员工会感到愉快和满意。

2. 公平的报酬

员工希望分配制度公平、明确并与他们的期望一致。当报酬公平地建立在工作要求、个人技能水平、社区工资标准的基础上时，员工就会对工作满意。报酬与满意度之间的联系的关键不是一个人的绝对所得，而是对公平的感觉。

3. 公正的晋升

员工追求公正的晋升政策与实践，晋升为员工提供个人成长的机会、责任和更高的社会地位。以公平、公正为基础的晋升政策，会使员工更容易从工作中体验到满意感。

4. 支持性的工作环境

研究证明，员工希望工作的物理环境是安全的、舒适的，温度、灯光、噪声和其他环境也要合适。大多数员工还希望工作场所离家比较近，干净，设备比较现代化，有充足的工具和机械装备。员工对环境的关心既是为了个人的舒适，也是为了更好地完成工作。

5. 工作团队

工作团队的本质会对工作满意度产生影响。一方面，对于员工个体而言，友好的、合作的同事或者团队成员能使其产生一定的工作满意度。工作团队，尤其是一个紧密的团队，能够为个体员工提供支持、安慰、建议和帮助。一个好的工作团队或一个有效的团队能够使工作变得愉快。当然，这不是工作满意度的必要条件。另一方面，如果出现了相反的情境——人们之间很难相处，对于工作满意度的作用就是负面的。

6. 上级的管理

管理是工作满意度的又一个较为重要的来源。上级管理从两方面影响工作满意度：一方面是员工中心性，可以通过上级对于员工的个人关注程度进行测量，即可以通过考察员工的工作情况给出帮助员工的建议，在公务层面上与相关个人进行沟通；另一方面是参与和影响，即管理者允许其下属参与一些影响下属本职工作的决策，这会带来较高的工作满意度。

7. 人格与工作的匹配

员工的人格与职业的高度匹配将给个体带来更多的满意感。当人们的人格特征与所选择的职业相一致时，他们会发现自己有合适的才能适应工作的要求，并且在这些工作中更有可能获得成功；由于这些成功，他们更有可能从工作中获得较高的满意度。

（三）工作满意度的功能

工作满意度作为工作的内在心理动力会引发各种工作行为。工作满意度功能主要包括对工作的知觉与判断的影响、促进学习、提高工作的忍耐力等。有研究指出，高度满意的员工一般会有较健康的体魄，更快地学会新的工作任务，在工作中出现较少的事故，抱怨也较少。

（四）工作满意度的结果

1. 工作满意度与工作绩效

工作满意度直接影响工作绩效。一般来说，积极的工作态度对知觉、判断、学习、忍耐力等能发挥积极的作用，因而能提高工作效率，取得较高的工作绩效。这表明积极的工作态度与生产率之间有一致性的关系。但是，消极的工作态度，如要取得很高的工作报酬，也可能引发积极的工作行为，取得良好的工作绩效。受中介因素的影响，工作态度与生产率的关系十分复杂。

美国心理学家布罗伊菲尔德和克罗克特对此问题进行了40年的实验研究，取得了与上述观点相类似的结论。他们用问卷法、量表法、谈话法调查和测量了许多员工的工作态度及其实际的生产效率。结果发现，对工作有满意感，即工作态度积极的员工，工作效率可能很高；但对工作没有满意感，即工作态度消极的员工，其工作效率也可能很高。这就是说，工作态度与工作绩效之间并无一致的关系。

布罗伊菲尔德等在调查的基础上，又对工作态度与工作绩效的关系进行了具体的分析。他们认为两者之间不显著相关的原因主要有以下两个：

（1）人是很复杂的。对于一般员工来说，生产率并非主要目标，只是他们借以达成其他目标（维持生活、尊重需求、自我实现等）的手段。因此，即使一个人对生产持消极的态度，但为了达成其他目标，他们不能不提高生产率。

（2）人的需要是多方面的。当个体的生活需要获得满足以后，其目标便转移为社会性需要，如希望获得朋友和同事的好感，希望自己与大家同属于一个群体而不离群等。个人的生产率如过高地超出同伴，可能被别人指责为"破坏进度""出风头"而遭到排斥。因此，有工作满意度而不愿意离群的员工，有降低自己的生产率以谋求与大家一致的可能性；反之，没有工作满意度的员工，为了不拉大家的后腿，也有加紧工作、提高生产率的可能性。

因此，只有妥善处理工作态度与工作绩效之间的关系，才能培养员工对工作的积极态度，从而提高员工的工作绩效。

2. 工作满意度与离职率

研究者发现满意度与离职率之间为中等程度的负相关。高的工作满意度本身不一定保证低的离职率，但是有相当高的工作不满意度，则可能有高的离职率。显然，除了满意度之外，其他变量也影响员工辞职的决定，如年龄、在组织中的任职期限、对组织的承诺、总体的经济形势等。准确地说，工作满意度对员工离职率很重要。

3. 工作满意度与缺勤率

研究只发现工作满意度与缺勤率之间有弱的负相关关系。正如和离职率的关系一样，除了满意度之外，很多其他中介变量也会影响缺勤率。例如，人们所感受到的自己在工作中的重要程度——那些认为自己的工作是重要的员工比那些觉得自己的工作不重要的员工有较低的缺勤率。重要的是，虽然高的工作满意度不一定导致低的缺勤率，但是低的工作满意度更有可能造成缺勤。

（五）增强工作满意度的方法

在工作中人们期望较高的员工满意度，它不仅能减少压力，还有助于提高绩效、降低离职率和缺勤率。可以通过下面的方法提高工作满意度：

(1) 使工作变得有趣。
(2) 给予公平的报酬、福利和晋升的机会。
(3) 从兴趣和机能的角度把人和工作匹配起来。
(4) 设计使员工兴奋和满意的工作。

总之，工作满意度对于一个组织很重要，对于组织的整体健康和效率很有价值，值得在组织行为学领域进行研究和应用。

第七节　情绪与情感

一、情绪与情感的概述

（一）情绪与情感的概念

情绪与情感是人对客观事物是否符合需要而产生的态度体验。

同认识过程一样，情绪与情感也是客观事物在人脑中的反映过程。情绪与情感必须是指向一定的事物，没有任何对象的情绪与情感是不存在的。情绪与情感有其客观的来源，但是，并不是任何事物都能引起人们的情感体验。因为，情感与认识过程不同，情感不是对客观事物本身特性的反映，而是对客观事物与人的需要之间的关系的反映。人的需要是情绪与情感产生的主观原因。只有那些与人们的主观需要有关系的客观事物，才能引起人们的某种情绪与情感活动。当客观事物满足人的需要时，就会体验到愉快、满意等情绪；当客观事物不能满足人的需要时，就会体验到苦恼、不满意等情绪。客观事物是复杂多样的，人的需要是丰富多彩的，所以客观现实与人的需要之间的关系也是复杂多样的。

虽不同于认识过程，情绪与情感也仍然和认识过程以及在认识过程中形成的态度紧密联系着。人对客观事物与人的需要的关系所持的态度不同，所产生的情绪和情感的性质也就不同。情绪和情感是人对于客观事物是否符合自己的需要而产生的态度的体验。

情绪与情感就其本质来说，都是人脑对客观事物与主体需要之间关系的反映，是人的主观体验。所以，二者往往被人们看作同义语，但二者还是有区别的。首先，情绪比情感更为广泛。人与动物都具有情绪，但人与动物的情绪有着本质的区别。情感是人类主体所特有的。其次，情绪是由当时的一定的情境所引起的，并随着情境的变化而迅速变化，因而多不稳定。而情感则较少受具体情境的影响，较为稳定而持久。

（二）情绪与情感的种类

1. 基本的情绪状态

根据情绪发生的强度、速度、持续时间的长短和外部表现的不同，情绪可分为心境、激情、应激和热情等。

（1）心境。心境是一种较微弱、持久而具有渲染性的情绪状态。它也是一种情绪体验，这种体验持续的时间较长，少则几天，长则数年，并不指向特定对象。

（2）激情。激情是一种强烈而短暂的、爆发式的情绪状态。激情是由对人具有重大意义的强烈刺激和发生对立意向冲突所引起的，如欣喜若狂、横眉竖目、浑身颤抖、放声大哭、暴跳如雷、暴怒、恐惧、绝望等。

（3）应激。应激是出乎意料的紧迫情况所引起的急速而高度紧张的情绪状态。人们在工作中，往往会遇到突然发生的事件或危险，必须迅速地集中自己的智慧和经验，动员整个机体的力量，及时做出决定，以应付紧急情况，这种特殊体验就是应激。

（4）热情。热情是一种掌握着人的整个身心，决定一个人的思想行为基本方向的强烈、稳固而又深刻的情绪状态。它虽然不如激情强烈，但较激情深厚而持久；虽不像心境那样广泛地影响情绪体验，但较心境强烈、深刻而稳定。

2. 情感的类型

按情感的内容、性质和表现的不同，可把情感分为道德感、理智感和美感三种基本类型。

（1）道德感。道德感是人根据一定社会或阶级的道德需要和规范，在评价自己或别人的言行时所发生的情感体验。人总是生活在一定的社会关系中，在人际交往中掌握一定的社会道德标准，并转化为自己的道德需要。如果所评价的言行符合自己的道德需要，就会产生肯定的情感，即赞赏、尊敬、愉快等。如果所评价的言行不符合自己的道德需要，就会产生否定的情感，即反对、蔑视、愤怒等。义务感和责任感是道德感的核心。

（2）理智感。理智感是人根据某种认识和追求真理的需要对一定的客观事物产生的情感。人们在对客观世界的认识、科学探讨和智力活动中产生情感。它与人的求知欲、认识兴趣及追求真理的渴望相联系。

（3）美感。美感是人根据某种美的需要对一定的客观事物进行评价所产生的情感。美感不仅由客观事物本身的特点决定，而且取决于人对美的需要以及人的审美能力。

（三）情绪与情感的两极性

情绪与情感不论从何种角度分析，都和态度一样，具有两极性的特点，如肯定与否定、满意与不满意、强与弱、紧张与轻松、快乐与不快乐的两极状态。情绪与情感的两极性是相对的，不是绝对的，两者相辅相成、密切联系，又可以在一定条件下互相转化。

（四）情绪与情感的个体差异

（1）情绪与情感的倾向性差异。这是指个人的情绪与情感体验的趋向性，以及引起这种趋向性差异的事物的性质。同一个对象，可能引起不同情绪与情感；相似的情绪与情感体验也可能由不同性质的对象引起。情绪与情感体验倾向性主要受社会实践中形成的世界观、人生观和价值观影响，取决于个人的不同需要，也受个人神经类型的影响。

(2) 情绪与情感的深度差异。这是指个人情绪与情感体验在自己的思想行为体系中联系的普遍性和深度的差异。情绪与情感有深厚的思想基础，与一个人的信仰、理想、世界观紧密联系。

(3) 情绪与情感的稳定性差异。这是指情绪与情感体验在时间上持续和稳固程度的差异。

(4) 情绪与情感的效能差异。这是指情绪与情感体验在鼓舞和推动人的行为的力度方面的差异。

（五）情绪与情感的作用

1. 情绪与情感影响和调节人的认知过程

情绪与情感可以影响和调节人们的知觉、记忆和思维等认知过程。研究表明，轻松、乐观、愉快的情绪可以使人体肌肉放松、心情平静、精力集中、记忆力增强、思维敏捷而活跃，可以保持大脑活动的高效率。情绪不愉快可以引起心率加快、紊乱，使人垂头丧气，注意力难以集中，从而干扰整个认知过程，降低智力活动水平。

2. 情绪与情感影响人的学习与工作效率

一般地说，愉快而热烈的情绪能使人的大脑处于最佳状态，人在愉快的心情下学习与工作，精力集中，记忆效果好，学习和工作效率高；相反，在痛苦、烦躁不安的心情下学习与工作，注意力涣散，记忆效果差，效率自然不高。

3. 情绪与情感影响人的健康

乐观、愉快的情绪对身体健康十分有利；情绪不好、心情不佳，悲伤、焦虑、恐惧、愤怒、暴躁等都可能导致疾病。精神病专家认为，任何情绪、情感的变化，都会影响人的身体与心理的健康水平，甚至决定人的生死存亡。

二、情绪与情感的理论研究

（一）詹姆斯-朗格情绪说

美国心理学家詹姆斯和丹麦生理学家卡尔·朗格于1884年和1885年提出观点基本相同的学说，他们认为情绪是机体各种器官变化所引起的感觉的总和，是人对自身内部和外部所发生变化的感知。他们否认大脑皮层在情感活动中占主导作用，以及人的一切心理现象都是客观现实的反映这一重要事实。他们在客观上促进了对情绪生理机制的研究。

（二）坎农的丘脑情绪说

美国的生理学家坎农于1927年批评了詹姆斯-朗格的学说，并提出了丘脑情绪说。坎农提出，控制情绪的是中枢神经系统，而不是周围的神经系统，情绪活动的中枢在丘脑。他认为，外界刺激所引起的神经冲动，一方面上达大脑，另一方面下达交感神经，两方面神经冲动的交互作用产生情绪，然后才产生机体变化。情绪是先于外显表现的。

(三) 阿诺德的评定-兴奋学说

美国心理学家阿诺德在 20 世纪 50 年代提出了情绪的评定-兴奋学说，她强调对知觉对象的估量和评价对产生情绪体验的作用，认为愉快和不愉快等情绪体验由对知觉对象的评估决定。

(四) 沙赫特的情绪三因素理论

美国心理学家沙赫特在 20 世纪 70 年代提出了情绪三因素理论。他认为，情绪的产生不单纯取决于外界刺激和机体内部的生理变化，而是外部刺激、机体内部的生理变化和认知因素三者相互作用的结果，并且特别强调认知因素在情绪产生中的作用。

(五) 汤姆斯金和伊扎德的情绪动机说

美国心理学家汤姆斯金和伊扎德认为，情绪和情感具有动机性机能和适应性机能，是多侧面的复合现象，不能用单独的某一因素来表示。汤姆斯金主张第一性的动机系统是情感（情绪）系统，生物的内驱力只有经过情感系统的放大才具有动机作用。伊扎德认为，情绪发展的合理的组织形式是在适应中发生的。他们认为，情绪的动机性机能和适应性机能在儿童和成人身上都有明显的表现。

(六) 巴甫洛夫的动力定型论

苏联心理学家巴甫洛夫的研究认为，人们在大脑皮层中按照刺激物的顺序形成了比较稳固的暂时神经联系系统，这种系统叫作动力定型，是人学习、习惯和需要的生理基础。当客观事物符合动力定型时，其刺激所引起的皮质神经过程就会按原来的轨道运行，产生满意的情绪和情感。如果客观事物不符合动力定型，就会破坏旧的动力定型，产生消极的情绪和情感。人所建立的暂时神经联系有两个系统，由具体事物的影响建立的暂时神经联系系统称为第一信号系统，由语言建立的暂时神经联系系统称为第二信号系统。人们不仅通过第一信号系统产生情绪体验，也通过第二信号系统调节自己的情绪和情感。

(七) 行为学派的情绪理论

行为学派的情绪理论认为，情绪只是有机体对特定环境的一种反应和一簇反应，因此经常从反应模式和活动水平两方面描述情绪。行为主义的奠基人美国心理学家华生认为，情绪是一种遗传的反应模式，包括整个身体机制，特别是内脏和腺体活动系统的深刻变化。在他之后，操作条件反射论者美国心理学家斯金纳，特别注意从动物在个体生活中的习得行为角度研究情绪，发展了用条件反射技术引发情绪的方法，并把挫折效应作为研究情绪的一个标准方法。

(八）情商的研究

大量研究和实践证明，在人们成功的主观因素中，智力因素仅占20%，而80%的因素属于非智力因素。1990年美国耶鲁大学心理学家彼德·塞拉斯和新罕布什尔大学的琼·梅耶把这种非智力因素称为"情感智力"，第一次提出了情感智力的概念，并用它来诠释人类了解、控制自我情绪，理解、疏导他人情绪，通过情绪的自我调节控制、提高生活质量，情感智力会影响一个人能否成功。1995年，美国哈佛大学心理学教授丹尼尔·戈尔曼出版了《情感智力》一书，书中首次使用了用"智商"（intelligence quotient，IQ）的相对形式命名的术语"情商"（emotional intelligence quotient，EQ），对"情商"这个崭新的概念做了详尽的描述。戈尔曼教授认为，人有两个大脑、两个中枢及理性和感性两种不同的智慧形式。成功取决于智商及与之并驾齐驱的情商。

人类的一切活动都是智力活动，而智力活动实质上是一种心理过程。如果把人的智力活动中的全部心理活动过程看成一个系统，那么这个系统是由两个子系统协同作用构成的。其中一个是智商系统，它起智力执行的作用，承担着对智力活动内容的感知、理解、巩固、应用等任务；另一个是情商系统，起引发、导向、激励、强化、驾驶智力活动的作用。两者相互制约，相互促进。事实上，一个人只是聪明而不会处事，未必能胜券在握；而懂得处理好人际关系，足以弥补智力稍差的缺陷。只有与情感智力相结合，智能才能充分发挥作用。

戈尔曼把情商概括为五个方面的内容：了解自我，自我觉知；管理自我；自我激励；识别他人情绪；处理人际关系。丹尼尔认为，情商是一个人最重要的生存能力，是一种发掘情感潜能、运用情感能力影响生活的各个层面和人生未来的关键性的品质要素。心理学的研究证实，情商是一种能洞察人生价值、揭示人生目标的悟性，是一种克服内心矛盾冲突和协调人际关系的技巧，是一种可在顺境和逆境中穿梭自如的能力。情商也包括驾驭自己的情绪、情感、思想和意志等理性过程，准确地了解自己的真实感情，理智地克服冲动，有延迟满足暂时欲望的克制力，真诚地理解社会，能设身处地为他人着想，永恒地鞭策自我，激励人生，大智若愚，宠辱不惊，坦然地面对人生的一切遭遇。高情商是优秀人格和高尚情操的完美结合。

智商与情商，虽然两者各异，但并不冲突，每个人都是两者的综合体，两者相互制约，共同影响人的一生。心理学的研究提出了以下的公式：

$$成功 = 20\% 智商 + 80\% 情商$$

即人的成功，20%由智商决定，80%由情商主宰。

三、情绪与情感的管理实践

（一）情绪的调节与控制

1. 保持适宜的情绪状态

控制情绪、化解不良情绪，首先要了解情绪状态的特点，进而适当调节情绪的紧张度，学会按自己的意愿形成适宜的情绪状态。林则徐曾将写有"制怒"二字的条幅挂在墙上控制自己的情绪，这是用语词来防止或缓和自己不当情绪的一种办法。由于过度的脑力劳动引起的情绪紧张，可以利用身体活动，如散步、打球、骑自行车等，使神经达到平衡而得到缓和。用词语或理智控制情绪发生的强度，或用注意力转移来引导情绪或情感的方向，这些方法都有助于保持良好的情绪状态。

2. 丰富人们的情绪经验

不良情绪的产生往往是由于缺乏一定的情绪经验。例如，参加比赛时的惊慌，参加考试时的怯场等，大都是临场经验不足造成的。

运动心理学的一些研究指出，为了提高运动员参加比赛时情绪的稳定性，克服惊慌情绪，可以让运动员由不太紧张的训练环境过渡到较为紧张的比赛环境，再过渡到更高一级的紧张的比赛环境，直到运动员学会借助自控能力适应"引起最大惊慌和恐惧"的环境为止。

这就是在丰富运动员参加体育比赛时的情绪经验。

3. 引导人们多角度看待问题，使其情感向正确的方向发展

对事物的观察和体验，生活中遇到的问题与挫折，倘若只从一个角度来看，可能引起不安，使人终日烦恼。但是如果从另外一个角度来看，则可能发现它的积极意义，使消极的情绪或情感转化为积极的情绪或情感。例如，在学习中，对一门学科的某一部分困难内容的焦虑情绪，常使学生对整门学科产生焦虑与缺乏信心。因此，教师要从多种角度、各个侧面帮助学生提高认识，引导学生的情绪和情感向健康、正确的方向发展。

（二）情感的培养

1. 培养高尚的、积极的人生观和世界观

一个人的情感和他的意识倾向是相联系的，而人生观和世界观又是意识倾向的核心成分，因此，只有树立积极进取的人生观和世界观，才能培养人们高尚的情操、深刻而鲜明的情感、学习和工作的热忱，以及革命乐观主义的精神。

2. 通过多种途径，丰富人们的情感体验

首先，通过提高人们的思想认识和觉悟，不断丰富人们的情感观念；其次，充分利用文艺作品和各种丰富多彩的活动，对他们进行教育，激发人们情感上的共鸣；最后，努力引导人们从学习和个人成长上获得满足，增加愉快的情绪体验。

3. 培养幽默感，形成积极的人生态度

幽默是一种极有助于个人适应的工具。它可以使本来紧张的情绪变得轻松，使十分窘迫的场面在笑声中体现其轻松的一面，增添生活的乐趣。幽默的人总从光明的一面看事物，发现其积极面。我们应成为逆境中不忘欢笑，困厄之下不改欢乐，从不悲观，永不丧气，总是充满信心奋力向前的人。

思考题

1. 个体行为具有哪些特性？影响人的行为的因素有哪些？
2. 知觉活动的主要影响因素有哪些？在社会知觉中，容易出现的错觉现象有哪些典型表现？
3. 主要的个性理论有哪些？试分析个性特质理论与个性性格类型理论的不同。
4. 从能力、气质、性格这些个体差异特征上，分析它们对工作活动可能产生的影响是什么。我们在具体的管理实践中，如何自觉应用这些原则？
5. 请正确评价价值观对个体行为与组织整体行为的影响。
6. 什么是情绪和情感？情绪和情感有何作用？
7. 如何培养和调适情绪和情感？

第三章 激 励

学习目的和要求

通过本章的学习，重点掌握激励的概念与机制，掌握激励的经典理论及应用，了解激励理论的发展及激励的模式。

第一节 激励概述

一、激励的概念

21世纪，激励问题已成为各组织实施人才战略的关键问题。世界500强的公司大都奉行以人为本，重视人才，发掘人力潜能和长远发展的人力资源管理原则。这些公司采取积极的管理模式，在激烈的人才的竞争中，千方百计地留住了人才，赢得竞争的胜利。如何激发人的工作积极性，是组织行为学的关键问题，这是因为在组织中对人的行为管理的目标，就是要弄清在什么条件下，人会更愿意按时工作，会更愿意留在所分配的工作岗位上，会工作得更有效率。每个人都需要激励，需要自我激励，需要得到来自同事、群体、领导和组织方面的激励。管理工作需要创造并维持一种环境，在此环境里为了完成各种共同目标，人们在一起工作，一个主管人员如果不知道怎样激励人，便不能胜任工作。所以，激励就成为各国组织行为学家和管理学家的重要研究课题。

那么激励是什么呢？激励就是激发、鼓励的意思，是指利用某种外部诱因调动人的积极性和创造性，使人有一股内在的动力，向所期望的目标前进的心理过程。激励的含义可从以下几个方面理解：

（1）激励有一定的被激励对象。

（2）激励是研究人的行为是由什么激发并赋予活力的。这指的是人们自身有什么样的内在能源或动力，能驱动他们以一定方式表现出某一特定行为，以及有哪些外在的环境性因素触发了这种活动。

（3）激励是把人们已被激活的行为引导到一定的方向上去。这指的是人的行为总是指向一定的目的物。

（4）被激励的行为要能够保持与延续。这就要求不仅要着眼于人的内在因素，还要分析环境中有哪些外在因素对这些行为做出反应，影响行为内驱力的强度及行为活力的发散方向。

激励的实质就是通过目标导向，使人们产生有利于组织目标的优势动机并按组织所需要的方向行动。

二、激励机制

激励机制指的是在组织系统中，激励主体通过激励因素或激励手段与激励客体之间相互作用的关系的总和，是激励活动的各项要素在运行过程中的相互联系、相互作用、相互制约及其与激励效果之间内在联系的综合机能。激励机制设计是指为实现组织目标，根据组织成员的个性需要，制定适宜的行为规范和分配机制，以实现人力资源的最优配置，达到组织利益和个人利益的一致。有效的激励机制要处理好刺激变量、机体变量及反应变量之间的关系。刺激变量是指各种有效的激励措施和手段；机体变量是指个体所具有的、影响个体反应的心理特征（譬如性格、动机、内驱力强度等）、技术水平与工作能力，自我角色概念（即个人在工作中所处的地位、承担的责任、工作目标及努力方向的综合概念）的认识程度等；反应变量是指刺激变量使机体变量在行为上引起的变化。显然，需要和动机都属于机体变量，外界目标属于刺激变量，行为属于反应变量。

有关激励的心理机制研究表明，人的行为是由动机支配的，动机是由需要引起的，行为的方向是寻求目标、满足需要。这里的需要，是指客观的刺激作用于人们的大脑所引起的个体缺乏某种东西的状态。人的需要，既可以是生理或物质上的（如对食物、水分、空气等的需要），也可以是心理或精神上的（如追求社会地位或事业成就等）。在现实生活中，人的需要往往不止有一种，而是同时存在多种需要。这些需要的强弱也随时会发生变化。在任何时候，一个人的行为动机总是由其全部需要结构中最重要、最强烈的需要所支配、所决定的。这种最重要、最强烈的需要就叫作优势需要。

而动机则是人们行为产生的直接原因，它引起行为、维持行为并指引行为去满足某种需要。动机是由需要产生的。当人们产生的某种优势需要未能得到满足时，会产生一种紧张不安的心理状态，在遇到能够满足需要的目标时，这种紧张不安的心理就转化为动机，并在动机的推动下，向目标前进，目标达到后，需要得到满足，紧张不安的心理状态就会消除。随后，又会产生新的需要，引起新的动机和行为。行为的基本心理过程就是一个激励过程，通过有意识地设置需要，使被激励的人产生动机，进而引发行为，满足其需要，从而实现目标。行为的基本心理过程如图 3-1 所示。

需要 → 内心紧张 → 动机 → 行为 → 目标满足，紧张消除

图 3-1　行为的基本心理过程

三、激励的目的及其影响因素

激励的目的是调动积极性。所谓积极性，是指人们从事某项活动的意愿及行为的准备状态。积极性有其自身形成和变化的规律，激励就是按照积极性的运动规律，对人们施加一定的影响，促使其积极性的形成，并按预定的方向发展。人的积极性产生于自身的需要，受主观认识的调节和客观环境的制约，受行为效果反馈作用的影响。

（1）需要是积极性的本源。所谓需要，就是有机体和周围环境的某种不平衡状态，是个人和社会有机体延续和发展所依赖的客观条件在主观意识上的反映。趋向平衡是系统的一般运动规律，谋求生存和发展是一切有机系统的本能要求和目的，因此需要是人类一切活动的原动力。个人和社会的存在、发展所依赖的客观条件是很多的，个人和社会的需要既有物质方面的，也有精神方面的，据国外社会学家统计，现代社会中人的需要不下几百种。人类需要的广泛性，构成了社会生活的丰富多彩，也成为生产不断向广度和深度发展的动力，同时也造成了激励的复杂性。

人和社会的生存发展是不以人们意志为转移的，这就决定了需要具有客观的规定性，而需要的客观规定性又决定了人们的共同需要、共同愿望的存在。这就为进行有效的激励提供了客观依据。此外，需要还具有主观感受性，需要的产生取决于人们的感受、认识能力。人的需要的主观感受性决定了人们需要的差别性，也决定了改造人们需要的可能性及教育、实践的必要性。

（2）认识是积极性的导向器和调节器。认识在积极性的形成和发展中具有关键的作用，这是因为：

①认识是将人们的需要和具体事物联系起来的桥梁。需要是形成积极性的前提，但客观需要只能引起愿望、内心紧张和冲动，究竟通过什么途径去满足这些需要，产生什么样的积极性，则取决于人们的认识。因此，认识是对某项事物产生积极性的"触媒"。

②认识是将社会需要转换成个人需要的中介，因此是对组织目标产生积极性的前提。

③认识是需要的满足感或不满足感形成的决定因素，对积极性的发展起重要的调节作用。

④人生观、价值观、道德观对积极性有深刻的影响。人生观、价值观和道德观都是一种认识，这些认识具有相对的稳定性，决定着人们的追求、喜恶，对于积极性有深刻的影响。

（3）环境对积极性的形成和发展起着重要的制约和推动作用。需要和认识是积极性形成和发展的内因,是具有决定意义的因素,但不是全部因素。客观环境对人们积极性的形成和发展的作用是不可低估的。

(4)行为效果的反馈对积极性起着重要的强化作用。

在一定条件下,设计组织内部有效的激励机制,存在一个"努力工作→产生绩效→有效激励→努力工作……"的正反馈机制,即根据每个人的努力程度和绩效大小,采用物质或精神等激励手段进行奖惩,使人们在物质上和精神上得到满足。人们在得到满足后,又会受到刺激,再去努力工作产生新的绩效。如此循环往复,螺旋式上升到新的高度。

设计有效的激励机制是组织发展动力的核心问题。其关键是组织目标与个人需要的兼容,在具体的工作任务安排上,必须将组织目标纳入其中或将组织希望出现的行为列为目标导向,使员工只能在完成组织任务后才能达到个人的目标。离开了组织目标,尽管满足了员工的需要也不能称为激励。那种认为满足了个人目标就会带来满意和积极性,就自然能完成组织目标的想法是不符合实际的。同时,目标设置必须是受激励者所迫切需要的。已经满足的需要要么不可能激发动机,要么激发出来的动机强度不高。目标的设置要适当,既不能俯拾即是,又不能高不可攀,应是通过努力可以达到、不努力则无法达到的。

四、激励的作用

激励的作用是十分显著的,主要有以下几方面:

(一)激励是管理最关键、最难的职能

搞好管理就是要有效地组织并充分利用人力、物力和财力资源,其中又以对人力资源的管理最为重要。在人力资源管理中,又以怎样激励人最关键、最困难。这是因为主管人员能够精确地预测、计划和控制财力、物力等资源,而对于人力资源,特别对于人的内在潜力,却无法精确地预测、计划和控制。

激励之所以越来越受到重视,主要是由以下几个因素决定的。

1. 竞争加剧

随着世界经济全球化的发展,企业所面临的竞争日趋激烈。在竞争激烈的条件下,组织要想生存和发展,就要不断地提高自己的竞争力。而提高竞争力就必须最大限度地激励组织的全体成员,充分挖掘其内在的潜力。

2. 激励对象的差异性

组织中人员的表现有好、中、差之分,员工之间有很大的差异性。在管理中就要通过各种激励办法,使表现好的人继续保持积极行为;使表现一般的和差的人受到激励,逐步转变成为主动积极为组织做贡献的成员,促使更多的人能够自觉地为实现组织的目标而奋斗。

3. 激励对象要求的多样性

组织中的人有多方面的需求，要满足这些需求，就必须采用多种激励办法，包括金钱、友谊、关心、尊重、好的工作条件、有趣和有意义的工作等。主管人员的任务就在于对不同的人采取适合其需求的激励措施。

（二）激励在调动内在潜力实现组织目标的过程中发挥着重要作用

（1）通过激励可以引进大量组织需要的优秀人才。从世界范围看，美国特别重视这一点，它从世界各国吸引了大量有才能的专家、学者，这正是美国在许多科学技术领域保持世界领先地位的重要原因之一。为了吸引人才，美国不惜采用支付高酬金、创造良好的工作条件等激励办法。例如，IBM 公司采用了许多有效的激励办法：采用绩效工作制提高员工薪酬，树立外部标杆以激发人才成长晋升与流动的积极性，提供养老金、集体人寿保险和优厚的医疗待遇；给工人兴办了每年只交很少费用就能带家属享受乡村疗养的乡村俱乐部；公司筹办学校和各种训练中心，让员工学习各种知识；减免那些愿意重返学校学习知识和技能的员工的学费等众多福利。

（2）通过激励可以充分调动在职员工的积极性，使其最充分地发挥才能，从而保持工作的有效性和高效率。美国哈佛大学心理学家威廉·詹姆士在对员工的激励的研究中发现，按时计酬的员工仅能发挥其能力的 20%～30%，而受到充分激励的员工可发挥其能力在 80%～90%。这就是说，同样一个人，在得到充分激励后，所发挥的能力相当于激励前的 3～4 倍。

（3）通过激励还可以进一步激发在职员工的创造性和革新精神，从而大大提高工作绩效。例如，丰田汽车公司采取设立合理化建议奖（包括物质奖和荣誉奖）的办法鼓励员工提建议，不管这些建议是否被采纳，均会受到奖励和尊重。如果建议被采纳，并取得经济效益，则会受到重奖。

五、激励理论的发展

古希腊的哲学家曾以享乐主义解释人的行为，认为人都有追求享乐、回避痛苦的倾向。这一哲学观点被经济学界和哲学界继承下来，如亚当·斯密、本瑟姆和斯图尔特都是持这种观点的代表人物。19 世纪初，动机激发的研究，逐渐从社会哲学领域进入心理学领域，早期的心理学家仍信奉享乐主义是人类有意识、有理性追求的东西。

直到 20 世纪初，被称为美国心理学之父的詹姆斯带头对享乐主义的假设提出质疑，在他的《心理学原理》一书中，对动机激发的另外两个历史概念（本能和无意识动机的激发）给予认可。詹姆斯并不认为人类总是有意识或有理性的，而认为人类的许多行为是出于本能，能影响个体行为的部分非习得本能，包括哭喊、移动、好奇、模仿、社交、同情、怕黑暗、妒忌等；这些本能和其他本能在每个人身上都存在。社会心理学创始人麦克杜格尔进一步发展了行为本能学说,他在1908年出版的《社会心理学》一书中把本能定义为:一种决定个体对任何客观事物察觉或注意的先天性倾向(或素质),是一种行为或以某种特殊行为方式表现出来的动作冲动。这种本能学说的基本点是假设人类行为取决于一种非习得的先天倾向(素质)。

从20世纪20年代开始,人类动机激发的本能观点受到了沉重打击,尤其是那些提倡以纯科学方式观察行为的行为学家,他们全盘否定了这种基本上无法观察、神秘莫测的学说。由于这种严厉批评的持续存在,今天在研究和讨论人类行为时已很少使用"本能"这个术语。尽管现代心理学家承认有些人类动机看来是非习得的,但他们不甘愿接受由詹姆斯和麦克杜格尔所提倡的"先天性倾向性行为"这一概念。他们认为"先天性倾向"的观点,可能适合于低等动物,但不足以解释人类的行为。

詹姆斯在本能的概念下曾强调了无意识动机的激发问题。然而,使无意识成为研究人类动机激发的组成部分的是弗洛伊德。所谓无意识动机,是指人类并非总是能明确地意识到他们所有的欲望,有时甚至连自己的目标都说不清。弗洛伊德通过临床实践和对病人的分析,发现一个人在许多方面的表现如同一座冰山,只有一小部分是能意识到的,并显现于外;其余部分则潜伏在表象之下,不一定能被行为者本人意识到。与詹姆斯一样,弗洛伊德也企图将无意识动机与本能等同起来。许多现代心理学家,尽管并不赞同弗洛伊德对无意识动机的大部分解释,但均承认无意识动机的客观存在,认为其只是还缺乏更深入的研究和理解,因而历史作用还是有限的。

由于行为本能学说和无意识动机激发的观点远不足以说明人类复杂的动机激发过程,终于促使早期内驱力理论的出现。内驱力理论家在很大程度上受到早期行为主义学派的影响,行为主义心理学家霍尔,综合了以前的各种观点,提出动机的激发是内驱力和习惯的乘积的公式,奠定了动机激发的科学性理论基础。这个公式是:

$$E = D \times H$$

式中:E(effort)——一个人所做出的努力;

D(drive)——一个人的内驱力;

H(habit)——一个人的习惯。

霍尔认为内驱力是一种强化了的影响力,决定着行为的强度,而习惯则反映了行为主义对霍尔的影响。后来,霍尔为了避免过分地强调习惯,在公式中加上了"未来定向"(future-oriented)的诱因概念。这样公式就成了:

$$E = D \times H \times I$$

式中:I(incentive)——诱因。

公式表明,一个人所做的努力(反映动机激发的程度)等于其内驱力、习惯和诱因的乘积。既然包含了诱因这个因素,就在动机中承认了认知特性。这一公式成为后来动机激发期望理论的基础。

在早期内驱力理论的基础上,现代心理学家又提出了动机激发循环的概念,把需要、内驱力和目标三个相互影响、相互依存的要素衔接起来，构成了动机激发的完整过程。一个目标达到了，新的需要随之而起，如此周而复始，循环不息。其模式见图3-2。

图3-2 基本的动机激发模式

在这个模式里：需要，是指来自个体生理上或心理上的缺乏（或不足）。从体内平衡的意义上来讲，当生理或心理上感到缺乏或不足，出现了某种不平衡时，就产生了需要。例如，人体内的细胞缺少营养或一个人失去了朋友时，就会产生对食物或友谊的需要。

内驱力。一般来说，内驱力和动机是两个可交替使用的专业术语。当一个人在生理或心理上感到缺乏某种东西时，就产生一种紧张不安的心理状态。内驱力就是一种力求实现需要的满足，消除这种缺乏或不足状况的内在驱动力。这个术语与霍尔的定义相类似，内驱力是作用于行为定向的、能强有力地促进目标完成的一种内在的力量。这是动机激发过程中最核心的环节，上述例子中，对食物的需要就转化为力求解除饥饿的内驱力，对朋友的需要则成为力求交往的内驱力。

目标，是动机激发过程的终端，可解释为能满足需要和减弱内驱力的事物。因此，达到预定目标将有助于恢复生理和心理上的平衡。凡能满足个体某种需要的目标，心理学称为诱因，如果说需要是激发动机的内在条件，那么诱因就是它的外在条件。

在上述基本动机激发模式的基础上，心理学家们开展了大量研究，从不同角度提出了激发动机的理论，大体上可分为内容型激励理论、过程型激励理论和行为改造型理论三大类。

（1）内容型激励理论着重研究激发动机的诱因。由于理论的内容都围绕着如何满足需要进行研究，故又称为需要理论。主要包括马斯洛的需要层次论、赫茨伯格的双因素理论、奥尔德弗的 ERG[①] 理论以及麦克利兰的成就需要激励理论等。

（2）过程型激励理论着重研究从动机的产生到采取具体行动的心理过程。这类理论都试图弄清人们对付出努力、功效要求和奖酬价值的认识，以达到激励的目的，主要包括弗鲁姆的期望理论、亚当斯的公平理论以及洛克的目标设置理论等。

（3）行为改造型理论是着重研究激励的目的的理论，激励的目的正是改造和修正行为。主要包括斯金纳的强化理论，以及海德等提出的归因理论和挫折理论等。

此外，罗伯特·豪斯和迪尔综合和概括了上述三类理论，提出了综合激励模式，对克服上述理论的片面性有重要的意义。

---

① 生存（existence）、相互关系（relatedness）和成长发展（growth）的缩写。

第二节 经典的激励理论

从20世纪20年代至今，国外许多管理学家、心理学家和社会学家从不同角度对怎样激励人的问题进行了大量的研究，并提出了许多激励理论。对这些理论可以从不同的角度进行归纳和分类。比较流行的分类方法是按其所研究的激励面的不同及其与行为的关系不同，把各种激励理论归纳和划分为内容型激励理论、过程型激励理论和行为改造型激励理论三大类。

一、内容型激励理论

需要和动机是推动人们行为的原因，也是激励的起点和基础。内容型激励理论是着重研究需要的内容和结构及其如何推动人们的行为的理论。其中代表性的理论有需要层次理论、双因素理论、ERG理论、成就需要激励理论。

（一）需要层次理论

需要层次理论是由美国著名心理学家和行为学家马斯洛提出来的。早在1943年，马斯洛在《人的动机理论》一文中首次提出了需要层次理论，把人的需要分成生理的需要、安全的需要、友爱和归属的需要、尊重的需要、自我实现的需要五个层次。1954年，他又在《激励与个性》一书中做了进一步阐述，在尊重的需要后面又增加了求知的需要和求美的需要，把人的需要分成七个层次。这一理论几十年来流传甚广，是行为科学家试图揭示需要规律的主要理论。需要层次理论的内容包括以下方面。

1. 人类的多种需要可分为七个层次

（1）生理的需要。这是人类为维持自身生命的最基本需要，包括吃、穿、住及休息等需要。马斯洛认为，只有这些最基本的需要被满足到维持生命所必需的程度后，才会出现另外的、更高级的需要。否则，其他的需要都不能起到激励人的作用。生理的需要不是无止境的，当达到一定程度后，其对行为的引发导向、强化作用就会大大减弱。

（2）安全的需要。这是人类要求保障自身安全、摆脱失业和丧失财产等威胁的需要。当一个人生理的需要得到了一定的满足之后，他就有满足安全的需要。即不仅考虑目前，而且考虑以后，希望自己的身体可以免遭危险，已获得的基本生理需要及其他的一切不会丧失和被剥夺。例如，要求摆脱失业的威胁，要求在生病及年老时生活有保障，要求工作安全并免除职业病的危害，希望解除严格的监督以及不遭受非公正的待遇，希望生活在干净、有秩序的环境中，希望免遭战争和意外的灾害，等等。

（3）友爱和归属的需要。这是社会交往的需要。当生理及安全的需要得到相当的满足后，友爱和归属的需要便占据主导地位。因为人类是有感情的动物，人们希望与别人交往，避免孤独，希望与同事之间和睦相处，关系融洽；希望归属于一个团体以得到关心、爱护、支持、友谊和忠诚，并为达到这个目的而做出努力。

（4）尊重的需要。当一个人第三层次的需要得到满足以后，他通常不只是满足于做群体中的一员，而是开始产生尊重的需要，包括自尊和受人尊重两个方面。自尊意味着在现实环境中希望有实力、有成就、能胜任和有信心，以及要求独立和自由；受人尊重是指要求有名誉或威望，可看成别人对自己的尊重、赏识、关心、重视或高度评价。自尊需要的满足使人产生一种自信的感情，觉得自己在这个世界上有价值、有实力、有能力、有用处。而这些需要一旦受挫，人就产生自卑感、软弱感、无能感。

（5）求知的需要。人有知道、了解和探索事物的需要，而对环境的认识则是好奇心作用的结果。

（6）求美的需要。人都有追求匀称、整齐和美丽的需要，并且通过从丑向美转化而得到满足。马斯洛发现，从严格的生物学意义上说，美有助于使人变得更健康。

（7）自我实现的需要。这是马斯洛的需要层次理论中最高层次的需要，指的是一种使人能最大限度地发挥自己的潜能并完成某项工作或某项事业的欲望。马斯洛对此有过描述：即使以上所有的需要都得到满足，我们往往会产生新的不满，除非本人正在做着合适的工作。音乐家必须演奏音乐，画家必须绘画，诗人必须写诗，这样才能使他们获得最大的快乐。人们能做什么就应该做什么。我们把这种需要称为自我实现。自我实现的需要，指的就是使潜能得以实现的向往。这种向往可以说成是希望自己越来越成为所期望的人物，完成与自己能力相称的一切事情。

2. 各种需要之间的递进规律

一般而言，生理的需要和安全的需要属于较低层次的物质方面的需要；友爱和归属的需要、尊重的需要、求知的需要、求美的需要以及自我实现的需要，则属于较高层次的精神方面的需要。马斯洛认为，人的需要有遵循递进的规律，在较低层次的需要得到满足之前，较高层次的需要的强度不会很大，更不会成为主导的需要。当低层次的需要获得相对的满足后，下一个较高层次的需要就占据了主导地位，成为驱动行为的主要动力。

3. 马斯洛需要层次理论的应用

马斯洛的需要层次理论由于直感逻辑性强，易于理解，得到了广泛的传播，在西方管理领域中有相当影响。该理论对搞好管理有以下指导意义：

（1）掌握员工的需要层次，满足不同层次的需要。管理者要了解、掌握员工的需要及其变化发展规律，根据不同层次的需要，采取相应的激励措施，以引导和控制人的行为。尤其应注意强化或者改造最高层次的需要，使之与组织或社会的需要相一致。比如，当个体需要处在自我实现层次时，成长、成就和提升就成为一般激励因素，组织就应该采取诸如提供挑战性的工作、在组织中提升、增加工作的成就感等措施。

（2）要满足不同人的需要。马斯洛的需要层次仅是一般人的要求，实际上每个人的需要并不都是严格地按顺序由低到高发展的,还需要具体情况具体分析,因为在不同情况下人们需要的强烈程度是不同的。如经济收入较低的人,对衣、食、住、行方面的需求较强烈,对个人成就不太重视。有些知识分子对穿衣和吃饭要求不高,而对个人成就的欲望却很强;有些老年人,生理的需要和成就的需要并不强烈,但避免孤独的需要和得到儿女、社会尊重的需要很强烈。即使同一人在不同的时间、不同的情况下,需要层次也不一样。对于管理人员来说,了解这些情况是非常重要的,需采取不同的激励措施。

一些西方管理心理学家认为,马斯洛的需要层次理论能够帮助管理者管理好组织。有人按其需求的五层次论来研究了需要层次论与管理措施的密切关系,如表3-1所示。

表3-1 需要层次论与管理措施的密切关系

需要的层次	诱因(追求的目标)	管理制度与措施
生理的需要	薪水、健康的工作环境,各种福利	身体保健(医疗设备)、工作时间(休息)、住宅设施、福利设备
安全的需要	职位的保障、意外的防止	雇佣保证、退休金制度、健康保险制度、意外保险制度
友爱和归属的需要	友谊(良好的人际关系)、团体的接纳、与组织的一致	协商谈判制度、利润分配制度、团体活动制度、互助金制度、娱乐制度、教育训练制度
尊重的需要	地位、名分、权力、责任、与他人薪水之相对高低	人事考核制度、晋升制度、表彰制度、奖金制度、选拔进修制度、委员会参与制度
自我实现的需要	能发展个人特长的组织环境,具有挑战性的工作	决策参与制度、提案制度、研究发展计划、劳资会议

了解员工的需要是应用需要层次理论对员工进行激励的一个重要前提。在不同组织中,不同时期以及组织中不同的员工的需要充满差异性,而且经常变化。因此,管理者应该经常性地用各种方式进行调研,弄清员工未得到满足的需要是什么,然后有针对性地进行激励。

(二)双因素理论

1. 双因素理论的内容

双因素理论是由美国心理学家赫茨伯格提出来的。赫茨伯格在1959年发表的《工作的激励》一书中提出了双因素激励理论,他认为存在着两种不同类型的激发因素,即保健因素和激励因素,具体内容如表3-2所示。

表 3-2 保健因素和激励因素

保健因素（外在因素）	激励因素（内在因素）
公司政策与行政管理 技术监督系统 与主管之间的关系 与同级之间的关系 与下级之间的关系 工作环境或条件 薪金 个人生活职务、地位 工作的安全性	工作上的成就感 工作中得到认可和赞赏 对工作的兴趣和工作本身的挑战性 工作职务带来的责任感 工作的发展前途 个人成长、晋升的机会

赫茨伯格认为企业中影响人的积极性的因素可按激励功能不同，分为保健因素和激励因素。

（1）保健因素。保健因素是指和工作环境或条件相关的因素。如果这类因素处理不当或者说这类需要得不到满足，就会导致员工不满，甚至会严重挫伤员工的积极性；反之，如果这类因素处理得当，就能防止工人产生不满情绪，但不会使员工有更高的积极性。由于这类因素带有预防性，只起保持人的积极性、维持工作现状的作用，因此，这类因素被称为保健因素。

（2）激励因素。激励因素是指和工作内容联系在一起的因素。这类因素的改善，或者这类需要得到满足，往往能给员工以很大程度上的激励，使其对工作产生的满意感，有利于充分、持久地调动员工的积极性；即使不具备这些因素和条件，也不会引起员工太大的不满意。由于这类因素能够激发人们做出最大的努力，所以称为激励因素。

根据以上分析，赫茨伯格重新分析和解释了传统的"满意与不满意"观点：认为"满意"的对立面是"不满意"是不正确的，"满意"的对立面应该是"没有满意"，而不是"不满意"；"不满意"的对立面应该是"没有不满意"，而不是"满意"。也就是说，有了激励因素，就会产生满意；而没有激励因素，则没有满意，也没有不满意。有了保健因素，不会产生不满意，但没有满意；而没有保健因素，则会产生不满意。满意与不满意的对立面如图 3-3 所示。

因此，赫茨伯格认为保健因素不能直接起到激励作用，但能防止人们产生不满的情绪。保健因素改善后，人们的不满情绪会消除，但不会导致积极后果，而只有激励因素才能产生使员工满意的积极效果。

2. 对双因素理论的简要评价

赫茨伯格的双因素理论在现代工作激励理论中有着重要地位。他的研究提醒人们必须充分注意工作本身的满足对激励的重要意义，使得人们对工作激励的内容有了新的认识，赫茨

传统观点

满意 ---------------------- 不满意

赫茨伯格观点

满意 ---------------------- 没有满意
（激励因素）

不满意 ---------------------- 没有不满意
（保健因素）

图 3-3 满意与不满意的对立面

伯格的双因素理论在国内外有很大影响。

但是，双因素理论自产生起，也有人对它提出了批评，这也是该理论的缺陷之处。其主要有以下四点缺陷：

（1）赫茨伯格调查取样的数量和对象缺乏代表性。样本仅有 203 人，数量较少。而且对象是工程师、会计师，他们在工资收入、安全、工作条件等方面都比较好，因此，这些因素对他们自然不会起激励作用，但不能代表一般员工的情况。

（2）赫茨伯格在调查时，问卷的方法和题目有缺陷。首先，把好的结果归结于自己的努力，而把不好的结果归罪于客观条件或他人，这是人们一般的心理状态，但人们的这种心理特征在他的问题上无法被反映出来。其次，赫茨伯格没有使用满意尺度的概念。人们对任何事物的态度总不是那么绝对，要么满意，要么不满意，一个人很可能对工作一部分满意，一部分不满意，或者比较满意，这些在他的问题中也没有反映出来。

（3）赫茨伯格认为，满意和生产率的提高有必然的联系，而实际上满意并不等于劳动生产率的提高，这两者并没有必然的联系。

（4）赫茨伯格将保健因素和激励因素截然分开是不妥的。实际上，保健因素和激励因素、外部因素和内部因素都不是绝对的，它们相互联系并可能互相转化。保健因素也能够产生满意，激励因素也能够产生不满意。例如，奖金既可以成为保健因素，也可以成为激励因素，工作成绩得不到承认也可以使员工闹情绪，以致消极怠工。

3. 双因素理论的应用

赫茨伯格的双因素理论，强调内在激励，在组织行为学中具有划时代意义，为管理者更好地激发员工工作的动机提供了新思路。

（1）管理者在实施激励时，应注意区别保健因素和激励因素，前者的满足可以消除不满，后者的满足可以产生满意。

（2）管理者在管理中不应忽视保健因素。一方面，如果保健性的管理措施做得很差，就会导致员工产生不满情绪，影响劳动效率的提高。另一方面，也没有必要过分地改善保健因素，因为这样做只能消除员工对工作的不满情绪，不能直接提高工作积极性和工作效率。

（3）管理者若想持久而高效地激励员工，必须改进员工的工作内容，进行工作任务再设计，注意对人进行精神激励，给予表扬和认可，注意给人以成长、发展、晋升的机会。用这些内在因素来调动人的积极性，才能起更大的激励作用并维持更长的时间。

（三）ERG 理论

ERG 理论，又称成长理论，是由美国心理学家奥德弗根据已有试验和研究，于 20 世纪 70 年代初提出的一种内容型激励理论。

1. ERG 理论的内容

ERG 理论系统地阐述了一个关于需要类型的新模式，发展了赫茨伯格和马斯洛的理论。该理论把马斯洛的需要层次压缩为三种需要，即生存的需要、相互关系的需要、成长的需要。

（1）生存的需要，指的是全部的生理需要和物质需要，如衣、食、住，组织中的报酬，对工作环境和条件的要求等。这一类需要大体上和马斯洛需要层次中的生理需要、部分安全需要相对应。

（2）相互关系的需要，是指人与人之间的关系、联系的需要。这一需要类似于马斯洛需要层次中的部分安全的需要、全部友爱和归属的需要以及部分尊重的需要。

（3）成长的需要，是指一种要求得到提高和发展的内在欲望。不仅要求充分发挥个人的潜能，使其有所作为并获得成就，还包含开发新能力的需要。这一需要与马斯洛的需要层次中部分尊重的需要和自我实现的需要相对应。

2. ERG 理论的主要特点

奥德弗认为这三种需要之间没有明显的界限，它们是一个连续体。这一理论限制性较少，易于应用。ERG 理论的特点表现在它对各种需要之间的内在联系有说服力的阐述。

（1）各个层次的需要得到的满足越少，这种需要就越为人们所渴望。例如，满足生存的需要的工资越低，人们就越希望得到更高的工资。

（2）较低层次需要满足得越充分，对较高层次的需要往往就会越强烈。例如，生存的需要、相互关系的需要得到了充分的满足，成长的需要就会突出出来。

（3）较高层次需要满足得越少，对较低层次需要的渴求也就越多。例如，成长的需要得到的满足越少，则对人与人关系的需要的渴求就越大。

此外，ERG 理论不仅提出了需要层次的"满足—上升"趋势，而且也指出了"挫折—倒退"的趋势。这一规律在管理中很有启发意义。因为在实际生活中，员工之所以追求低层次需要，往往是因为领导者在管理上失策，未给员工提供能满足高层需要的环境和条件，奥德弗这一观点可以说是对激励理论的最大贡献。

ERG理论自提出后，除了奥德弗自己做的实验测定外，几乎还没有人对这一理论做过直接研究，也没有什么具体例证足以支持或否定这一理论。不过有很多人认为这一理论比马斯洛的理论更切合实际。

（四）成就需要激励理论

成就需要激励理论是美国哈佛大学教授麦克利兰及其学生于20世纪50年代提出来的。他们对成就需要这一因素做了大量研究，认为成就需要具有挑战性，引发人的快感，使人产生奋斗精神，对行为起主要作用。

1. 成就需要激励理论的主要内容

成就需要激励理论主要研究在人的生理的需要基本得到满足的条件下，人还有哪些需要。麦克利兰认为，人们在生理的需要得到满足以后，还有以下三种基本的激励需要：

（1）对权力的需要。具有较高权力欲的人，对施加影响和控制表现出很大的兴趣。这样的人一般寻求领导者的地位；常常表现出喜欢争辩、健谈、强有力、直率和头脑冷静的特点，并且善于提出问题和要求；也常常喜欢教训别人，并乐于讲演。

（2）对归属和社交的需要。具有这方面需要的人，通常从友爱、情谊、人与人之间的社会交往中得到欢乐和满足，并总是设法避免被某个组织或社会团体拒之门外的痛苦。他们喜欢保持融洽的社会关系，享受亲密无间和相互谅解的乐趣，随时准备安慰和帮助危难中的伙伴。

（3）对成就的需要。有成就需要的人对胜任和成功有强烈的要求，同样也担心失败；他们乐意甚至热衷于接受挑战，往往为自己树立有一定难度而又不是高不可攀的目标。他们对风险一般采取现实主义的态度。他们愿意承担所做工作的个人责任，对正在进行的工作的情况，希望得到明确而又迅速的反馈。他们一般喜欢表现自己。

2. 研究成就需要激励理论的意义

麦克利兰认为，具有高度成就需要的人对于企业和国家都有重要的作用。企业拥有这样的人越多，发展就越快，就越能取得经济效益；国家拥有这样的人越多，就越兴旺发达。据他的调查，英国在1925年时拥有高成就需要的人数在25个国家中名列第5位，当时英国确实是一个兴旺发达的国家。1950年再做调查时，英国拥有高成就需要的人数，在39个国家中名列第25位，事实上第二次世界大战以后的英国也确实在走下坡路。他还认为，可以通过教育和培养造就高成就需要的人。所以无论企业还是国家都要注意发现、培训有成就需要的人。

以上几种内容型理论都是从人的需要方面研究激励问题的，所以可将其称为需要理论。

这几种需要理论的对比如表3-3所示。

表 3-3 几种需要理论的对比

马斯洛的需要层次理论	赫茨伯格的双因素理论	奥德弗的 ERG 理论	麦克利兰的成就需要激励理论
自我实现	激励因素	成长	成就
尊重			
求美			
求知		相互关系	归属和社交
友爱和归属	保健因素		
安全		生存	权力
生理			

二、过程型激励理论

过程型激励理论着重研究人们选择其所要进行的行为的过程，即行为是怎样产生的，是怎样向一定方向发展的，如何能使这个行为保持下去，以及怎样结束行为的发展过程。其主要代表理论有期望理论、公平理论等。

（一）弗鲁姆的期望理论

美国耶鲁大学教授、心理学家弗鲁姆于 1964 年在《工作与激励》一书中最先提出了期望理论。这种理论一出现，就受到国外管理学家和实际管理工作者的普遍重视。目前，人们已经把期望理论看作最主要的激励理论之一。

1. 期望理论的内容

期望理论是一种通过考察人们的努力行为与其所获得的最终奖酬之间的因果关系来说明激励过程，并选择合适的行为达到最终的奖酬目标的理论。弗鲁姆认为人们只有在预期其行为有助于达到某种目标的情况下，才会被充分激励，产生内在的激发力量，从而产生真正的行为。这种激发力量的大小等于该目标对人的效价与人对能达到该目标的主观估计（期望值）的乘积。用公式表示为：

$$激发力量 = 效价 \times 期望值$$

即：

$$M = V \times E$$

式中：M（motivational force）表示动机的激发力量，是指调动一个人的积极性，激发出人的潜力的强度。它表明人们为达到设置的目标而努力的程度。

V（valence）表示目标的效价，是指达成目标对于满足个人需要的价值的大小，是个体对这一成果或目标的有用性的主观估计。当个人对达到某种成果或目标漠不关心时，效价值为零；当个人宁可不要出现这种结果时，效价为负值；当个人希望达到该预期结果时，效价为正值；当个人强烈期待出现预期结果时，效价值就很高。总之，只有在效价大于零时，个体才会有一定的动力。效价值越高，动力越大。

E（expectancy）表示期望值，是指个人根据以往的经验进行的主观判断，是达成目标并能导致某种结果的概率，即个人据其经验对自己所采取的行动将会导致某种预期成果的可能性的主观估计。它表明采取某种行为实现目标的可能性的大小。$0 \leq E \leq 1$。

这个公式表明，激发力量与效价、期望值有密切的关系：效价越高，期望值越大，激发力量也越大；反之亦然。如果其中一个变量为零（毫无意义或毫无可能），激发力量也就等于零。这就说明了为什么非常有吸引力的目标，也会无人问津。这是内容型激励理论无法解释的。

这个公式实际上提出了在进行激励时要处理好三方面的关系，这也是调动人的积极性的三个条件。

（1）努力与绩效的关系。人总是希望通过一定的努力能够达到预期的目标，如果个人主观认为通过自己的努力达到预期目标的概率较高，就会有信心，就可能激发出很强的工作力量。但是如果他认为目标太高，通过努力也不会有很好的绩效时，就失去了内在的动力，导致工作消极。这种关系可在公式的期望值这个变量中反映出来。

（2）绩效与奖励的关系。人总是希望取得成绩后能够得到奖励，这种奖励是广义的，既包括提高工资、多发奖金等物质方面的奖励，也包括表扬、获得自我成就感、得到同事们的信赖、提高个人威望等精神方面的奖励。如果他认为取得绩效后能够获得合理的奖励，就有可能产生工作热情，否则就可能没有积极性。

（3）奖励与满足个人需要的关系。人总是希望所获得的奖励能满足自己某方面的需要。然而由于人们在年龄、性别、资历、社会地位和经济条件等方面都存在差异，所以对各种需要得到满足的程度就不同。因而对于不同的人，采用同一种办法给予奖励满足需要的程度不同，所激发出来的工作动力也就不同。

后两方面关系可以在弗鲁姆公式中的效价这个变量上体现出来。弗鲁姆把这三方面关系用框图表示出来，如图3-4所示。

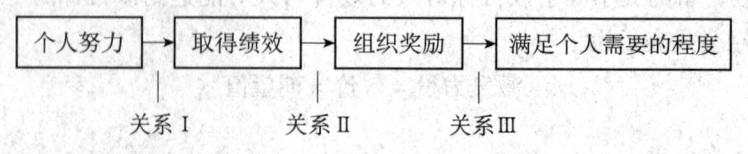

个人努力 → 取得绩效 → 组织奖励 → 满足个人需要的程度

关系Ⅰ　　关系Ⅱ　　关系Ⅲ

图3-4　期望理论三方面的关系

2. 期望理论对我们的启示

期望理论为实施激励提供了有益的启示：

（1）管理者不要泛泛地制定一般的激励措施，而应当制定被多数组织成员认为效价最大的激励措施。

（2）设置某一激励目标时应尽可能加大其效价的综合值，如果每月的奖金不仅与当月收入挂钩，而且与年终分配、工资调级和获得先进工作者称号挂钩，则将大大增加效价的综合值。

（3）适当加大不同人实际所得效价的差值，加大组织希望行为和非希望行为之间的效价差值。例如，只奖不罚与奖罚分明，其激励效果大不一样。

（4）适当控制期望概率和实际概率。期望概率既不是越大越好，也不是越小越好，关键要适当。当一个期望概率远高于实际概率时可能产生挫折，而期望概率太小时又会减弱某一目标的激发力量。实际概率最好大于平均的个人期望概率，使大多数人受益。但实际概率应与效价相适应，效价大，实际概率可以小些；效价小，实际概率可以大些。

（二）波特和劳勒的期望模式

1. 波特和劳勒的期望模式的内容

美国行为科学家波特和劳勒的期望模式是对弗鲁姆期望理论的发展。其主要贡献在于将期望（E）更加细化了，将其分为努力导致绩效（$E \rightarrow P$）的期望和绩效导致结果（$P \rightarrow O$）的期望两类。也就是说，个人努力的程度正比于努力所产生的绩效（$E \rightarrow P$）的期望、绩效形成的结果（$P \rightarrow O$）的期望，以及个人对最终成果的效价（V）这三者的乘积。用公式表示为：

$$E = (E \rightarrow P) \sum [(P \rightarrow O) V]$$

式中：E 表示个人所做的努力；

P 表示工作绩效（组织目标）；

O 表示成果（个人目标）；

V 表示成果对人的吸引力大小（效价）；

$(E \rightarrow P)$ 表示个人对努力所产生的绩效的期望值；

$(P \rightarrow O)$ 表示个人对绩效形成的成果的期望值。

波特和劳勒以期望理论为基础导出了一种本质上更完备的激励模式，并把它主要用于对主管人员的研究。这个模式如图 3-5 所示。

图 3-5 中包括的主要变量有：

（1）努力。努力是指个人所受到的激励的强度和所发挥出来的能力，它和弗鲁姆模式中所使用的动机"激发力量"一词相当。个人努力的程度综合取决于个人对某项奖酬（如工资、奖金、提升、认可、友谊、某种荣誉等）的效价的主观看法，以及个人对努力可能实现这一奖酬的概率的主观估计。奖酬对个人的效价因人而异，取决于奖酬对个人的吸引

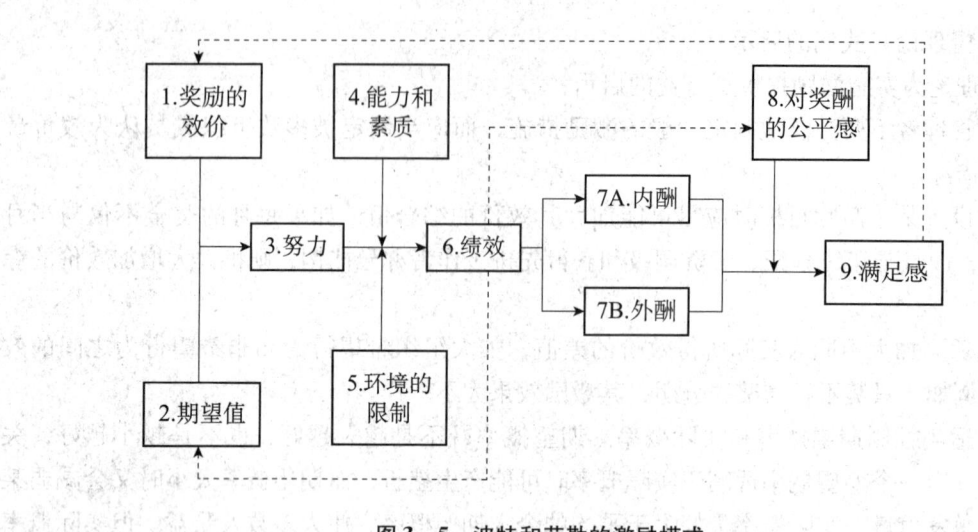

图 3-5 波特和劳勒的激励模式

力。而个人每次行为最终得到的满足，又会以反馈的形式影响个人对这种奖酬的估价，如图 3-5 中虚线 9→1 所示。同时，个人对努力可能实现奖酬的期望值的主观估计和个人的经历或经验密切相关。每一次的工作绩效也会以反馈形式影响个人对成功期望值的估计，如图 3-5 中虚线 6→2 所示。努力还和绩效有一定的关系，但不一定产生高绩效，因为，绩效还受更多其他因素的影响。

（2）绩效。绩效是工作表现和实际成果。绩效不仅取决于个人的努力程度，而且受个人能力与素质（如必要的业务知识、技能等）以及环境的影响。

（3）奖酬。奖酬是绩效所导致的奖励的报酬，包括内在奖酬和外在奖酬，这两种奖酬和个人对奖酬所感受到的公平感糅合在一起，影响个人的满足感。波特和劳勒认为，内在奖酬更能带来真正的满足，并与工作绩效密切相关；此外，公平感也会受到个人对工作绩效自我评价的影响，如图 3-5 中的虚线 6→8 所示。

（4）满足感。满足感是个人实现某项预期目标时所体验到的满意感觉。一般人都认为，只有先有满足感才能有绩效，而波特和劳勒却认为，先有绩效才能获得满足感。

2. 波特和劳勒的期望模式的应用

管理者在运用该模式时，要做好以下几项工作：

（1）尝试估计工作者的满意水平。

（2）在活动中比较不同工作者的满足水平。为了激励个体的积极性，并不需要提高满足程度，而只要加强工作与结果之间的联系。

（3）使工作者明白，要实现自己对工作更高的期望，就要设法通过自己的努力来获得激励。

（4）如果这些期待不够有力，就需要重新考虑刺激是否恰当，以及人们是如何看待这些刺激的。

3. 两种期望理论在管理中的应用

根据期望理论，管理者要充分调动员工的积极性需要。

（1）针对员工的需要设置报酬和奖励措施（提高效价 V）。激励的效应在于个人对激励的评价，因此管理者应针对不同的人采用不同的激励物，奖励其最期望得到奖励的东西就能发挥最大的奖励效用。为此，管理者首先要调查、了解不同员工的需要偏好，根据不同的需要给不同员工设定报酬和奖励方案，让员工可以自由选择。

（2）给员工创造良好的工作条件，增强其达到目标的信心（提高 $E \rightarrow P$）。要使员工产生激发力量，必须提高他们对达到目标的信心。为此，首先，要根据员工的能力和外部条件，合理地给员工设定有一定难度但又可以经过努力达到的目标。其次，员工对绩效的期望还可以通过培训、指导而改变，管理者应通过指导、组织技术培训等方式提高员工对绩效的期望，从而激发其工作积极性。再次，员工对绩效的期望还取决于个人的工作能力和自信心，工作能力和自信心不高的人，其 $E \rightarrow P$ 就会弱，因而管理者应组织好员工培训，给予引导和支持，以帮助员工提高 $E \rightarrow P$。最后，要给员工创造工作条件，投入所需要的人、财、物资源。这样员工才会信心百倍、干劲十足地去工作。

（3）建立报酬与个人绩效挂钩制度，提高员工的工作热情（提高 $P \rightarrow O$）。除了要提高员工对达到组织目标的期望值外，还要提高他们对完成组织目标后可以达到的个人目标的期望值。只有这样，他们的积极性才会被真正地调动起来。为此，必须在组织中建立有功必赏的奖励制度，这样就会增强员工的工作热情，使他们感到有所期待。

（三）公平理论

公平理论又称社会比较理论，是由美国心理学家亚当斯于 1956 年提出的。亚当斯着重研究奖酬分配的公平性、合理性对员工生产积极性的影响。

1. 公平理论的内容

亚当斯认为，人们的工作动机不仅受其所得报酬的绝对值的影响，而且要受到报酬的相对值的影响。即每个人都把个人的报酬与贡献的比率同他人的比率进行比较，如果比率相等，则认为公平合理，会感到满意、心情舒畅，从而努力工作；否则就会感到不公平、不合理，工作情绪受影响。

$$\frac{O_A}{I_A} = \frac{O_B}{I_B} \quad \text{报酬相当，A 感到公平（满意）}$$

$$\frac{O_A}{I_A} > \frac{O_B}{I_B} \quad \text{A 报酬高，A 感到自己多得（满意）}$$

$$\frac{O_A}{I_A} < \frac{O_B}{I_B} \quad \text{A 报酬低，A 感到不公平（不满意）}$$

这里，A、B 表示相比较的两个个体；

O（output）表示个人通过某项工作从组织中得到的报酬或产出，如工资、奖金、提升、承认、安全、尊重、交往机会、个人发展等。

I（input）表示个人对该项工作所投入的努力或成本，如时间、努力、教育、经验、培训、建议、能力、对工作的投入（努力程度）、对组织的忠诚等。

$\dfrac{O_A}{I_A}$ 表示个体 A 所得的报酬与所投入的努力之间的比率。

$\dfrac{O_B}{I_B}$ 表示个体 B 所得的报酬与所投入的努力之间的比率。

这种比较过程还包括同本人的历史的贡献报酬比率作比较。可用公式表示如下：

$$\frac{个人所得的报酬}{个人的贡献} : \frac{另一个人所得的报酬}{另一个人的贡献} \quad （横向比较）$$

$$\frac{个人现在所得的报酬}{个人现在的贡献} : \frac{个人过去所得的报酬}{个人过去的贡献} \quad （纵向比较）$$

亚当斯将贡献与报酬看成一种投入与产出的交换关系，他所说的贡献包括体力和脑力的消耗，包括技术水平、智慧、经验和工作态度，具体则体现为工作数量与质量。他所说的报酬包括物质和精神的奖酬，如工资、奖金、津贴、晋升、名誉地位等。

由此可见，所谓"公平"与"不公平"，实际上是在比较为人们所觉察的分配状况。这种比较（包括横向和纵向的）通常会有这样三种情况：

(1) $\dfrac{个人所得的报酬}{个人的贡献} > \dfrac{另一个人所得的报酬}{另一个人的贡献}$ （横向比较）

$\dfrac{个人现在所得的报酬}{个人现在的贡献} > \dfrac{个人过去所得的报酬}{个人过去的贡献}$ （纵向比较）

(2) $\dfrac{个人所得的报酬}{个人的贡献} < \dfrac{另一个人所得的报酬}{另一个人的贡献}$ （横向比较）

$\dfrac{个人现在所得的报酬}{个人现在的贡献} < \dfrac{个人过去所得的报酬}{个人过去的贡献}$ （纵向比较）

(3) $\dfrac{个人所得的报酬}{个人的贡献} = \dfrac{另一个人所得的报酬}{另一个人的贡献}$ （横向比较）

$\dfrac{个人现在所得的报酬}{个人现在的贡献} = \dfrac{个人过去所得的报酬}{个人过去的贡献}$ （纵向比较）

亚当斯认为，在第一、第二种情况下，人们会感到不公平，心理上产生紧张、不安和不平衡感。只有在第三种情况下，人们才会感到公平，产生心理上的平衡感。

亚当斯及后来的研究者，在研究关于工资报酬方面的不公平感对人们的劳动态度的影响后，得出如下结论：

（1）在计时工资制下，当员工感到报酬过高时，会以提高产量、改进质量，即增加自己对工作的"贡献"，来消除不公平感；当感到报酬过低时，就会降低产量、质量，即减少自己的"贡献"，来求得心理平衡。

（2）在计件工资制下，当员工感到报酬过高时，为了"保护"现有定额标准，防止企业降低单件工资及避免员工间可能出现的矛盾，会降低产量，但力图提高质量，即降低自己的"报酬"又增加"贡献"来消除不公平感;当感到报酬过低时,就会力图增加产量,但可能会不太注意质量,即增加自己的"报酬",但并不增加自己的"贡献",以取得公平。

在一个组织里,大多数人往往喜欢不断地与他人进行比较,并对公平的程度做出判断。从某种意义上说,工作动机激发的过程,实际上就是人与人之间进行比较、做出判断,并据以指导行动的过程。员工对某些不公平感可能忍受一段时间,但是一旦这种不公平感持续时间过长,员工就可能因为一桩明显的小事而做出强烈的反应。

应当指出,员工在进行比较时,对贡献与报酬的评价全凭个体的主观感觉,只有当个体主观上感到"不公平"时,才会产生一种力图恢复"公平"的愿望。"不公平"感对于大多数人来说,是一种令人不安甚至厌恶的刺激,为消除这种刺激产生的紧张状态,个体会产生一种内在的驱动力,这就形成了一种激励,其强度与个体所感受到的不公平程度成正比。亚当斯指出,这样一种激励可以表现成几种形式,如试图改变其所得报酬或贡献,有意或无意地曲解自己或他人的报酬与贡献,或竭力改变他人的贡献或报酬等。

2. 公平理论在管理上的应用

公平理论提出的基本观点是客观存在的,作为管理者应从中得到以下一些有益的启示:

(1) 公平奖励员工。要求公平是任何社会都普遍存在的一种社会现象。公平理论第一次把激励和报酬的分配联系在了一起,说明人是追求公平的,从而解释了现实生活中的许多现象。比如一名研究生的月工资是 4 500 元,他并没有觉得不满,但当单位新来的一名大学生每月也拿 4 500 元时,他就会觉得不公平,马上会产生不满情绪。所以管理者在激励员工时不应用孤立的眼光看待某个人,而应该考虑其参照对象,充分运用公平理论。管理者在工作任务的分配、工作绩效的考核、工资奖金的评定以及待人处事等方面,能否做到公正合理,既是衡量工作水平高低的重要因素,又是保证企业安定、人际关系良好、员工积极性充分发挥的重要因素。管理者要坚持绩效与奖酬挂钩的原则,公平奖励员工。

(2) 加强管理,建立平等竞争机制。人的工作动机受绝对报酬的影响,更重要的是受相对报酬的影响。人们在主观上感到公平合理时,心情就会舒畅,潜力就会充分发挥出来,从而使组织充满生机和活力。这就启示管理者必须坚持"各尽所能,按劳分配"的原则,把员工所做的贡献与他应得的报酬紧密挂钩。只有打破平均主义,才能调动员工的积极性。合理的奖酬是以公正科学的评价为基础的。一些组织出现的不公平现象,主要是由于缺乏科学的评价标准和措施。因此,企业还要科学地建立系统的评价指标体系,以公正地评价员工的劳动,建立平等的竞争机制。

(3) 教育员工正确选择比较对象和认识不公平现象。公平理论表明公平与否都源于个人感觉,个人判别报酬与付出的标准往往会偏向于对自己有利的一方。也就是说,人们在心理上会自觉不自觉地产生过低评估别人的工作绩效、过高估计别人的工资收入的倾向,而且也常常选择一些比较性不强的比较对象,这些情况都会使员工产生不公平感,对组织是非常不利的。因此,管理者应能敏锐地察觉个人认识上可能存在的偏差,适时做好引导工作,确保个人工作积极性的发挥。

三、行为改造型激励理论

行为改造型激励理论是研究如何改造和转化人的行为，变消极为积极的一种理论。对这个问题各学派存在不同的看法，大体可归纳为三类：第一类看法认为，人的行为是对外部环境刺激做出的反应，只要改变外部环境刺激（创造一定的操作条件），就可达到改变行为的目的，如强化理论；第二类看法认为，人的行为是人的内在的思想认识指导和推动的结果，改变人的思想认识就可以达到改变人的行为的目的，如归因理论；第三类看法认为，只有外部环境刺激与改变内部思想认识相结合，才能达到改变人的行为的目的，如挫折理论。

（一）强化理论

强化理论是由美国哈佛大学心理学教授斯金纳提出的。强化是心理学术语，是指通过不断改变环境的刺激因素使某种行为增强、减弱或消失。这个理论特别重视环境对行为的影响，认为人的行为只是对外部环境刺激所做的反应，只要创造和改变外部的环境，人的行为就会随之改变。对于管理者来说，这种理论的意义在于用改造环境（包括改变目标和完成工作任务后的奖惩）的办法来保持和激励积极行为，减少或消除消极行为，把消极行为转化为积极行为。

1. 强化的类型

根据性质和目的，强化可分为以下四种类型：

（1）积极强化。在行为发生以后，立即用某种有吸引力的成果，即物质的或精神的鼓励肯定这种行为，在这种刺激的作用下，个体感到对他有利，从而增强行为反应的频率，这就是正强化。通常正强化的因素有奖酬（如表扬、赞赏），增加工资、奖金和奖品，分配有意义的工作，等等。

（2）惩罚。当某一不符合要求的行为发生以后，即以某种带有强制性和威胁性的结果（如批评、降薪、降职、罚款、开除等），创造一种令人不快乃至痛苦的环境，或取消现有的令人愉快和令人满意的条件，以示对这种不符合要求的行为的否定，从而达到减少消极行为或消除消极行为的目的。

（3）消极强化（逃避性学习）。这种强化方式是指预先告知某种不符合要求的行为或不良绩效可能引起的后果，允许人们通过按所要求的方式行事或避免不符合要求的行为，来回避令人不愉快的处境。如果人们能按所要求的方式行事，就可减少或消除这种令人不愉快的处境，从而增加积极行为出现的可能性。消极强化与积极强化的目的是一致的，但两者采用的手段不同。

（4）自然消退（也称衰减），是指撤销对原来可以接受的行为的正强化，即对这种行为不予理睬，以表示对该行为的轻视或某种程度的否定。研究表明，一种行为长期得不到正强化，就会逐渐消失。

2. 强化的时间安排

在运用强化手段时，不仅要考虑采用何种方式，还需要认真考虑在何时以及它发生的间隔次数问题。主管人员可以根据下属的行为情况采用不同的强化方式，它主要分为连续的强化和间断的强化两种。

（1）连续的强化是指每次发生的正确行为都给予强化。

（2）间断的强化是指非连续的强化，不是每次发生的行为都得到强化。

间断的强化还可以按时间间隔是否固定、强化的比例是否有变化而分为四种形式：固定间隔强化、可变间隔强化、固定比率强化和可变比率强化。

①固定间隔强化是指强化的时间固定不变，如计时工资、月度奖、年终分红等。

②可变间隔强化是指没有固定的时间，随时都有可能实施的强化，如临时检查卫生、学生的抽查考试等，这些措施主要为了督促人们努力。口头表扬或临时性奖励也属此类。

③固定比率强化是指按预先规定的一定比率进行强化，如计件工资等。

④可变比率强化是指没有完全固定的比率，对行为的强化带有较大的随机性，如分等综合奖。

3. 强化理论在管理中的应用

主管人员在运用强化理论改造下属的行为时，应遵循的原则是：

（1）因人制宜采取不同的强化模式。人们的年龄、性别、职业和文化不同，需要就不同，强化方式也应不一样。对一部分人有效的措施，对另一部分人不一定有效。要依照强化对象的不同需要采用不同的强化措施。

（2）设立一个目标体系，分步实现目标，不断强化行为。在鼓励人前进时，不仅要设立一个鼓舞人心而又切实可行的总目标，还要将总目标分成许多小目标。这是因为对于庞大的、复杂的（一般也是远期的）目标，不是一次性强化就了事，在实现目标过程中员工不能经常得到成功结果的反馈和强化，积极性就会逐渐消退。相反，应把这个庞大目标分成若干个阶段性目标，通过许多"小步子"逐渐完成大目标。对每一小步取得的成功结果，管理者都应予以及时强化，以长期保持员工奔向长远目标的积极性，而且通过不断地激励来增强员工信心。

（3）及时反馈、及时强化。所谓及时反馈，就是通过某种形式和途径，及时将工作结果告诉行动者。无论结果好与坏，对行为都具有强化的作用，好的结果能鼓舞信心，激励员工继续努力；坏的结果能促使其分析原因，及时纠正错误。

（4）奖惩结合，以奖为主。强化理论认为，一种行为长期得不到正强化，就会逐渐消退。根据这个规律，一些成功的企业都十分注意采用以奖励为主的正强化办法调动员工的积极性。即使在运用惩罚等强化手段时，也一并告诉员工应该怎样做，力求严肃认真，实事求是，处理得当。当有改正的表现时，随即就给予正强化。

(二) 归因理论

归因理论是美国心理学家海德首先提出，后由美国斯坦福大学的罗斯等人加以发展的。在管理工作中，管理者应用该理论改变人的认识，从而达到改变人的行为的目的。

归因理论认为，成功或失败主要归结于四个方面的因素：努力、能力、任务难度和机遇。这四种因素又可按内外因、稳定性和可控性进一步分类：①从内外因方面来看，努力和能力属于内因，而任务难度和机遇则属于外因；②从稳定性来看，能力和任务难度属于稳定因素，努力与机遇则属于不稳定因素；③从可控性来看，努力是可以控制的因素，而任务难度和机遇则超出个人控制范围。

如果一个人把失败归之于天生能力低、脑袋笨这样的自己难以控制的内因，他在几次失败后就不会再从事同样的行为，因为他知道能力低是难以改变的，再努力也是徒劳的。如果一个人把失败归于不够努力这种可以由自己主动控制的内因，他失败后可能会加倍努力，从事同类行为，直至获得成功。

如果一个人把失败归于偶然的不可控制的外因，如他认为没有完成任务是"天公不作美"，则他失败后一般能坚持同样的行为，争取在下次获得成功，因为"天公不作美"因素不可能每次都会出现。如果一个人把失败归于必然的不可控制的外因，如认为领导总是和自己作对，阻碍自己，他失败后就会减少可能引起失败的行为。因为他认为只要领导不下台或不离开这个单位，自己就难逃失败的命运。

另外，如果一个人把成功归因于内部原因，会感到满意和自豪；归于外部原因，会感到幸运，产生感激之情。

总之，如果一个人把自己的失败看成是必然的、自己无能为力的，就会减少自己以后从事同样行为的倾向；反之，如果将失败看成是偶然的或自己可以主动控制的，就可能保持甚至是增强同类行为的倾向，努力去争取成功。

归因理论给管理者很好的启示，即下属在工作中遭受失败后，管理者应帮助他寻找原因（归因），引导他继续努力，争取下一次取得成功。在管理工作中，管理者应尽量帮助员工做出后一种归因，即将成败归于自己的努力，这对增强人们的积极性并取得成就有一定的作用，特别是对科研人员的作用更明显。

(三) 挫折理论

挫折理论专门研究人们遇到挫折后会有一些什么行为反应，管理者应如何针对员工遇到的挫折采取相应措施，引导员工走出挫折阴影，积极努力地对待工作。

1. 挫折的概念

挫折是指人们从事有目的的活动时遇到障碍和干扰，其需要和动机不能获得满足时的情绪状态。挫折是一种普遍存在的社会心理现象，任何人一生中不可能都一帆风顺，这是因为客观事物是纷繁复杂、不断发展变化的，因而挫折的产生是不以人的意志为转移的。人的一生中会遇到各种各样的挫折，小至无端遭人讥讽、受领导批评、夫妇争吵，大至高考落榜、恋爱失败、婚姻破裂、工作事业不顺利等。

2. 挫折产生的原因

挫折产生的原因是多种多样的，但归纳起来可分为客观环境与主观条件两方面的原因。

（1）客观环境方面的原因。由客观环境因素产生的挫折主要有三方面：自然环境因素、物质环境因素、社会环境背景因素。自然环境因素是指气候变化及自然灾害造成的困难。物质环境因素是指物质的缺乏或故障使人们无法满足自己的需要而形成的挫折。社会环境背景因素又包括家庭环境、工作中的人际关系和社会文化背景三方面的因素。

（2）主观条件方面的原因。引起挫折的主观因素主要包括：

①个人目标的适宜性。每个人的行为都是指向一定目标的，在正常情况下，这些目标应该根据自身的客观条件制定，这样才能完成。但在实际中，很多人所定的目标常常过高，不切实际，因而事与愿违。

②个人本身能力的因素。许多时候，由于个人的能力限制、生理缺陷或知识面窄等障碍，无法顺利达到目标，也会产生挫折。

③个人对工作环境了解的程度。要有效地完成工作、适应环境，必须对工作条件及周围的环境进行深入和全面的了解。如果对工作条件和环境了解不够，将会增加工作的难度，甚至会产生不适应的情况，会常使人遭受不必要的困难和挫折。

④个人价值观念和态度的矛盾。人们对于事物的取舍，是否愿意在某项事物或工作上花时间、花物力，都取决于其价值观念。大多数人都只愿意做他认为值得做的事。但有许多时候，人们可能同时追求两个以上的目标，而又无法都达到，就必须有所取舍。

3. 挫折心理的种种表现

动机受挫随时可能产生。这种挫折，有时是短暂的，有时是长期的；有的比较严重，有的比较轻微。一般来说，一个人遭受挫折后，在生理上、心理上均会产生种种反应；而反应的强烈程度和方式则往往因所受挫折的性质、强度及个体当时的情况而异。一个人的行为受挫后，目标不能达成，动机无法兑现，需要得不到满足，在个体和环境之间便产生了冲突，导致内心紧张、不安，甚至陷入痛苦之中。此时，个体会自觉或不自觉地采取防卫性的对抗行为，以适应行为受挫后的新情况。行为受挫后产生的防卫行为，其效果可能是积极的、建设性的，也可能是消极的、破坏性的。这些行为按其建设性和破坏性的倾向可进行如下排列：

（1）升华。这是心理机制中最有建设性的一种，即把敌对、悲愤等消极因素化为积极动力，从而实现更有意义的成就。

（2）增加努力。坚持原有目标，加倍努力，选择其他途径，最终达成目标。

（3）重新解释。重新解释目标，在达不成目标时，延长期限或重新制定目标。

（4）补偿。当实现某一目标受挫时，用其他方面的成就补偿。

（5）折中。当两件事发生矛盾时，采取折中调和的办法，避免或减少挫折。

（6）反向行为。努力压制自己的意志和感情，勉强去做一些违背自己意愿的事。

（7）合理化。为解释某种受挫行为寻找借口。这种借口听起来似乎合理，但并非真实，在第三者听来往往不合逻辑，然而自己却能从中求得内心的某种安慰，减轻受挫感。

（8）推诿。将自己做错的事诿过于人。

（9）退缩。知难而退或畏难而退。

（10）逃避。在不敢面对受挫的现实，遇到棘手问题或情绪低落时，努力从其他活动中寻找乐趣。

（11）表同。这是一种以理想中的某人自居的变态心理，通过模仿某人的思想、言论行动乃至衣着等，在心理上分享他人的成功成果，以冲淡自己未能达到此人那种成就所产生的挫折感。

（12）幻想。面对受挫的现实，胡思乱想，作为精神上的寄托。

（13）抑制。将痛苦的记忆和经验从意识中排除出去，压抑到意识之中，以减轻挫折所带来的痛苦。

（14）回归。这是面对挫折所表现出来的一种与其年龄不相称的幼稚行为，表现为成熟的倒退现象，甚至退化到做出小孩般的幼稚动作。

（15）侵略。这是一种无理智的、消极的、带有破坏性的行为，会针对他所认为的挫折源（人或事）而发，泄怒于无关的人或折磨自己，甚至自杀。

（16）放弃。长期受挫丧失信心，极度消沉，自暴自弃，做什么事都打不起精神，对挫折漠然视之，对未来一无所求。

挫折既是坏事，也是好事。一方面，挫折使人失望、痛苦；使某些人消极、颓废，甚至一蹶不振；或引起粗暴的消极对抗行为，导致矛盾激化；还可能使某些意志薄弱者因此失去生活的希望；等等。另一方面，挫折又可能给人以教益，使人变得更聪明；挫折能使犯错误者猛醒，认识错误，接受教训，改弦更张；可以砥砺人的意志，使之更加成熟、坚强；还能激励人发奋努力，从逆境中奋起。之所以把挫折理论归于激励范畴，是因为成功与挫折是个体行为的两种可能的结果。目标达成，要积极引导以保持激励的效果；遭受挫折更应保护人们的积极性，使人们不产生消极和对抗行为。

面对挫折，有的人采取积极态度，有的人采取消极态度，甚至是对抗态度。一个有效的主管人员，必须深入了解心理防卫机制，了解挫折产生的防卫性行为的实质，努力做好下属的心理辅导，从而增加下属的积极的建设性行为，消除消极的破坏性行为。消除行为受挫可能带来的消极影响，国外常见的几种做法有：及时了解、排除形成挫折的根源，提高下属和员工的挫折忍受力，采用"精神发泄"疗法，等等。挫折理论提出采用改变环境、分清是非、心理咨询等多种方法引导人们在挫折面前避免消极的甚至是对抗的态度，采用积极的态度，从而使人的行为朝积极方向发展。挫折理论对管理工作有较强的实用价值。

第三节 综合激励模式

一、综合激励模式的内容

1981年美国罗伯特·豪斯和迪尔教授提出了综合激励模式，他们通过一个模式把前面的几类激励理论综合起来，把内外激励因素都归纳了进去，其代表公式是：

$$M = V_{it} + E_{ia}(V_{ia} + \sum_{j=1}^{n} E_{ej} V_{ej}) = V_{it} + E_{ia} V_{ia} + E_{ia} \sum_{j=1}^{n} E_{ej} V_{ej}$$

式中：M——某项工作任务的激励水平的高低，即动力的大小；

V_{it}——工作本身所提供的效价，它所引起的内激励不计任务完成与否及结果如何，故不包括期望值大小的因素，即期望值为1；

E_{ia}——完成任务内在的期望值，也就是主观上对完成任务可能性的估计；

V_{ia}——完成任务的效价；

E_{ej}——完成工作任务导致获得某项外在奖酬的期望值；

V_{ej}——某项外在奖酬的效价。

（i：内在的；e：外在的；t：任务本身的；a：完成；j：外在的奖酬项目）

上述展开的公式中包括了三项内容：

V_{it}——工作任务本身的效价，即某项工作对工作者本人有用性的大小，也就是这项工作本身的内激励力的大小；

$E_{ia} V_{ia}$——工作任务的完成所引起的内激励作用；

$E_{ia} \sum_{j=1}^{n} E_{ej} V_{ej}$——各种外在奖酬所起的激励效果之和。其中引入两项期望值，E_{ia}是对完成工作任务可能性的估计，E_{ej}是对完成工作任务与获得奖酬的可能性的估计。

在这三项内容中，第一项纯属内在激励；第二项属于内在激励，但着眼于工作任务本身完成的效价，即完成工作任务的重要意义；第三项则以完成工作任务为前提，研究工作任务完成后导致结果的可能性与效价，主要是外在的奖酬带来的激励。这三部分激励力量各自发挥着自己的作用，相辅相成，但并非缺一不可。

二、综合激励模式给我们的启示

罗伯特·豪斯和迪尔的综合激励模式强调了任务本身效价的内激励作用，突出了完成工作任务内在的期望值与效价，兼顾了因任务完成而获取外在奖酬所引起的激励，对主管人员有很大的启迪。要提高人们的积极性，就必须从内外激励两方面入手。

（一）提高内激励

内激励源于对工作活动本身及完成工作所带来的满足感。对于提高激励的政策来说，提高内激励更为重要。因为这样不仅可以减少对外酬的需要，在奖酬不足或奖酬不为人们所重视的情况下尤为重要。而且内激励高则工作自觉性强，不需要管理人员过多监督。

内激励包括 V_{it}、V_{ia} 和 E_{ia} 三个因素，下面分别分析每个因素在提高激励水平方面有哪些有效的方法：

1. V_{it}——内酬效价

要提高内酬效价，主要办法有：

（1）使该项活动多样化、有变化，以免枯燥单调，或定期轮换不同职务，实现工作的扩大化和丰富化；

（2）尽量减少工作任务的不确定性，使每个人都清楚自己所做的工作的性质与内容；

（3）使工作能为人们提供更多交往的机会，以满足社会的需要；

（4）尽量做到专业对口，使工作者有兴趣。

2. V_{ia}——对完成任务的效价

提高这种效价的办法主要有：

（1）提高每个人对其工作成果的全面性和统一性的认识；

（2）提高人们对自己所完成工作的重要性的认识；

（3）提高人们对工作后果的责任感。

3. E_{ia}——完成任务内在的期望值

完成任务内在的期望值就是主观上对完成任务可能性的估计；对完成任务的期望值，即对完成任务可能性的估计，这也是外激励的前提条件。因为只有主观上认为有完成任务的期望时，才有可能取得他想要的奖励。

要提高这个期望值，主要的办法有：

（1）对职工进行培训，增强其工作的信心，提高其完成任务的能力；

（2）为职工创造完成任务的条件，帮助他们克服工作中的困难；

（3）重视工作效果的及时反馈，不断地把情况和意见告诉职工，使其能迅速修正行为。

（二）提高外激励

外激励是由 E_{ia}、E_{ej} 和 V_{ej} 三个因素所组成的，E_{ia} 已经分析过了，下面分析后两个因素在提高激励水平方面的有效方法。

1. E_{ej}——完成任务后能否取得奖酬的可能性

要提高这种可能性，主要办法是：

（1）认真贯彻按绩效付酬的原则，赏罚分明，务使各项政策兑现；

（2）对常规性工作实行计件付酬；

（3）对需要有高技巧和创造性的工作，要根据其客观效果付酬，可由领导判断，力求公正。

2. V_{ej}——外酬的效价

由于外酬的种类繁多，每个人对各种外酬的需要、爱好及重视程度各异，为了使外酬发挥应有的作用，就必须使外酬符合每个人的喜好。为此，就要进行周密调查，按每个人不同要求安排奖酬。

第四节　有效提高激励水平

一、进行有效激励的原则

运用各种激励理论激发组织成员的积极性，是各级管理者的重要职责，也是实现组织目标的必要前提。为使激励取得效果，须按以下原则进行有效激励。

（一）需求与期望相结合的原则

激励员工的起点是满足员工的需要，而员工的需要存在个体差异和动态性，管理者的任务就是找准员工的需要，采取相应的激励措施，满足员工的各种不同需要，调动他们的积极性，从而有效地实现组织目标。因此可以依据内容型激励理论，开发测试员工需要的有效方法，如问卷测试、投射法测试等，然后定期对员工的需要进行调查，以便满足不同人的需要。每个员工的需要层次顺序与主导性需要不是千篇一律的。有些人的生理需要比安全需要更重要，有些人的自我实现需要比生理需要更重要，有些人的需要则恰好相反。组织应根据员工各个不同时期需要的特点，采取相应的组织措施，调动他们的工作积极性。需要指出的是，满足员工的需要，只限于满足他们正当的、合理的需要，对那些不正当的、不合理的需要，不仅不能满足，而且要通过细致的工作尽快消除。

美国著名管理学家米契尔·拉伯福经过20年的调查和研究，总结出这样一条规律，即"人们会去做受到奖励的事情"。因此，奖励组织所期望的行为被称为"现代行为管理的基本原则"。事实证明，组织中许多不合理的行为是奖励不当造成的。根据在激励方面组织常犯的错误，米契尔·拉伯福提出，组织应特别注意奖励以下行为：奖励彻底解决问题，而不是只图眼前见效的行为，以确保组织的长远利益；奖励承担风险而不是回避风险的行为；奖励善于用创造力而不是愚蠢的盲从行为；奖励果断的行动而不是光说不做的行为；奖励多动脑筋而不是一味苦干；奖励使事情简化而不是不必要的复杂化；奖励沉默而有效率的人，而不是喋喋不休者；奖励有质量的工作，而不是匆忙草率的工作；奖励忠诚者而不是跳槽者；奖励团结合作而不是互相对抗。

（二）奖励与惩罚相结合原则

奖励指的是组织通过认可、赞赏、增加工资、提升或创造一种令人满足的环境表示对员工行为的奖励和肯定。而惩罚指的是组织对员工不良的行为或业绩采取诸如批评、扣发或少发工资、降级、处分等方式表示对员工的惩罚或批评。

在实际管理工作中，管理者应该将奖惩结合起来。通过及时表扬和激励员工好的工作成绩和行为，使他得到大家的认可，从而保持良好的工作表现；对于员工不利于组织发展的行为，必须严格管理，按组织的制度进行查处，避免再次发生这类行为，做到"防患于未然"。在惩罚的过程中，管理者应该认识到员工个体的差异性。当组织有时不得不使用惩罚方式时，一定要告知员工具体的原因，还要告诉他应该怎么做才是正确的，并将惩罚和奖励二者结合起来，当员工出现有所改进的表现时，应及时给予肯定，使好的行为得到巩固。奖惩结合从正反两个角度同时对员工的工作、行为进行评价和反馈，可以调动员工的积极性，促使员工不断提高自己，从而有利于实现组织目标。

（三）物质激励与精神激励相结合原则

物质激励是指根据工作表现和贡献大小，适当满足员工正当的物质需要，以调动其积极性的方法。物质激励是提高员工积极性很重要的一个方面。当然仅有物质激励显然是不够的。根据需要层次论，物质是人们较低层次的需要，当这一层次需要得到相对满足后，人们就会重视其他方面的需要，总希望得到社会和组织的尊重、重视和认可，这就是精神激励。所谓精神激励指的是根据工作表现和贡献大小，适当满足员工正当的精神需要，以调动其积极性的方法。

在实际的管理工作中，物质激励和精神激励是组织激励不可分割的两个方面，要将物质激励与精神激励二者有机地结合起来。没有适当的物质激励，精神激励就没有基础，员工的积极性就难以长期保持；没有精神激励，就不能激发员工的精神力量，就不能使物质激励得到升华和发展，就不可能真正调动员工的积极性。因此，组织激励必须把物质激励与精神激励有机地结合起来，使它们相互补充、相互渗透。

（四）组织目标与个人目标相结合原则

在组织行为学中，激励所采用的手段都是从员工自身的目标和需要出发的。而员工之所以能从组织中得到其所需，是因为组织目标的实现。也就是说，个人投入自身的资源给组织，使组织的目标得以实现，员工再从中实现个人的目标。所以，组织目标和个人目标是相互依存的。从激励的角度来说，就是要贯彻组织目标与个人目标相结合的原则。

要贯彻组织目标与个人目标相结合的原则，必须真正建立组织目标和个人目标的正相关关系。过去，我们非常强调员工的奉献精神，即为了组织的利益而舍弃个人利益。但我们不能只片面强调这一点。我们要强调，在制定激励制度时，应该建立组织目标和个人目标的正相关关系，让所有的员工都看到组织目标实现了，自身的目标也就达到了。达到这一点对人的激励作用将是巨大的、长远的。

要贯彻组织目标与个人目标相结合的原则，除了要建立组织目标和个人目标的正相关关系之外，还要建立赏罚分明的制度，让每一个员工看到，只要自己为组织的目标做出了贡献，就会得到回报，自身的目标就能实现。因此，建立量化考核制度、提高奖励制度的公开性、透明度，就能使员工抛弃各种顾虑，将所有的精力和能量集中在工作上，从而有利于组织目标和个人目标的实现。

（五）差别与公平相结合的原则

组织激励的一个重要原理是利用利益的差别，向组织成员传递组织期望的行为的信息。奖惩分明是自古以来人们信奉的一个管理原则。利益的差别可以推动竞争。心理学的实验显示，竞争可以增加50%甚至更多的心理创造力。利益差别也体现了公平。马克思主张社会主义社会实行按劳分配，正是为了解决社会分配不公的问题，从而调动广大劳动者的积极性。因此，各级主管人员必须坚持物质利益原则和按劳分配原则，处理好国家、集体、个人三者利益关系。通过考核人们的行为及绩效的差别，奖勤罚懒、奖优罚劣，切忌搞平均主义。有研究者曾经在对上海企业员工用问卷形式调查奖金与激励的关系时，发现人们受激励的程度与奖金数额的相关性甚小（相关系数为0.129）而与奖金差距关系密切，奖金拉开差距的A厂平均激励得分比奖金平均发放的B厂高2倍。A厂拿最低奖的员工受激励的程度超过B厂拿最高奖员工的激励水平。

在利用利益差别激励下属时，必须明确指出下属的贡献或不足，使之心服口服。为了避免造成员工间的矛盾，应尽量用预先规定的工作标准来衡量人们的实际表现，不要直接进行人与人的对比。

（六）时机与力度相结合的原则

第一，激励要掌握时机。比如，当下属做出成绩时，管理者应及时表扬，同时要鼓励下属"百尺竿头，更进一步"。当下属做了错事，为防止扩大损失，固然应及时制止，但批评不一定马上进行，以防矛盾激化。如果下属因失败而闷闷不乐，这时候管理者如果落井下石，就可能严重伤害下属，导致他不再上进。对于反复出现的积极行为，不能反复表扬，而应当出其不意，使人们有所期待，并为之努力。

第二，激励要注意力度。奖励、惩罚、表扬、批评都有一个限度，心理学上称为阈值，低于这个阈值的激励是不起作用的，如轻描淡写的批评、漫不经心的表扬等作用都不大。但是激励力度也不能过分，过度奖励和过度惩罚都会产生不良后果。例如，有些企业奖金水平定得过高，导致员工积极性不高，劳务成本不断上升。

（七）因人制宜与系统策略相结合的原则

人们有不同的需要、不同的思想觉悟、不同的价值观与奋斗目标，因此激励手段的选择及应用要因人而异。例如，有的员工家庭经济困难，在奖励时就适合发奖金。而家庭收入很高的人，发奖金则起不到多少激励的作用。后进员工思想有了转变，希望大家对他有新的评价，就特别希望获得荣誉奖励，这时管理者也应尽量给予满足。为此，管理者在进行激励时，要定期对人们的需要进行调查，分析不同年龄、性别、职务、地位、受教育程度的员工最迫切的需要，实行"弹性报酬制度"，对不同的人给予不同的激励，在总激励费用不变的前提下，获得更好的激励效果。

激励策略要优化组合，在空间上相辅相成，在时间上要相互衔接，形成综合治理的格局及积极性的良性循环。人的积极性运动机制的复杂性、众多影响因素的交叉性，决定了激励必须采取综合治理的方式，也就是要根据影响积极性的各种因素的相互联系和相互制约的特点，以及系统理论的要求，使若干项激励措施同步配套地实行。这是因为各种影响因素同时在对人们的积极性起作用，不是受控制的，就是自发的，既有积极的，也有消极的。如果只抓一方面而不顾及其他，就容易出现相互抵消的情况。这就要求管理者在运用激励手段时，既抓物质的，也抓精神的；既抓内激励，也抓外激励，特别要抓好内激励；既抓组织内的，也抓组织外的因素，处理好组织内部条件和外部环境的关系。日本的激励机制足以证明系统激励的重要作用。大量的调查研究表明，日本劳动大军的积极性是在一个配合良好的激励系统中产生的，这个系统主要包括社会性的职业竞争与大企业终身雇佣相结合的就业体制；员工收入与企业经营挂钩的分配制度；年功序列为基础的人事制度、家族主义的文化传统及企业工会体制等因素。根据人们积极性的运动规律，可以按照考察分析、教育培训、目标管理、组织引导、考评奖惩五个步骤设计激励系统。

二、激励的手段和方法

根据积极性的运动规律，调动人们的积极性的基本途径是激发和满足正当、合理的需要，提高人们的思想觉悟，从而创造一个良好的富有激励性的环境。实践中常用以下几种激励手段和方法。

（一）思想政治工作法

思想政治工作法主要通过宣传教育、举行座谈会、个别交流思想等方式，激发个人的事业心、责任感、企业主人翁精神以及社会奉献精神等。思想政治工作的目的就是要通过引导和说服，使员工认识到个人利益和组织利益是可以取得一致的，并且即使不一致，也应以组织利益为重，顾全大局。思想政治工作和其他激励方式一起使用，能收到更好的激励效果。一方面，思想工作是指组织在制定各种严格管理标准并据以对员工进行考核的时候，要通过双向沟通，使员工理解组织行为的缘由，以及组织行为对组织和个人的价值。只有这样才能真正使员工从心理上接受这些严格的管理方法。另一方面，思想工作强调在对员工进行评价、管理、奖惩和提升的过程中，要考虑员工的心理需要，加强沟通，倾听员工的所思所想,关心员工的切身利益,采用各种形式使员工保持良好的情绪。

(二) 奖惩法

奖励包括物质奖励和精神奖励,前者的主要形式是增加工资或奖金等,后者主要是通过各种形式的表扬调动人的积极性。其中物质奖励是最古老和传统的激励方式之一,我国古代就有"重赏之下,必有勇夫"之说。

在运用奖励时,要根据本组织的实际情况,在调查分析的基础上,制定科学的奖励制度。一般来说,制定奖励制度必须遵守两个重要的原则:

(1) 组织为其成员提供的奖励必须对其成员有较高的价值,即组织成员认为这种奖励对他有重要意义。

(2) 组织制定的奖励制度要使其成员得到的报酬与他们的工作绩效相联系,即工资奖金与绩效挂钩。对不同的奖励制度,可以从重要性、数量上的灵活性、使用的频率、可见性、低成本五个方面进行评价。各种组织,尤其是企业组织常用的奖励方式有五种,即增加报酬、津贴、提升、地位和身份象征、特殊奖励证书等。这五种奖励方式并不是相互排斥的,而是各有优缺点,可以结合起来运用。

在运用激励措施时,只奖不惩是不行的,只奖不惩在管理上是一种不封闭的表现。适当的惩罚也是一种教育,有时是更实际、更深刻的教育,因为许多健康的行为事实上都是来自适当的惩罚。但是,惩罚容易产生负面作用,如使员工产生不满情绪、对工作丧失信心或行为固化等。为消除惩罚产生的负面作用,必须正确地使用惩罚手段,如在惩罚之前发安民告示、奖惩比例适当、言行一致、从善意出发等。

(三) 目标激励

制定目标是正式组织及其内部协作的出发点,也是一个组织存在的目的。没有明确的目标,就无法进行管理。组织制定目标可以通过任务报告书来表达。组织任务报告书规定了组织的独特目标,把本组织同其他组织区别开来。一个组织的任务报告书越全面,该组织盈利就会越多。共同的目标有利于促进组织内部的协作,形成共同的理想和信念。

制定目标不仅仅是组织发展和管理本身的需要,而且是激励员工的需要。员工参与目标的制定,可以看到自己的价值和责任,感受到工作的乐趣,并从目标实现中获得满足感。目标制定还有利于沟通,能够减少完成目标的阻力,保证目标的完成,并使个人利益与组织目标得到统一。

激励理论认为,激励 = 目标意义 × 实现可能性。要使目标发挥最大的激励效用,就必须使目标本身具有重要的意义和实现的可能性。

组织成员对于目标的制定一般有三种需要:需要知道他们该干什么(对目标的理解清晰),需要感觉到自己参与了工作标准的制定(对目标价值的认识),需要对他们实际所做工作进行经常性的信息反馈(对目标实施的了解)。因此,用于激励的目标必须包含三大要素：

(1) 目标清楚明了，可以传达。

(2) 实施目标的组织成员要参与目标制定工作。

(3) 根据结果对履行职责的情况进行评估与反馈。

这些不仅是目标激励的要求，而且是目标管理的特征。

（四）工作设计

工作设计问题主要是组织向其成员分配工作任务和职责的方式问题，也包括创造一个良好的工作环境和生活环境的问题。工作设计是否得当，对激发职工的工作动机，提升职工的工作满意感以及提高生产率都有重大的影响。

工作设计的发展，经历了工作专业化、工作扩大化和工作丰富化三个阶段。工作专业化强调利用工作专业化、重复性和低技术要求等手段，来达到高效率的组织目标，但这么做容易使工作者对工作产生厌烦情绪。工作扩大化强调扩大工作范围来抵消工作者的厌烦情绪，但这也只是一种权宜之计。工作丰富化是让工人有机会参与工作的计划和设计，得到信息反馈，评估和修正自己的工作，使工人对工作本身产生兴趣，增加责任感和成就感。工作扩大化与工作丰富化的区别在于，工作扩大化是扩大工作的水平负荷，即增加同类工作的数量，对工作技能水平的要求则大致相同。而工作丰富化是纵向扩大工作范围，即扩大工作的垂直负荷，要求任职者完成更复杂的任务，负更大的责任，有更多的自主性，因而对人们的能力和技能也提出了更高的要求。

（五）职工参加管理

职工参加管理是指在不同程度上让职工和下级参加组织决策，参加各级管理工作的研究和讨论。这样做可以使下级感受到上级主管的信任，从而体验到自己的利益同组织的利益、组织的发展密切相关而产生强烈的责任感。多数人由于参加商讨与自己有关的问题而受到激励，这也为实现组织目标提供了保证。我国是社会主义国家，民主管理是我国各级组织管理的本质特征，职工参加管理，正是民主管理的一种方式，它体现了群众在组织中的主人翁地位和权利。这就要求各级主管人员在管理中应当自觉地采用这种方式，相信群众，依靠群众，并自觉地接受群众的监督。鼓励人们参加一些可以给予他们管理的事务，倾听下属的意见并进行研究，采纳合理化建议。当然，让职工参加管理，并不意味着主管人员可以放弃自己的职责。主管人员必须在民主管理的基础上，尽职尽责做好本职工作。职工民主管理的真正含义在于增强职工主人翁责任感，密切领导和群众的关系，使组织得到蓬勃的发展。

（六）培训激励

给个人提供各种学习、锻炼的机会是一种有效的激励方式。培训意味着为自身素质的提高、自身人力资本的增值以及将来更好的发展提供机会和条件。特别是进入信息社会，知识的更新越来越快，人们在工作岗位上受到的挑战也越来越多，对学习的需要越来越强烈。因此，培训这种激励方式也越来越受到青睐。

（七）榜样激励

榜样的力量是无穷的。大多数人都不甘落后，但往往不知道怎么干，或在困难面前缺乏勇气。通过树立先进典型和领导者的宣传示范，可以使人们找到一面镜子、一把尺子和一根鞭子，使人们增添克服困难和争取成功的决心及信心。榜样激励就是通过满足职工的模仿和学习的需要，引导职工的行为向组织目标所期望的方向发展。榜样激励的方法是树立企业内的英雄模范人物的形象，号召和引导人们模仿、学习。像新中国成立初期王进喜、张秉贵、焦裕禄等英雄模范人物，都曾在全中国掀起学习热潮，成为一代又一代人学习的榜样；近年来由国家评选颁布的共和国勋章获得者，如于敏、申纪兰、孙家栋、李延年、张富清、袁隆平、黄旭华、屠呦呦和钟南山等英雄人物，更是当代人学习的楷模。

（八）危机激励

危机激励是指将组织面临的危难、不利条件和困难告诉组织成员，使之产生一种危机感，形成一种不进则退、置之死地而后生的竞技状况，使组织成员奋发进取，拼搏向上，勇往直前。中国古代的"卧薪尝胆""破釜沉舟"等故事充分说明了危机激励的重大作用。

现代组织所面临的是一种竞争激烈、充满挑战的环境，这就要求组织领导人一方面要保持冷静的头脑，时刻注意环境的细微变化；另一方面，要组织员工进行"SWOT"（组织面临的优势、劣势、机会与威胁）分析，给组织定好位，找出组织真正的竞争对手，唤起员工的危机意识、忧患意识，并把这种意识化为行动的动力。

在企业的实际管理工作中，有着多种多样的激励方式，管理者可以根据员工的实际情况，选择合适的激励方式，以达到调动人们工作积极性的目的。

思考题

1. 什么是激励？经典的激励理论包括哪三大类？
2. 马斯洛的需要层次理论的主要内容是什么？在管理中有哪些应用？
3. 双因素理论的主要内容是什么？如何应用？
4. 简述奥德弗的 ERG 理论。
5. 简述麦克利兰的成就需要激励理论。
6. 期望理论的基本内容是什么？应如何激励员工？
7. 公平理论的内容是什么？如何应用？

8. 强化的种类有哪些？如何应用强化理论？
9. 如何利用归因理论来对待挫折？
10. 简述豪斯-迪尔综合激励模式的内容。
11. 有效激励应遵循哪些原则？
12. 激励的方法与手段有哪些？

第四章　群体行为

学习目的和要求

通过本章的学习，重点掌握影响群体行为的概念和影响群体绩效的主要因素、群体决策的优缺点及主要方法、人际关系的特点和功能、研究人际关系的重要意义、人际交往的原则、改善人际关系的途径；掌握信息沟通的概念、群体冲突来源及其处理方式、谈判技巧。

第一节　群体行为的一般问题

一、群体的概念与类型

（一）群体的概念

我们在这里讨论的群体概念，是针对小型群体而言的。关于小型群体，各国学者从不同的侧面提出了不同的定义。有人粗略统计，小群体的定义有几十个甚至上百个。目前还很难提出一个一致公认的统一的定义。不同的研究者在给小群体的概念下定义时，都各自强调不同的侧面。

群体问题研究的创始人之一勒温认为群体成员的相互依存是群体的本质特征。他认为，决定两个人是属于同一群体还是不同群体，并非依据他们是否具有相似性，而是取决于他们的相互作用或其他类型的相互依存。给一个群体下的最好的定义不是在相似性基础上，而是在相互依存基础上的动态整体。举例来说，父亲、母亲和孩子从性别和年龄来看都很少有相似性，但他们由于具有相互依存关系而成为一个家庭，即一个自然群体。同样，一个具有高度凝聚力的班组或车间，其成员也可能极少有相似性。

另一些研究群体的理论家则更加强调群体成员相互依存的方面，即相互作用。他们认为，群体成员之间的相互作用是群体的本质特征。所谓相互作用是指群体中一个人的行为会直接影响另一个人的行为。霍曼斯认为，群体成员之间的相互作用是群体存在的唯一标准。

他指出：一个群体是由其成员的相互作用确定的。如果我们说，个体A、B、C、D、E……构成一个群体，其含义指的是至少发生了下述情况：在一段时间内，A与B、C、D、E等人发生的相互作用要比与L、M、N、O、P……更多。对于L、M、N、O、P……，我们会认为他们是局外人或其他群体的成员。B也经常与A、C、D、E……发生比局外人更多的相互作用。只要计算相互作用就能表明该群体与其他群体数量上的差别。这一定义不仅指出群体的本质特征是其成员间经常的相互作用，而且指出群体成员具有心理上的认同感，即认为他们都属于同一群体。

迈尔顿则进一步指出应按三个标准确定群体的特征：第一，群体成员有经常的相互作用；第二，相互作用的人把自己确定为群体的成员；第三，其他人会把这些发生相互作用的人看成是属于同一群体。由此可见，迈尔顿不仅指出了群体成员对属于同一群体的认同感，而且指出，从其他人的角度来看，也认为他们属于同一群体。这样描述群体既指出了群体的客观特征，也指出了群体的心理特征。

但一些研究者指出，小群体还有另一个特征，这就是群体中必须具有其成员应当共同遵守的行为规范。社会心理学家纽科姆认为：一个群体的独特之处至少在于其成员具有某些共同的规范。共同规范包括的范围可大可小，但至少它们应包括群体成员共同利益的独特之处。霍桑实验的材料也同样证明，不仅正式群体，而且非正式群体都有其共同的规范，这些规范对群体成员的行为起着调节和约束作用。

还有一些研究者侧重于群体的社会功能，例如，美国心理学家史密斯认为群体具有团结一致的集体知觉，并具有以统一方式采取行动以应付环境的能力或趋向。这在一定意义上明确指出了群体存在的主要功能在于使群体成员团结一致以应付环境的威胁。

有的研究者对群体的概念做了最严格的限制，其中最有代表性的是美国社会心理学家贝尔斯的定义。贝尔斯指出：这是一定数量的人们，他们通过直接接触或一系列接触发生相互作用，在这种接触中，群体的每一成员都得到另一成员的观念或印象，以便他或者在当时，或者在以后被问到的时候，能以某种方式对其他成员做出反应，甚至只是为了回忆起另一个人也在场。这一定义在西方颇为流行。

综上所述，可以看到不同的研究者在给小群体的概念下定义时，都各自强调不同的侧面，西方学者所提出的小群体定义有一个共同缺点，他们往往脱离宏观环境的影响孤立地考察小群体的特征。尽管也有人提出小群体的存在是为了应付环境的威胁，但这仅限于从生物学的观点来说明群体适应环境的必要性，而没有从宏观环境与微观环境（即群体）的相互关系方面进行考察。

我们可以对组织中的群体进行如下描述：组织中的群体是两人或两人以上的集合体，他们遵守共同的行为规范、在情感上互相依赖、在思想上互相影响，而且有共同的奋斗目标。

也就是说，群体是指具有以下特征的一群人：

（1）群体成员彼此之间有经常的、频繁的相互作用。

（2）群体成员都认为他们是本群体中的一员。
（3）其他人也认为他们属于同一群体。
（4）群体具有其成员应共同遵守的规范。
（5）群体的存在是为了对付外界环境的挑战。
（6）小群体的人数不多，其成员之间都有面对面的经常接触，并且彼此相互了解。
（7）为完成共同的目标他们分工协作，贡献自己的力量。

（二）群体的类型

对群体的最基本的分类是把群体分为正式群体和非正式群体。

正式群体是由组织正式文件明文规定的，群体的成员有固定的编制，有规定的权利和义务，有明确的职责分工，工厂的车间、班组、科室、学校的班级、教研室，以及党团组织、行政组织等都是正式群体。

非正式群体是组织中没有正式规定的群体，其成员之间的相互关系带有明显的情绪色彩。他们可能是因为住得近、有共同的兴趣、能互相满足需要而结成伙伴。例如，工厂里的球队、棋队就是由有共同活动兴趣的人组成的。有些人吃饭时常凑在一起谈谈逸闻、发发牢骚，这些人也形成了群体。总之，在正式群体以外还有各种各样的非正式群体。

每种群体都有其独特的作用，并有其特点。一个有效的管理者，必须了解这些群体的行为规律。非正式群体有时会违背组织的目标，对群体成员产生很大的消极影响。但如果非正式群体接受了组织的目标，它又可以帮助组织实现目标。与正式群体一样，非正式群体既可以帮助也可以妨碍组织的行动。产生何种结果在一定程度上取决于作为群体一员的管理者如何进行工作。

此外，群体也可以分为开放群体和封闭群体。开放群体经常更换成员、成员来去自由，封闭群体成员比较稳定。另外，封闭群体成员等级关系严明，而开放群体中成员的地位和权力不稳定。开放群体由于人员不稳定，所以不适合完成长期的任务，但也有其好处。例如，因经常输入"新鲜血液"而可以吸收新思想和人才，群体成员对周围环境的适应性也比较强。以上两种类型的群体适合于不同类型的活动。例如，对于长期规划，封闭群体更有效；对于发展新思想和新产品，开放群体更有效。封闭群体具有历史的眼光，而开放群体则着眼于现在。

二、个人与群体的关系

人们加入群体是要完成某项任务或是要满足自己的社会需要。当然，这两个原因不是截然分开的，许多群体活动既是为了完成任务，又是为了满足群体成员个人社会需要。具体来说，人们在群体中可以获得如下需要和满足：

第一，安全的需要。群体可以为个人提供安全感。大型组织的成员可能会产生不安全感的焦虑，但归属于一个小群体则可以减轻这种恐惧。

第二，情感的需要。群体可以满足个人的友谊和情感需要。被他人接纳，是一种重要的社会需要，它可以增强个体的自信心。

第三，尊重和认同的需要。群体给个人提供了称赞和认可的机会，使他们感到自己的重要性。

第四，完成任务的需要。群体产生的主要原因是完成任务，有许多工作必须通过协同努力才能完成。

三、群体的发展阶段

群体不是静止的，而是不断变化和发展的。自20世纪40年代末以来出现了不少关于群体发展的理论。其中公认为比较完善的是美国社会学家塔克曼在1965年提出的观点，他认为群体发展要经过以下四个阶段：

第一阶段是形成阶段。在这一阶段，成员们关心的是什么样的行为能为群体所接受，什么样的行为不能被接受，他们互相开始熟悉，了解彼此的特点。

第二阶段是风暴阶段。这时群体内开始产生冲突，成员们为权力和地位的分配而产生分歧和敌意，领导者的意图很难得到成员们的顺利贯彻。

第三阶段是正常化阶段。这时群体发展了凝聚感，成员们互相产生好感，获得认同。他们分享感受，交换信息，并开始分享成功的喜悦。但在这一阶段，群体很容易陷入群体意识。群体意识的产生是由于内聚力过高而对反对意见置之不理，根本不考虑有其他可供选择的行动方案。群体意识使得群体认为它本身完美无缺、不可取代，因此可能导致犯错误和群体绩效下降。如果这个阶段群体成员在感情上互相支持、在思想上允许冲突，那么，群体就可以避免群体意识，同时保持内聚力。这样的群体将有很好的绩效。

第四阶段是有所作为阶段。这时，群体成员彼此相互依赖、能很好地相互合作，彼此能进行顺利的沟通，群体成员真正互相关心，然而又能各抒己见。任何决策都经过对所有意见的综合讨论并得到所有成员的同意，群体成员明确了解自己对群体应尽的职责和所起的作用。这样的群体可以说是一个成熟的群体。

当然，并非所有的群体都须经过固定的四个阶段。例如，对于正式群体来说，权力的分配往往是上级指定的，是无可争辩的，因此就可能没有风暴阶段。另外，群体也并非总是朝前发展，它也可能退回到更早的阶段。例如，如果一个已经成熟的群体换了领导，那么它就有可能从有所作为阶段退回到风暴阶段或正常化阶段。

四、群体规模

群体规模即组成一个群体的人数的多少。其对群体行为的影响曾被广泛研究，发现有如下结果：

第一，比起大群体，小群体（7人以下）往往内聚力更强，更倾向于寻求一致性。原因是小群体中的人们互相联系多、关系更加亲密。而大群体就没有这个优势，因此大群体的发展需要更长的时间。

第二，随着群体规模的增大，成员的工作满意度降低。这可能是因为在大群体中个人得不到多少关注，参与的机会也少。而在小群体中，参与的机会较多，并且存在其他的激励因素，如小群体成员更能体会到工作的完整性和感觉到归属感。

第三，大群体的决策速度比小群体慢。因为大群体人多，意见分散，要做出选择比较困难。

然而，在群体规模和绩效之间似乎并没有直接的联系。群体规模本身受群体任务性质的影响，一般复杂的任务需要更多的人完成。

一个小型工作群体的规模应该多大，其成员人数应该有多少，这是组织行为学要研究的一个课题。关于群体的规模主要有以下三方面的问题。

（一）群体规模的上限和下限

国外学者对于小群体规模的研究往往是在实验室条件下进行的，只是孤立地比较不同规模的群体在完成一些实验课题时的工作效率。这样的研究首先是要确定小群体人数的下限和上限问题，即最少应为几个人和最多应为几个人的问题。美国心理学家詹姆斯曾对符合小群体特征的9 129个群体进行了分析。他指出，在多数情况下，小群体的人数为2~7人，这是小群体模型的最佳人数。由此可见，詹姆斯主张小群体的下限为2人。一些学者认为，小群体的下限应为3人，2人不能算是一个群体，因为2人之间只构成个人之间的纯感情关系，如果2人之间发生意见分歧或冲突，不可能自行解决，必须有第三者参与仲裁。至于小群体的上限应为多少人，则更有分歧，多数人认为7人最佳，但也有不少人主张20人、30人，甚至40人。此外，还有人提出，小群体的最佳人数应为7±2，即最多9人，最少5人。

一些学者还专门研究了不适当地扩大群体规模可能产生的问题：

(1) 群体规模增大，群体资源的总量会增加，但这些资源并不一定都是有用的资源。例如，人多有时会很难使意见得到统一。

(2) 群体规模增大，群体成员不同点会增多，因而成员各自的特长难以发挥。

(3) 群体人数增多，成员参加活动和得到奖励的机会会减少。

(4) 群体人数越多，就越需要做大量的组织工作，以协调成员的活动。

(5) 群体人数增多，群体成员之间的冲突也会增多。

(6) 群体人数越多，成员之间彼此了解的程度就会越低。

（二）群体组成人员的奇数和偶数问题

群体规模研究的另一个问题是群体的人数应是奇数还是偶数的问题。主张群体人数应为奇数的人认为，当群体成员发生意见分歧时，奇数群体可以采取投票表决方式使问题得到迅速解决，不会无休止地争论下去。主张偶数群体的人认为单靠表决会影响群体中人与人之间的关系，不是解决问题的好办法；当意见分歧的双方势均力敌时，应进一步进行协商，这样既可在深入讨论的基础上使问题得到解决，又可避免群体中人们之间的关系紧张。

上述关于群体的下限和上限、偶数和奇数的争论虽然有一定的参考意义，但由于都是抽象地对群体规模进行的研究，因此不能作为工作组织中组建各种群体的具体指导原则。

（三）群体规模与工作效率的关系

工作群体规模应视群体任务的性质而定。任何工作群体都应有其最佳人数，也应有其上限和下限。群体人数与人均效率的关系是，往往获得最佳工作效率的群体规模有一个最佳值，当群体规模是这个最佳值时，人均效率最高。在群体规模的最佳值附近做微小的变动，对人均效率的影响不是很大，但变化的范围超过一定的度，则人均效率会大幅度下降。应当指出，工作任务、工种、机械化程度以及工作熟练水平等因素，决定群体应有最佳人数以及规模的上限和下限。

综上所述，群体规模的确定应遵循一定的原则。首先，应根据工作任务的性质确定群体人数的下限，这个下限应保证能完成工作任务；其次，应确定群体规模的最适当人数，这个人数能保证群体的工作效率最佳；最后，群体规模的上限应确定在这样的人数上——如果超过了这个上限人数，群体的工作效率会急剧下降。

五、群体结构

（一）群体结构的概念和意义

群体结构是指群体成员的组成成分。群体成员的结构可以分为不同的方面，如年龄结构、能力结构、知识结构、专业结构、性格结构、信念结构等，群体结构就是指这些结构的有机结合。不同群体中的每一个成员都有自己的特征，他们的特征有相似的（同质群体），也有相异的（异质群体）。这些将影响整个群体的绩效。

研究群体结构问题有重要的实际意义。现代化的大型组织必须有一个坚强、团结、紧密合作的领导班子，因此，建立一个团结合作的领导班子，除分别对领导班子的每个成员的品德和能力、素质等进行全面的评定和考核外，还必须考虑领导班子的合理搭配问题。这就是说，领导班子必须具有合理的结构。

同样，在现代化的大型组织中，有各种各样的正式群体。例如，在大型企业中，有各种处、科、室等行政职能群体，有车间、工段、班组等生产群体。在这些群体中也需要有合理的结构。群体成员的结构对群体的工作效率有很大影响。群体成员搭配得当，会使群体协调一致，紧密团结，提高工作效率；群体成员搭配不当，会使群体涣散，成员之间互相扯皮，经常发生冲突，降低工作效率。因此，管理人员必须树立群体结构的观念，合理安排群体结构,这样才能促进群体工作效率的提高。

（二）群体结构的同质性与异质性

各国学者长期以来研究了群体结构的同质和异质问题。所谓同质,是指群体的成员在能力、性格、年龄、知识等各方面都比较接近。所谓异质,是指上述各方面都迥然不同。群体究竟应为同质结构还是异质结构,要依据工作的性质、完成的任务而定。

在何种条件下群体可达到最高工作效率的研究结果表明:

（1）同质结构群体在下述三种条件下,可能达到最高的工作效率:①工作比较单纯,不需要复杂的知识和技能,如会计小组编制员工工资表的工作。②当完成一项工作需要大家密切配合时,同质群体较为有效。③如果一个工作群体成员从事连锁性的工作,如流水线上的操作工人,则同质群体较好。由上述条件可见,一般来说,工作组织中的基层群体应为同质结构。

（2）异质结构群体在下述三种条件下将会达到最高的工作效率:①完成复杂的工作以异质结构为好,因为在这种群体中需要各种能力和各种见解的人。②为避免决策太快而产生不利后果,异质结构为好,因为同质结构的群体,意见比较一致,往往会匆忙做出不合理的决策。国外有人通过研究指出,异质结构的陪审团要有较长的时间才能做出决定,这样能对案情的证据做更深入细致的分析。③凡需要有创造力的工作,异质结构较为有利。

（三）群体中的角色结构

每一个成员在群体中都表现出自己特定的行为模式,我们称为角色。几乎在任一群体中,都可以看到成员有三种典型的角色表现——自我中心角色、任务角色和维护角色。这些不同的角色对群体绩效会产生不同的影响。

1. 自我中心角色

自我中心角色是指成员处处为自己着想,只关心自己。这类人包括:

（1）阻碍者,指那些总是在群体通往目标的道路上设置障碍的人。

（2）寻求认可者。这类人试图突出个人、出风头,而不顾对群体是否有利。

（3）支配者。这类人试图驾驭别人,操纵所有事务,也不顾对群体有什么影响。

（4）逃避者。这类人对群体漠不关心,似乎自己与群体毫无关系,也不做贡献,等等。

研究表明,这些角色表现会对群体绩效带来消极作用,造成绩效下降。

2. 任务角色

任务角色包括:

（1）建议者,是指那些给群体提建议、出谋划策的人。

（2）信息加工者,是指为群体收集有用信息的人。

（3）总结者,是指为群体整理、总结有关信息,为群体目标服务的人。

（4）评价者,是帮助群体检验有关方案、筛选最佳决策的人。

3. 维护角色

维护角色包括：

（1）鼓励者，是热心赞赏他人对群体的贡献的人。

（2）协调者，是解决群体内冲突的人。

（3）折中者，是协调不同意见，帮助群体成员制定大家都能接受的中庸决策的人。

（4）监督者，会保证每人都有发表意见的机会，鼓动寡言的人，而压制支配者。

任务角色和维护角色都起积极作用。一个群体不仅要完成任务，而且要始终维持团结。成员的任务角色和维护角色的作用正是为实现这两个目的服务的。研究发现，在任务角色、维护角色和群体绩效之间存在正比关系。

一个群体要想做出高绩效，以上所说的任务角色和维护角色都是很重要的。到底哪种角色更重要则视群体发展阶段而定。在形成阶段，监督者和建议者的角色有助于为群体奠定一个良好的基础。前者可以使每个成员增强主人翁的责任感，后者可以为群体提出努力方向。在风暴阶段，总结者、信息加工者、协调者和折中者的角色可以帮助群体解决不可避免的冲突，使群体顺利进入正常化阶段。在最后两个阶段，任务角色和维护角色都很重要。总之，一个有效的群体应鼓励成员扮演任务角色和维护角色，而避免自我中心角色。

（四）群体成员的地位

地位是指个人在群体中所占有的社会位置。地位取决于许多因素，如工资、头衔、资历、实权等。其中一个因素的改变就可以引起地位的改变。例如，如果群体中的成员其他情况相似，但有一个人工龄最长，那么，他很有可能享有更高的地位。当然，地位取决于什么因素还有赖于群体成员是否承认该因素。如果群体成员不承认资历，那么年龄大的人也未必享有更高的地位（尽管他会认为这不公平）。

在不同的群体中，地位取决于不同的因素。一般认为，如果成员在群体中的地位取决于能力而不是资历，取决于成就而不是头衔，那么，成员们就会为了争取更高的地位而充分施展自己的才能，取得最大成就。如此，对整个群体的绩效将产生积极的作用，使群体绩效得到提高。

六、群体规范

（一）群体规范的概念

群体规范是由群体成员建立的行为准则，或是指群体对其成员适当行为的共同期望。它可以是成文的（如职业道德手册），也可以是不成文的。群体规范起约束成员行为的作用。群体成员被期望遵循大家提出的群体规范，任何违背群体规范的行为都将受到排斥和口头攻击。一般群体对违反群体规范的"叛徒"会采取如下措施：开始，其他成员会苦口婆心劝其回到集体的怀抱。但如果背叛者执迷不悟，那么他就会被群体拒绝，其他成员对其不加理睬，从心理上冷淡他。对"叛徒"的惩罚，可以使得群体规范更加明确。

任一群体都有规范，否则，群体将难以存在下去。群体规范指导成员朝向群体的目标行动。管理人员应该注意群体规范是否与组织目标一致，因为群体规范对成员行为有强大的影响力。

（二）群体规范的形成及影响群体规范建立和发展的因素

群体规范通常是逐渐形成和改变的，当群体成员认识到什么行为将影响群体目标的完成时，他们会为这些行为确定一个期望的标准。

群体规范的建立和发展受以下因素的影响：

（1）个体的特征。群体成员智力越高，他们就越不愿意建立和遵循群体规范。例如，比起工厂里流水线作业的班组，一个科研小组更不容易形成群体行为的规范，因为后者往往更倾向于视自己为具有独特价值观、人格、动机的个体。

（2）群体构成。同质群体比异质群体更容易确认群体规范。

（3）群体的任务。如果任务较常规、清楚，群体规范就容易形成。

（4）物理环境。如果成员们工作地点离得近、相互作用机会多，则容易形成群体规范。

（5）组织的规范。多数群体规范与组织规范是一致的，但如果群体成员不赞成组织的规范，他们就会发展与组织规范相对抗的规范，如怠工、罢工等。

（6）群体的绩效。一个成功的群体将维持现有的规范并发展与其一致的新规范，而一个失败的群体将不得不改变有关的规范，重建一些可能导致好结果的规范。

（7）心理因素。群体规范，特别是非正式群体的规范的形成，受模仿、暗示、顺从等心理因素的制约。群体存在的重要条件之一是它的一致性，这表现为群体成员的行为、情绪和态度的统一。在群体成员彼此相互作用的条件下，会发生一种类化过程，即彼此接近、趋同的过程。这是由相互模仿、受到暗示，表现出顺从造成的。在模仿、暗示、顺从的基础上会形成群体规范。

（三）群体规范的功能

一般来说，群体规范具有以下四方面的功能：

1. 支柱功能

群体规范是一切社会群体得以维持、巩固和发展的支柱。群体规范越能被群体成员一致接受，则群体成员之间的关系越密切，群体也越团结。

2. 评价准则功能

群体规范是群体成员的行动准则，因此，群体成员要以群体规范来评价自己和其他成员的行为。

3. 约束功能

群体规范的约束功能主要表现在群体舆论中，这种群体舆论是大多数成员对某种行为的共同意见。当某些成员的行为举止与群体规范相矛盾时，多数成员会根据群体规范对这种行为做出一致的判断或结论。这种带有情绪色彩的共同意见，对个人行为具有约束作用，使其不至于违反群体规范。

4. 行为矫正功能

群体成员如果违反了群体规范，就会受到群体舆论的压力，迫使他改变行为，与群体成员保持一致，因而群体规范具有行为矫正的功能。

应当指出，群体规范有积极的，也有消极的。在管理工作中，要注意通过教育和引导，使工作群体形成积极的群体规范，避免形成消极的群体规范。

正如许多社会现象一样，群体规范没有绝对的好坏之分。其对于一个组织的价值是否有意义取决于它是提高还是降低生产率。如果规范可以促进群体提高生产率，那它还是值得提倡的。但如果是鼓动成员减产，阻碍了组织目标的实现，则是不可取的。

第二节　群体互动

一、社会助长作用与社会抑制作用

群体问题的研究最早是从研究人对人的影响开始的。早期研究发现，一个人单独工作同有别人在场观察或与他人一起工作时相比，工作的效率很不同。在一些场合，有他人在场或与他人一起工作，工作效率会有明显提高。这种现象被称为"社会助长作用"。在另一些场合，有他人在场或与他人一起工作，工作效率不仅不会提高，反而会大大降低。这种现象被称为"社会抑制作用"。

根据实验设计的不同，又可以把这两种作用分为观众效应和共同活动效应。前一种实验程序是当一个人工作时，有一个或若干旁观者在一旁观察他的行为；后一种实验程序是当一个人工作时，其他人也在一旁做同样的工作。

（一）观众效应

简单的动作反应有明显的社会助长作用。1925年英国心理学家特拉维斯做了一项完成追踪视盘任务的实验，实验者要求被试手里拿着一支铁笔，跟踪一个旋转圆盘上的目标。如果在圆盘旋转时铁笔离开了目标，就算一个错误。最初让被试连续几天进行练习，使反应动作达到一个稳定的水平。然后把被试带进实验室，让他单独做5次实验后，再让他在有4~8名高年级大学生或研究生在场情况下做10次实验。事先告诉这些高年级大学生或研究生，他们的任务只是默不作声地注意观察被试的工作。实验结果发现，被试的工作成绩当有人在场观察时比单独工作时有很大提高，即错误率大大减少，甚至在单独工作时达到的最高成绩也低于有人观察时的成绩。这表明有别人在场观察时会发生"观众效应"。

1963年美国心理学家贝古姆和列赫做了另一项实验,被试是美国国民警卫队学员。每个被试都分别坐在分开的房间里。他们面前有一块信号板,信号板上呈圆形安装着20盏电灯,电灯按顺时针方向连续开亮熄灭,每分钟转动13圈。按随机的间隔,电灯有一次不规则的闪亮。1小时内平均有24次不规则的闪亮。被试的任务是在出现不规则闪亮时发出信号(如按一下按钮)。对被试进行了20分钟的强化训练,稍事休息之后,让他们在135分钟内监视信号板,一组被试单独做这项工作;另一组被试则被告知,有一名军官将随时到房间里来观察他们的工作。实验结果表明,在有人观察的情况下被试的工作成绩比单独工作的被试高34%,而在实验将近结束时,受到监督的被试工作成绩比单独工作的被试高出一倍。这同样也证明了社会助长作用的存在。但是,在另一些实验中也发现相反的情况。例如,1933年进行的一项实验,被试是一些大学生,让他们分别在单独与有他人在场的情况下学习无意义音节单词。实验的结果表明,有他人在场的情况下,被试平均要经过1 127次才能学会有7个无意义音节的单词,而单独学习平均只需9.85次,而且学习的错误率也是他人在场高于单独学习。这就是说,产生了社会抑制作用。

在什么情况下会产生社会助长作用,什么情况下会产生社会抑制作用呢?一般来说,这与作业的性质和人们的成熟程度有关。如果作业比较简单,而且人们能熟练地完成作业,当有他人在场观察时会发生社会助长作用。如果作业比较复杂,而且人们还没有掌握完成作业的熟练技巧,则往往发生社会抑制作用。

(二) 共同活动效应

美国心理学家阿勒卜特曾做过这方面的实验。实验的对象是哈佛大学的一些学生。实验设计了特殊的情境——一间大家公用的房间和五间隔开的房间。这些大学生有时一起在公用的房间里,有时单独在隔开的房间里做各种作业,作业的内容包括算术乘法、删掉一些元音字母、辨别双关图形、辨别物体的气味、判断物体的重量、进行自由联想以及评论某些古代哲学家的观点。实验的结果表明,辨别气味、辨别双关图形、判断重量等作业的成绩大家在一起时比单独一人时高,而对哲学家观点的评论则单独一人时比大家在一起时质量更高。这项实验也同样证明,无论是观众效应还是共同活动效应,都可能有时表现为社会助长作用,有时表现为社会抑制作用,而发生社会助长作用或社会抑制作用的原因都与作业的性质以及人们完成作业的熟练程度有关系。

社会助长作用和社会抑制作用这两个概念对于管理工作有重要的意义。管理人员要根据工作任务的复杂程度、人们完成工作的不同熟练程度等,分别安排集体劳动或个别劳动。

二、群体压力与从众行为

当一个人在群体中与多数人的意见有分歧时,会感到群体的压力。有时这种压力非常大,会迫使群体成员违背自己的意愿产生完全相反的行为。社会心理学把这种行为叫作顺从或从众。

美国心理学家阿希设计了一个典型的实验,证明在群体压力之下会产生顺从行为。把7~9人编成一组,让他们坐在教室里看两张卡片,一张卡片上画一条直线,另一张卡片上画三条直线。让大家比较三条直线的卡片上哪条直线与另一张卡片上的直线长短相等。在正常情况下被试都能判断出 $x = b$,错误的概率小于1%。但阿希对实验预先做了布置,在9人的实验组中对8个人都要求他们故意做出一致的错误判断,例如,$x = c$。第9个人并不知道事先有了布置,实验中让第9个人最后做判断。曾组织了许多实验组进行这样的实验。统计分析表明,这第9个人有37%放弃了自己的正确判断而顺从群体的错误判断。

在阿希的实验之后,一些心理学家进一步分析了导致顺从现象产生的原因。这些原因包括环境因素和个性因素。从环境因素来看,如果该群体是一个人的参照群体,群体的意见一贯比较一致,群体比较团结,那么,这个人就容易在群体压力之下产生顺从行为。从个性因素来看,如果一个人的智力较差,情绪不稳定,缺乏自信心,在群体中经常要依赖别人,也较容易产生顺从现象。

心理学家对于顺从现象的真相也进行了分析。虽然在群体的压力之下不少人会产生顺从行为,但这些人的情况是很不同的。要区别顺从行为的表面反应和内心反应,这两个方面并不一定是一致的。大致可以分为如下三种情况:一是表面顺从,内心也顺从;二是表面顺从,内心并不同意,即所谓口服心不服;三是表面不顺从,但内心顺从。此外,也存在表面和内心都不顺从的情况。

美国组织行为学家莱维特提出了群体对待异议者施加压力的方式。如果在一个管理委员会中个人的意见与群体的意见有分歧,群体对他施加压力的方式有四种:理智讨论、怀柔政策、铁腕政策和开除政策。这就是说,先用讲道理的办法使个人顺从;如果讲不通,就用开玩笑或"和稀泥"的方式表示他与群体并无原则分歧;再不通,就公开施加压力,直至把这个人从群体中开除,或者对他的意见根本不予理睬。

在管理中应重视群体压力和顺从现象。一般来说,应避免采取群体压力的方式压制群体成员的独创精神,但也不能认为群体压力只有消极作用,对于群体成员的不良行为给予适当的压力是必要的。

三、群体的内聚力

(一)群体内聚力的概念

内聚力是成员被群体吸引并愿意留在群体内的情愿程度。顾名思义,内聚力指的是群体成员彼此之间的"黏合力"。没有内聚力,一群人不能被称作一个群体。

群体成员之间的相互作用和感情,对于群体任务的完成起着重要作用。我们常常看到,有的群体中存在意见分歧,关系紧张,矛盾较多,不能很好地完成任务;有些群体意见比较一致,关系融洽,相互合作,任务完成得好;还有一些群体,成员之间互相友爱,各成员以作为群体的一员而自豪，对群体工作有强烈的责任感和义务感，这种群体具有有力和积极的群体规范。群体的这种对成员的吸引力称为群体内聚力。它包括群体成员与整个群体的吸引力，以及群体成员之间的吸引力。当这种吸引力达到一定强度，而且群体成员资格具有一定的价值时，我们就说这是个具有高内聚力的群体。

（二）影响群体内聚力的因素

群体内聚力受到许多因素的影响，这里只讨论一些主要的因素。

1. 群体的领导方式

不同的领导方式对群体内聚力有不同的作用，心理学家勒温等的经典实验，比较了"民主""专制"和"放任"这三种领导方式之下各实验小组的效率和群体气氛。结果发现"民主"型领导方式的小组比其他小组成员之间更友爱，群体中思想更活跃，而且成员相互间情感更积极，因此内聚力更高。

2. 外部的影响

一些研究表明，外来的威胁会增强群体成员相互间的价值观念，从而提高群体的内聚力。例如，群体间的竞争往往可能使群体遭受损失，这就会使各群体增强内聚力，以对付这种竞争。

3. 群体规模

小群体比大群体有更高的内聚力，因为小群体的成员们有更多的相互交往的机会。群体越大，异质越多，态度和价值观差异就越大，所以大群体内聚力低。另外，在大群体中，需要更多硬性的工作标准，这也影响了群体成员之间形成自然的非正式的关系。

4. 群体内部的奖励方式和目标结构

许多研究比较了个人奖励与群体奖励两种方式的作用，发现不同的奖励方式确实会影响群体成员的感情和期望值。研究证明，个人与群体相结合的奖励方式有利于增强群体的内聚力。与此有关的是工作任务的目标结构。群体成员的任务目标互不关联，就容易降低群体内聚力；相反，把个人与集体的目标有机地结合起来，就会增强集体观念和内聚力。另外，困难的目标是特别有吸引力的，难以加入的群体比那些易于加入的群体更有吸引力。

5. 班组的组合

以人际吸引、价值观和目标的一致为基础组成的班组有较高的内聚力。在一个经典研究中，扎尔斯特根据无记名选择工作伙伴，把木工和砖瓦工重新编组，发现这种以人际吸引为基础的班组比随机组成的班组有更高的工作满意度。

6. 与外界的隔离

一般来说，与外界隔离的群体有更高的内聚力。这些群体往往认为自己与众不同、独一无二。隔离也使得群体成员产生同命运感以及共同抵御外界威胁的需要。

7. 群体的绩效

一个成功的群体更容易发展内聚力。成功使得成员产生优越感，彼此增进好感。而失败则往往使成员们互相埋怨，把他人当替罪羊，这种冲突将减弱内聚力，甚至导致群体瓦解。

8. 其他因素

群体中信息交流的方式是重要的情境因素，不同的信息交流方式对于群体成员的满意感、士气和群体绩效都有一定的影响。此外，群体成员的个性特征、兴趣和思想水平都会影响群体的内聚力。

在管理工作中应该重视上述因素对于群体内聚力的影响，促使群体形成健康而积极的气氛，增强内聚力。

（三）群体内聚力的作用

群体内聚力在群体存在和发展过程中，有以下重要的作用。

1. 满意感

高内聚力群体的成员比低内聚力群体的成员得到更大的满足感，他们认为作为群体的一员很值得，也很愿意参加群体的活动，并忠诚于群体。内聚力也使得成员们更加遵守群体规范。

2. 沟通

高内聚力群体中的成员比低内聚力群体中的成员沟通的机会要多得多。因为内聚力高的群体成员间往往有共同的价值观和目标，互相之间愿意交流，因此有更多的沟通机会。这样的沟通又反过来加深了相互关系和了解的程度，促进内聚力进一步提高。

3. 敌意

在高内聚力的群体中，敌意和攻击行为较为普遍，但这种敌意通常指向其他群体的成员，形成内聚力，使得群体成员产生优越感，这种优越感导致成员们对外界敌视和排斥。

4. 生产率

关于群体内聚力和生产率之间关系的研究得出了矛盾的结果。有些研究发现群体内聚力高，生产率也高，而另一些研究则发现内聚力高的群体生产率还不如内聚力低的群体。还有些研究报告表明在生产率和群体内聚力之间没有关系。决定群体内聚力对生产率影响的主要因素是群体的目标与组织目标是否一致。如果二者相一致，则高内聚力群体会出现高绩效；如果二者不相一致，则内聚力高群体会出现低绩效。总的来说，高内聚力群体比低内聚力群体更倾向于维护他们的目标。社会心理学家沙赫特的重要实验，对于我们理解和分析群体内聚力与生产率的关系是比较有启发意义的。

5. 对改革的阻碍

目前，对这方面的研究还不多。社会科学家一般认为高内聚力群体比低内聚力群体更加阻碍改革。改革往往要打破现存的社会等级关系，这是内聚力高的群体难以接受的。

6. 群体意识

内聚力高的群体容易形成群体意识。在内聚力过强的群体中，是不能容忍异议的。对这样的群体来说，最有价值的是大家一致，而不是做出高绩效。

第三节 群体中的人际关系

一、人际关系的概念、内容和交往方式

(一) 人际关系的概念

人际关系，也叫人群关系，是人们在进行物质交往和精神交往过程中发生、发展和建立起来的人与人之间的关系，是人们依靠某种媒介，通过个体交往形成的信息和情感、能量和物质的交流的有机渠道。人们借助于语言、表情、动作传递信息，从一定的目的和利益出发形成组织，构成社会。人的社会化过程以及人类的一切文明，都是通过建立和发展人际关系才得以实现的。良好的人际关系，表现为信息和情感交流畅通无阻。从这个意义上讲，人际关系的改善，就是人们在某种共同需要的基础上，依照一定的规律和原则调整思想和行动，排除相互间信息或感情交流的障碍，从而达到强化这种交流的目的。人与人之间的关系是一个广泛的概念，所有的社会关系归根结底是人与人之间的关系。一般来说，人际关系实质是一种社会关系，它包含在社会关系体系之内，而社会关系有更为广阔的内容，它只能通过各种复杂的人际关系表现出来。

(二) 人际关系的内容

千差万别、千变万化的人际关系的内容大致可分为两方面：一方面是物质关系，即以生产、生活物质为条件的交往，如生产资料的占有方式、商品交换过程、经济分配形式等；另一方面是精神关系，即以语言、思想、感情为媒介的交往，如思想的传播、情绪的感染、感情的交流等。这两种内容的人际交往是相互联系、互为条件的，它们都是人们的客观需要。所以就其实质来讲，人际交往是人的本质表现，是本性的要求。由于人们的需要即人们的本性，以及人们求得满足的方式把人们联系起来（两性关系、交换、分工），所以人们必然要发生相互关系。正是这些交往形成了人际关系的复杂内容。

(三) 人际关系的交往方式

人际关系可分为两种方式，一种是直接关系，另一种是间接关系。直接关系就是人们通过物质或交际手段（包括语言、表情、动作等），面对面地发生联系。间接关系是人们通过物质的传递或借助书面语言、传播技术，间接地发生联系。

二、人际关系的类型

人，是一切关系的总和。从时空角度看，人际关系是多维的、可变的。按不同的标志可

以把人际关系分成许多类型，不同类型的人际关系有些是交叉的，有些是有高低层次和时间先后之分的。

（一）按人际关系的结构划分

1. 经济关系

经济关系是人际交往中最常见的一种关系。它又可分为宏观经济关系和微观经济关系。前者是指集团之间、阶级之间的经济关系；后者是指个人之间的经济关系。人的经济活动既发生在生产组织中，也发生在非生产组织中。所以人际间的经济关系既包括生产领域中的人与人的经济关系，也包括非生产领域的人与人的经济关系。人际间的经济关系可以表现在许多方面，有分工合作关系、买卖关系、交换关系、分配关系等。

2. 政治关系

政治关系一般是指阶级关系、党派关系、民族关系、国际关系。但要指出的是，虽然政治关系是人际关系的一种，但是并非所有的人际关系都表现为政治关系，即使某人是属于一个党派的成员或一个国家的领导人，他的每个活动也并非都表现为政治活动和政治关系。人与人之间的交往是否表现为政治关系，不在于这个人是否为某一政治组织的成员，而在于交往是否属于政治活动的范畴，即政治关系是指在政治活动的人与人之间的关系。

3. 法律关系

法律关系是人们根据法律规范而结成的关系。法律关系具有两个明显的特点：第一，它必须以法律为自己存在的前提，它是根据国家的法律规定确立和进行调整的。第二，法律关系具有强制性，它是由国家强力来保证的，不管谁违犯了法律都要受到处罚。人际间的法律关系，对于调整、稳定和发展人际关系有重要的作用。

4. 伦理关系

伦理关系也叫道德关系，是指在道德规范调整的范围内所发生的人与人之间的关系。伦理关系与法律关系不同：第一，伦理关系不都是法律明文规定的，许多对人们行为有影响的道德伦理规范，并没有文字记载，而是人们口头流传，是约定俗成的。第二，伦理关系的产生比法律关系早得多，有人类就有伦理，有伦理就有伦理关系，而法律关系则是在有了阶级之后才产生的。第三，二者的作用不同，法律关系注重惩罚，伦理关系则着重于扬善去恶。第四，二者对人们行为进行控制所依靠的力量不同，法律关系是由检察院、法院、公安机关等国家机构执行，是强制性的；伦理关系则是在人们长期交往中逐步形成的，它潜移默化于人们内心中，是依靠社会舆论的力量、信念、习惯、传统的力量来维持的，它是非强制性的。

（二）按人际关系形成的纽带划分

1. 亲缘关系

亲缘关系一般是指以血缘、姻缘为纽带结成的关系，具体又包括：

（1）人际第一关系。一个人一生下来，就产生了父子（女）、母子（女）、兄弟姐妹、祖孙等关系，这种关系就是人际第一关系，这是根据人际间的血缘纽带而确定的。人际间的血缘关系，无论是在人类的自身生产和发展中，在家庭的延续中，还是在社会生活的各个方面，都占有极其重要的地位。由于家庭是社会的细胞，因而血缘关系直接影响社会，直接关系到社会教育和人才的培养。

血缘关系的特点是：

①血缘关系是血肉加情感的关系，血肉关系是情感关系的基础。

②血缘关系是最早、最长久的一种关系，它与人类共生存。

③血缘关系是发生频率最高、相互影响最大的一种关系。

④血缘关系是先天赋予的。随着生产技术、商品经济、交通条件的发展，血缘关系逐渐淡化。

（2）夫妻关系。夫妻之间的关系以及夫妻在家庭中地位的变化，是与社会形态的发展、经济的发展、家庭结构的变化密切相关的。在以爱情为基础的平等型夫妻关系中，其发展要经过四个阶段：一是浪漫期，从结婚到生小孩的时期；二是注意中心转化期，即从夫妻间的相互倾慕和注意过渡到以小孩为中心的时期，一般是从生小孩到小孩2~3岁；三是负重期，一般指小孩3~18岁的时期；四是依恋期，孩子18岁以后，孩子长大了，夫妻双方也进入了垂暮之年，心理也开始发生很大的变化，自尊感、孤独感、退化感、怀旧感增强了。

相对于血缘关系来说，以亲缘为纽带的夫妻关系是后天产生的，是可变的、是短期的。在传统、保守落后、变迁十分缓慢的社会里，夫妻关系是受强有力的道德伦理等因素的约束的，所以夫妻之间一般能做到白头偕老。在现代社会里，夫妻是以情感为基础的，外在的道德伦理约束相对减少，再加上社会变迁快、异性互动多等因素，离婚的现象越来越多。

（3）代际关系。代际关系是两代人之间的关系，其有两种类型，一是民主型，二是专制型。代际关系与夫妻关系的区别：代际关系是骨肉关系，夫妻关系是姻缘关系；代际关系存在明显的年龄差和心理差别，社会经历也不同，夫妻是横向生长的环境之差；知识结构代际是前后承接的，夫妻是同期的。

（4）婆媳关系。婆媳关系在家庭中占有重要的位置，它是一种"准血缘、准婚姻"关系。俗话说："婆媳亲，全家和；婆媳斗，全家愁。"婆媳关系紧张是一个普遍性的问题，解决好这一问题是搞好家庭关系的关键。

2. 地缘关系

地缘关系是以地缘为纽带结成的人与人之间的关系。地缘关系有它自己的特点，它是以地理位置结成的关系，现代化程度越低、居住处所搬迁越少的地方，地缘关系就越重要；反之地缘关系就越淡漠。地缘关系主要有以下两种：

（1）邻里关系。邻里关系是指左邻右舍形成的人与人之间的关系，常以家庭之间的联系为表现形式。邻里关系一般限制在前后左右几家之间，范围再大的一般就称为同村关系或街坊关系。邻里关系在人们的生活中占有一定的位置，邻里关系搞得好，会对人们的生活产生正面的影响；搞得不好，会产生负面的影响。

（2）老乡关系。老乡关系是社会发展到一定阶段，即人们外出交流比较多的时候的产物。老乡关系具有一些正面功能，如联络感情、交流信息、促进合作等；但它也有一些负面功能，如容易形成狭隘的地方观念，容易拉帮结派，易感情用事而破坏组织原则等。

3. 业缘关系

业缘关系也叫工作关系，是人们在从事共同的或有关联的社会工作时结成的人际关系。构成业缘关系的媒介是人们在社会群体中所从事的工作。在人类社会早期和不发达的社会里，人际关系主要是亲缘和地缘关系，而在高度发达的现代社会中，职业活动则构成人际关系的重要媒介。随着社会的发展，社会化大生产所引起的社会变迁打破了原有的地域界线和单一的亲缘联系，亲缘关系和地缘关系为越来越多的业缘关系所替代，作为社会关系的一种具体表现形态的业缘关系是现实社会中人际关系的基本存在方式之一。业缘关系可分以下类型：

（1）上下级关系。即在职业群体内部领导者与被领导者、管理者与被管理者的人际关系。在此类人际关系中，关系双方所处的地位和所扮演的角色是不同的。这种关系是由社会的有序性决定的，不论是在古代还是现代，上下都是有序的。上下级关系有重要的功能：它直接关系社会的稳定；与工作效率有密切的关系；良好的上下级关系使人心情愉快，不正常的上下级关系使人烦恼不安。

（2）师生关系。师生关系是以教与学为纽带形成的人与人之间的关系。其特点是以知识的传授和接受为媒介。影响师生关系的因素有：教师知识的拥有量、教学水平、政治立场、师生的性格、相互信任感等。

（3）师徒关系。师徒关系是指以直接传递生产技能为纽带结成的人与人之间的关系。

（4）同事关系与同学关系。同事关系一般指在一起工作，并且没有权力等级差别的业缘关系。同学关系是指在同一学校学习过程中所结成的关系。同学关系有两种含义，一是指同班同学；二是指同校同学。

三、人际关系的特点、功能和研究意义

（一）人际关系的特点

1. 社会性

社会性是人际关系的根本特点，正是这一特点把人的群体关系同动物的群体关系区别开来，把社会和自然界区别开来。社会性是指人际关系通过社会关系表现出来的属性，它是人际关系的本质属性。人际关系的社会属性首先是由劳动决定的，在劳动过程中，人们不仅要与自然界发生关系，而且人们相互之间要发生一定的联系和关系，它制约着人与自然界的关系。其次，不管什么人，不论什么活动都离不开社会，都要受到社会各种因素的制约。人际关系的社会性，是随着社会的进步而发展的。在古代，人际关系的自然性大，社会性小；而

现代社会则自然性逐渐减小，社会性逐渐增大。

2. 历史性

历史性是指人际关系所具有的发展变化、新旧交替的特性。它既表现在整个人类社会的发展过程中，也表现在个体或群体的相互关系上。这一特性来源于生产力和生产关系的矛盾运动。人际关系的历史性特点，要求我们用辩证、发展的观点观察和分析人际关系，既要继承以往人际关系的合理内容和形式，又要变革不适应社会发展需要的人际关系的内容和形式。

3. 客观性

客观性是指人际关系是在人们的客观社会活动中确立的，具有现实性和真实性的特性，不是人们随意的主观现象。

4. 多样性

多样性是指人际关系具有多内容、多形式、多层次的特点，这就造成了社会的复杂性和人的复杂性。

（二）人际关系的功能

1. 产生合力

"团结就是力量""人多力量大""人心齐，泰山移"都是讲这样一个道理：许多人按照正确的方式联合起来，就会产生很大的力量，形成整体效应，形成民主、团结、互助的氛围。理顺关系、消除内耗、集中精力、一致工作，是形成合力、实现整体效应的基本条件。

当然，在一个人际关系紧张的群体里，内耗不断，也必然会产生"负合力"。

2. 形成互补

在一个有良好人际关系的集体里，人们之间能够互相学习、取长补短，在多方面的双向交流中使能力得到增长。人的经历、知识结构、能力、性格特征各自有别，互有短长，要完成一项复杂的工作，组成一个有作为的集体，必须互相配合，互相补充。一个人为了取众家之长、补己之短，就会有意识地改善人际关系，与身边的同事顺畅地交流思想，从而取长补短。

3. 相互激励

在群体里，会出现一种类似共生的作用，人们之间相互激励，让群体中的每一个成员都产生创造的活力，使其智力、体力不断增长，创造奇迹。这就是人际关系的相互激励功能。

4. 联络感情

人有合群的需要，不愿意孤独、独处。良好的人际关系为人们的交往提供了条件。改善人际关系，加强感情联络，对任何人都是必要的。

5. 交流信息

良好的人际关系有助于人与人之间的信息交流，在人际信息交流的过程中，人际关系结构本身也可以得到改善。

(三) 研究人际关系的重要意义

研究人际关系有着重要的意义，这是因为在社会主义社会中，进行正常的人际交往，建立和发展平等、团结、互助的社会主义新型关系，不仅能有力地推进人们的生产、工作、学习和生活，而且直接影响社会主义精神文明建设和个人的全面发展。研究人际关系不仅是为了解决现实生活中的各种人际关系问题，更重要的是，要根据人际关系的内在规律和社会职能，结合实际，设计科学的人际关系结构，并通过有效的协调，使其达到最佳状况。这正是科学地管理社会、最大限度地开发人力资源的关键。

四、人际关系的确立和发展

(一) 人际关系确立的条件

任何人际关系的确立，都要有以下三个必要条件或前提：

1. 人

人是人际关系的主体，没有人就没有人和人之间的关系。

2. 人际接触

人和人之间不接触，就无从建立一定的关系。人和人之间接触的机会、频率和方式，对人际关系影响极大。深山老林中的人和繁华都市里的人很少建立关系，是因为相互缺少接触的机会。接触越多，互动越多，即接触的频率越高，人与人之间的关系就越密切；反之就越疏远。美国社会学家费斯廷格等人在1950年进行了住地间隔和友谊关系的调查，调查结果表明，居民们和住得最近的人最亲密。在同一楼层里，人们同隔壁的邻居要比隔一个门的邻居更亲密，同隔一个门的邻居又比过道尽头的邻居更亲密一些。接触的方式对人际关系影响很大，一般来说，直接的、频繁的、综合性的接触，对人际关系影响更大一些。

3. 人际需要

人和人之间如果没有相互需要，即使有彼此接触的机会，也不会结成一定的关系，也就是说，人与人之间的关系是建立在一定相互需要的基础上的，是以某种需要为前提的。人的需要有两大类：一类是维持和发展自己生命的需要，这种需要是个人同他人广泛建立联系的先决条件；另一类是保持心理平衡、充实精神生活、维持和发展精神生命的需要，主要是情感需要和文化需要等。

(二) 人际关系发展的动力

1. 人的生产

人类不断地生产出新的生命，生产出人际关系赖以存在的主体，从而保证了人类的繁衍，也保证和发展了人际关系。如果人的生产被终止，那么一切人际关系也就会随之消失。人的生产的同时也生产了三种关系：一是家庭关系；二是亲属关系；三是与家庭和亲属密切相关的社会关系。人的生产的数量和质量，对人际关系的形成和发展也有不容忽视的影响。人口密度不一样的地方，人际关系也不会一样。

2. 物质生产

物质生产是人际关系形成和发展的决定性动力。

（1）物质生产推动了人际关系的形成和发展。人们为了生存，就需要有维持生命的衣、食、住、行等基本生活资料。为了获得这些生活资料，人就要同自然界发生一定的关系，对自然界进行劳动加工，即物质生产过程。在这一过程中，如果人们不能以一定的方式结合起来共同活动和互相交换其活动，生产便不能正常进行。

（2）物质生产的发展促使劳动方式及社会关系发生相应变化。

（3）物质生产的发展促进了人际关系交往的扩大。

（4）上一代人的物质生产制约了下一代人的人际关系。

3. 精神生产

人的一切行动，包括人际交往，都受到人的思想的指导。人们的思想意识不一样，形成的人际关系也不一样，共同的思想观念是维系良好人际关系的纽带。知识层次不同，交往层次也不同，科学文化水平相近、知识层次相同的人相互交往多。精神生产方式不同，人际关系也会发生相应变化。人类的精神生产方式变了，人们之间的相互关系也会发生相应的变化。精神生产的方式越先进，人际关系的发展就越显著。

（三）人际关系的历史进程和发展趋势

随着社会的进步，人际关系也经历了不同的发展阶段。在原始社会，人际关系是以血缘关系为主要特征的；在奴隶社会，又表现为以依附关系为主要特征；在封建社会，人际关系的确立是以宗法关系为基础的；而资本主义社会则表现为明显的金钱关系；社会主义社会由于消灭了生产资料占有关系上的不平等，因而产生了新的平等的人际关系。人际关系有以下发展趋势。

1. 社会性增强，自然性减弱

随着社会主义商品经济的发展和新技术革命的兴起，生产的社会化程度越来越高，人与人之间的社会联系日益广泛、密切，血缘关系、地缘关系的影响逐步缩小。这是一个巨大的社会进步，我们要认清和顺应人际关系的这一趋势，冲破狭隘的、落后的人际关系的束缚，发展新型的人际关系。

2. 自主性增强，依附性减弱

随着社会主义市场经济的发展和经济体制改革的深入，单位和个人的自主权扩大了，每个人都有了大显身手的机会。竞争增强了人们自强的必要性，改革提供了自主的可能性。这一切，都要求人们改变过去那种在人际关系中占据主导层面的依赖性，逐渐向自主性增强的方向发展。这既是一种社会进步，也是一个人成熟的表现。人际关系的自主程度越高，表明个人越成熟，越有利于发挥人们的聪明才智。在向社会主义现代化进军的过程中，我们要提倡自立、自律、自强的精神，克服懒惰、自私的依赖思想，在社会实践中建立奋发向上、充分自主的人际关系，以求在激烈的竞争中立于不败之地。

3. 平等性增强，等级性减弱

随着人类社会的发展，人与人之间的等级关系残余必将逐步清除，平等关系取代等级关系是不可逆转的发展趋势。在社会主义社会里，平等关系是起主导作用的人际关系，它既能排除等级关系残余的干扰，又有一个发展提高的过程。现代人际关系发展的特点是：人际关系由纵向控制为主，发展到纵向联系、横向联系相结合；由单向交往发展到双向交往。

4. 开放性增强，封闭性减弱

随着整个社会向现代化跃进，人际关系也由过去的封闭性转向开放性。这是个人社会化程度逐步提高的表现。人际关系越开放，个人的眼界就越开阔，适应能力和创造能力就越强。恩格斯谈到文艺复兴时把"开放"视为事业成功的重要条件，我们要在改革开放的进程中利用各种途径，建立更广泛、更适应性的人际关系，叩开事业成功的大门。

5. 合作性增强，分散性减弱

现代社会人际关系的一个重要发展趋势是孤立、分散的人际关系状态正在被迅速打破，人与人之间的合作程度越来越高。这是社会化大生产的需要，我们要顺应这一发展趋势，克服小生产思想的影响，推进人们之间的合作。

6. 复杂性增强，单一性减弱

世界是复杂的，人际关系更是如此。人类社会由简单再生产向加速扩大再生产的转变有力地促进了人际关系的变化。人际关系的变化表现为节奏加快了，由单一向多样化转变，由重复向更新发展。

五、人际交往的原则

（一）平等原则

平等是建立良好的人际关系的前提，没有平等待人的观念就不能与人建立密切的人际关系，这是人际交往的第一原则。

（二）互利原则

在人们的交往中，大多数的交往是互利的。互利包括三方面的内容：

（1）物质互利。比如物品交换，张三给李四一篓鱼，李四给张三一只羊。

（2）精神互利。比如相互尊重、相互安慰等。这里包括心理、情感、思想、文化等方面的交流。

（3）物质精神互利。在交往中，一方从物质上得利，另一方从精神上得利。比如甲给乙一本书，乙向甲道谢等。

互利是有前提的，有些互利是损公肥私、违反党纪国法的；有些互利是无损于他人和社会的；有些互利是有益于他人和社会的。我们提倡最后一种互利。从心理学角度看，交往也应是互利的，希望为人所关心和注意，乃是一个人不可缺少的需要，当自己有这个需要时，也要考虑到他人是否也有这个需要。

（三）信用原则

中华民族历来是强调讲信用的，在人与人的交往中，从古到今都把信用看得非常重要。自古以来，讲信用的人受到人们的欢迎和赞颂，不讲信用的人则受到人们的斥责和唾骂。在现代社会，讲信用更是人们交往中必须遵守的一个原则。未来有一件东西会变得格外重要，那就是人的信用。未来个人的财富路线是：行为—能力—信用—人格—财富。在大数据和互联网的帮助下，从你的行为推导出你的信用度，然后以信用度为支点、能力为杠杆、人格为动力，联合撬动的力量范围就是你的财富值，也是你所掌控世界的大小。

（四）相容原则

在人际交往中必须坚持相容原则。相容就是心胸宽广、忍耐性强，也就是宽宏大量。相容是历史发展到一定阶段的产物。当人与人之间具有人身依附关系时，是谈不上相容的。相容是与民主、平等、独立相关的。相容不是怕人；相容不是随波逐流，不讲原则。坚持相容，要做到有理也让人，宽以待人。

六、改善人际关系的途径

在组织中，改善人际关系必须从管理者和群体成员两个方面入手。组织管理者应主动引导群体内的人际关系朝积极的方向发展，包括创造有利的群体环境和交往气氛，促进群体成员之间的相互交往；建立合理的组织结构，制定必要的措施；搞好民主管理，改善管理者与被管理者之间的关系；运用行为科学的理论和方法，培养和训练群体成员正确处理人际关系的能力；做细致的思想工作，理顺人们之间的各种关系；等等。群体成员应自觉地加强修养，包括树立正确的世界观，重视性格锻炼，加强自我意识，提高人际交往的技巧，等等。

第四节　信息沟通

一、信息沟通的概念、过程、目的和作用

（一）信息沟通的概念和过程

1. 信息沟通的概念

社会活动的各个方面都需要信息沟通，我们可以把信息沟通理解为人与人之间传达思想

或交换情报的过程。在社会生活中,信息沟通是指人与人之间的交流,即通过两个或更多的人之间的关于事实、思想、意见和感情等方面的交流,取得相互之间的了解,从而建立良好的人际关系。

对于人与人之间的沟通必须从以下几方面去理解:

(1) 人与人之间的沟通主要是通过语言(或语言的文字形式)进行的。

(2) 人与人之间的沟通不仅是消息的交流,还包括情感、思想、态度、观点的交流。

(3) 在人与人的沟通过程中,心理因素有重要的意义。在信息发出者和接收者之间,需彼此了解对方信息交流的目的和动机,而信息交流的结果会改变人的行为。

(4) 在人与人的信息沟通过程中,会出现特殊的沟通障碍。这种障碍不仅是由信息通道(传递)的失真或错误造成的,而且是由人们所特有的心理障碍产生的。例如,由于人的知识、经历、职业、政治观点等不同,对同一信息可能有不同的看法和不同的理解。因此,在研究人与人之间的沟通时,需要了解和研究信息沟通的特殊规律。

2. 信息沟通的过程

信息沟通的过程是指一个信息的发送者通过选定的渠道把信息传递给接收者,这个过程的具体步骤如图 4-1 所示。

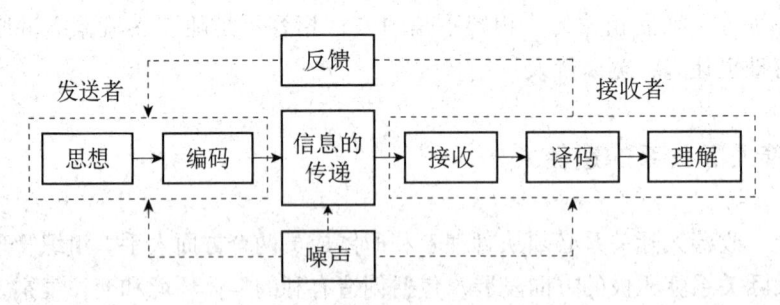

图 4-1 信息沟通过程的一般模式

信息沟通开始于有了某种思想或想法的发送者,然后通过发送者和接收者都能理解的方式进行信息编码,并通过连接发送者和接收者的渠道加以传递。信息的传递既可以是口头的或书面的,也可以通过备忘录、计算机、电话传递。有时人们可以使用两种以上的传递渠道,如双方可以先用电话达成一个基本协议,然后再用书信予以认可。每种渠道都有利弊,所以,选择恰当的渠道对实施有效的信息沟通是极为重要的。信息沟通的下一个步骤是译码,即信息接收者把信息回译成思想。只有当发送者和接收者对符号的意思有相同的或者是类似的理解时,才会有准确的信息沟通。从图 4-1 中我们还可以看出,信息沟通经常受到噪声的干扰。无论是对于发送者还是接收者,在信息传递过程中,噪声都是妨碍信息沟通的因素。为了检验信息沟通的效果,反馈是必不可少的。因为,在得到反馈证实之前,我们绝不可能肯定信息是否已经得到有效的编码、传递、译码和理解。

另外,有许多情境和组织因素也左右着信息沟通。从外部环境看,可能有教育的、社会的、法律政治的和经济的因素。例如，压制性的政治环境会抑制信息沟通的自由流动。还有一种情境因素是地理上的距离，面对面的直接沟通既不同于两个人远隔千里的电话交谈，也不同于信函的往来。此外，时间也是信息沟通中必须考虑的因素。其他影响组织内部信息沟通的情境因素有组织结构、管理和非管理过程以及技术等。

（二）信息沟通的目的和作用

1. 信息沟通的目的

组织中的信息沟通的目的是促进变革，即对有助于组织利益的活动施加影响。由于信息沟通把各项管理职能连成一体，所以它对组织内部职能的行使是必不可少的。在一个组织内，信息沟通主要用来：

（1）设置并传播一个组织的目标。
（2）制订实现目标的计划。
（3）以最有效果和效率的方式组织人力资源及其他资源。
（4）选拔、培养、评估组织中心成员。
（5）领导和激励人们，并营造一个人人想要做出贡献的环境。
（6）控制目标的实现。

此外，信息沟通也把组织同外部环境联系起来。任何一个组织只有通过信息沟通才能成为一个与其外部环境发生相互作用的开放系统。

2. 信息沟通的作用

信息沟通的作用在于使组织内的每一个成员都能够做到在适当的时候，将适当的信息用适当的方法传给适当的人，从而形成一个健全的、迅速的、有效的信息传递系统，以有利于组织目标的实现。正如巴纳德认为的，信息沟通就是把组织中的成员联系起来实现共同目标的手段。具体地说，信息沟通的作用有：

（1）信息沟通可提供充分而确实的材料，是正确决策的前提和基础。任何组织机构的决策过程，都是把情报信息转变为行动的过程。因此，准确、可靠、迅速地收集、处理、传递和使用组织内外的信息，是决策过程的重要环节。任何决策的失误都是信息沟通不畅造成的。因此，没有信息沟通就没有正确的决策。

（2）信息沟通是组织成员统一思想和行动的工具。在实现组织目标的过程中，有必要使组织成员认清形势，了解组织的决策和政策。而要做到这一点，就有必要消除由于人们所处位置、利益、掌握信息量和知识经验的不同而产生的对组织决策和政策的不同态度。这就需要进行充分而有效的信息沟通，如交换意见、统一思想、明确任务等。

（3）信息沟通是在组织成员之间，特别是管理者和被管理者之间建立良好的人际关系的关键。一个组织内的人际关系水平主要是由沟通的水平、态度和方式决定的。只有通过不断的信息沟通，才能使组织内的成员彼此了解，互相有感情，配合默契。

二、信息沟通中的障碍

主管人员经常谈到沟通障碍是他们遇到的最大的问题,这是不足为奇的。尽管各个组织为信息沟通耗费了大量的人力,但有时并不是卓有成效的。这是因为一个有效的信息沟通必须包含三个要素、四个步骤。三个要素如前所述,是指信息的发送者(信息源)、接收者、信息。四个步骤是指注意、了解、接受、行动。每个要素和每个步骤都可能存在各种障碍,它们直接影响信息沟通效能的发挥。常见的信息沟通障碍有以下几种:

(一)语言障碍,产生理解差异

一个组织可能有来自各地的人,各地区语言差别大,有时互相听不懂。另外,语言是思想的外壳,但思想和语言并不是一回事,各人的语言修养和表达能力差异很大,加上有些沟通者事先缺乏必要的准备和思索,或用词不当,或说话意图不清,使听者不知所云;有时即使意图清楚、用词得当,由于语音复杂,一词多义,理解的可变度极大,个人在译收的过程中还会加上主观的推理,再加上受个人的世界观、方法论、经历、经验、需要的影响,从而产生了不同的理解。为了克服语言障碍,进行广泛的语言训练是必要的。

(二)环节过多,引起信息损耗

信息从一个人传到另一个人的一系列传递过程中会越来越失真,一般每经过一个中间环节,就要丢失30%的信息。这是由于人的性别、年龄、文化程度不同,信仰、观点、态度不同,思维、记忆、想象不同,造成了人与人的感觉和知觉不一样,接受水平上有差异。另外对信息的遗忘也是一个问题。为此这就有必要运用各种渠道反复地沟通信息。

(三)信息沟通中的偏见、猜疑、威胁和恐惧妨碍沟通

如果信息发送者在接收者心目中的形象不好,接收者对发送者存有偏见,则接收者对发送者所讲述的内容往往不愿意听或专挑毛病,有时虽无成见,但接收者认为所传达的内容与己无关,从而不予理会,拒绝接受。猜疑、威胁和恐惧也是有害于信息沟通的。在含有这些因素的气氛中,任何信息都会受到猜疑,这可能是上司行为前后矛盾的结果,或者是在过去因向上司如实反映不利的但又是真实的情况而受到惩罚的经历所致。这样就会导致出现报喜不报忧的情况。因此,创造一种信任的气氛,以此促进公开而真诚的沟通是十分重要的。

(四)地位差异妨碍交流

一般人在接收信息时不仅判断信息本身,而且判断信息的发送人,信息发源的层次越

高，信息便越倾向于被接受。一个人地位高，似乎就是正确的、可信的；一个人地位低，其发出的信息也跟着打折扣。一般来说，地位高的人对地位低的人的沟通是无所顾忌的，而下级对上级沟通时往往是有顾忌的。这样就使一个领导者不容易得到充分而真实的信息。特别是当领导者不愿意听取不同意见时，必然堵塞言路，使下级保持沉默。

（五）信息表达不清、沟通要求不明、渠道不畅影响沟通

尽管信息发送者头脑中的某个想法是清晰的，但沟通仍有可能受措辞不当、疏忽遗漏、缺乏条理、思想表达紊乱、行文陈词滥调、乱用术语以及未能阐明信息的含义等因素影响，信息表达不清楚和不正确，可能会造成很大损失。有些管理者并不明确为了完成组织的任务和做出正确的决策自己需要哪些信息，致使组织的信息沟通呈现自发的无组织状态，以致别人提供的信息是自己不需要的，而需要的信息又获取不到，效能很低。

（六）地理障碍造成沟通困难

组织规模庞大、地理位置分散、相距较远或地形复杂都会引起沟通困难。

（七）信息超负荷

也许有人认为，比较多的不受限制的信息流动会有助于避免信息沟通中的问题，但实际上，不受限制的信息流动会导致信息超负荷（信息过量）。信息超负荷往往会导致一系列问题：

（1）人们可以无视某些信息。比如，一个人收到的信件太多，干脆就把应该答复的信件也置之不顾了。

（2）一旦人们被过多的信息搞得晕头转向，在处理中就会出差错。例如，人们可能会把信息所传送的"不"字忽略了，从而使原意颠倒。

（3）人们既可能会无限期地拖延处理信息，也可能放在日后迅速处理。

（4）人们会对信息进行过滤，这种过滤往往把关键性的信息给忽略了。

（5）人们会干脆从沟通工作中脱身，以这种方式处理信息超负荷。就是说，由于信息超负荷，人们会把信息束之高阁或者不进行沟通。

除了上述障碍外，还有许多其他影响有效沟通的障碍。比如，在选择性认知方面，人们往往以他们想要认知的为知觉，这在信息沟通中意味着人们听到了要听到的信息，却忽略了其他相关的信息。同知觉密切相关的是态度的影响，态度是一种有关事实或事态的心理定位。显然，倘若人们已经认定了什么，那么就不可能客观地聆听别人说话。能说会道的人很多，而耐心的听众却很少。

克服沟通障碍，不只是工作方法问题，更根本的是世界观问题，只要管理者能够关心员工，信任员工，依靠员工，善于向员工学习，再注意改进沟通方法和工作作风，任何沟通障碍都是可以克服的。

三、信息沟通的形式和方法

(一) 信息沟通的形式

信息沟通可以分成许多形式:

(1) 按沟通的组织系统,信息沟通可以分为正式沟通和非正式沟通。

正式沟通是指通过组织明文规定的渠道进行的信息传递和交流。例如,上级的指令逐级向下传达、下级的情况逐级向上报告、组织与组织之间的信函往来等。正式沟通的优点是:信息沟通有较强的约束力,易于保密,有效性能得到保证。其缺点是:沟通速度慢,显得不够灵活。

非正式沟通是指在正式沟通渠道之外的信息传递和交流。例如,员工之间私下交换意见、背后议论他人、传小道消息等。其优点是:沟通方便、内容广泛、方式灵活、沟通速度快,可用于传播一些不便于正式沟通的信息。由于在非正式沟通中容易把人的真实思想、情绪和动机表露出来,因而能提供正式沟通中难以获得的信息。其缺点是:过程难以控制,传递信息往往不确切,易于失真,容易传播流言蜚语。

(2) 按沟通信息的流动方向,信息沟通可以分为上行沟通、下行沟通和横向交叉的沟通。

上行沟通是指下级向上级反映意见,其形式多样。例如,领导召集员工座谈、听取各方意见、设立意见箱、建立定期的汇报制度等。上行沟通渠道畅通是领导者掌握全面情况,做出符合实际情况决策的重要前提。

下行沟通是指上级领导将组织目标、规章制度、工作程序等向下级传达。这是下级明确目标,努力完成组织的各项活动的重要前提。

平行沟通是指组织中各平行单位之间的信息交流。这是减少组织内各部门之间的冲突,提高组织的运行效率的重要措施。

(3) 按沟通的方法,信息沟通可以分为书面沟通和口头沟通。

书面沟通包括备忘录、信件、传真、电子邮件、博客和推特、微信、组织内部发行的期刊、布告栏,以及其他任何通过书面文字或符号来传达信息的手段。书面沟通有形而且可以核实,还可以无限期地保存下去,便于以后进行查询。书面沟通也有缺点,它耗费时间,反馈慢。

口头沟通是最主要的信息传递方式。常见的口头沟通包括演说、正式的一对一讨论和群体讨论以及非正式的小道消息传递。口头沟通的优点在于快速传递和快速反馈。

(4) 按沟通方向的可逆性可以把信息沟通分为单向沟通和双向沟通。

单向沟通是指沟通时,一方只发送信息,而另一方只接收信息,发送者和接收者两者之间的地位不变。例如,作报告、发指示等。这种沟通方式的优点是信息传递速度快,凡是工作任务急需布置、完成,工作性质简单,属于例行的工作都可采用这种单向沟通方式。而这种沟通方式的缺点是准确性较差，有时还容易使信息接收者产生抗拒心理。

双向沟通是指发送信息者在发送信息后，还要听取信息接收者对信息的反馈意见，直到双方对信息有了共同的了解为止。在双向沟通中，发送信息者和接收信息者的地位不断变换。比如，交谈、协商、会谈等。这种沟通方式的优点是沟通信息的准确性较高，接收信息者有反馈的机会，使其有参与感，有助于建立双方的感情和良好的人际关系。但其缺点是，对信息发送者来说，在沟通时随时会受到信息接收者的质疑和挑剔，因而心理压力较大。此外，信息传递速度较慢。

另外，还可以设置快速处置人员和联络人员，快速处置人员的责任是，帮助信息接收者选出一些适宜优先处理的事情，以弥补信息沟通不佳造成的缺陷。而联络人员则充当信息发出者与信息接收者之间传递信息的中间人，从而节约了沟通时间。同时他们还负有解释信息的责任，这也是为了弥补信息沟通不佳的缺陷。当然，为使这些人员发挥作用，必须不断提高他们的素质，以防止其粗枝大叶地传递信息，避免其延迟对不佳的信息沟通渠道改造的时间。

（二）信息沟通的方法

信息沟通的方法多种多样，应该因地制宜，因人而定。可供选择的信息沟通方法主要有以下四种：

（1）发布指示。在指导下级工作时，指示是重要的。指示可以使一个组织生机勃勃或者解体，可以开始、更改、制止一个活动。

指示有许多含义，指示作为一种领导的方法，可以理解为上级的训令，它要求下级在一定的环境下工作或停止工作。它隐含着上级到下级的直线指挥关系，这种关系是不能倒过来的。指示的另一个含义是，指示的内容应该和实现组织的目标密切关联，指示的定义含有强制性的意味。如果下级拒绝执行或不恰当地执行指示，而上级管理者又不能对此使用制裁办法，那么他今后的指示就可能会失去作用，他的地位将难以维持。要避免出现这种情况，可以在指示发布之前听取各方面的意见，或对下级进行训导。

（2）会议制度。从历史上看，会议这种形式有史以来就存在了。人们之所以经常聚会，是因为会议的确可以满足人们的某种需要。通过开会，人们可以沟通信息，交流思想，统一认识。在科学技术不发达的年代，开会固然重要，即便是在人类步入信息时代的今天，它仍然是人们进行有效沟通的手段。尽管现在有许多先进的通信手段可以广为利用，但这不能完全取代面对面的会议。因为管理工作的实质是处理人际关系，而人与人之间的沟通联络是人们思想、情感的交流。开会就是为了给人们提供交流的场所和机会。

会议的类型多种多样，要视目的和参加人员的不同而有所区别，如工作汇报会、专题讨论会、各种座谈会等。值得注意的是，会议虽然是管理者进行沟通的有效方法，但在利用这个方法时，必须讲究实效，减少会议成本，避免文山会海。

（3）个别交谈。个别交谈是指在组织内或在组织外，人们利用正式的或非正式的形式，同下属或同级人员进行个别交谈，征询谈话对象对某一问题的看法，包括对其他人、其他上级和谈话人自己的意见。这种形式建立在相互信任的基础上，可以不受任何约束，双方都感到有一种亲切感。这对双方统一思想、认清目标、理解各自的责任和义务都有很大的好处。在个别交谈时，人们往往愿意表露真实的思想，提出不便在公开场合提出的问题。个别交谈是管理者开展思想工作的有效方法，通过个别交谈，可以使管理者掌握下属的思想动态，并和下属在认识、见解、信心诸方面取得一致。对此，管理学家和行为学家都对个别交谈给予了极大的关注，并进行了深入的研究。

必须注意的是，在进行个别交谈时，不要带有任何成见，不要先入为主，要善于启发诱导，耐心听取对方的意见。如能用形象的比喻、手势、幽默的语言、表情营造融洽的谈话气氛，则会取得更加良好的谈话效果。

(4) 建立信息沟通网络。信息沟通网络实际上是对各种沟通形式的概括。组织中的不同沟通网络对组织活动的效率有不同的影响。沟通网络有五种形式，如图 4-2 所示。图 4-2 中的圆圈代表信息的传递者，箭头表示传递方向。

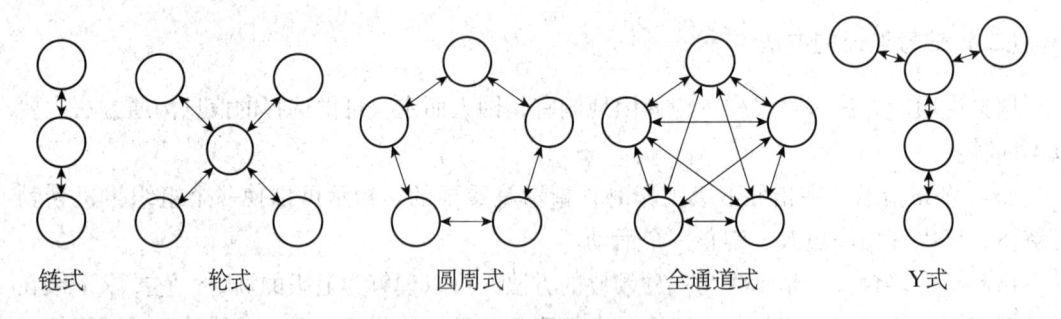

    链式   轮式   圆周式   全通道式   Y式

图 4-2　五种不同的沟通网络

图 4-2 中的五种沟通网络各有优缺点。链式沟通网络传递信息的速度最快；圆周式沟通网络能提高组织成员的士气，即大家都感到满意；轮式和链式解决简单问题时效率最高；而在解决复杂问题时，则圆周式和全通道式最为有效；Y 式兼有轮式和链式的优缺点，即沟通速度快，但成员的满意感较低。除了上述五种沟通网络外，还有很多种不同的信息沟通网络，每个组织都可能有自己特殊的正式的沟通网络。管理者应该自觉地研究和建立适合本组织需要的信息沟通网络，以保证各部门、各人员之间的信息能够得到顺利沟通。

四、信息沟通的原则和要求

(一) 信息沟通的原则

1. 明确的原则

信息沟通中的信息必须是明确的，即所用的语言和信息传递方式必须能被接收者所理解。这个原则看起来很简单，但在实际工作中，管理者常常会发现他们经过深思熟虑、严格措辞后发出的信息，接收者有时竟理解得很差。这种现象在下级对上级的沟通中往往也存在。

提出信息并用别人能理解的文字、语言、口气来表达，是信息发出者的责任，为此，要求信息发出者有较高的语言表达或文字表达能力，熟悉其下级、同级和上级所用的语言。只有坚持这个原则，才能克服信息沟通中的障碍。另外，对信息接收者来说，要集中精力理解信息，避免信息在传递中受到损失，增强对信息的理解。也就是说，有效的沟通是信息发出者和信息接收者共同的不可推卸的责任。

2. 完整性的原则

在信息沟通中，要注意必须以保证维护组织的完整性为前提。各级管理者为了达到组织目标，就要进行沟通，以促进成员之间的相互了解。但是，沟通只是手段而不是目的。为维护组织的完整性，就要求上级管理者支持下级管理者的工作，鼓励位于信息沟通中心的下级管理者运用他们的职位和权力，避免越过下级管理者直接向有关人员发布指示，进行接触，否则会使下级管理者处于尴尬境地，这是违背统一指挥原理的。当然，如果确实需要直接发布指示，上级管理者应事先同下级管理者进行沟通。只有在时间不允许的情况下，如要求紧急动员完成某一项任务时，越级指挥才是必要的。只有注意这个原则，下级管理者才会主动配合上级，带领员工共同完成任务。

3. 战略上使用非正式组织的原则

为使信息沟通产生最佳的沟通效果，管理者有必要使用非正式组织来补充正式组织的信息沟通渠道。尽管信息是按正式渠道自上而下或自下而上地在各个管理层次中流动的，但要及时地处理所有信息并能使人理解，仅此渠道是不够的，也不一定是完全可靠的。非正式组织存在于正式机构之外，管理者利用它来发送和接收信息，以此补充正式组织提供信息的不足，做好组织的协调工作是有一定积极意义的。非正式组织可以起到及早传递信息的作用。

一般来说，非正式组织这个渠道的信息，对实现组织目标有不利的一面，但是，小道消息盛行反映了正式渠道的不畅通。这就有必要通过各种渠道把信息告诉人们，以防止那些不利于或有碍于组织目标实现的小道消息的传播。

（二）信息沟通的要求

为改进信息沟通工作并提高效率，在信息沟通中要满足以下要求：

（1）沟通要有认真的准备和明确的目的性。信息发送者自己首先要对沟通的内容有正确、清晰的理解。重要的沟通最好要事前征求他人的意见，每次沟通要解决什么问题，达到什么目的，不仅沟通者要清楚，还要尽量使被沟通者也清楚。

（2）沟通的内容要明确。沟通内容要言之有物，有针对性，语意确切，尽量通俗化、具体化和数量化；要尽量避免笼统含混的语言，更不要讲空话、套话和废话。无论何时信息都要适用，沟通的内容对于接收者来说要有价值。有时短期内会成为不受人们欢迎的措施，如果从长远来看对他们有利的话，也比较容易被接受。

（3）沟通要有诚意，要取得对方的信任并建立起感情纽带。信息沟通的职能不只是传递信息，它还涉及感情问题。感情对组织内人际关系有非常重要的作用。另外，信息沟通不仅可以营造一个激励人们为组织目标而工作的环境，而且有利于个人目标的实现。沟通中效果不佳的主要原因是缺乏诚意。缺乏诚意大多发生在自下而上的沟通中。所以要提高沟通效率，必须诚心诚意地去倾听对方的意见，这样对方才能把真实想法说出来。聆听是沟通中理解的关键。人们要求倾听他们的话，不仅要求别人认真倾听，还要求被人理解，这样管理者就必须避免打断下属的话，还要避免下属处于防范的心理状态。既给予反馈也要求得到反馈，这是明智的做法。因为没有信息反馈，人们绝不会知道信息是否被人理解。沟通是否成功不仅和沟通内容有关，而且和沟通者的品德有关。组织要有民主作风，要欢迎人们发表意见，特别是不同意见。管理者要豁达大度，能兼收并蓄，经常深入基层和实际，上下级之间要相互了解，从感情上建立联系，在组织中营造相互信任、充满信心的气氛。同时，管理者要注意支持下属工作，少摆领导架子。

（4）提倡平行沟通。所谓平行沟通，是指在组织中同一层次之间的相互沟通。有些管理者整天忙于充当仲裁者的角色，想以此说明自己的重要性，这是不明智的。管理者的重要职能是协调，但是这里的协调主要是目标的协调、计划的协调，而不是日常活动的协调。日常的协调应尽量鼓励在平级之间进行。

（5）提倡直接沟通、双向沟通和口头沟通。美国曾对经理们进行了调查，请他们选择良好的沟通方式，55%的经理认为直接听口头汇报最好，37%喜欢下去检查，18%喜欢定期会议，25%喜欢下属写汇报。另外一项调查是问经理们在传达重要政策时，认为哪种沟通最有效。被调查的共102人，选择召开会议作口头说明的有44人，亲自与重要工作人员会面的有27人，在管理公报上宣布政策的有16人，在内部备忘录上说明政策的有14人，通过电话系统说明政策的仅有1人。这些都说明人们倾向于面对面的直接沟通、口头沟通和双向沟通。日本不主张管理者单独办公，主张大屋集体办公，这些都是为了及时、充分、直接地掌握第一手资料和信息。

（6）设计固定沟通渠道，形成沟通常规，如采取定期会议、报表、情况报告、定期交换信息等方式。例如，国外某公司规定，从基层开始，各级管理者应当每月向他们各自的上级提出一份认为对上级考虑问题具有重要意义的简明的叙述性报告。还规定，在直线组织中的下级管理者要同他们的上级定期召开会议，讨论他们提出的问题如何解决。这个过程要依次在各级管理层次中进行，直至最高管理层。

第五节　冲突与谈判

一、冲突

冲突是人类社会一种普遍的现象，在社会生活中随处可见。国家之间、组织之间、群体之间、个体之间都存在各种各样的冲突，只是冲突的程度、发展阶段和表现方式不同而已。任何由人组成的组织中都会存在冲突，它是一种客观存在的、不可避免的正常的社会现象。冲突也贯穿于人类社会发展的整个历史，正是在各类冲突的出现和解决过程中，人类社会才得以发展。因此，冲突具有客观性和普遍性。

（一）冲突的内涵

由于研究者关注的重点和研究角度的差异，目前对冲突还没有一个明确一致的看法，但都有三个共同点：

（1）冲突是互动的关系行为。冲突的行为主体是个体、群体或组织。冲突是这些主体之间关系互动的过程，是一个动态、不断改变的过程。采取建设性的做法，双方关系能得到改善；采取破坏性的做法，会引发更激烈的冲突。是何结果，要看冲突双方的互动过程如何。

（2）从认知的观点来看，冲突是个人主观的感受。冲突中，个体会感觉到愤怒、敌意、恐惧或怀疑等外显或内隐的种种情绪。如果个体没有"知觉到"冲突的存在，就没有所谓的冲突。

（3）冲突来自互不兼容性。由于实际的和希望的反应的互不兼容性，而产生的两个或更多主体之间的紧张状态就形成了冲突。

实质上，冲突是指两个或两个以上的社会单元在目标上互不相容或互相排斥，从而产生心理上的或行为上的矛盾。冲突的产生不仅会使个体体验到一种过分紧张的情绪，而且还会影响正常的群体活动与组织秩序，对管理产生重大的影响。在组织行为学中，冲突包括群体内个人与个人的冲突，也包括群体之间、组织之间的冲突。

冲突和竞争不同。冲突的对象是目标不同的另一方，而竞争的双方则具有同一个目标，不需要发生势不两立的争夺。例如，在学校里，学生只要考得好，都能得高分，互相之间不发生直接矛盾，这就是竞争。如果只选其中考得最好的一半学生升学，那么就意味着，如果甲考好了，乙的升学机会就要减少，这时，二人之间就很可能发生冲突。冲突和竞争虽然不一样，但二者是有密切联系的，上述例子就表明激烈的竞争可能导致冲突。

如果双方都能从他们的竞争结果中获益，那么竞争就不大可能变为冲突。上述有关竞争的例子就可以说明。又如，在工作单位里，如果符合标准就能晋升，没有名额限制，那么职员之间只有竞争而不会发生冲突。实质上，竞争和冲突的区别在于一方所采取的行动是否会影响另一方目标的实现。这种区别表明，要想防止竞争演化为冲突，就要采取有效的管理策略，消除共同介入的机会。

（二）冲突观念的演变

社会学家和管理学家对冲突的看法在变化。对冲突的认知大体经历了三个发展阶段：

（1）20世纪40年代中期之前，大多数人认为冲突是不良的、消极的，是坏事。因为冲突的存在就意味着意见分歧和对抗，会造成组织、群体、个体之间的不和，破坏良好的关系，影响组织目标的实现。根据这一传统的观点，应当避免冲突。

（2）20世纪40年代末到70年代中期，人际关系的观点在冲突理论中占据主导地位。人际关系的观点认为，对于所有组织和群体来说，冲突都是不可避免的。这一观点认为应接纳冲突，使其存在合理化，因为有些冲突对群体的工作绩效非常有益。所以，对冲突应该加以适当地处理而不是消除。

（3）20世纪70年代末至今，冲突的互动观点成为理论和实践中的主流观点。这一观点认为，融洽、安宁和合作的组织容易对变革的需要表现出静止、冷漠和迟钝的态度。过多的和谐与平静并不一定总能使组织取得好的经济效果，相反会使组织缺乏生机和活力，而适当的冲突却有利于组织的健康发展。所谓的鲇鱼效应就证明了这一观点。

基于适当冲突有益的观念，组织需要限制破坏性冲突，促进建设性冲突，以使组织保持旺盛的生命力，不断创新和进步。

（三）冲突的来源

在组织内部，冲突的来源有三方面：沟通因素、结构因素和个体行为因素。

1. 沟通因素

管理者把大多数冲突归因于组织沟通不良。完善的沟通可以使接收者将发送者的信息理解得毫无差错。但这样的完善沟通几乎没有。由于这一缺憾，在沟通过程中不可避免地产生了许多误解。虽然，由不成功的沟通引起的冲突不同于本质上对立的冲突，但它仍然有着强大的影响力。

2. 结构因素

（1）规模。有关冲突和组织规模之间关系的研究发现，组织规模越大，冲突也越大。原因可能是规模越大，分工越细，层次越多，因此信息在传递过程中越易歪曲。

（2）参与。从人际关系的角度来看，邀请下级参与决策可以满足尊重和友爱的需要，因此可以融洽人们之间的关系。这样，下级参与越多，冲突越少。但是，有关研究却表明事实恰恰相反：下级参与程度越高，冲突水平也越高。原因可能是参与越多，个体差异也越大。而且，仅仅参与决策并不等于所提建议必被采纳。如建议不被采纳，下级就无法把自己的想法付诸实施。扩大参与所引起的冲突并非都是有害的，如果这种冲突可以增加群体的绩效，则应该鼓励其存在。

（3）角色。组织中的个人和群体，由于承担的角色不同，各有其特定的任务和职责，从而产生不同的需要和利益，因此发生冲突。

（4）奖酬制度。如果奖酬制度是这样的形式，即一方多得报酬必然使得另一方少得报酬，就很容易引起冲突。这种冲突可以出现在个人之间、群体之间，也可以出现在组织之间。

（5）资源的有限性。资源总是有限的，在使用组织的资源上，群体之间往往发生冲突。如果有足够的资源（如空间、设备、材料），冲突就不会产生。但组织往往没有如此丰富的资源。因此，各群体之间为了资源的分配往往产生冲突，导致不良的协作。

（6）权力。组织中权力的分布也是冲突的来源。如果一个群体感到自己的权力过小，而另一个群体权力过大，小群体就可能会对现状提出不满。有些人为了取得某项权力，往往会攻击对方，抬高自己，造成冲突。

3. 个体行为因素

个体之间的差异也是冲突的来源。一些人的价值观或知觉方式可能导致与他人的冲突。有些人就是喜欢无事生非，寻衅闹事。研究表明，那些好冲突的个人具有一些特质，独断专行的人爱扩大事态以攻击别人，自尊心弱的人容易感受到别人的威胁而先发制人。无论是独断专行还是自卑的人，都感到需要"自我防卫"而主动与他人发生冲突。

（四）冲突的类型

从不同的角度出发，冲突可以划分为许多类型。

按照冲突的主体不同，冲突可以划分为六种类型。由于冲突的主体可以是个体、群体和组织，因此，存在着个体与个体之间、个体与群体之间、个体与组织之间、群体与群体之间、群体与组织之间、组织与组织之间的冲突。

按照冲突产生的直接原因可将冲突分为任务冲突、关系冲突、流程冲突等。

按照冲突的结果分，冲突可分为有益冲突和有害冲突。

（五）冲突的处理

要想成功地处理冲突，首先要确认一个适宜的冲突水平，然后选择一个减少冲突的策略。当然，在冲突程度不够强烈的地方，管理者也可以有意识地引起冲突。例如，在那些需要有创造性和直率讨论（避免群体意识）的场合，就需要挑起冲突。

冲突本身并无好坏之分，只有从绩效的角度，才能判别冲突的价值。在任一情况下都有一个最佳冲突水平存在。冲突水平过高，可能导致混乱；相反，冲突水平过低，则导致创新意识的停滞和低绩效。为一个具体的情境确定最佳冲突水平不是一件容易的事，这需要了解有关的个体其工作任务的性质。而且，如何减少或增加冲突也不容易。在这些方面，需要管理者有一定的创造性。

对有害的冲突要设法加以解决或减少，对有益的冲突要加以利用。

1. 解决或减少冲突的策略

（1）设置超级目标。设置超级目标可以使对立的双方减弱冲突。这时，他们必须共同把精力集中到目标的达成上，从而缓解相互之间的对立情绪。但在组织中，这种策略实施起来不大容易。

（2）采取行政手段。

①管理者可以通过改变结构来减少冲突。当一个群体内冲突激烈，又长期解决不了，影响效率的时候，可以果断地将该群体解散，重新组织。对发生冲突的群体，也可以把爱闹事

的人调出去。这一方法虽然简单,但也不是处处可用,因为有些人是骨干力量,不可或缺。

②设置综合领导。如两个部门(如生产和销售)之间存在冲突,一个可供选择的方法是,让它们都接受同一个既懂生产又懂销售的高级经理的领导,这个经理就起到了协调的作用。

③妥协。这是解决冲突的常用的方法。当各个群体为了资源的分配发生冲突时,上层领导常常充当仲裁人,采取妥协的方法,让每一方都得到部分满足。这种方法对整个组织来讲,其效果不是最好,因为资源分配应该以最大经济效益为出发点,而不应平均分配。

④压制冲突。建立一定的规章制度或由上级命令限制冲突。这一办法能收效于一时,但并没有消除冲突的根源。

⑤教育。教育冲突双方了解冲突所带来的后果,帮助冲突双方改变思想和行为;或者教育某一方,顾大局识大体,宽恕对方,取得对方合作,解决冲突。

⑥拖延或和平共处。拖延是解决冲突的一种微妙而又常常没有结果的办法。冲突双方都不去寻求解决办法,而是拖延时间,听任发展,以期等待环境的变化来解决分歧。和平共处是冲突双方求同存异,避免把意见分歧公开化。这样做,虽没有彻底解决分歧,但可以避免冲突的激化。

⑦转移目标。寻找一个外部竞争者,把冲突双方的注意力转向外部。

2. 引起冲突的策略

对于任一情境,都存在一个最适宜的冲突水平。虽然这一最佳水平有时可能是零状态,但是在许多情况下,确实需要有一定程度的冲突存在。也就是说,在某些情境中,只有冲突存在,效率才会更高。美国著名的管理学教授罗宾斯认为,如果发现人员流动率低,缺乏新思想与竞争意识,对改革进行阻挠等情况时,管理人员就需要挑起冲突。

具体做法是:

(1)委任态度开明的管理者。在有些单位,反对意见往往被高度专制的管理者所压制,因此,选派开明的管理者可以在一定程度上克服这种现象。

(2)鼓励竞争。通过增加工资、奖金,对个人和集体进行激励,这样可以增进竞争。适当的竞争可以促成积极意义的冲突。

二、谈判

(一)谈判的含义和特点

谈判是现代社会无时不在、无处不有的现象。在组织中,人们之间要相互交往、改善关系、协商解决问题就要进行谈判,也就是说谈判是日常生活中的一部分。谈判是值得每个人注意和学习的,只要立场上有不同,或利益上有差异,就要靠谈判解决。谈判的原理是相通的,不同类型的谈判,原理其实是一样的。

1. 谈判的含义

简单地说，谈判是当事人为满足各自需要和维护各自利益而进行协商的过程，是解决冲突、维持关系或建立合作的一种方式。

谈判的含义至少包括以下几方面内容：

（1）谈判是建立在人们需要的基础上的。只有各方面的需要能够通过对方的行为得到满足，才会进行谈判。所以，任何谈判都是建立在需要的基础上的。

（2）谈判是两方以上的交际活动。只有一方则无法进行谈判。既然是两方以上的人员参加，这种活动就是一种交际活动，就需要运用交际手段、交际策略来实现交际的目的。

（3）谈判的目的是建立与改善人们的社会关系。人们的一切活动都是以一定的社会关系为背景的。以买卖活动为例，看起来是买卖的行为，但实际上体现的是人与人之间的关系，是商品的所有者与货币持有者之间的关系。

（4）谈判是一种协调行为的过程。这个过程可能会重复多次，直到谈判终结。

（5）选择恰当的谈判时间、地点。谈判的参与者十分重视选择恰当的时间和地点。这在政治谈判和军事谈判中尤为重要。

综上所述，谈判是指参与各方出于某种需要，在一定的时空条件下相互间进行协调的过程。

2. 谈判的特点

谈判具有以下几个特点：

（1）谈判是双方通过不断调整各自的需要而相互接近，最终达成一致意见的过程。

（2）谈判是合作与冲突的对立统一。通过谈判而达成协议对双方都有利。各方利益的获得是互为前提的，这是谈判的合作性的一面。各方都希望自己在谈判中获得尽可能多的利益，为此，双方积极地讨价还价，这是谈判的冲突性的一面。对谈判者来讲，应该提倡"合作的利己主义"，即在保持合作的基础上追求自己利益的最大化，在使对方通过谈判有所收获的同时，自己收获更多。

（3）对谈判的各方来讲，谈判都有一定的利益界限。

（4）谈判各方所得利益的确定，取决于谈判各方的实力和谈判的艺术与技巧。

（5）谈判是一门科学，同时又是一门艺术，是这两方面的结合。

3. 谈判发生的条件

任何谈判的发生都是有条件的。无论是哪一类的谈判，从外交、商业、劳资到婚姻，想要让对方走上谈判桌，一般都有以下三个必备条件：

（1）存在一个无法再继续存在下去的僵局。

（2）各方都认为靠自己的力量无法解决这一僵局。

（3）通过谈判解决问题有可行性，各方都有谈判的愿望。

（二）谈判的类型

分析谈判类型有利于我们更好地掌握不同谈判方式的特点，这是研究谈判问题不可忽视的一个方面。根据不同分类标准,谈判可有多种分类方法。

(1) 按谈判双方的获益情况分类,可将谈判分为分配谈判和综合谈判。

①分配谈判。这是一种传统的输赢谈判,即数量一定,一方的所得是另一方的损失的谈判,经常发生在经济领域。谈判中所用的交往方式有警惕的交流、表示有限的信任、威胁、言不由衷等。当谈判双方陷入紧张的感情冲突时,主要靠强迫和妥协的方式解决。

②综合谈判。这是双方共同解决问题,双方都能获益的谈判。在谈判中,双方找出共同问题,寻找和评价各种解决的办法,各抒己见,然后达成一个双方都能接受的解决方案。尽管双方很少会同等地接受这个方案,但这个选择无疑对双方有利。各方都有解决问题的强烈愿望,他们表现出灵活性和对对方的信任,新的想法不断涌现。在这种谈判中,人们主要用协调和妥协的方式解决冲突。

(2) 按谈判人数分类,谈判有一对一谈判和小组谈判。

(3) 按谈判方向分类,谈判有纵向谈判和横向谈判。纵向谈判,即在确定谈判的主要问题后,对问题和条款逐一讨论和解决,一直到谈判结束;横向谈判,即在确定谈判涉及的主要问题后,开始逐个讨论预先确定的问题。

(4) 按谈判地点分类,谈判有主座谈判、客座谈判和在中立地谈判。

(5) 按谈判双方接触的方式分类,谈判有口头谈判和书面谈判。

(三) 谈判的过程

谈判一般由五个阶段构成:准备与计划、界定基本原则、阐述与辩论、讨价还价与解决问题、结束与实施。

1. 准备与计划

在这一阶段,谈判者要策划实质性的谈判,需要做一些必要的准备工作,要尽可能多地了解谈判伙伴。这一阶段通常是在自己的组织内进行的。谈判者应通过思考各方的目的、需要和利益,明确自己的立场并了解对方的立场。最后要制订出一个可以与对方达成谈判协议的最佳的计划方案。

2. 界定基本原则

制订计划、设计战略后,就可以与对方一起对谈判的基本规则和程序进行界定。谁将进行谈判?谈判在哪里进行?谈判限制在多长时间?谈判要受哪些方面的约束?如果谈判陷入僵局,如何处理?在这一阶段中,双方将交流各自的最初建议和要求。

3. 阐述与辩论

双方交换了最初观点后,对自己的提议进行解释、阐明、澄清、论证和辩论。这一阶段不一定是对抗性的,这是双方交换信息的机会,彼此可以就为什么这些问题很重要,怎样才能使双方达成最终的要求等问题进行磋商。双方要向对方提供支持自己观点的材料。

4. 讨价还价与解决问题

谈判各方尽力使对方接受自己的意见,这是双方为了增加达成有利协议的可能性所采取的行动。这可能是各方自觉地向一个共同接受的方案努力,也可能是一方运用具有说服力的观点来影响另一方。

5. 结束与实施

谈判过程的最后一步是将已谈成的协议正规化,并为实施、监控、执行制定所有必要的程序,形成一个为各方所共同接受的解决方案。对于一些重要谈判,需要在订立正式合同时敲定各种细节信息。

（四）谈判的基本原则

遵循必要的谈判原则是取得谈判成功的基本保证。谈判包括以下基本原则：

1. 平等原则

平等原则要求谈判双方坚持在地位平等、自愿合作的条件下建立谈判关系,并通过平等协商、公平交易来实现双方权利和义务的对等。

2. 互利原则

要求谈判双方在适应对方需要的情况下,互通有无,使双方都能得利。因此在谈判中,最重要的是应明确双方不是对手、敌手,而是朋友、合作对象。在未来的合作过程中各方都会有持续的利益所得。

3. 合法原则

要求谈判的内容及其所签订的契约要符合有关法律的要求。

4. 人和事有别原则

要求谈判双方在谈判中把人和事分开,把对谈判对手的态度和所讨论问题的态度区分开来,对事不对人。

5. 信用原则

要求谈判双方都要讲信用、重信誉,遵守和履行诺言或协议。

（五）谈判策略

谈判策略是指谈判人员为取得预期成果而采取的一些措施,它是各种谈判方式的具体运用。简单地说,谈判策略是一种可以预见和可能发生情况下应采取的相应的行动和手段等。在谈判过程中,会出现各种各样的情况,只有在谈判中实施灵活多变的策略,才能实现利益目标。

现将谈判策略归纳为三个阶段加以介绍。

1. 开局阶段的策略

开局是双方的第一次亮相。开局在很大程度上决定了整个谈判的走向和发展趋势。因此,以什么样的形象出现在对方面前,营造什么样的谈判气氛,在语言和姿态上怎样处置比较妥当,都是需要认真考虑的。

首先,要创造良好的气氛。在谈判双方见面后的短暂接触中,双方人员的目光、动作、姿态、表情、谈话内容及语调、语速等，营造了谈判气氛。谈判气氛是对手之间的相互态度，它能够影响谈判人员的心理、情绪和感觉，从而引起相应的反应。因此，谈判气氛对整个谈判过程具有重要的影响，其发展变化直接影响整个谈判的走向。

其次，要注重开场陈述。在谈判双方接触、摸底阶段，对于谈判者，特别是以前从未打过交道的谈判双方来说，应通过对己方情况的介绍，将一些有价值的、对己方有利的信息传递给对方，显示自己的实力。

2. 实质性谈判阶段的策略

在实质性谈判阶段的策略主要有：

（1）报价策略。这里报价不仅是指价格，而且还包括整个交易的各项条件。报价之所以重要，就是因为报价对讨价还价乃至整个谈判结果产生实质性影响。报价策略主要体现在以下方面：

①谁先报价。报价先后各有利弊，一般来讲，如果本方在谈判中处于有利的地位，那么本方先报价是有利的，尤其是在对方对该交易的行情不太熟悉的场合，先报价之利更大。有的谈判谁先出价似乎已有惯例，多半是由卖方先出价，买方还价。

②怎样报价。报价必须遵守以下几项原则：对卖方来讲，开盘价必须是"最高的"，对买方来讲开盘价必须是"最低的"，这是报价的首要原则；开盘价必须合乎情理；报价要坚定、明确、完整，不加解释说明；正确地对待对方的报价。

（2）讨价还价策略。谈判过程中最复杂、最具体的阶段是讨价还价阶段，这是谈判的中心环节。当谈判一方报价后，另一方不会无条件地接受对方的报价，而是探求底线讨价还价，一方面是投石问路，另一方面是观察对方让步的方式。

（3）僵局处理策略。谈判中的僵局是指在谈判过程中，双方因暂时不可调和的矛盾而形成的对峙。出现僵局不等于谈判破裂，但它严重影响谈判的进程，我们应采取对策来缓和双方的对立情绪，使谈判出现新的转机。可采用的策略有避重就轻，转移视线；利用调解人；调整谈判人员；等等。

3. 最后阶段的策略

（1）成交阶段的策略。当谈判进入成交阶段，双方在绝大多数的议题上取得一致意见，只在某一个问题上相互之间存在分歧、相持不下而影响成交时，可以考虑采取场外交易的策略解决，如在酒宴上解决。

（2）未成交时的策略。谈判可能因种种原因未能达成协议，这时最明智的做法就是既保持自己的尊严和原定的谈判方案，又照顾对方的情绪。"生意不成人情在"。如果这次谈判在友好、愉快的气氛中结束，那么就为下一次与同一对手打交道奠定了基础，获得好结果就有了可能性。

仅仅知道策略还不够，策略的运用要同整个谈判的战略部署结合起来。策略的目标和策略的实施甚至要比策略本身还重要，运用策略是为了达到谈判的目标，取得谈判成功。策略的运用要灵活多变，不能生搬硬套，要因时、因地、因人制宜。

进行谈判必须做好各方面的准备工作，充分掌握各种因素对谈判结果的影响，为己方争取最大的利益，实现己方的目标。

第六节 工作团队

一、工作团队的概念与基本特征

（一）工作团队的概念

工作团队是由少数为达到共同目标，具有互补技能和整套工作指标及方法，并共同承担责任的人组成的一种特殊类型的群体。团队是为满足创造性、灵活性和高水平绩效的新型组织的需求而设计出来的。较其他类型的群体而言，团队的内聚力和责任感更强，能使成员的才能发挥得更好。它通过其成员的共同努力产生积极的协同作用，团队成员努力的结果使团队的绩效水平远大于个体成员绩效的总和。团队与群体很相似，它们都要经历各种发展阶段，要被区分为各种角色，要创建规范，建立文化，也需要有沟通结构。

（二）工作团队与群体的差异

（1）领导权。工作团队中领导者的角色是共享的，而群体通常有一个强有力的中心领导。

（2）责任的承担。在工作团队中既可由个人承担责任，也可共同承担责任，而群体则主要以个人承担责任为基础。

（3）目标。工作团队的工作指向一个具体的目标，而群体的目标常与组织的使命相同。

（4）工作产品。工作团队提供的是集体化的工作产品，而群体则提供个人的工作产品。

（5）沟通。工作团队鼓励开放式讨论和积极地解决问题的聚会，而群体则试图强调会议的效率。

（6）有效性。在工作团队中，对于工作成绩的衡量是通过直接评估其集体工作产品来进行的，而群体是间接地通过对他人的影响来衡量其有效性。

（7）工作风格。工作团队也进行讨论、决策和授权，但工作是成员一起完成的；而群体在讨论、决策和授权的基础上单个进行工作。

（三）工作团队的基本特征

工作团队一般有以下基本特征：

1. 目标明确

任何团队的组建和形成，都是以具体、明确的目标为前提条件的。任何一个团队成员，绝不会是无缘无故集合在一起的"乌合之众"，他们之所以在一起，是因为他们必须或愿意为同一个团队目标而努力。没有明确目标的团队无法规划工作,自然也就无法存在。例如,新产品开发团队,其目标是开发新产品;再造企业工程团队的目标是再造企业。

2. 界限不明

团队组织是由不同部门、不同技能的员工构成的,员工一旦进入团队,就不再受原职能部门左右,而是有权在现场做出决定,直接面对顾客。这样就打破了原来垂直模式中各功能部门之间分明的层次和界限,减少了进行信息传递的中层管理工作,避免了交流不畅和信息阻塞的问题。

3. 有清晰的角色分工

有效团队的成员必须在清楚的组织架构之下,有清晰的角色定位和分工。成员清楚地了解自己的定位与责任。在团队中,人们通常扮演9种潜在的角色。

(1) 创造者—革新者。这种角色富有想象力,善于提出新观点和新概念,独立性较强,喜欢自己安排工作时间,按照自己的方式、节奏工作。

(2) 探索者—倡导者。这种角色乐于接受新观点,他们擅长利用创造者—革新者提出的新创意,并找到支持新创意的资源。他们的弱点是不一定有耐心和控制才能,难以使别人追随新创意。

(3) 评价者—开发者。这种角色有很强的分析能力,在决策前让他们去评估、分析不同方案的优劣是很合适的。

(4) 推动者—组织者。这种角色喜欢制定操作程序,以使新创意成为现实。

(5) 总结者—生产者。这种角色也关心活动成果,但他们的着眼点主要在于:坚持按时完成任务,保证所有的承诺都能兑现。他们引以为荣的事情是自己生产的产品合乎标准。

(6) 控制者—核查者。这种角色最关心的事情是规章制度的建立和贯彻执行。他们善于核查细节,避免出现任何差错。

(7) 支持者—维护者。这种角色对做事的方式有强烈的信念,他们在支持团队内部成员的同时,会积极地保护团队不受外来者的侵害。他们能增强团队的稳定性。

(8) 汇报者—建议者。这种角色是很好的听众,他们不愿意把自己的观点强加于人,愿意在决策之前得到更多信息。

(9) 联络者。这种角色和其他角色重叠。他们倾向于了解所有人的看法,是协调者、调查研究者。他们不喜欢走极端,而是尽力在所有团队成员之间建立合作关系,他们会努力把人的活动整合在一起。

如果强迫人们去承担以上角色,多数人能够承担好其中一种角色,但一个人非常愿意承担的角色也只有两三种。管理人员有必要了解个体能够给团队带来的贡献,根据这一原则选择团队成员,并使分配的工作任务与团队成员的偏好一致。这样可以使团队成员和平共处。团队的不成功往往是不同才能的人搭配不当造成的,如在某些领域相同才能的人投入过多,而在另一些领域投入不够。

4. 有共同目标

有效的团队有一个大家共同追求的有意义的目标，它能够为团队成员指引方向，提供推动力，让团队成员愿意为目标贡献力量。成功团队的成员通常会用大量的时间和精力讨论、修改、完善一个在集体层面和个体层面都被大家接受的目标。这种目标一旦为团队所接受，在任何情况下，都能起到指引方向的作用。

5. 团队管理者进行协调

高绩效的团队还需要管理者提供方向和焦点，以确定一种大家认同的方式，保证团队在达到目标的手段方面团结一致。在团队运行过程中，如何安排工作日程、需要开发什么技能、怎样处理冲突、决定成员的具体工作任务内容、使工作任务适应成员的个人技能水平等，都需要团队管理者的协调。

6. 有责任心

成功的团队能使其成员承担集体责任和个人责任，并各自和共同地为团队的目标和行动方式承担责任。这种对于团队目标和利益的忠诚和责任心，是团队成功的关键。

7. 公平评估绩效

高绩效的团队是以群体为基础进行绩效评估、利润分享、小群体激励的。公平评估绩效能有效地衡量个人努力程度。这就有效地避免了社会惰化效应的发生。

8. 相互信任

高绩效的团队成员之间相互高度信任，团队成员彼此相信各自的正直、工作能力。这也正是团队发挥作用的基础。信任被区分为五个维度：

（1）正直：诚实、可信赖。

（2）能力：具有技术技能和人际关系知识。

（3）一贯：可靠，行为可以预测；在处理问题时，具有较强的判断力。

（4）忠实：愿意维护和保全他人的面子。

（5）开放：愿意与他人自由地分享观点和信息。

这五个维度的重要性是相对稳定的，通常其顺序是：正直、能力、一贯、忠实、开放。正直程度和能力水平是一个人判断另一个人是否值得信赖的两个关键的特征。管理人员和团队领导对于团队的信任气氛具有重大影响，管理人员和团队领导必须首先在团队中建立威信，然后才是团队成员之间的相互信任关系。

二、工作团队的类型

在组织中有三种比较典型的工作团队，即问题解决型团队、自我管理型团队、多功能型团队。

（一）问题解决型团队

这类团队的成员通常是某一具体部门的员工，一般有 5~12 人，他们每周至少开一两次会,用几个小时的时间交换看法或提供建议。问题解决型团队致力于解决责任范围内的某一问题,成员的任务是提出解决方案,但采取行动的权力有限。他们经常要解决的问题是质量或成本问题。团队有权执行自己的方案,但执行时不能有涉及使其他部门发生重大变化的内容。在20世纪80年代,应用最广泛的一种问题解决型团队是质量圈。

(二) 自我管理型团队

这是一种真正独立自主的团队,不仅注意问题的解决,而且执行解决问题的方案,并对工作结果承担全部责任。自我管理型的团队通常由10~15人组成,他们的责任范围包括控制工作节奏、决定工作任务的分配、安排工间休息等。彻底的自我管理型团队甚至可以挑选自己的成员,并让成员相互进行绩效评估。这样,主管人员的重要性下降了,甚至可以被取消。在这种团队中,员工的满意度有所提高,但是,成员的缺勤率和流动率偏高。

(三) 多功能型团队

多功能型团队是由来自同一等级、不同工作领域的员工组成的,他们聚到一起的目的是完成一项任务,任务完成后又回到各自的部门。多功能型团队能使组织内(甚至组织之间)不同领域的员工之间交换信息,激发出新的观念,解决面临的问题,协调复杂的项目。但是这种团队在其形成的早期往往要消耗大量的时间,因为团队成员要学会处理复杂多变的任务。在成员之间,尤其是那些背景不同、经历和观点不同的成员之间,建立起信任和真正的合作也需要一定的时间。

工作团队成员的共同努力会产生积极的协同作用,团队成员努力的结果是使团队的绩效水平远大于个体成员绩效的总和。

三、工作团队的管理

(一) 工作团队建设的过程

工作团队建设要有相应的硬件资源,更需要比较"活"的软资源,团队建设比较有弹性的部分是:要有明确的目标、合理的分工和授权、称职的领导者、符合目标的团队结构、合格的团队成员、有效的工作系统和人际关系等。团队建设一般要经过以下步骤:

1. 准备工作阶段

在这个阶段,最重要的是确定是否有必要建立团队,当有些任务由个体完成效率更高时,就没有必要建立团队。如需要建立团队,要明确团队的目标和职权。

2. 创造条件阶段

在这个阶段,管理者要为团队提供完成任务所需要的各种资源,如人力资源、财力资源、物质资源等。这是团队获得成功的关键。

3. 形成团队阶段

这个阶段的任务是让团队开始运作。要按团队目标的要求确定团队成员，让团队成员接受团队的使命和目标，明确团队的职责和权力。团队成员自觉地为实现团队目标做贡献。

4. 提供继续支持阶段

团队开始运行以后，上级领导要继续给予支持，以帮助团队克服困难，战胜危机。

（二）工作团队建设的方法

团队建设的方法有四种：人际交往法、角色界定法、价值观法、社会认同法。人际交往法强调团队成员之间进行交往的方式，目的是确保团队成员以诚实的方式交往。角色界定法勾画出各种角色模式和群体过程，目的是使团队成员认识到自己所做贡献的类型。价值观法强调团队拥有共同价值观的重要性，在工作中着力培养团队成员的共有价值观，以此规范团队成员的行为。社会认同法是通过有效的交流来提高团队的凝聚力，通过展示团队成就和职业化，鼓励团队成员为自己的团队感到自豪。

思考题

1. 什么是群体？人们为什么要加入群体？
2. 试分析群体的发展阶段。
3. 影响群体规范的因素有哪些？
4. 什么是群体的内聚力？影响群体内聚力的因素有哪些？
5. 人际关系有哪些功能？人际关系有何研究意义？
6. 试分析人际关系的发展趋势。
7. 人际交往应遵循哪些原则？如何改善人际交往？
8. 试述信息沟通的目的和作用。
9. 如何进行有效的信息沟通？
10. 产生冲突的原因是什么？如何处理冲突？
11. 试述谈判的过程。
12. 试分析谈判的策略与影响因素。
13. 工作团队与群体有何区别？为什么要组建工作团队？

第五章　领导行为

学习目的和要求

通过本章的学习，重点掌握领导的概念与作用以及领导的有关理论，学习掌握如何提高领导的有效性。

第一节　领导概述

一、领导的概念

一个组织绩效的高低，与领导行为有很大关系，因此，对领导行为的研究是组织行为学的重要内容。

关于领导的概念，各国的管理学家、心理学家和组织行为学家都有不同的认识和表述。我们对领导的实质做如下的描述：领导是一种影响力，是影响个体、群体或组织去实现所期望目标的各种活动的过程。这个领导过程是由领导者、被领导者和其所处环境这三个因素组成的复合函数，可用公式表示如下：

$$领导 = f(领导者 \times 被领导者 \times 环境)$$

领导工作是管理工作的一项重要职能，是作为一个有效管理者的重要条件之一。主管人员通过行使计划、组织和控制职能，是可以取得一定成果的，但是，只能引发下属60%的才能，另外40%的才能只有在领导工作中才得以发挥。

二、构成领导的要素

领导是一种行为的过程，在这个过程中，有很多相关的因素。诚然，领导者是起主导作用的因素。此外，被领导者、组织环境等都是影响组织行为有效性的重要因素。因此，领导者、被领导者（追随者）和组织环境被称为领导的三要素。

（一）领导者

领导者是领导行为的主体，领导者与其下属可以相互影响，但两方面的影响力是不同的，领导者对其下属的影响力要远远大于其下属对领导者的影响力，正因如此，领导行为才得以实现。领导者是领导活动中最活跃的构成要素。领导者是组织的一员，与其他组织成员有共同的目标、利益和要求，处于平等地位；同时，领导者又是组织的代表和带头人，与其他组织成员有着领导和被领导的分工关系，在领导活动中起着确立行动目标、进行决策和监督指导决策实施的重要作用。他可以是个体，也可以是群体。作为个体，一个好的领导者应具有良好的素质，接受过专门的严格训练，经历过实践的磨炼，即应具备适应领导活动要求的业务水平和实践经验；作为群体，领导班子应该是一个具有合格整体结构和互补效应、团结向上的集体。

领导者是组织的核心，因而领导者就应担负起关于组织发展的一系列责任：

1. 职位责任

由于在现代社会中，领导者总是与一些特定的职位联系在一起，或者说，在许多人的心目中，领导者总是职位领导者的同义语。因此，领导者的责任总是与其职位相匹配的。这在很大程度上构成了现代领导者的工作责任。它主要包括以下几方面：

（1）确定组织方向，规划远景目标。
（2）阐明领导立场，传达组织目标。
（3）处理各种关系，为组织目标的实现组织和配备人员。
（4）建立各种激励机制，为组织注入连续性的动力，保证领导活动的连续性。
（5）控制和解决各种突发性的重大问题，化解组织面临的危机。
（6）推动组织的变革，改变组织的面貌。

2. 非职位责任

非职位责任是领导者巩固权威基础，通过个人权力影响下属的责任。它主要包括以下几方面：

（1）为员工提供一种希望。
（2）通过自己人格的力量培养一种组织精神。
（3）处理各种非工作关系，满足下属和员工工作之外的需求。
（4）创建领导文化，培养新一代的领导者，为那些年轻有为的下属提供面对挑战的机会。

（二）被领导者

在组织的活动中，相对领导者的主体地位，被领导者是领导行为的客体；而相对组织活动的作用对象来说，被领导者又与领导者共同构成主体。所以，被领导者并不是完全被动的要素，不能把被领导者仅仅看作受领导者影响的接受者，他们对领导者也有反作用。其素质的高低，工作自觉性、主动性和创造性的大小，与领导者之间关系的融洽程度以及对组织的关心程度，在很大程度上决定着领导的有效性以及组织活动的整体绩效。

（三）组织环境

组织的一切活动都是在一定的环境中进行的。组织环境是指对组织绩效发生潜在影响的外部机构或力量。组织环境可以分为一般环境和特殊环境两个层次。组织的一般环境也可以说是组织的大环境，包括政治环境、法律环境、经济环境、社会文化环境、自然环境和国际环境等。特殊环境是指对组织具有直接的、特殊的和经常性影响的环境因素，包括用户、竞争对手、同盟者、供应者、运输部门、业务主管部门、税务财政部门以及企业所在社区等，其中，最主要的是用户、供应者、竞争者和同盟者。当领导者和被领导者的特性一定时，组织环境因素的变化对领导过程和领导效果的好坏就有很大的影响。

领导者、被领导者和组织环境的关系，在西方学者提出的领导权变理论中得到了最充分的论述。

三、领导的作用

领导本质上是一种服务，领导的作用主要体现在以下三方面：

（一）有利于更有效、更协调地实现组织目标

制订计划、建立组织机构、实施有效的控制等都是靠人来完成的。没有人的操纵，也就不会有管理活动。组织中的成员对目标的理解、技术的掌握、事物的认识，因为个人知识、能力、信念等方面的不同，会有许多不同之处，因而他们在各自的工作中会采用不同的方法，用不同的标准衡量工作。领导工作的作用就在于引导组织中的全体成员有效地领会组织目标，使全体人员充满信心。通过领导工作协调组织中各个部门、各级人员的各项活动，保证全体人员步调一致，尽快地实现组织目标。

（二）有利于调动人的积极性

社会活动中人的因素是由具有不同的需求、欲望和态度的个人所组成，它蕴含着任何一个组织所需要的生产力。领导工作就是去诱发这一力量。组织中的每个人，并不是单纯地只对组织目标发生兴趣，他们也有自己的目标。领导者就是要通过领导工作，把人们的精力引向组织的目标，使他们热情地、满怀信心地为实现目标做出贡献。但是，不管是人们感到缺乏机会还是缺乏激励，不管是客观条件的限制还是领导者的平庸，组织中的人们不一定都能以持续的热情与信心去工作。历史上有许多这样的实例：缺少领导，工作成绩平平；有了领导，工作成绩优异。因此，对许多人来说，需要有人领导以激发他们的工作积极性，在实现组织目标的同时，尽可能满足他们合理的需求，使他们把自己与组织整体紧紧联系在一起，

从而始终保持高昂的士气。在现代社会中,在组织面临激烈竞争的形势下,有高昂的士气等于成功了一半,整个组织或部门就会取得高效率和社会信誉。因此,领导工作的作用也就表现在调动组织中全体人员的积极性上,使他们以持久的士气和最大的努力,自觉地做出自己的贡献。

(三) 有利于个人目标与组织目标的结合

人们需要工作,他们希望找到一种工作环境,即除货币收入外还能得到其他方面的收益。所以人们都希望工作环境是愉快的,有关系好的同事,会开展有趣味的活动,自己能受到重视、有成功的机会等,这正是他们个人目标的部分表现。然而,在选择工作(职业)环境或条件时,人们不一定有这样的自主权,但他们又不能不参加工作。人们一旦在某个组织或部门就业时(或调换工作单位),会感到对实现自己的目标有所影响,因为组织有其目标,有为实现组织目标而制定的规章制度、条例、纪律等。尽管他们绝大多数不会去违反这些制度,但当他们对组织目标缺乏理解时,他对自己的工作、对整个组织的活动就必然会缺乏应有的信心。显然,这不利于组织目标的实现。在这种情况下,组织中的领导者就要通过领导工作去帮助他们理解组织的目标,让人们看到自己所处的地位,对社会、对组织所承担的义务。让人们体察到个人与组织是紧密地联系在一起的,而不是站在一边的旁观者,从而使人们自觉地服从于组织的目标,主动地放弃一些不切实际的需求。同时领导者也要创造一种环境,在实现组织目标的前提下,在条件许可的范围内,满足个人的需求,使人们对组织产生信任感和依靠感,从而为加速实现组织目标做出贡献。这种把个人目标与组织目标有机结合起来的过程,正是领导作用的表现。

四、权力与政治行为

(一) 权力的定义

权力是个体影响其他个体(或群体)行为的能力。权力是一种控制力,又是一种影响力。权力必须在两人或两人以上之间产生,即甲能控制或影响乙,乙接受甲的控制或影响,这样甲对乙便具有某种权力,而乙则成了甲的权力的接受对象。这种影响会使乙去做在其他情况下不可能做的事。

从本质上说,权力是一种资源,是一种财富,人们获得权力就是获得资源或财富,它体现着权力拥有者的利益和意志。任何一个权力拥有者要实现自己的利益或意志都必然施行各种权力来达到目的。它可以用来影响他人,使他人根据劝告、建议或命令而行事。拥有权力的人根据需要来改变他人的行为,从而避免改变自身的行为。权力并非某类人所独有。事实上,每个人在不同情况下都有某种程度的控制他人和避免受控制的能力。一个组织的领导者显然很有权力,但一个普通员工,因他能揭发高层管理内部的腐败者,也能获得相当大的权力。

（二）权力的基础

权力分为职位权力和个人权力。

职位权力即领导者的职位赋予领导者的法定的权力。任何人只要处在某一职位上，就自然地获得了这种权力。这种权力带有很大的强制性，下级不得不服从。

个人权力，即非职位权力，是由于领导者自身的某些特殊条件才具有的。例如，领导者具有高尚的品德、丰富的经验、卓越的工作能力、良好的人际关系；领导者善于体贴、关心他人，令人感到亲切、可敬、可信；领导者具有某种专门的知识、技能和专长等。这种权力不随职位的变化而变化，也不具有强制性。

如果细加分析，可将权力的基础分为五类：

（1）惩罚权。它来自下级的恐惧感，即下级感到领导者有能力惩罚他，使他产生痛苦，不能满足其某些需求。

（2）奖赏权。它来自下级追求满足的欲望，即下级感到领导者有能力奖赏他，使他觉得愉快或能满足某些需求。

（3）合法权。它来自下级传统的习惯观念，即认为领导者处于组织机构中的特定地位，且具有合法的权力影响他，他必须接受领导者的影响。

（4）模范权。它来自下级对上级的信任，即下级相信领导者具有他所需要的智慧和品质，具有共同的愿望和利益，从而对他钦佩，愿意模仿和跟从他。

（5）专长权。它来自下级对上级的尊敬，即下级感到领导者具有某种专门的知识、技能和专长，能帮助他，为他指明方向，排除障碍，达到组织目标和个人目标。

惩罚权、奖赏权、合法权属于职位权力，模范权和专长权属于个人权力。这几种不同的权力对下级产生的影响效果和个人的满意程度是不同的。

惩罚权虽然可以使下级基于恐惧而顺从，但这种顺从是表面的、暂时的，其内心则不一定受到影响。为了维持这种顺从，领导者必须时常监督下级是否照他的指示去做。如果发现下级不遵循行为规范，为了维持恐惧一定要加以惩罚。而监督与惩罚的成本都很高昂。例如，希特勒利用奴工在炸弹工厂里进行工作，怠工和装错引信事件层出不穷。为了使奴工工作，他要求卫兵站在奴工后面监视，不久，整个工厂奴工与卫兵的比例几乎为1∶1，而效果仍然比较差。

奖赏权是采取奖励的办法来引导人们做出所需要的行为。其效果当然要比惩罚好，可以增加领导者对下级的吸引力，也能引起满意并提高工作效率，但这种办法的激励作用要视奖励值的大小和公平性而定。奖赏权不利的一面是容易引起本位主义，使下级缺乏整体和长远观念，过分使用这种权力还容易形成人们对金钱的依赖心理。

合法权是下级基于习惯、社会意识和某种责任感所引起的服从，但这种服从不能达到较高的工作效率和获得个人满意的感觉，下级接受这种权力是因为只有这样才会得到领导者的赞扬。

模范权和专长权一般都能引起公开和私下的顺从，即内心的信服，特别是专长权能使下级感到满意，由此而来的影响力也比较持久。

根据上面的分析，一个领导者要使自己有影响力，一要素质好，即有一定的知识、能力和经验，善于集中群众的智慧；二要有权，即说话算数，有明确的组织赋予的权力；三要人和，即能和别人和睦相处，具有良好的人际关系，善于洞察群众的心理，创造激励的工作环境，满足人们的需要；四要让人信服，即为人正派，办事公道，具有献身精神，不利用职权谋个人私利。领导者要首先使用个人权力，必要时才使用职位权力。

（三）组织中的政治行为

1. 组织政治行为的定义

我们将组织政治行为定义为：那些不是由组织正式角色所要求的，但又影响或试图影响组织中利害分配的活动，也就是指组织中的个体或群体为了自身的利益，采取正当或不正当的手段来获取资源，争夺权力的活动。

这一定义涵盖了大多数人在谈及组织政治行为时所包含的关键因素。首先，政治行为排除个人的具体工作范围，因此，它需要人们试图使用权力基础。其次，政治行为主要关注组织中的利害分配。最后，它涵盖了那些包括影响决策目标、准则或过程的行为在内的各种政治行为，如扣留决策者所需的信息；揭发、散布谣言；向新闻媒体泄露组织机密；为了一己私利与组织中的其他成员交易好处；游说他人以使其支持或反对某人或某项决策等。

组织中的政治行为是十分有害的，但又普遍存在。比如，员工要隐瞒信息、限制生产、试图构建自己的小圈子、宣传自己的成功、隐瞒自己的失败、篡改操作数据从而使自己看上去做得更好等，当这样做使自己达到了组织所要求的绩效且成绩突出时，他们就会沿着原来的方向继续努力。管理者应当增强对他人政治行为的敏感性，保障自己的正当利益，而且自己不要制造"政治"、热衷"政治"。

2. 组织政治行为的决定因素

研究和观察识别了一些引发政治行为的因素。这些因素有些属于个人特质，是组织中员工表现出来的；另一些是组织文化或组织内部环境造成的。

（1）个体因素。研究者们从个体角度出发，确定某些与政治行为相关的因素，如个体特质、需要及其他。认为那些对权力、自主、信用和职位有很高的需求，喜欢专制的、热爱冒险的或拥有外部控制力的员工的行为更加政治化，并且不考虑组织的影响。

（2）组织因素。政治行为更多地源于组织文化，而非个人差异。因为许多组织的员工都具有以上我们所列举的个性特征，而政治行为的表现程度却相去甚远。事实证明，特定的情境和文化更有助于政治行为的产生。如果组织具有低信任度、角色模糊、不明确的绩效评估系统、零报酬分配体系、非民主化决策、以高压为手段追求高绩效、高层管理者自私自利等特征，那么，这样的组织往往成为滋生政治行为的温床。

有效的管理者总是能接受组织的政治本质。运用政治的观点来评价组织中的各种行为，管理者就能更好地预测别人的活动，并运用这些信息来形成其政治策略，以便为管理者及其部门带来好处。

第二节　领导理论的研究

一、领导特性理论

领导特性理论按其对领导特性来源所作的不同解释，可分为传统领导特性理论和现代领导特性理论。传统领导特性理论认为领导者所具有的特性是天生的，是由遗传决定的，现在已很少有人赞同这样的观点。现代领导特性理论认为领导者的特性和品质是在实践中形成的，是可以通过教育训练培养的。

（一）国外对领导者特性的研究

1. 个人品质论

美国心理学家斯托迪尔在他的一份研究工作的评论里指出，领导可以按六大方面分成不同的类型：生理特征、社会背景、智力、个性、与工作相关的特征和社会特征。

（1）生理特征，如年龄、相貌、身高、体重等。但是研究结果却有点相互矛盾。

（2）社会背景。研究把注意力放在受教育程度、社会经济地位和升迁等因素上，研究所得出的结论是：

①具有较高的社会经济地位的人有取得领导地位的优越条件。

②社会经济地位较低的人晋升企业界中较高的地位的可能性比50年前大得多。

③领导者所受教育程度比以前的要高一些。

但研究中没有发现领导者效率与社会背景有任何联系。

（3）智力。大量的研究工作放在调查领导者与智力之间的关系上，结果表明领导者有较好的判断力，办事明确果断，知识面广和口才好。但是，这两者之间的关系并不十分明显。这说明应该考虑其他方面的因素。

（4）个性。工作有成就的领导者具有机警、自信、正直、自大和专断等品质。虽说这些品质并不是所有群体和企业领导者的品质，但是他们认为个性品质方面的特点是不可忽视的因素。

（5）与工作相关的特征。研究表明领导者具有很强的使命感和责任感，工作中主动性强，任务方向明确。这说明一个典型的领导者是一个有很强的主观能动性，有干劲和有完成任务愿望的人。

（6）社会特征。研究表明领导者积极参与各项活动，广泛交际，善于与人合作。这些人际关系方面的能力受到群体的重视，使群体成员能和谐相处，相互信任，使群体具有凝聚力。

2. 德鲁克的观点

德鲁克认为，一个有效的领导者必须有以下五种习惯：

（1）要善于处理和利用自己的时间，以认清自己的时间花在什么地方作为起点，必须了解时间是一项限制因素，时间的供给永远没有弹性，时间永远是短缺的。他们记录自己的时间，管理自己的时间，减少非生产性工作所占用的时间，善于集中自己的零星时间。

（2）注重贡献，确定自己的努力方向。他们并非为工作而工作，而是为成果而工作。

（3）善于发现和用人之所长，包括他们自己的长处、上级的长处和下级的长处。

（4）能分清工作的主次，集中精力于少数主要的领域，在这少数主要的领域中，如果能有优秀的成绩就可以产生卓越的成果。

（5）能做有效的决策，他们知道一项有效的决策必在集思广益而不是独断专行的基础上形成。

3. 美国管理协会的调查意见

美国管理协会在 20 世纪 70 年代花了 5 年的时间，对在事业上取得了成功的 1 812 名领导者进行了调查和研究，发现成功的领导者一般具有以下能力：

（1）工作效率高。

（2）有主动进取精神，总想不断改进工作。

（3）逻辑思维能力强，善于分析问题。

（4）有概括能力。

（5）有很强的判断能力。

（6）有自信心。

（7）能帮助他人提高工作能力。

（8）能以自己的行为影响他人。

（9）善于用权。

（10）善于调动他人的积极性。

（11）善于利用谈心做工作。

（12）热情关心他人。

（13）能使他人积极而又乐观地工作。

（14）能实行集体领导。

（15）能自我克制。

（16）能自行做出决策。

（17）能客观地听取各方面的意见。

（18）对自己有正确估价，能以他人之长补自己之短。

（19）勤俭。

（20）必须具有技术和管理方面的知识。

4. 十大条件论

这是美国普林斯顿大学教授鲍莫尔提出的，他认为企业领导人应具有十大条件：

（1）合作精神。愿意与他人共事，能赢得别人的合作，对人不用压服，而用说服和感服。

（2）决策能力。能根据客观实际情况而不凭主观想象进行决策，具有高瞻远瞩的能力。

（3）组织能力。善于发掘下级的才智，善于组织人力、物力和财力。

（4）精于授权。既能大权独揽，又能小权分散。

（5）善于应变。机动灵活，善于进取，不墨守成规。

（6）敢于创新。对新事物、新环境和新观念有敏锐的感受能力。

（7）勇于负责。对上级、下级和用户及整个社会，都有高度的责任心。

（8）敢担风险。敢于承担企业发展不景气的风险，在困难面前有开创新局面的雄心和信心。

（9）尊重他人。能听取他人的意见，不盛气凌人，能器重下属。

（10）品德高尚。品德为社会上和组织内的人所敬仰。

（二）我国对领导者素质的研究

我国从 20 世纪 80 年代初开始，对领导者的素质理论进行了一系列的研究，许多专家学者和人事部门的领导都撰写文章研究领导者应具有的素质。对领导者素质的要求不是一个静态的概念，而是同领导者所处的环境相关的，它必须适应时代的要求。领导活动，古今中外都有相通的地方，但是领导的过程总是在一定历史条件下进行的。环境条件，包括政治、经济、文化都是在发展的，被领导者的状况也因人而异。所以随着时代的变迁和发展，对领导者素质也会提出新的要求。

领导者包括组织中的各个层次、各个领域的领导者，他们的情况不全一样，有高层、中层、基层的不同，又有党、政、工的不同，在业务方面担负的专业职务也有不同。对于不同层次、不同工作性质的领导者，对其素质修养的要求既有相同的一面，又有特殊的一面，尤其对其知识和能力上的要求存在很大的差异。高层领导是确定方针政策、进行规划的，他们应当有较高的马列主义水平，政治上成熟，有长期实际领导经验，学识渊博，善于协调各方面的关系，知人善任，而不必要有某些专业技术方面的"应知应会"。至于中层、基层领导则是执行性的，他们要较多地接触业务，并且有权通过行政的、法律的、经济的手段，对业务部门实行控制。这就要求他们有这方面的知识和能力，除了具有一般领导者的素质以外，还必须对业务内行，精通专业知识和技能。

概括起来说，优秀的领导者的素质应包括四大方面，即政治素质、知识素质、能力素质和身心素质。

1. 政治素质

一名优秀的领导者，必须具备良好的政治品质和工作作风、生活作风。政治素质的具体要求是：

（1）能坚持四项基本原则，坚持改革开放，自觉按照党的路线、方针、政策办事。全心全意为人民服务，以身作则，为人表率。

（2）要有理想、有干劲、有事业心、有责任感，要勇于进取、渴望在领导岗位上有所成就。

（3）要有正确的思想作风，事事出于公心，不谋私利，能上能下，谦虚谨慎，有自知之明。

（4）要有良好的生活作风，不搞特殊化、品行端正、艰苦朴素。

（5）要有正确的工作作风，善于集中正确意见，不拉帮结伙，工作要细致，讲究方式方法。

2. 知识素质

作为一名领导者，主要的工作是管理，特别是对人的管理。而管理是一门综合性的学科，涉及多方面的知识，这就要求领导者必须具有广博的知识。对于不同层次的领导者在知识方面的要求是不同的，高层次领导者的知识面要宽，低层次可相对窄一些。此外，不同层次领导者在知识结构方面的要求也是不同的，但就其共性来说，领导者应掌握以下几方面的知识：

（1）通晓马克思主义理论。对于马克思主义哲学、政治经济学、科学社会主义、党的学说、中国共产党的历史等基础理论，应当有比较系统的学习和训练，融会贯通，能够用以指导工作，这既是革命化的要求，又是知识化的要求。

（2）对于一般社会科学、自然科学方面的知识，都要有所了解，知识面要比较广。因为领导者需要认识和处理的问题包罗万象，涉及各个领域。工作的综合性和多样性要求知识的多样化。他们除应当具备一定的文学、历史、数学、物理、化学、生物、外语等基础文化知识外，对于社会科学、自然科学的其他方面，诸如天文、地理、工业、农业、商业、财政、金融、法律、科技、教育、体育、军事、文化艺术等专门知识，也要有所涉猎。

（3）对于管理科学各方面的知识则要比较精通。这里所说的管理科学包括经济管理、行政管理、科技管理、领导科学、人才学、思想政治工作等多方面的内容，还要学习计算机应用技术等专门知识。

（4）对于社会生活方面的实际知识也要比较熟悉，要有丰富的生活经验和工作经验。在整个知识构成中，实际知识、直接经验是十分重要的内容。

3. 能力素质

能力是知识和智慧的综合体现。领导是一种综合实践活动，对于能力素质的要求比较高。能力来源于学习、实践和经验，具体包括以下几方面：

（1）筹划和决断能力。具有战略头脑，善于深谋远虑，运筹全局；有分析与归纳能力、逻辑判断与直觉判断能力。遇到事情点子多，处理问题善于做出决断，善于排除干扰，控制局势。

（2）组织指挥能力。善于把人、财、物组织起来，精于运用组织的力量，形成配合默契、步调一致的集体行动。能统筹兼顾国家、集体和个人的利益。

（3）人际交往能力。善于同他人交往，能理解人、关心人，善于倾听他人意见。习惯于设身处地替他人着想，不把自己的意见强加于人。

（4）灵活应变能力。在复杂多变的环境中，领导者能审时度势、沉着冷静地处理所遇到的问题。在突发事件面前，既不惊惶失措、无所适从，又不拘泥刻板，能应付自如，灵活机动，临机处置。当然，机动灵活决非草率从事，随意武断，而是要慎重地做出合乎实际的对策。

（5）改革创新能力。领导者的创新能力，在于能面对变化的环境，及时提出新观念、新方案和新办法。要有对新环境、新事物、新问题的敏锐感知能力。要思想活跃、富有胆识，不迷信权威，不为过时的旧观念、旧框架所束缚，敢想、敢说、敢改，在工作中有所发现，有所创新，有所突破。

（6）知人善任能力。领导者的知人善任能力是指领导者能积极发掘人才，善于培养和使用人才，并且创造条件，发挥组织内每个人的专长，为组织造就一支高素质的人才队伍。

4. 身心素质

领导者要有健康的身体，良好的心理状态，始终保持精力充沛，满足繁忙工作的需要。身心素质中心理素质是核心，是形成独特领导风格的决定性因素，也是选择领导者的重要标准。心理素质包括追求、意志、感情和风度等。

（1）追求。它是人的志向、行为和动机的指向，即理想、信念和价值观。优秀的领导者应该具有崇高的理想、坚定的信念和积极向上的价值观，应该有强烈的事业心和社会责任感。他不会过分关注个人的金钱、地位和名声，而是追求事业的成功和社会的承认。

（2）意志。它是指人克服困难的勇气和坚持不懈的精神。领导者在工作中总会遇到各种困难，在困难面前表现出什么样的意志品质，是迎难而上，还是畏难思退，将极大地影响领导工作的结果。因此，要求领导者具有克服困难的坚强意志。意志品质包括：意志的自觉性（意志朝向目标）、意志的果断性（当机立断）、意志的坚持性（百折不挠）、意志的自制性（控制感情）和意志的科学性（实事求是）。

（3）感情。任何职位都需要其承担者具有积极的情感（热爱工作、热情待人、热烈追求），克服消极的情感（冷漠、孤傲、嫉妒、虚伪等）。情感与性格有关，领导者的性格和情感互相影响、互相感染，在一定程度上决定了工作气氛、人际关系和群体风气。

（4）风度。领导者应该具有宽容大度、高瞻远瞩、临危不惧、光明磊落、机智幽默的风度，具有人格魅力。宽容大度是指容人性，即厚德载物的宽广胸怀，可以吸引天下人才为其服务。善于与有个性的人一同共事，敢于重用曾经反对过自己的人，是宽容大度的具体表现。高瞻远瞩是指预见性。站得高，看得远，是领导者高于常人的地方。如果只关心鼻子下边的蝇头小利，视野狭窄，不明大事，又怎么能够承担起领导者的责任？高瞻远瞩还需要有科学的思维方法做保证。临危不惧是指镇静。面对任何紧迫、危险的形势，都面不改色心不跳，镇定如山。这样的领导者才会力挽狂澜，成为组织的中流砥柱。光明磊落是指透明。领导者出于公心，办事公道，无事不可对人言，才能取信于民，获得被领导者的信任和爱戴。

机智幽默是指机敏和亲切。幽默是人际关系的润滑剂,机智是应变的智慧。领导者具有机智幽默的风度,不仅可以在非常事件中四两拨千斤,化险为夷。而且可以化干戈为玉帛,获得一片喝彩。这是领导者个人魅力的重要方面。

总之,现代领导者的素质,概括起来说,应当是政治品德好、身心健康的知识能力型人才。

二、领导行为理论

行为理论是研究领导者在领导过程中所采取的领导行为,以及不同的领导行为对员工的影响,以寻求最佳领导行为的理论。行为研究开始于20世纪40年代。当时,许多管理心理学家在调查研究中发现,领导者在领导过程中所采取的领导行为与他们的工作效率之间存在密切的关系。为了寻求最佳的领导行为,许多研究机构着手进行行为研究,并提出了行为理论。以下介绍比较典型的几种理论。

(一)三种领导方式理论

关于领导方式的研究最早是由心理学家勒温进行的,他通过试验研究不同领导方式对下属群体行为的影响,认为存在着三种极端的领导工作方式,即专制方式、民主方式和放任自流方式。

1. 专制方式

采用专制方式的领导者以力服人,即靠权力和强制命令让人服从。具体特点是:

(1)独断专行,从不考虑别人意见,所有的决策都是由领导者自己决定。

(2)从不把任何消息告诉下级,下级没有任何参与决策的机会,而只能察言观色,奉命行事。

(3)主要依靠行政命令、纪律约束、训斥和惩罚,只有偶尔的奖励。有人统计,采用专制方式的领导者和他人谈话时,约有60%的语言带有命令和指示口吻。

(4)领导者预先安排一切工作的程序和方法,下级只能服从。

(5)领导者很少参加群体的社会活动,与下级保持相当的心理距离。

2. 民主方式

采用民主方式的领导者,是指那些以理服人、以身作则的领导者。他们使每个人做出自觉的、有计划的努力,各施其长,各尽所能,分工合作。民主方式的特点是:

(1)所有的政策是在领导者的鼓励和协助下,由群体讨论决定的,而不是由领导者单独决定的。政策是领导者和其下属共同智慧的结晶。

(2)分配工作时,尽量照顾到个人的能力、兴趣和爱好。

(3)对下属的工作,不安排得那么具体,个人有相当大的工作自由、较多的选择性与灵活性。

(4) 主要应用个人权力和威信，而不是靠职位权力和命令使人服从。谈话时多使用商量、建议和请求的口气，下达命令的语言仅占5%左右。

(5) 领导者积极参加团体活动，与下级无任何心理上的距离。

3. 放任自流方式

放任自流的领导方式，是指工作事先无布置，事后无检查，权力完全给予个人，一切悉听自便，毫无规章制度。

勒温在试验中发现：在专制型领导的团体中，各成员攻击性言论较多；而在民主型领导团体中，则彼此比较友好。在专制型领导的团体中，成员服从领导者，但表现自我或引人注目的行为多；而在民主型领导的团体中，彼此以工作为中心的接触多。专制型领导团体中的成员多以"我"为中心，而民主型领导团体中"我"字使用频率较低。当试验导入"挫折"时，专制型领导团体彼此推卸责任或进行人身攻击；而民主型领导团体则团结一致，一起解决问题。在领导者不在场时，专制型领导团体工作动机大为降低，也无人出来组织作业；而民主型领导团体则像领导在场一样继续工作。专制型领导团体对团体活动没有满意感；而民主型领导团体的成员则对团体活动有较高的满意感。

勒温根据试验认为放任自流的领导方式工作效率最低，只能达到社交目标，而完不成工作目标。专制型领导作风虽然通过严格管理达到了工作目标，但群体成员没有责任感，情绪消极，士气低落，争吵较多。民主型领导作风工作效率最高，不但完成工作目标，而且群体成员关系融洽，工作积极主动，有创造性。

（二）领导行为连续统一体理论

该理论是由美国组织行为学家坦南鲍姆与施密特于1958年提出来的。他们指出，领导包含多种多样的作风，从以领导者为中心到以下属为中心的各种作风中，民主与独裁仅是两个极端的情况。领导行为连续统一体如图5-1所示。

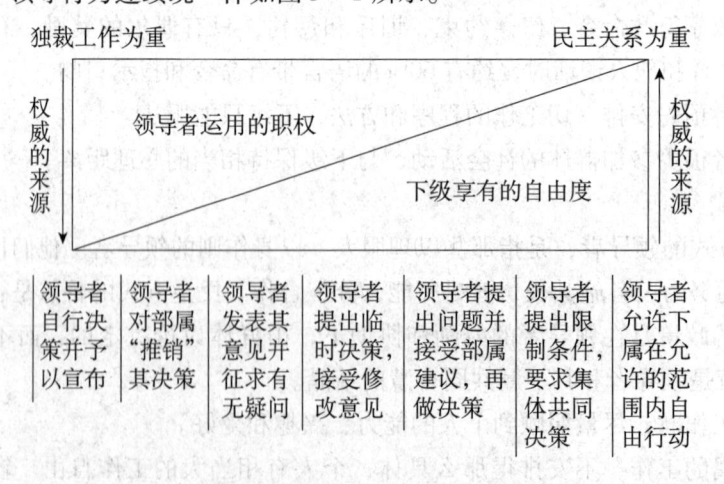

图5-1 领导行为连续统一体

图 5-1 的左端是独裁的领导行为，右端是民主的领导行为。之所以形成这两个极端，首先，是基于领导者对权力的来源和人性的看法不同，独裁的领导者认为权力来自职位，人生来懒惰而没有潜力，因而一切决策均由领导者做出。而民主型的领导者则认为，权力来自群体的授予和承认，人受到激励能自觉、自治，发挥创造力，因此，决策可以公开讨论，集体决策。其次，独裁型领导者比较重视工作，并运用权力支配影响下级，下级的自由度较小。而民主型领导者重视群体关系，给予下属以较大的自由度。领导行为连续统一体从左至右表现为领导者运用职权逐渐减少，下属的自由度逐渐加大，从以工作为重逐渐变为以关系为重。图 5-1 的下方依据领导者把权力授予下属的程度不同、决策的方式不同，形成了一系列不同的领导方式。因此可供选择的领导方式不是民主与独裁两种，而是多种。

坦南鲍姆与施密特认为：很难判断哪种领导方式是正确的，哪种方式是错误的，领导应当根据具体情况，考虑各种因素，选择图 5-1 中某种领导行为。在这个意义上，领导行为连续统一体也是一种情境理论。何种领导作风合适，取决于领导者、被领导者和情境。影响领导者选择领导作风的因素有：

（1）在领导者的个性中起作用的一些因素，诸如领导者的价值观念体系、对下属的信赖、对领导作风的偏好，以及在不确定情境中的安全感等。

（2）下属影响领导行为的因素，诸如乐意承担责任的程度、下属的知识和经验、下属对模棱两可的事情的容忍等。

（3）情境因素，诸如组织的价值准则和传统，下属人员作为整体如何有效地工作，问题的性质，是否能把处理问题的权限稳妥地授予下级，以及时间的压力等。

领导行为连续统一理论是根据权力的来源和应用、部属参与决策的程度划分领导行为的，这对我们研究领导方式是有益的。但是，在图 5-1 中，把独裁和以工作为重、民主和以关系为重联系在一起并且等同起来，将以工作为重和以关系为重、领导的职权和下属的自由度互相对立起来，而且仅从领导的决策过程、群众的参与程度来划分领导方式，这样是不全面的。

（三）管理系统理论

该理论是由美国密歇根大学的研究人员利克特等在对领导行为连续统一体理论进一步推演后提出来的。他以数百个组织机构为对象，对领导人员的领导类型和作风做了长达 30 年之久的研究。利克特提出了四种管理方式，作为研究和阐明该理论的概念的指导原则。

管理方式一：压榨和权威式的方式。采用这种方式的领导者非常专制，对下属很少信任；主要用恐吓和惩罚的方式，偶尔用奖赏的方式激励；惯于只采用上情下达的方式，决策权也只局限于上层。此外还有一些其他类似的特点。

管理方式二：开明和权威式的方式。采用这种方式的领导者对下属抱有一种屈尊就卑式的信任和信心，主要用奖赏，也兼用恐吓和惩罚来激励下属；允许一定程度的上情下达，向下级征求一定的看法和意见，也下放一定的决策权，但对政策性的控制绝不放松。

管理方式三：协商式的方式。采用这种方式的领导者对下属抱有相当大的但并非十足的信心和信赖，他们通常设法积极采用下级的看法和意见；在激励方面基本采用奖励办法，偶尔也实行惩罚和一定程度的参与；他们的思想沟通方法是上下双向的；一般性的政策和总的决策由上层来做，允许下层做具体问题上的决策，对其他问题则采取协商的态度。

管理方式四：集体性参与的方式。这种方式是最富于参与性的。采用这种方式的领导者对下属在一切事务上都抱有充分的信心和信赖，他们总是征求下属的看法和意见并设法采用，例如，在确定目标和评价所取得的进展方面，让下属参与，并给予物质奖励；他们使上下级之间和同级之间沟通保持畅通，鼓励各级组织做出决策，或者以群体一员的身份与其下属一起工作。

可以看出，管理方式一与 X 理论假定很相似，管理方式四与 Y 理论的假定很相似。利克特发现，那些用管理方式四去从事经营活动的领导者，大都是最有成就的领导者。此外他还发现以方式四进行管理的部门和公司在制定目标和实现目标方面是最有效率的，一般来说也更富有成果。他把上述这些成功的原因，归之于员工深入参与管理和在实践中坚持贯彻这种管理方式。

选择恰当的管理方式是很重要的。根据有关领导的研究成果发现，有较多的人愿意采用管理方式三和管理方式四，人们似乎感觉在管理方式三和管理方式四下工作得更好。例如，员工们在一般的监督管理（第三、第四种方式）下工作比在严格监督管理（第一、第二种方式）下工作有更高的效率。在对工人有帮助的或对其错误宽容的领导者的领导下，比在对工人所犯错误采取惩罚的领导者的领导下，工人会产生更高的生产效率。同样，当允许人们自己安排自己的工作时，他们似乎会把工作做得更好些。

（四）两维理论

1. 领导行为四分图理论

1945 年，美国俄亥俄州立大学工商企业研究所在斯多基尔和沙特尔两位教授的领导下，开展了对领导行为的研究。一开始，研究人员列出了 1 000 多种刻画领导行为的因素，通过逐步筛选、归并，最后概括为"抓组织"和"关心人"两大类。"抓组织"是以工作为中心，指的是领导者为了实现工作目标，既规定了自己的任务，也规定了下级的任务，包括进行组织设计、制订计划和程序、明确职责和关系、建立信息和途径、确立工作目标等。"关心人"是以人际关系为中心，包括建立互相信任，尊重下级的意见，注意下级的感情和问题等。

根据这两类因素，他们设计了领导行为描述问卷，每类列举了 15 个问题，分发调查。调查结果发现，两类领导行为在同一个领导者身上有时一致，有时并不一致。因此，他们认为领导行为是这两种行为的具体组合，领导者的行为可以用两维空间的四分图来表示（如图 5-2 所示）。

图 5-2 为进行领导行为研究指出了一个途径，从图中可以看出四种结果：

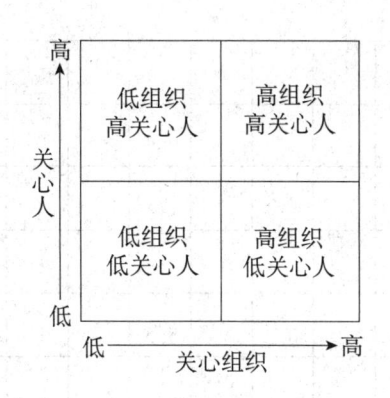

图 5-2 领导行为四分图

(1) 高组织、低关心人的领导者，最关心的是工作任务。
(2) 低组织、低关心人的领导者，对组织、对人都不关心，这种领导方式效果较差。
(3) 低组织、高关心人的领导者，大多数较为关心领导者与下级之间的合作，重视互相信任和尊重的气氛。
(4) 高组织、高关心人的领导者，对工作、对人都比较关心。一般来说这种领导方式的工作效率和有效性都较高。

哪种领导行为效果好，结论是不肯定的。例如，有人认为在生产部门中，效率与"关心组织"之间成正比，而与"关心人"成反比；而在非生产部门中情况恰恰相反。一般来说，"高组织"与"低关心人"带来更多的旷工、事故和怨言。许多研究也证实了上述的一般结论，但也有人提出了相反的证据。这是因为他们在进行分析时，没有考虑领导所面临的环境。

2. 管理方格图理论

在领导行为四分图理论的基础上，罗伯特·布莱克和简·莫顿于1964年就企业中的领导行为方式提出了管理方格图。这是一张九等分的方格图，横坐标表示领导者对生产的关心程度，纵坐标表示领导者对人的关心程度，这两个基本因素相结合形成领导方式。管理方格图如图 5-3 所示。

在评价领导者时，可根据其对生产的关心程度和对人的关心程度，在图 5-3 上寻找交叉点，这个交叉点的方格就是他的领导方式。"对工作的关心程度"是指一名监督领导者对各类事项所抱的态度，诸如对政策决议的质量，程序与过程，研究工作的创造性，职能人员的服务质量、工作效率和产量等的态度。同样，"对人的关心程度"也有广泛的解释，包含了诸如个人对实现目标的承诺程度、工人对自尊的维护、基于信任而非基于服从来授予职责、提供良好的工作条件和保持令人满意的人际关系等内容。布莱克和莫顿在管理方格中列出了五种典型的领导方式：

(1) (1, 1) 方式为贫乏型的管理。对员工和生产几乎漠不关心，只以最小的努力完成必须做的工作。这种领导方式将会导致失败，这是很少见的极端情况。

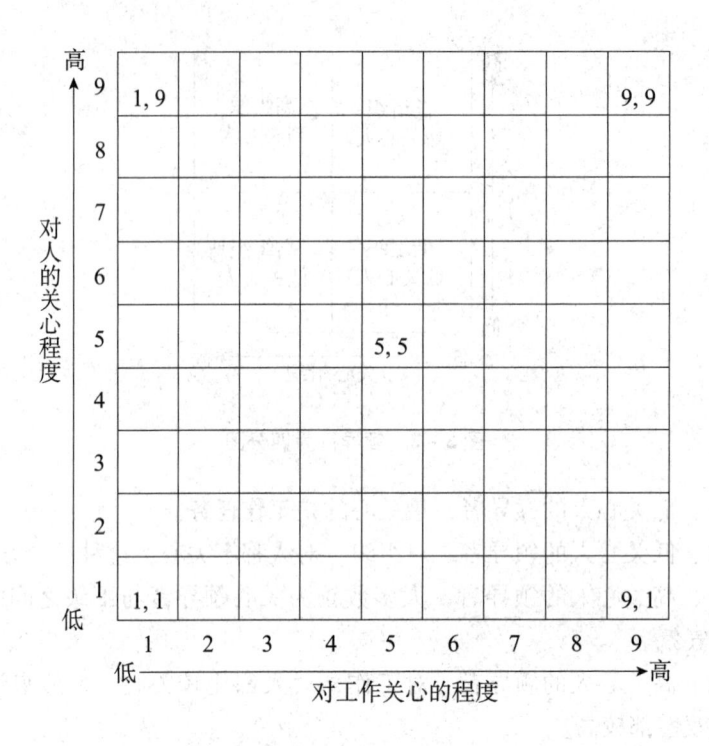

图 5-3 管理方格

(2)（9，1）方式为任务第一型的管理。领导作风非常专制，领导集中注意力于对生产任务和作业效率，注重于计划、指导和控制员工的工作活动，以确保完成组织的目标，但不关心人的因素，很少关注员工的发展和士气。

(3)（1，9）方式为俱乐部型的管理。在这类管理中，领导者很少甚至不关心生产，而只关心人。他们创造了一种人人得以放松、感受友谊与快乐的环境，而没有人关心应去协同努力以实现组织的目标。

(4)（9，9）方式为团队式管理。即对生产和人都极为关心，努力使员工个人的需要和组织的目标最有效地结合起来，注意使员工了解组织的目标，关心工作的成果，建立"命运共同体"的关系。因而员工关系协调，士气旺盛，能进行自我控制，生产任务完成得极好。

(5)（5，5）方式为中间型管理。即对人的关心度和对生产的关心度虽然都不算高，但是能保持平衡。这种领导方式一方面能比较注意领导者在计划、指挥和控制上的职责；另一方面，也比较重视对员工的引导和鼓励，设法使他们的士气保持在必需的满意的水平上。但是，这种领导方式缺乏创新精神，只追求正常的效率和较满意的士气。

布莱克和莫顿认为（9，9）型的领导方式是最有效的，领导者应该客观地分析组织内外的各种情况，努力创造条件，将自己的领导方式转化为（9，9）型，以求得最高的效率。

管理方格在识别和区分管理作风方面是一个有用的工具，但它没有告诉我们为什么一名领导者会落在方格图上的这一部位或那一部位。为了找出这方面的原因，我们必须考虑一些根本因素，诸如领导者和追随者的个性、领导者的才干和得到的培训、组织环境以及其他对领导者与被领导者都有影响的情境因素。

3. PM 理论

美国学者卡特赖特和赞特在他们合著的《团体动力学》一书中提出有三种领导类型：目标达成型，即以执行任务为主的领导方式，简称 P 型；团体维持型，即以维持团体关系为主的领导方式，简称 M 型；两者兼具的领导方式，简称 PM 型。

日本大阪大学的心理学教授三隅二不二根据同一原理，将领导方式划分为四种类型。他按领导者的两种主要职能进行分类：P（performance）因素，指领导者为完成生产目标而做的努力和工作绩效；M（maintenance）因素，指领导者为维持团体而做的努力。根据这两个因素，他将领导方式分成四种类型：

（1）P 型：目标达成型。
（2）M 型：团体维持型。
（3）PM 型：两者兼备型。
（4）pm 型：两者均弱型。

三隅二不二的 PM 领导类型图具体如图 5-4 所示。

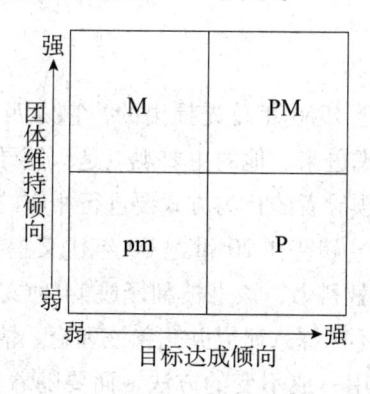

图 5-4 三隅二不二的 PM 领导类型

三隅二不二还设计了一套调查量表作为评价领导类型的测量工具。以这套量表对许多工业企业的领导行为进行测定，结果发现，领导类型与生产量、员工的反应存在如表 5-1 所示的关系。

表 5-1 领导类型与生产量、员工反应的关系

领导类型	生产量	对公司、工会的依赖度	团结力
PM 型	最高	最高	最高
P 型	中间	第二位	第三位
M 型	中间	第三位	第二位
pm 型	最低	最低	最低

目前，许多国家和地区的研究者都将 PM 量表作为跨文化比较管理研究的工具，使用该量表进行领导行为的研究。中国科学院心理研究所于 1980 年自日本引进三隅二不二教授的这套分析方法，并结合我国国情做了修订，运用该量表进行了大量调查研究，取得了显著的成效。

三、领导权变理论

领导权变理论是近年来国外行为科学家重点研究的领导理论，这种研究比领导特性理论、领导行为理论要晚，从内容上说，它是在前面两种研究的基础上发展起来的。这个理论关注的是领导者与被领导者的行为和环境的相互影响。该理论认为，某一具体领导方式并不是普遍适用的，领导的行为若想有效，就必须随着被领导者的特点和环境的变化而变化，而不能一成不变。这是因为任何领导者总是在一定的环境条件下，通过与被领导者的相互作用，去完成某个特定目标。因此，领导者的有效行为要随着自身条件、被领导者的情况和环境的变化而变化。比较有代表性的理论有以下几种：

（一）情境理论

情境理论是美国学者卡曼于 1966 年首先提出的，它以四分图理论为依据。卡曼首先将被领导者的成熟度这一因素考虑进来。他的主要观点是，领导类型应当适应组织成员的成熟度。在被领导者趋于成熟时，领导者的行为方式要进行相应的调整，这样才能取得有效的领导。美国领导力理论专家保罗·赫塞在 20 世纪 60 年代又提出了情境领导模式理论。1969 年，他编著了《情境领导》的教科书，该书被翻译成 14 种文字，销量达百万册。之后，赫塞又组织了领导力研究中心，不断深入研究并完善该理论。情境领导模式理论认为我们在领导和管理公司或团队时，不能用一成不变的方法，而要随着情况和环境的改变及员工的不同，改变领导和管理的方式。管理的重点在于领导者自身。美国著名的商业领袖、情景领导理论的创始人之一肯尼思·布兰查德还提出了升级版的情境领导模式理论，令这一管理模式更适合现代企业。

情境领导模式理论认为，双高的领导不一定经常有效；双低的领导也不一定经常无效。这都要由组织成员的成熟度而定。成熟度（maturity）是对下属特征的一个度量。赫塞和布兰查德将其定义为：个体对自己的直接行为负责的能力和意愿。它包括两个要素：

(1) 工作成熟度，包括一个人的知识和技能。工作成熟度高的下属得到良好的教育和培训，拥有足够的知识和能力，经验丰富，能够不需要他人指导而独立完成工作任务。

(2) 心理成熟度，指一个人做某事的意愿和动机。心理成熟度高的下属自信心强，工作积极主动。他们不需要太多的外部激励，而主要靠内部动机的激励。

下属的发展阶段要从两方面来看：

（1）工作能力：在从事某一特定目标或任务时，部属所展现的相关知识和技能。
（2）工作意愿：面对特定目标或任务时，部属的积极性与信心。

赫塞和布兰查德将下属的成熟度划分为由低到高的四种阶段（或类型）：

第一阶段为R1，即"没能力，没意愿并不安"的阶段。在此阶段，下属缺乏执行某项任务的技能和能力，不胜任工作，而且他们不情愿去执行任务，缺乏自信心和积极性。

第二阶段为R2，即"没能力，有意愿或自信"的阶段。在此阶段，下属还缺乏完成工作任务所需的技能和能力，但他们愿意执行必要的工作任务，具有积极性。

第三阶段为R3，即"有能力，没意愿或不安"的阶段。在此阶段，下属有较高的工作技能和较强的工作能力，但他们却不愿意做领导希望他们做的工作。

第四阶段为R4，即"有能力，有意愿并自信"的阶段。在此阶段，下属既有能力又有很高的工作意愿。

这四个连续的阶段实际上反映了一个雇员从不成熟到成熟的成长过程。当一个人刚刚接手一项陌生的工作时，出现第一种情况是很普遍的：他往往感觉自己处于一种无所适从的状态，处于一种消极被动的尴尬地位。当他对工作的性质和基本内容获得比较全面的了解之后，接着就会产生一种很快适应和胜任工作的愿望。在这个阶段，他虽然还缺乏必要的能力，但会积极主动地去提高自己。在第三个阶段，一个人在长期的工作中获得了能力与经验，他因此也拥有了一定的资本。这时，他可能会提出一些有利于自己职业发展的要求，寻求广泛的参与机会，试图在参与中体现自己的价值并得到组织或上级的肯定。如果这些愿望得不到满足，他会深深陷入挫折感之中。当然，如果这些愿望得到满足，他会更加努力和主动地工作。不过，这时他可能产生更高的要求（按马斯洛的需求层次论，这属于一种自我实现的需求），试图控制局面，试图获得独立决策和行动的机会。

随着组织成员由不成熟趋于成熟，领导行为应按以下四个步骤推移："高工作、低关系"——"高工作、高关系"——"低工作、高关系"——"低工作、低关系"。与其相适应的四种领导方式依次是：命令型—说服型—参与型—授权型。

1. 命令型——高工作、低关系

这种领导方式适用于低成熟度的情况。组织成员对工作和目标缺乏技能和信心时，领导者可采取单向沟通的形式，明确地布置任务、制定工作规程，告诉他们在何时何地做什么和怎样做。例如，企业中的新员工，可视为低成熟度的，领导者应给予具体、明确的指导。同时他们也需要这种命令式的指导，因此，这种领导方式可能最有效。

2. 说服型——高工作、高关系

这种领导方式适用于较不成熟的情况。组织成员对工作和目标有较高的愿望和信心，但是他们还没有足够的能力胜任。这时，领导者可采取双向沟通的形式，既要给予直接指导，又要激发他们的热情和信心。这种方式之所以被称为"说服型"，是因为领导者通过双向沟通的形式，获得组织成员心理上的支持，使成员感到满足。这时领导者向他们提供这种帮助和指导，他们就会按照领导者指出的方向和目标去努力工作，从而超常发挥能力。

3. 参与型——低工作、高关系

这种领导方式适用于比较成熟的情况。组织成员能够胜任工作，不喜欢领导者过多的指导和约束，领导者通过双向沟通的形式和他们平等地交流、协商，尊重、信任他们的工作和能力。由于领导者采取这种态度同组织成员共同决策，所以这种领导方式被称为"参与型"。在这种情况下，领导者就没有必要再去做具体的指导工作了。

4. 授权型——低工作、低关系

这种领导方式适用于高成熟度的情况。当组织成员有足够的能力和信心承担起工作的责任和实现目标时，领导者可以授权组织成员让他们自行其是，自己只起宏观调控的作用。比如，与受过高度训练具有高度成就感的高科技人员、专家、教授等共事时，领导者可以扮演不重要的角色。

这一理论是一个重视下属的权变理论。该理论还指出，由于科技不断发展、生活和教育水平的提高，人类普遍趋向成熟。随着成熟度的改变，人们生理和安全上的需求将易于满足，人们更需要有发挥其才能和潜力的机会，找到自己的位置并为社会所认可。

（二）菲德勒模式理论

菲德勒从1951年起，经过15年的调查研究，提出了一种随机制宜的领导理论，也称菲德勒模式。这种理论认为，人们之所以成为领导者，不仅在于他们的个性，还在于各种不同的情境因素和领导者同群体成员之间的交互作用。菲德勒提出对领导者的工作影响最大的三个基本方面是职位权力、任务结构、领导者与被领导者之间的关系。

1. 职位权力

职位权力指的是与领导者职位相关联的正式职权，以及领导者从上级和整个组织各方面所取得的支持的程度。这一职位权力是由领导者对下属的实有权力决定的。正如菲德勒指出的，有了明确和相当大职位权力的领导者，比没有此种权力的领导者更易获得他人真诚的追随。

2. 任务结构

任务结构是指任务的明确程度和人们对这些任务的负责程度。当任务明确、每个人都能对任务负责时，领导者更易于控制工作质量；群体成员也有可能比在任务不明确的情况下，更明确地担负起工作职责。

3. 领导者与被领导者之间的关系

菲德勒认为，上下级关系对领导者来说是最重要的，因为职位权力与任务结构大多处于组织的控制之下，而上下级关系会影响下级对领导者信任和爱戴的程度，以及是否愿意追随其共同工作。

菲德勒指出，领导者的个性，更具体地说，领导者的动机构成是靠反映个人在领导情境方面的量度来确定的。一种类型的领导者是"以关系为动因"的，他们凭借与群体成员之间良好的人际关系及靠这种关系完成任务得到尊重。另一种类型是"以任务为动因"的领导者，他们要证明自己的才干，从中得到满足和尊重。菲德勒用"最不喜欢的同事"（least preferred co-worker，LPC）的问卷调查来测定这两种动因系统，即请领导者个人回想一下所有一起工作的人，然后请他们对在一起工作最难相处的人进行描述，以此为根据确定评分。菲德勒的研究结果也为其他人的研究结果所证实。研究发现，以任务为动机的人用一种非常消极的、否定的字眼描述他最不喜欢的同事。实际上，他们认为任务重要到如此程度，所以不可能把个人与工作关系区分开来。也就是说，工作做得不好的人身上必然有一种不被喜爱的个性，如不友好、不合作、令人不愉快等。以关系为动机的人不那么看重因完成工作而得到的尊重，因此能够认为一个工作不好的同事是令人愉快的、友好的或有帮助的。因为这种领导在工作方面的情感投入不太强烈，所以会用一种较积极的方式看待在工作中难以相处的人。

菲德勒将影响领导工作的三方面因素任意组合成 8 种情况，对 1 200 个团体进行了观察，收集了领导风格与对领导有利或不利条件的 8 种情况关联起来的数据，得出各种不同的情况下，应当采取的使领导工作有效的领导方式，其结果如图 5-5 所示。

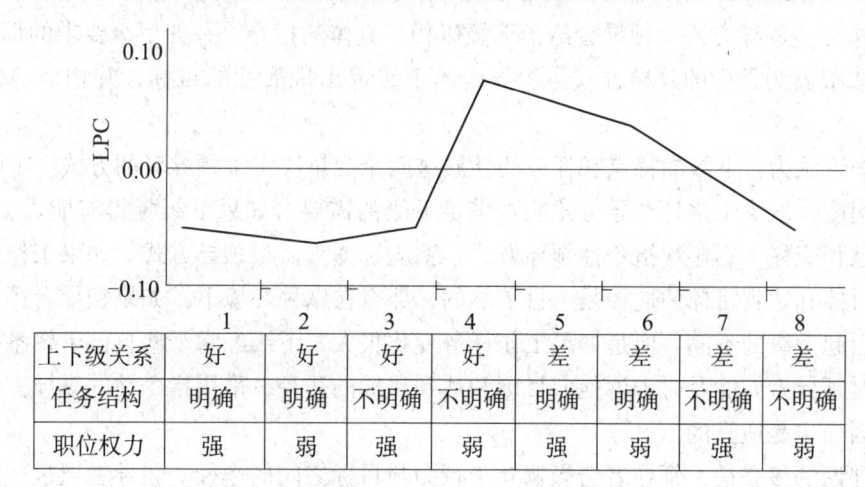

	1	2	3	4	5	6	7	8
上下级关系	好	好	好	好	差	差	差	差
任务结构	明确	明确	不明确	不明确	明确	明确	不明确	不明确
职位权力	强	弱	强	弱	强	弱	强	弱

图 5-5　菲德勒的领导模型

图 5-5 是菲德勒研究随机制宜领导模型的概括，在研究中他发现关心任务的领导者在不利的或有利的情况下，是最有成效的领导者。也就是说，当领导者职位权力不足、任务结构不明确、领导与其成员的关系恶劣、领导者的处境不利时，关心任务的领导者是最有成效的。同样在另一极端情况下，职位权力很大，任务结构明确，领导与其成员关系良好，领导者的处境有利，菲德勒发现关心任务的领导者也是最有成效的。但当情况仅是有些不利或是有利（图 5-5 的中部）时，注重人际关系的领导者是最有成效的。

许多学者对菲德勒的模型从经验上、方法论和理论上提出了批评，认为其取样太小，有统计误差。还有人认为菲德勒只是概括出结论，而没有提出一个理论。尽管如此，这个模型还是有意义的。

（三）途径—目标理论

加拿大多伦多大学教授罗伯特·豪斯把期望理论和领导行为四分图理论结合在一起，提出了途径—目标理论。这种理论认为：领导者的效率是以激励下级达成组织目标，并在其工作中使下级得到满足的能力来衡量的。领导者的责任和作用就在于改善下级的心理状态，激励他们去完成工作任务或对工作感到满意，帮助下级达到目标。为此就要对下级讲清工作任务；承认下级对奖励的要求并鼓励下级提出奖励要求；奖励达到目标的成就；支持下级为实现目标所做的努力；为其完成任务扫清障碍；增加下级获得个人满意感的机会；等等。领导者所起的这种作用越大，对下级的激励程度越高，就越能帮助下级达到目标。

途径—目标理论认为，有四种领导方式可供同一领导者在不同环境下选择使用。这四种领导方式是：

（1）支持型领导方式。这种领导对下级友善、关心，从各方面对下级给予支持。

（2）参与型领导方式。领导者在做决策时征求并采纳下级的建议。

（3）指导型领导方式。领导会给予下级以相当具体的指导，并如下级要求的那样明确。

（4）以成就为目标的领导方式。领导者给下级提出挑战性的目标，并相信他们能达到目标。

这种理论认为，下级的特点和任务的性质这两个变量决定了领导者的方式。下级接受领导方式的程度，取决于这种领导方式能否满足下级的需要。如果下级觉得有能力完成任务，很需要荣誉和交往，不喜欢指令性领导方式，就应选择支持型领导方式。如果工作任务是常规性的，目标和达到目标的途径是一目了然的，那么在这种环境下，如果领导者还是去发号施令就会引起下级的不满。但是如果工作任务变化很大，下级经常干些自己不熟悉和没把握的事，这时领导者如能及时告诉他们目标和达到目标的途径，采用指令性的领导方式，下级会高兴，因而也是适宜的。

这个理论的核心是：领导者会影响介于行为与目标之间的途径。领导者通过规定职位与任务角色，清除实现业绩的障碍。领导在设置目标方面谋求群体成员的支援，促进群体的内聚力和协作力。领导应增加群体成员实现个人业绩的机会，减轻其压力，减小外界对其的控制，使期望目标明确化。领导采取除此以外的一些满足人们期望的措施。

（四）领导者—参与者模式

领导者—参与者模式是一种最新的权变模式。这是弗鲁姆和耶顿两人在1973年所写的《领导和决策》中提出的。这种理论认为，领导者可以通过改变下属参与决策过程的程度，表明领导者的行为采取什么样的方式才是正确的。根本不存在对所有情况均适用的唯一正确的领导作风，应该开发一系列的领导行为——从专制独裁到参与管理的不同领导方式。这种模式与菲德勒模式不同之处在于，后者将领导人的行为特点看成固定不变的，要通过调整领导者所处的环境适应其特点，而这一模式则认为领导行为应该根据环境的需要而变化。

这种模式与坦南鲍姆和施密特的领导行为连续统一体理论相似，它一共列出五种不同的领导方式。这五种领导方式是：

（1）领导者运用手头的资料，自己做出决策，单独解决问题，即专制独裁式的方式。

（2）领导者向下属取得必要资料，然后自己做出决定。向下属索要资料时，可能向下属说明问题，也可能不说明。下属只是提供必要的资料，并不提供或者评价解决问题的方案。

（3）以个别接触方式让下属知道问题，获得他们的建议或意见，然后由领导者做出决策。决策可以反映下属的意见，也可以不反映。

（4）让下属集体了解问题，集体提出意见、建议，然后由领导者做出决策。决策可以反映下属的意见，也可以不反映。

（5）让下属集体了解问题，领导者与大家一起提出和评价可供选择的方案，努力就解决问题的方法达成一致意见。领导者不试图影响小组接受他的解决办法，愿意接受和试验下属支持的解决办法。

弗鲁姆和耶顿还提出了选择领导方式的七个原则，其中前三个原则是决策质量原则，后四个是决策可接受原则，依据这些原则领导者就能发现最迅速和最能被接受的领导方式。这些原则是：

（1）信息原则。如果决策的质量是重要的，而领导者又没有足够的信息或单独解决问题的专业知识，那么，就要排除第一种专制决策的领导方式的可能性。否则决策质量就不会好。

（2）目标合适原则。如果决策质量是重要的，而下属又不具备为组织做出合适决策的能力，那么就排除采用第五种领导方式的可能。

（3）非结构性原则。如果决策的质量是重要的，但领导者缺乏充分的信息和专业知识，而且问题又是非结构性的，那么就排除用第一种、第二种、第三种专制的领导方式。

（4）接受性原则。如果下属对决策的接受性是有效贯彻决策的关键，那么就排除第一种、第二种专制的领导方式。

（5）冲突原则。如果决策的接受性很重要，那么下属将不会接受第一种、第二种专制的领导方式，采用第三种、第四种参与决策的领导方式能最好的消除冲突。

（6）合理原则。如果决策的质量并不重要，而决策的接受性很重要，那么最好采用第五种参与决策的领导方式。

（7）接受最优原则。如果接受性是主要的，而且不一定是由专制决策引起的，就要激励下属实现组织的目标。为了解决问题，采用参与度高的领导方式为好。

弗鲁姆和耶顿还认为，领导者应该使用他们的原则制定简易的决策流程图，领导者可以根据情况采用合适的领导方式。这个模式对培训未来的领导者，在如何选择使他们能够"及时地做出决策、能够做出高质量的决策"的领导方式方面，是个重大的突破。如果领导者能正确地判断情况，选择最好的领导方式就变得较为容易了。

(五) 不成熟—成熟理论

美国管理学家和行为科学家阿吉里斯的不成熟—成熟理论是一项主要针对个人需求与组织需求问题的研究。他主张有效的领导人应当帮助人们从不成熟或依赖状态转变到成熟状态。

他认为,一个人由不成熟转变为成熟的过程,会发生下列变化,如表5-2所示。

表5-2 由不成熟到成熟

不成熟	→	成熟
被动	→	主动
依赖	→	独立
少数的行动	→	能做多种行为
错误而浅薄的兴趣	→	较深入和强烈的兴趣
时间和知觉性短（只包括目前）	→	时间和知觉性较长（包括过去和未来）
附属地位	→	同等或优越的地位
不明白	→	明白,控制自我

他认为,上述变化是持续的,一般正常人都会从不成熟趋于成熟。每个人随着年龄的增长,有日益成熟的倾向,但能达到完全成熟的人只是极少数。

同时,他还发现,领导方式不佳会阻碍人的成熟。在传统领导方式中,把成年人当成小孩对待,束缚了他们对环境的控制能力。工人被指定从事具体的、过分简单的和重复的劳动,完全是被动的,依赖性很大,主动性不能发挥,这样就阻碍了人们的成熟。

传统的领导方式适用于行为不成熟的人或心智迟钝的人,对成熟的人是不适用的。要促进人们行为成熟,领导方式应针对下级不同的成熟程度有所区别,还要创造条件帮助和指导下级行为趋于成熟。为此,要增加个人的责任,给下级在工作中成长成熟的机会,有助于下级的社交、自尊、自我实现等需要的满足,从而激励人们发挥潜力来实现组织目标。

四、领导理论新发展

(一) 领导归因理论

领导归因理论主要用于了解原因与结果之间的关系,还可以用于解释领导的知觉。这种理论指出,领导者对下级的判断会受到领导者对其下级行为归因的影响。但领导者对下级行为的归因可能有偏见,这将影响领导者对待下级的方式。同样,领导者对下级行为归因的公正和准确也将影响下级对领导者遵从、合作和执行领导者指示的意愿。领导者典型的归因偏见是把组织中的成功归因于自己,把失败归因于外部条件,把工作的失败归因于下级本身,把工作的成功归因于领导者。

因此,克服领导者的归因偏见是有效领导的重要条件之一。领导归因理论的主要贡献在于提醒领导者要对下级的行为做出准确"诊断",并"对症下药",才能达到有效管理的目的。

(二)魅力型领导理论

魅力型领导理论是领导归因理论的扩展。它指的是当下属观察到领导者的某些行为时,会把它们归因于伟人式的或杰出的领导能力。该理论的大部分研究是确定有魅力的领导者与无魅力的对手之间的行为差异,被公认为具有魅力的领导者有富兰克林·罗斯福、约翰·肯尼迪、沃尔特·迪斯尼等。

一些研究者试图确定魅力型领导者的个性特点。罗伯特·豪斯确定了3项特点:极高的自信、支配力以及对自己信仰的坚定信念。美国当代组织理论、领导理论大师沃伦·本尼斯研究了90位美国最杰出、最成功的领导者,发现他们有四种共同的能力:有令人折服的远见和目标意识;能清晰地表述这一目标,使下属明确理解;对这一目标的追求表现出一致性和全身心的投入;了解自己的实力并以此为资本。不过,在此方面最新、最全面的分析是加拿大麦吉尔大学的康格和凯南格做出的。他们的结论是,魅力型领导者具有如下的特点:有一个希望达到的理想目标;为此目标能够全身心地奉献;反传统;非常固执和自信;是最激进的代言人而不是传统现状的卫道士。

一些研究者试图确定魅力对下属有哪些实质性的影响。这一过程的第一步是领导者清晰地描述宏伟前景。这一前景将组织的现状和更美好的未来联系在一起,使下属有一种连续的认识。第二步,领导者向下属传达高绩效期望,并对下属达到期望表现出充分的信心。这样做提高了下属的自尊感和自信心。第三步,领导者通过言语和活动传达一种新的价值观体系,并以自己的行为为下属设立了仿效的榜样。第四步,魅力型领导者可以做出自我牺牲和反传统的行为表明他们的勇气和对未来前景的坚定信念。

对下属有什么影响呢?有关这方面越来越多的研究表明,魅力型领导者与下属的高绩效和高满意度之间有显著的相关性。为魅力型领导者工作的员工会受到激励,工作上会付出更多的努力,而且,由于他们喜爱领导者,也表现出更高的满意度。

既然魅力如此理想,人们是否可以学做魅力型领导者呢?抑或魅力型领导者天生具有这样的气质?尽管仍有少数人强调魅力不可能被习得,大多数学者、专家认为个体可以通过培训而展现魅力,并因而取得魅力型领导者的成就。比如,一群研究者指出一个人可以通过以下三个阶段的学习变成魅力型领导者。第一,个体要保持乐观态度。使用激情作为催化剂激发他人的热情,运用整个身体而不仅仅是言语进行沟通,通过这些方面可以开发魅力。第二,个体可以通过与他人建立联系而激发他人跟随自己。第三,个体通过调动跟随者的情绪而开发他们的潜能。研究者利用这种方法使在校大学生成功地扮演了魅力型领导者的角色。

他们指导学生清晰地表述一个极高的目标，向下属传达高绩效的期望，对下属达到这些目标所具备的能力表现出充分的信心，重视下属的需要；学生们练习如何表现出有力、自信，并使用富有魅力的迷人语调。为了进一步捕捉魅力型领导者的动态特征，研究者还训练这些学生使用魅力型领导者的非言语特点，如坐在自己的办公桌旁，或者在桌边漫步，身体前倾朝向下属，保持直接的目光接触，呈现放松的姿态和生动的面部表情。研究者发现，这些学生学会了如何展现魅力，使他们的下属表现出更高的工作绩效，对工作任务的适应性以及对领导者和群体的适应性都更高。

有关这一主题的最后一点是：魅力型领导者对于员工的高绩效水平来说并不总是必不可少的。当下属的任务中包含观念性要素时，它最为恰当。这可以解释为什么魅力型领导者更多出现于政治、宗教领域以及战争期间，或在一个引入重要新产品或面临生存危机的企业中出现，因为在这些情况下，观念是十分重要的。富兰克林·罗斯福在经济大萧条中给美国人指出了光明的前景；斯蒂夫·乔布斯在20世纪70年代末80年代初提出了计算机必将极大改变人们的日常生活的前景，赢得了苹果公司技术员工坚定的忠诚和承诺。然而，当危机和剧烈变革的需要减退时，魅力型领导者事实上可能会成为组织的负担。为什么呢？因为魅力型领导者过分的自信，会导致许多问题。他们不能聆听他人的建议，受到有进取心的下属挑战会十分不快，有时还固执己见。比如，菲利普·凯恩就是一位具有领袖魅力的领导者，在波兰的全球软件公司最初的创业时期立下了汗马功劳。然而，在公司的成熟时期，这位首席执行官却成为企业的负担，他独断的风格、自负而鲁莽的决策使公司陷入危机。

（三）对领导的反思

在组织行为学的所有主题中，很少有主题能像领导一样长时期得到人们的关注。人们对领导像着了迷一样，不断投入时间与精力去追寻"领导的魔力效果"。传媒、大众甚至学界对组织领导的更换、言论、行为倾注了无数的热情，组织领导的作用被不断地传诵。郭士纳、韦尔奇等领导者带领各自组织冲天而起的事迹，作为领导者作用的最佳注解而被广为传播。而领导者的另一面却鲜有人关注，除非组织变得像安然公司那样，人们才会去思考领导者的贪婪与不足。

对领导的反思虽然没有成为领导学研究和关注的焦点，但是经过长时期的积累，研究者也逐渐取得了一定的成绩，形成了一定的理论成果。对领导的反思主要有两方面：一方面是领导者的缺陷，另一方面是领导的有效性。

著名的领导力研究者康格对领导的"阴暗面"进行了研究，他指出领导者的行为不仅意味着光辉与灿烂，有时也会给组织带来损失甚至是灭顶之灾。他认为领导者的三种行为可能会为组织带来不良后果，这三种行为是：领导者的战略梦想、领导者的沟通和印象管理技能、领导者的不良管理实践。

领导者需要为组织规划发展的远景，为下属指明前进的方向。但是领导者可能将自己的个人梦想包含到组织的目标之中，而这些梦想并不符合组织的需要。领导者容易将个人梦想误认为是和组织的目标相一致的，因而顽固地坚持错误的个人梦想。领导者通常花费大量的精力、热情和资源，着手实现个人梦想。他们的决心越大，就越不愿意考虑相反做法的可行性。此外，领导者观念上的基本错误也可能导致梦想失败。这类问题一般包括：①不能察觉市场的重大变化（如竞争性变化、技术性变化或者顾客的需求）；②不能正确地评估和获得实现梦想的必要资源；③错误解读或自以为了解市场和委托人的需求。

领导者通常具备优秀的管理和沟通技能，但有时他们会滥用这些技能给组织和他人造成伤害。他们经常采用的方法包括：①夸张的自我描述；②对梦想的陈述夸大其词；③玩弄技巧，满足英雄模式，塑造独一无二的形象以操纵群众；④习惯封锁负面信息，将正面信息最大化以获取信任；⑤利用逸闻趣事来分散人们对不利统计数据的注意；⑥重申观点，打消疑虑，将消极后果归咎于外部因素，制造一切尽在掌握的假象。领导者技巧的管理和沟通手腕常使其能够取得成功，虽然领导者个人的愿望得到了满足，但是组织的利益受到了损害却无人觉察。

领导者虽然卓越不凡，但是他们仍然在某些方面有所欠缺。居于显要职位的领导者有巨大的管理权力，相比普通管理者，前者的不良管理实践会给组织带来更大的损失。康格将领导者的不良管理实践总结为以下几类：①不善于处理人际关系，尤其拙于应付上级和同僚；②行为反传统，造成与他人的隔阂；③组建小集团，造成分裂；④独裁专制的管理作风；⑤反常规/冲动的作风造成分裂和无效行动；⑥在做直接报告时过分美化或贬低他人；⑦造成他人的过分依赖；⑧不能处理好细节问题，不能进行有效的管理；⑨在意表象；⑩脱离组织经营；⑪不注意培养能力相当的接班人。

在对领导者的行为缺陷反思的基础上，人们进而探究一个问题：领导是否真正有效，是否真正需要领导的存在。在有关领导无用的研究中，有两项研究经常被提到。美国管理学家斯坦利·利伯森和詹姆斯·奥康纳调查了13个行业中的167个组织，比较了与环境和组织有关的领导。他们的研究表明：环境因素与组织高层的领导相比，前者对组织表现的影响更大。斯坦福大学组织行为学教授杰拉尔德·萨兰西克和杰弗里·普费弗在他们对市政府表现的研究中得出这样的结论：市长的换届影响甚微，不可能引起重大变化。普费弗指出，领导被认为是一个重要的和强大的力量，是因为我们在寻找原因时总喜欢找一个关键的原因。例如，我们总是很难将领导的功能——完成任务和维护团结分散给诸多的个体，因为个人之间的交换和联系取决于机缘巧合。将原因指向一个焦点——领导，就降低了原因的不确定性，我们就会觉得轻松自在了。可以说，领导者是重要的社会构造物。他们是象征，因此也成为我们追根溯源的目标。我们失败时，他们是替罪羊；而成功时，他们又成为英雄，群体成员得以聚集在他们的周围共同欢庆胜利。

但是也有学者坚持领导者的作用。美国管理学家彼得斯和奥斯汀在《追求卓越》中强调高层领导是优秀企业存在和发展的极为重要的组成部分。著名组织学者罗伯特·豪斯也指出，大量的证据表明领导在以下方面产生了重大影响：努力程度、适应变化的能力、情况变化时的表现、员工集体流动的程度、缺勤比率、集体中个人的表现、接受决策的程度、决策质量、在领导艺术培训中不断学习的下属的数量。

领导除了直接的作用外，还有很强的间接作用。例如，领导者会创造或者改变企业的组织文化，进而通过组织文化影响员工的价值观和态度，从而改进员工的行为，并从整体上提高组织的绩效。对领导的反思一方面使人们意识到了领导的缺陷和不足，另一方面也让人们发现了克服领导缺陷与不足的途径，为领导行为的改进和更深层次的研究提供了指引。

第三节 领导决策

一、领导决策的概念与类型

（一）领导决策的概念

领导决策，是指领导者在领导活动中，为了解决重大的现实问题，通过采用科学的决策方法和技术，从若干个有价值的方案中选择其中一个最佳方案，以此实现领导目标的活动过程。领导决策的概念有狭义和广义之分。狭义的领导决策概念专指领导者对行动方案的最终选择，即通常所说的"拍板"。广义的领导决策概念，是把决策理解为领导者制订、选择、实施行动方案的整个过程。这个过程既包括领导者"拍板"前的调查研究、科学预测、拟订方案等准备活动，又包括"拍板"后的实施活动。就是说领导决策包括制定决策和实施决策两大阶段。

具体地说，科学的领导决策应该具备几方面条件：

（1）决策要有明确的目标。决策总是为了解决某一问题而做出的决定，因此决策是有目标地面向未来的认识活动。没有目标，无从决策；目标不明确，将会造成决策的失误。

（2）决策要能够付诸实施。决策是为了正确地指导人们认识和改造世界的活动。制定决策后必然要付诸实施，不准备实施的决策是多余的决策。决策以实践为基础和目的，又是实践的准备和指导。

（3）决策要追求优化。决策是在一定的条件下追求优化的目标，并且对实现目标的过程进行优化。以最少的消耗获得最佳效果是领导决策追求的理想。不追求优化，决策就没有任何意义。

（4）决策是一种选择活动。决策是在若干个目标中选择一个最切合实际的目标，在若干个有价值的方案中选择一个最佳方案的过程。如果只有一个目标或方案，就无从选择；如果没有选择，就无从优化。

（二）领导决策的类型

决策有多种类型，但一般从以下几个角度分析决策类型：

（1）按决策的重要程度划分，可分为战略决策、管理决策和业务决策。

战略决策，是指事关组织兴衰成败的带全局性、长期性的大政方针的决策。其特点是影响的时间长、范围广。决策的重点在于解决组织与外部环境的关系问题，注重组织整体绩效的提高。战略决策属于组织的高层决策，是组织高层领导者的一项主要职责。

管理决策，是指执行战略决策过程中，由组织中的中层管理人员为了保证总体战略目标的实现而做出的旨在解决组织局部重要问题的决策。其特点是影响的时间较短、范围较小。决策的重点是对组织内部资源进行有效组织和利用，以提高管理效能。

业务决策，又称作业决策，是指为提高效率以及执行管理决策等日常作业的具体决策。其特点是：属单纯执行性决策，决策的重点是对日常作业进行有效的组织，以提高作业效率。

这类决策一般由组织的基层管理者负责。

上述管理决策和业务决策通常又称为战术决策，与战略决策相对应。

（2）按决策结果的预测程度划分，可分为确定性决策、风险性决策和不确定性决策。

确定性决策，是指在一定范围或条件下，决策者掌握有关决策的确切信息，确切了解有多少选择方案，每种选择方案的本质、结果等。这种情形在管理决策中并不经常出现。

风险性决策，是指决策者不能确保选择一个既定方案的结果一定出现，但在风险性条件下，决策者能清楚地界定决策问题，列出很多但不是全部的选择方案，并制订选择方案的评价方法。

不确定性决策，是指在一定情形下，决策者甚至不能清楚界定决策问题或可能的解决方案，不能得出选择方案结果的可能性。这是因为决策者没有掌握决策的任何信息，或者从未遇到过要决策的问题。

（3）按决策的复杂程度及有无既定程序可循划分，可分为程序性决策和非程序性决策。

程序性决策是指按预先规定的程序、处理方法和标准对管理中经常重复出现的问题进行决策。

非程序性决策是指为解决不重复出现或独一无二的新问题所进行的决策。

（4）按决策主体划分，可分为个体决策与群体决策。

个体决策，即决策者是单个人，个人因素影响决策过程。影响决策的个人因素主要有个人对问题的感知方式、个人的价值系统。

群体决策，是指决策者可以是几个人或一群人，甚至是整个组织的所有成员。群体决策受到群体因素的影响。群体因素是群体本身特有的心理现象，它普遍存在于各个群体成员的头脑中，反映群体社会关系的共同心理状态与心理倾向。

此外，还可根据决策的目标决策分为最优决策和满意决策；根据决策推行的过程将决策分为有效决策、备用决策和追踪决策；根据决策的行动目的将决策分为进攻型决策和防御型决策；等等。

二、领导决策的心理特征

(一) 决策者心理行为层次

决策者无论处于个人决策还是团体决策状态,其决策首先出于个人的心理、行为,其次出于所在组织的群体心理、行为,最后才出于决策(领导)者的心理、行为。换句话说,一个好的决策(领导)者,必定首先是一个优秀的个人,一个积极的组织成员,然后才能胜任决策(领导)者的职责。

个体心理与行为大体可以从一般心理、社会心理、一般行为与行为改变四方面来讨论。一般心理指人的知觉、判断、价值观、态度、个性等;社会心理指人在社会关系中发生的认识、情感、交往、吸引、挫折等;一般行为指人类常见的行为模式;行为改变指激励对行为的影响。

(二) 领导决策的心理障碍

一个优秀的领导者,不仅能够及时做出一般性的决策,更重要的是能使自己的决策不断趋于优化。要做到这一点,就必须排除干扰决策优化的各种消极心理因素的影响。

1. 从众心理

从众心理是指个体服从群体压力的心理特点。主要表现为:真实的或臆想的压力会迫使人的心理乃至行为发生改变,而领导者会顺应这种压力。

领导的从众心理,在决策过程中主要表现为:

第一,对上级领导唯命是从。有些领导,在进行决策的过程中,看上级的脸色行事,以上司的是非为是非,只对上负责,不对下负责。在拟订和选择决策方案时,绝对服从上司的意见,不敢越雷池一步。

第二,总是被动地模仿别人。屈从于客观环境造成的压力,不敢拟订和选择与众不同的方案。

第三,屈从于公众的舆论和多数人的意见,害怕自己的决策同公众舆论和多数人的意见偏离,在压力的作用下,轻易放弃本来是正确的方案。

2. 自我辩解心理

自我辩解心理是指为了减轻认识不协调所产生的心理紧张,为自己的行为、信念和情感进行辩解的一种心理倾向。领导者在决策过程中的自我辩解心理,会直接干扰决策方案在实施过程中的修正和完善。自我辩解心理使领导者夸大自己决策的优点,缩小缺点,不愿获取对自己所做决策不利的信息。

3. 偏狭与刻板心理

偏狭与刻板是人的两种不良的性格品质。偏狭是指一个人思想偏颇,思路狭窄,心胸不开阔。刻板是指一个人思想和行为保守,缺乏灵活性。领导者偏狭与刻板的性格特征,在决策过程中，使自己的开拓精神和创新能力受到禁锢。偏狭的性格特征直接影响决策者思维的科学性和广阔性。刻板的性格特征直接影响决策者思维的灵活性和独创性。

三、领导决策的误区

追求理想的决策效果是每个决策者共同的愿望，但其结果并不尽如人意。通过研究大量的决策失败案例可以发现，决策的失败大都是因为领导者在决策的时候陷入了决策误区。因此，弄清决策误区的表现形式和产生原因，增强规避和防范决策误区的自觉性，是提高领导决策能力和水平的必然要求。

领导活动是以被领导者（下属、群体成员）、社会、自然为工作对象的有目的的活动，领导活动不能不受客观环境、客观条件、客观因素的制约和影响，这些因素为领导活动获得成功提供了有力的帮助和支持，但它同时又在一些方面限制了领导活动。因此作为领导者，有时不得不受到客观情况的限制和影响，产生决策误区。某些客观因素可能会使领导决策失误，但谁也不能跨越时代，脱离客观和实践，所以由客观因素造成的决策失误是情有可原的。导致领导者在决策中陷入误区最多的最主要的原因，是领导者自身素质方面存在的欠缺、不足或错误。领导决策是一种具有高度综合性、创造性的认识活动，认识失误就会造成决策失误。

（一）领导决策误区的主要表现

1. 受生产力发展水平制约导致的决策误区

一个国家、一个地区的发展战略、发展道路、发展速度，不是随心所欲的，必然要受到生产力水平的制约。生产力先进，经济和社会发展就迅速，生产力落后，经济和社会发展就会缓慢。领导决策必须从国情、组织和自己的实际出发，考虑生产力水平，循序渐进，扎实前进。决策如果脱离生产力水平，就会给生产关系带来损害。

2. 受科技水平限制导致的决策误区

科学技术是人类文明和社会进步的标志，也是人类智慧和力量的产物。科技水平与领导正确决策有很大关系。大型科学决策需要考虑众多科学技术的因素，一般决策也受到科技水平的制约和影响。例如，早年间由于具有高效杀虫能力而曾被广泛使用的DDT（二氯二苯三氯乙烷），由于其在农业杀虫能力方面效力显著而风靡世界，被大量生产和使用。但后来人们逐渐发现，DDT是一种难降解有毒化合物，长期使用会不断在人、畜和环境中积累，导致慢性中毒和污染。鉴于DDT的严重危害，许多国家已于20世纪70年代停止使用DDT，我国政府也于1983年停止生产和使用DDT。从DDT事例可以看出，科技水平制约了人们认识事物的能力，也制约了领导决策能力。当科技水平在某一方面限制了领导者的认识能力时，他们的相关决策就会陷入误区。

3. 因思想偏差导致的决策误区

一方面，由于对时局、政治形势的认识和分析有错误，领导者在指导思想上出现的偏差，就会在大政方针的决策中引发问题，使决策陷入误区。另一方面，有些领导者在决策中高估自己的能力，凭经验决策，不能正确认识决策的复杂性和难度，自以为是，独断专行，不听取别人的意见。许多领导决策失误就是由这种思想意识、思想方法造成的。有一些领导者，把权力当成一己私物，一朝权在手，就想一人说了算，不深入调查研究，听不得别人意见，搞"一言堂"，在任何事情上都大权独揽，独断专行。这样的领导者搞决策，没有不陷入误区的。经验是在实践中获得的，有些经验是通过吸取教训获得的，来之不易，值得珍惜。对待经验要进行总结、继承、学习、运用。但是，如果不能正确认识和对待经验，遇事照抄照转，照搬照套，采用经验主义，就会对领导决策造成危害。可见，经验虽然宝贵，但经验主义害人不浅，它会将领导决策引入误区。

此外，现实生活中，有的领导者为了眼前或个人的利益，在决策时不惜牺牲长远利益、集体利益。有些人甚至动用公款给亲友炒股，导致巨额公款无法收回，有些人暗地将大项目承包给亲友干，使国有资产大量流失……这些损公肥私的领导决策行为不但是错误的，而且有的还构成了犯罪。

4. 因心理障碍导致的决策误区

心理是客观事物在人脑中的反映。自觉性和目的性、丰富性和深刻性、自控性和创造性是人类心理、意识的基本特征，也是人与动物心理区别的根本标志。心理状态和心理素质对领导决策有不可忽视的影响。尤其对身负重任的各级领导者来说，其影响不容低估。特殊情况和关键时刻，如遇到困难、突发事件，或难以决断却必须拍板定夺的情况，就是对领导思想水平、积累的经验、工作能力的严峻考验，也是对领导者心理素质的严峻考验。此时若胆怯、畏惧、犹豫、惊慌、懦弱，就可能导致满盘皆输，前功尽弃。

(二) 领导决策中存在的问题

在领导决策中应避免两种不良倾向：

1. 冒险转移现象

一般认为，群体决策由于能做到集思广益、博采众长，比个人决策更为合理，更为有效。但研究结果证明，群体决策与个人决策相比，往往更倾向于冒险，在管理中被称为冒险转移现象。这是由群体决策责任分摊、社会比较以及领导者倾向作用等导致的。大量的研究表明，冒险转移现象是相当普遍的，这引起了各国学者的浓厚兴趣，并对此进行了探索研究。这类研究把个人决策的冒险水平与群体决策的冒险水平进行比较。实验分为两组，一组记录个人决策的冒险水平；另一组由 3~5 人组成决策小组，由该小组选择最佳决策方案，要求全组做出一致同意的决策。决策课题的设计要便于数量评定。实验的结果表明，群体决策的冒险水平要高于个人决策的冒险水平。在大学生群体和领导群体中都观察到了这种现象，此外。几十项心理学和社会学的研究也证明，法国人、美国人和波兰人在群体决策时都存在冒险转移现象。

在群体决策中为什么会存在冒险转移现象？为进一步探讨这一现象的原因，各国学者提出了不同的假设，主要有以下几种：

（1）责任分摊的假设。每一种有风险的决策都与一定的责任相联系，风险越大，失败的概率也越大，决策者肩负的责任也越大。责任往往引起决策人情绪紧张、焦虑不安，不敢贸然采用风险较高的决策。而群体之所以采用有更大风险的决策，是因为决策后果的责任可由全体人员分摊，万一决策失败，追究责任不致独承其咎，这样就减轻了个人的心理负担。许多材料都证实了责任分摊的假设：一些素来顾虑重重的人在群体讨论时竟然会提出有很大风险的决策意见；当决策结果的责任由群体成员平均分摊时，冒险转移的数值更高；团结友爱凝聚力强的群体比松散的群体表现出更高的冒险水平。

但是责任分摊的假设并不能说明全部事实，并非所有研究材料都支持这个假设：如在一些无须负任何责任的实验里，也表现出了冒险转移现象；有些群体成员之间的交往并不密切，对于决策的重要性并未进行认真的讨论，在这样的群体中也会看到冒险转移现象。

（2）领袖人物作用的假设。群体中的领袖人物在群体活动中往往起特殊的作用，他们为了显示自己的才能与胆略，往往会采取冒险水平较高的大胆决策。由于他们在群体中有较大的影响力，在决策中有较大的发言权，会采用各种方式证明他们采取的决策是有根据的，因而他们的决策会被群体接受，变成群体的决策。日常生活中常常可以观察到这种现象。

这种假设并没有令人信服的实验材料作为依据，另外在日常观察中也发现了相反的情况。一些领袖人物往往在决策时更加谨慎小心，不能做出大胆的决策。这就说明，这一假设也不能全面解释冒险转移现象。

（3）社会比较作用的假设。在许多群体中，提出有根据的冒险决策会得到好评。因此，群体中的个人在提出自己的决策意见时，往往要与别人的意见相比较。如果个人意见的冒险水平低于其他成员的平均水平，则会感到不安，担心群体可能对他有不良的印象。基于这种考虑，个人在参加群体决策时所提出的意见的冒险水平要高于单独做决策时的冒险水平。也就是说，群体内各成员的相互比较可能产生冒险转移现象。

这种假设也没有得到所有实验材料的支持，冒险会得到好评的假定值得怀疑，因为在某些群体中更重视小心谨慎的决策。

（4）效用改变的假设。这种假设是用效用理论的术语来解释群体决策的冒险转移现象。这种假设认为，群体讨论并彼此交换意见，会改变个人选择方案的效用，也会改变冒险的效用，从而产生趋同现象。这种假设不能全面解释冒险转移现象，不能解释为什么冒险效用会增加，而不是减少。

（5）"文化放大"的假设。这种假设认为，若一个国家或社会的文化中占主导地位的价值观是崇尚冒险，则这种价值观会被放大，并扩散到该文化群体的决策中。这种假设可以解释美国群体决策中的冒险转移现象。但在我国，对文化中有关冒险还是慎重的价值观以及群体与个人决策的冒险水平都缺乏调查，此假设也有待进一步验证。

这五种假设虽然都试图解释群体决策的冒险转移现象，有一定的意义，但都不能解释全部实验材料。这种现象可能相当复杂，其发生受多种因素的影响和制约。在不同的情况下，可能不同的因素在起主导作用。虽然群体决策中存在冒险转移现象，但不能因此认为群体决策向冒险方向转移是必然规律。也有的研究发现，群体决策有向保守方向转移的倾向。

2. 小集团思想

有时会看到这样的现象：由一些经验丰富、知识渊博的专家组成的群体，会做出一般人凭常识也不会做出的荒谬决策。

小集团思想是美国心理学家杰尼斯提出的，他分析了各种军事和政治决策，发现了这一现象。所谓小集团思想是一个统一群体中的人们的一种思想作风，在这个群体中，认为追求思想一致比现实地评价各种可能行动方案更为重要。这一群体的成员认为保持群体统一、创造和谐的气氛有特殊的意义。由于把这一目的摆在首位，往往不能理智地分析各种可能的备选方案，使决策质量受到影响。

在具有小集团思想的群体里，如果某一群体成员不接受领袖人物或多数人的意见，会被孤立、嘲笑或排斥，在这种条件下即使群体成员对决策有怀疑也不敢公开发表意见，这样会造成一批俯首帖耳的顺从者；其成员往往会封锁怀疑群体决策正确性的消息，而严重影响群体决策的质量；这种群体有时会过高估计成功的概率，过低估计失败的概率，认为本群体的决策一定能成功，或过高估计自己群体所拥有的物质手段、自己组织的专长，而对外部条件、敌方力量估计过低。总之，小集团思想一方面会提高群体的内聚力和群体成员的自我满意感；另一方面，会降低决策的质量，使群体决策的效果比个人决策的效果差。杰尼斯的小集团思想的概念是在分析了美国历史上若干重大决策成败的案例之后得出的结论，这种研究方法并不是十分可靠的。另外，杰尼斯过分夸大了小集团思想在群体活动中的作用，而没有估计其他因素的作用，是一种把一切社会现象简单地归结于心理因素的错误倾向。尽管如此，小集团思想的现象确实在某些决策群体中存在，在管理中要注意这种现象，并采取适当措施预防和抑制其不利影响。

四、领导决策的科学化与民主化

（一）领导决策的科学化

为了保证做出正确的决策，应该使领导决策科学化。领导决策科学化包括以下几方面的内容：

1. 注意区分程序化决策和非程序化决策

所谓程序化决策是指针对企业中反复出现的结构清晰、可以通过一定程序予以解决的活动进行的决策。每当这种活动和问题重复出现时，可以照此办理，不必再做新的决策。也就是这种决策可以程序化、定型化，如订货程序、材料出入库手续。

所谓非程序化决策，是针对非重复出现的、没有结构化的、新的、无固定程序可循又特别重要的问题进行的决策。这类决策不能程序化，必须每次都做新的决策，如新产品的开发、工厂的扩建、经营多样化等。

解决程序化决策和非程序化决策所使用的方法是不一样的。前者可以通过建立规章制度和一定的职责分工，以及建立数学分析模型、利用计算机解决。而后者主要依靠决策者的经验、创造精神，通过培养、挑选合格的领导者，以及用计算机模拟人类思考问题的过程来解决。

领导者应当通过制定一定的政策，进行分工，建立规章制度、程序，将程序化问题交由下级处理，而将主要精力用于处理重大的、原则性的、影响企业未来的非程序化决策。

2. 注意决策的目的、条件和标准

企业今天的活动是执行昨天决策的结果。当我们要在今天进行新的决策时，首先，应当反复论证进行新的决策的必要性。必须要知道新的决策是针对什么的，在什么样的边际条件下做出的，它解决什么问题，又可能产生什么问题，它在什么条件下成立，在什么条件下必须抛弃，在什么时候必须以新的决策来取代不合时宜的决策。其次，当继续保持常规将使情况趋于恶化时，则必须做出决策；如果新的机会来临，机不可失，时不再来，这时也必须有所决策。最后，决策的目标水准不能追求绝对的合理性，因为那是难以达到的，所以要常常满足于"足够好的""还过得去"的决策。目标水准的设立可以经过多次反馈来确立，必要时应从实际情况出发修改目标水准（如图5-6所示）。

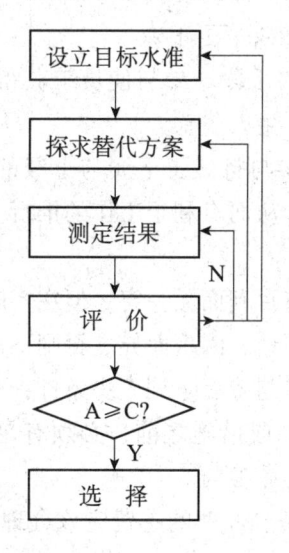

图5-6 行为科学的决策模型

C-目标标准；A-替代方案；Y-YES；N-NO

3. 注意依靠充分的情报资料和科学的决策方法

决策过程中个人的经验、自觉和判断是重要的，但是决策问题所涉及的知识领域十分广泛，光靠个人经验已经不能保证做出正确的决策，因此应当依靠充分的情报资料和科学的决策方法。充分的情报资料是指那些与决策问题有较大关系的全部资料,而科学的决策方法是指目前已有的现代化的决策方法,如决策论中的方法、计算机辅助决策方法等。

4. 要建立和健全科学决策的支持系统

现代决策体制由情报信息系统、参谋咨询系统、决断系统、决策执行系统、监督系统、反馈系统、评价与奖惩系统七个部分构成。

(二) 领导决策的民主化

世界经济一体化趋势明显,经济上的竞争越来越激烈,决策的速度加快,决策内容越来越复杂。任何领导者都难于独立承担决策的重担,越来越转向决策的民主化,即吸收下级参与决策,集思广益,群策群力,使决策的质量和实施速度得到改善。

1. 参与的含义及作用

参与是让个人将其精神与感情灌注到工作环境中,使其为达成群体目标贡献才智并分担责任。由此可见,参与包含了三个重要概念:第一,参与是员工精神与情感的灌注,是参与者精力与智慧的投入,而不仅是体力与技术的投入,是心理的投入而非仅生理的投入;第二,参与是激励员工对工作环境做出贡献,允许与鼓励员工表现出其创造能力;第三,参与是鼓励下级勇于承担责任。

让员工参与决策可以起以下三个作用:

(1) 参与能发扬集体智慧,使决策更正确。

(2) 参与是调动积极性的重要手段。参与使员工获得更多的信息和信任,满足了人们对尊重的需要,使人产生归属感、主人翁感。

(3) 参与便于决策的执行。参与打破了下属与上级的隔阂,增加了员工改变与支配环境的能力,使员工勇于承担责任,从而有利于工作的推行。

2. 实行参与的先决条件

从理论上讲,实行参与似乎有百利而无一害,但在实际的管理中,是否运用参与必须考虑对象、时机和环境,要因人、因地、因事而异。否则不仅于事无补,而且会适得其反,使参与者在心理上产生挫折。实行参与要有下列先决条件:

(1) 时间上允许。在采取行动或措施之前,必须有足够的时间让员工参与决策的讨论和制定,在紧急情况下则不可能实施参与。

(2) 经济上合理。时间的花费和经费的花费应该合理,若超出价值以致影响正常工作,则不予采用。

(3) 参与者与决策有关。员工参与讨论的事项需要与他们有直接关系,如需要其执行的工作或其关心的问题。讨论时应使员工了解讨论的事项与个人的利害关系、个人应有的责任、对员工将来的行动的影响。

(4) 参与者应有必要的兴趣、能力和知识。无论是领导者还是下级均应具有参与讨论的兴趣、能力与知识,下级若无兴趣则无参与可言,下级如无此种能力与知识,而徒有参与的形式，就会产生心理挫折。所以，一些专门性的事务应交付专业人员讨论，并拟订决策，而不必赋予其他人员参与权。

（5）参与者应能摆脱偏见与私利的影响，并且有协商一致的愿望。参与者不能以为既然参与，事情就一定按自己的意见办，而应当能和他人相互沟通，了解彼此的立场、观点，克服语言、地位、人格、文化上的障碍，互谅互让，取长补短，这样才能通过讨论获得一致意见。

（6）参与讨论的问题应在员工的职权范围之内，应与组织目标相一致，否则参与非但得不到预期效果，反而会产生负面作用，影响工作效率。

3. 鼓励员工参与决策的方法

鼓励员工参与决策的方法很多，但主要有五种方法，即民主讨论、听取意见、合理化建议、越级参与和职工代表大会。

（1）民主讨论。采用民主讨论决定问题的方法，是让所有下属成员都参加并将全部的决策权交给团体，而领导完全遵照团体的决定。但使用这种方法时应当注意几个问题：

第一，在这种形式中领导的身份发生了变化，他已不是决策的制定者，仅是决策讨论的组织者，他可以通过提供资料来影响集体，但不能代替集体决策。

第二，这种形式讨论的内容最好是有关共同利益的事。

第三，组织者要善于引导，使讨论针对要解决的问题，而不进行不切要点的辩论，避免追求个人目标而非组织目标。

第四，这种方式主要应用在高层次的决策上。

（2）听取意见。听取意见又称咨询管理。这种方式是领导对与员工有关的问题，在未做决策之前事先征求员工的意见。这种方式的优点是领导可以自由地与下级沟通意见，不受会议程序的限制，无拘无束、亲切、灵活，增进彼此感情，且可避免员工之间不同意见的冲突与矛盾。而且领导者仍保留了最后的决策权，这种方法并不削弱领导者的正式权责与地位。但采用这种方式的领导者，必须具有尊重员工意见的诚意与胸怀，承认团体意见高于个人智慧。如果老是只听不取，员工就不愿再说了。

（3）合理化建议。合理化建议的目的是鼓励员工提供建议以改善工作。当员工提供的建议被采纳时，组织按规定给予物质和精神上的奖励。丰田汽车公司的领导宣称，其成功的秘诀有二：一是统一的意志，上下沟通，对公司发展大计心中有数，行动协调。二是发挥员工的创造力。厂方建立了合理化建议制度，设有130个意见箱，平均每人每年10条建议，厂方设有专人处理意见，并根据建议的实用价值给予奖励，即使意见未被采纳，也付以奖金以示鼓励。

但也有人认为这种方法要小心应用，才能收到成效，原因是：

第一，建议均见诸文字，缺乏面对面的语言沟通，因而无法激发所有员工提出建议的兴趣。

第二，员工所提供的建议，往往只顾自己的利益，而忽略了组织的利益，从而使其成效大为降低。

第三，员工对有关生产程序和工作方法的改变，多抱沉默态度，不愿积极地提供善意的建议，因为对工作有好处的事，不一定对自己就有好处。有人统计员工提出的建议，与个人有关的占78%，对组织目标有利的仅占22%。

第四，一般单位的领导者对提出意见的员工常表示不满，认为员工意见过多，无异于是对领导者工作能力和效率的批评。

（4）越级参与。这是一种低层主管联合参与实现管理的方法，其具体办法是：低层主管开会研究公司的问题并提出可行的建议。公司除了提供资料外，对其不加限制。但所有建议必须获得与会人员的一致同意。建议的责任应彼此共同分担，建议必须得到上级批准方能执行。越级参与除能提供建议外，还可培养高级管理人才。

（5）职工代表大会。职工代表大会是我国企业民主管理的基本形式，是职工参与企业决策和管理并对干部实行监督的权力机构。它对企业的生产经营、计划、财务预决算有审议权；对企业内部分配、职工的奖惩办法、重要的规章制度以及与职工切身利益有关的问题有决定权；对于干部有监督、建议任命、奖励、处分或者选举与罢免权；对上级机关的指示决定如有不同意见，有建议权。

五、领导决策的体制

随着市场经济和科学技术的迅猛发展，决策活动规模越来越大，决策的复杂性越来越高，传统的家长式决策体制与专家个人决策体制已被逐步淘汰，现代决策体制逐步建立。现代决策体制由情报信息系统、参谋咨询系统、决断系统、决策执行系统、监督系统、反馈系统、评价与奖惩系统等七个部分构成。

（一）情报信息系统

在任何一项决策中，信息都是必不可少的要素之一。在科学的决策体制中，首先必须建立起有效的情报信息系统，即在各级决策机构周围设立一系列专门收集、统计、存储、检索、传播、显示有关情报信息的机构。充分利用电子计算机和现代通信手段，形成信息网络，对来自各方面的信息进行综合处理与分析。信息系统的重要性在于及时为各级参谋咨询系统和决策系统提供综合性的、可靠的情报信息，为正确决策奠定坚实的基础。

（二）参谋咨询系统

参谋咨询系统是决策者的"外脑系统"。它设置在各级决策机构内，是专门为决策服务的咨询机构，亦即"智囊团""思想库"。参谋咨询系统由各种不同专业的自然科学家和社会科学家组成。在接受决策咨询的委托任务后，研究人员采用科学的预测方法，利用情报信息系统提供的数据资料，对决策问题进行系统研究，从不同角度、不同侧面分析决策的形态、结构、后果及各方面的反应，摸清各种影响因素间的有机联系，寻找平衡这些因素的逻辑方法。通过专家集团内部反复的信息交流与思想共振，最终提出高水平的、可供决策者选择的备选方案。参谋咨询系统的建立要充分注意系统的智力构成，要使参谋咨询机构有充分的独立性和研究工作的自由性，以充分发挥研究人员的独创性和保证决策方案的客观性。

（三）决断系统

决断系统是科学化决策体制的核心，由若干名多谋善断的决策者组成。该系统主要以大量可靠的情报信息为依据，充分运用决策者长期积累的丰富经验和所掌握的科学知识，对由参谋咨询系统提供的各种选择方案进行系统的验证与逻辑推理，采用辨别、比较、分析、平衡等手段，反复权衡和对比各种方案的利弊得失，从中选择出一项最为满意的方案。最后的"拍板"是决断系统的最重要的职责。决断人才应具有高瞻远瞩的战略眼光，具有出色的组织才能，善于识人用人，善于判断决策，有永不枯竭的进取心。

（四）决策执行系统

决策执行系统的根本任务就是准确无误地贯彻决策中心的指令，实施由决策中心确定的决策方案。决策执行系统的人员应具有忠实、坚决、埋头苦干、任劳任怨、善于领会上级的意图等素质。

（五）监督系统

监督系统的职责是监督执行系统实施决策方案的全部情况，它应独立于执行系统之外。监督人员应公道正派、熟悉业务、铁面无私、联系群众。

（六）反馈系统

反馈系统的任务是根据执行系统的执行结果收集原始信息，进行分析处理，及时提出修正决策的正确意见，为决断系统调整决策提供依据。反馈人应思想活跃、综合分析能力强、敢于直言，具有追求和坚持真理的精神，没有权力欲望。

（七）评价与奖惩系统

该系统的职责是根据反馈系统的信息，对所有参与决策制定、执行的各方面人员进行评估，区别情况给予奖惩，以进行有效激励。

以上七个部分构成了一个环环相扣的决策体制的封闭系统，缺一不可。

六、领导决策的方法

（一）头脑风暴法

头脑风暴法（brain storming），最早是由美国 BBDO（Batten, Barton, Durstine & Osborn,

天联广告公司)的奥斯本于20世纪50年代提出的。其英文原意是精神病人的胡言乱语,用于群体决策则是指让人敞开思想、畅所欲言的意思。这种方法是把有关人员召集在一起,在一个和谐的环境里,让人们无拘束地发表意见,并规定不允许对任何人的意见进行反驳,但允许人们经过协商联合提出意见,鼓励大胆自由地思考问题,思路越广越受欢迎,意见越多越受欢迎。采用这种方法,人数不宜过多,以十几个人为宜,时间以半小时至一小时为宜。据统计,这种方法每小时可产生60~150项建议,比一般方法多70%。尽管其中大部分建议可能毫无价值、不切实际,甚至荒唐可笑,但其中有若干方案可能很有价值,很有意义。这种方法的优点是使人解放思想,敢于大胆地想问题;缺点是整理意见、分析意见要花很多时间。

从头脑风暴法中还派生出另一种方法,叫反向头脑风暴法,即让人们对某个方案只提批评意见,尽量挑毛病,甚至吹毛求疵,从而根据批评意见修改这个方案,使之达到完美。

(二) 德尔菲法

这种方法最初是由美国兰德公司和道格拉斯公司共同提出的,这是一种集中各方面专家的意见预测未来事件的方法,也可用来进行决策方案的选择。其具体程序如下:

(1) 就预测(或决策)的内容,提出若干条明确的问题,规定统一的评估方法。

(2) 根据情况,选择有关方面的专家数十人,将上述问题邮寄给他们,征求他们的意见。各专家互相之间不沟通,对专家的姓名要保密,避免因意见不同而产生消极影响。

(3) 将专家的意见收集起来,对每一个问题进行统计处理,找出答案中的中位数和分布情况。

(4) 将统计结果反馈给专家,每个专家根据统计结果,考虑其他专家的意见,对自己的建议进行修改,全部过程要保密。

(5) 把专家修改后的意见收集上来再进行统计处理,再反馈给专家,如此反复多次,专家的意见就会逐渐趋于一致。

这是一种有控制的反馈法,采用这种方法要求征求意见的问题要明确具体,问题不可过多,要如实地反映专家的意见,问题不能带有编拟者的主观倾向性。这种方法的好处是各专家彼此不见面,避免产生相互的消极影响;另外,经过几次反馈,专家意见比较集中,便于决策者下决心。

(三) 提喻法(戈登法)

这种方法是由美国麻省理工大学教授戈登提出的,又称作戈登法。其做法是邀请5~7人参加会议进行讨论,但讨论的问题先不让讨论者知道,而是采用类比的方法,如拟人类比、象征类比、幻想类比等。如决策问题是研究某种夜视仪,则可先讨论猫头鹰的夜视功能;如决策是某项人事任命问题,则可讨论担任某种职务的人员需要必备什么品质的问题。采用这种类比的方法,把熟悉的事情变成陌生的事情,有助于人们摆脱框框的束缚,充分利用自己的想象力开拓新的思路。

（四）方案前提分析法

这种方法与提喻法相类似，但它并不去直接讨论有待决策的备选方案本身，而是讨论这些方案所依据的前提。有时还要讨论方案前提的前提，使讨论步步深入。这种方法的优点是可以使方案的提出者客观地分析问题，分析方案的前提能比较容易集中正确的意见，也可以对方案的论据了解得更透彻、更深入，从而对选择的方案具有更大的把握。

（五）非交往型程序化决策术

这种方法的程序是：

（1）主持者向与会者通知开会地点和时间，但不告知议题。这是因为根据调研，获通知者大多不预做认真准备，只是忙于自己的业务，想到会上见机行事。

（2）开会时，主持者宣布议题，一般每次只议一个题目，解决一个问题，会议通常不超过两个小时。

（3）主持者宣布全体"沉默准备"，发给每人纸笔，并规定时限（10~20分钟）。准备时不允许互相交谈，每人就议题准备自己的意见。这样人们就不得不认真地思考。这一方法，在同样人数条件下比传统常规决策法所提出的意见或方案要多出1倍。

（4）到指定时间后，每人依次宣读自己准备好的意见，但每轮只读一条，并由记录员将每个人的发言要点记在大家可见的黑板或大白纸上。每轮发言起点的顺序由主持者随机指定。这样可以使每人都有均等的发言机会，一直到每个人准备的意见都发表完为止。

（5）大家对不明白的问题，由原提议者解释澄清，但提问者不得对对方意见进行评价和批评，解释者不得鼓吹，只就事论事地予以补充说明。

（6）接下来由每个人按照各自对各方案质量高低的判断，列出顺序。如备选意见过多，主持者可规定选取方案的数量。

（7）记录员对每条意见所获票数进行统计，写在黑板上。获票最多者即为群体决策。

第四节 领导效能评估与行为监控

一、领导效能的含义

所谓领导效能，就是领导者在实施领导过程中的行为能力、工作状态和工作结果，即实现领导目标的领导能力和所获得的领导效率与领导效益的系统综合。它包括以下三个要素：

（一）领导能力

领导能力即领导者的行为能力，它是领导者胜任领导工作、行使权力和承担责任的基本条件。它以一定的知识、经验和素质为基础。

(二) 领导效率

效率通常是指工作量与时间之比。领导效率是指已经实现的领导任务（或目标）与时间之比，即完成一定数量和质量的领导任务（或目标）的速度。领导效率主要受领导者的能力、工作态度、领导环境以及下属的积极性等条件的影响。

(三) 领导效益

效益一般是指投入与产出之比。领导效益是指领导活动的最终结果，即领导活动投入与领导活动结果之比。它包括经济效益、政治效益、文化效益、人才效益以及社会效益等，是一个综合性的指标。

二、领导效能考评的指标

(一) 用人效能

领导活动不同于其他社会活动的最为重要的特征就是领导行为与目标之间的间接性。因此，用人效能就成为考察领导效能高低的重要指标之一。用人效能的高低关系到领导活动的成败。用人效能是指领导者选配、组织和使用有关人员的能力和效果。领导者如何选配、组织和使用有关部门的人员，不仅关系到每个成员主动性、积极性和创造性，也关系到整个组织的整体贡献。用人效能是决策办事效能的组织基础，又是实现决策办事效能的组织保证。

(二) 决策办事效能

决策办事效能是指领导者制定决策、处理事务的能力、效率和效益。由于领导者是领导活动的组织者和发动者，因此领导者决策和办事的效能直接决定领导活动的成败。这是当今任何组织系统中把领导的决策和办事效能置于首要地位的原因所在。

(三) 时间效能

时间对于领导者来说是非常宝贵的，领导者如何有效地运筹时间这一要素，使其利用时间的效能发挥到极致，这对于领导者和整个组织来说都是至关重要的。时间效能是衡量领导者管理、利用时间的尺度。领导者从事任何工作都需要时间，能否科学地管理、利用时间，反映出领导者时间效能的高低。而领导者时间效能的高低，不仅关系个人贡献的大小，而且会直接影响组织的整体贡献。

(四) 组织的整体贡献效能

领导者不仅指个人，而且包括由若干领导成员组成的领导集体。领导者的整体贡献效能是指同一领导组织目标的实现程度。在任何一级领导组织内部，都存在个人与组织的关系，都有分工与协作。因此，领导效能不仅反映在个人所主持、负责的部门工作和单项领域之中，更重要的是反映在全局工作和整体贡献上，即领导者的时间效能、用人效能、决策办事效能，最终都将体现为组织的整体贡献效能。因此，整个组织的总体目标程度如何，是衡量领导效能高低的最重要的尺度。

三、领导效能考核的方法

领导效能考评要达到预期的效果，必须有科学正确的考评方法。考评方法既要能够客观、全面地反映领导活动的实际，又要有可操作性，方便适用。近年来，随着考评工作的开展，新的考评方法不断出现。现介绍几种常见的考评方法。

（一）目标考评法

任何领导活动都要追求并达到一定的目标。因此，确定的目标是否科学，实现目标的方法、措施是否得当，目标实现的程度是否优良，都能直接反映出领导者工作能力的强弱、工作效率的高低和工作成果的优劣。目标考评法，又称目标对照法，就是按照领导活动中预定的目标项目指标，检查其完成情况，从而评定被考评者的工作成效。由于目标具有可分性、层次性、阶段性和综合性的特点，因此，目标考评可以从内容上、层次上和时间上分项、分层、分段地进行，也可以综合地进行。目标考评具有基础性意义，因为各种考评方法，本质上都是以不同的方式、从不同的角度去对照检查目标实现的程度，以及实现新的目标的最佳途径。

使用目标考评法的前提条件是各个组织不仅要为本单位制定规范、综合和全面的目标，还应为领导者制定分项、分层项目指标；不仅要制定总体目标，还要把总体目标分解为相互联系、相互制约、多层次和多样性的具体目标项目，以形成领导组织的目标体系。无论是组织整体目标，还是个人项目指标，都既要有质的规定性，又要有量的规定性。制定了明确、规范的目标以后，就要严格按照目标项目指标来对照测评。在考评中具体可以采用成果汇报的方式，由领导者做述职报告或由领导组织汇集有关情况和统计资料进行通报，同时组织群众参加评议，以取得真实、全面和公正的考评效果。采用这一考评方法时，应当注意考虑那些领导者无法控制的因素对实现领导目标的影响，这样才能增强考评结果的客观性。

在目标考评法中，一定要严防"目标替换"现象的发生。对于领导者的绩效考评来说，目标替换就是以领导者决策范围之外的目标替换领导者所要追求的目标。对于执行决策的部门和下属来说，在对他们的工作绩效进行考评时，也要注意其子目标与总目标之间的关系。因为对他们来说，经常会发生目标替换的现象，即他们实现的目标不是服务于总目标的，甚至可能会扰乱整个目标的体系结构，这样整个组织的总目标还是不能实现。所以，在对其工作绩效进行考评时，不能因为它们已经实现了分目标，而断言他们有着较高的绩效，即不能以他们实现的分目标替代整个组织的总目标。

（二）员工评议法

员工评议法，就是通过员工测评、民意测验等方式对被考评者进行评议，以获得被考评者总体情况的方法。领导活动离不开员工的支持、配合和参与，组织员工定期或不定期地评议领导者，把对领导者的工作能力、工作作风、工作方法和工作成绩等方面的意见和建议反映出来，汇集起来，作为领导者奖惩、升降和任免的重要依据，这就可以把领导者及其活动置于员工经常监督之下。坚持员工评议法，有利于激发领导者的事业心和责任感，把对上级负责和对员工负责更好地统一起来；有利于密切领导与员工的关系，调动领导和员工、上级和下级双方的积极性和创造性；有利于全面、客观地评价领导者的是非功过，准确地选拔和任用领导人才。

员工评议法具体可以通过民主测评、民意测验等方式来进行。民主测评方式，又称民主测评法。它是以标准化的等级量表"很称职""称职"等进行投票评价。参加投票的人员依据需要而定，既可以是全体成员，也可以是部分代表。民意测验方式，又称民意测验法，是现代社会广泛使用的一种调查方法，包括对话法、问卷法等。对话法是指由考评者找个别人谈话或召开小型座谈会，直接了解对被考评者的评价。要想将对话法运用好，考评者必须注意方式和技巧，即既要引导得力，又不能暗示、妨碍谈话者表达真实想法。问卷法则是将考评指标项目分级分类列表后发放，要求被调查者填好后送回，然后由考评者进行数据处理和综合分析。这一方法的有效性依赖于问卷设计的科学性和被调查者的配合程度。

（三）定量分析法

定量分析法，就是根据领导活动的具体指标计量论质、评级计分，从数量上相对精确地反映领导者及整体效能的全貌。这一方法只要使用得当，其结果就有较高的严密性和可靠性，它为领导效能考评工作逐步从经验走向科学提供了可能。对领导效能进行定量分析，具体可以围绕时间、用人、办事和整体贡献进行，从中找出有效量与总量之间的比率。比率高，说明领导效能高；反之，则说明领导效能低。由于这四方面的比率是互相联系、密不可分的，因此，要综合起来进行考评。

1. 时间效能方面

时间效能可以从领导者自己的时间有效利用率、部属的时间有效利用率和组织整体的时间有效利用率三方面进行分析。时间的有效利用率，是指有效工作时间与法定工作时间之间的比例。只有高效的时间利用率，才能为高效的用人效能、办事效能和整体贡献效能提供时间保证。

2. 用人效能方面

用人效能指领导者对部属的培养、选拔、配备、使用等方面的成效。它是整体贡献效能的组织保证，其实质是如何调动与发挥部属的积极性问题。领导者用人效能的考评，一是看用人恰当数与总数之间的比例关系，二是看部属能力发挥情况与潜在能力之间的比例关系。比率越高，说明领导者用人效能越高。

3. 办事效能方面

领导者的职能活动，就其具体表现形式而言，主要是发现、处理和解决问题。由于客观事物的多样性和复杂性，领导者处理问题的效能有的难以精确考评。能够用定量分析考评领导者办事效能的主要有以下四种比例关系：一是已办事件数与应办事件数之比；二是已办事件数中正确处理的重大事件数与一般事件数之比，即有效决策与错误决策之比；三是正确处理的重大事件数与一般事件之比；四是应由下级处理而由领导者包揽的件数与处理问题总件数之比。前三种比率越高，表明领导者办事效能越高；第四种比率越高，则表明领导者办事效能越低。

4. 整体贡献效能方面

领导者的个人效能最终应落实到组织的整体贡献效能上。组织的整体贡献效能的考评，最主要的是分析成果与耗费，以及成果得到社会承认的情况。耗费，是指组织在一定期限内的领导活动中所耗费的人力、物力、财力和时间。成果与耗费之间构成一定的关系：成果多，耗费少，组织的整体贡献就大；耗费大，成果少，贡献就小。由于领导者所在组织的整体贡献只有得到社会承认才能成立，因此，被认可成果与成果总数之间在客观上也构成一个比例关系，比值越大，贡献越大。

以上只是提供了分析问题的几个主要方面。在实际工作中，领导者效能是多方面的，不同领导领域和领导者之间又有一定的差异，并且受到众多因素的影响和制约。因此，在领导效能的实际考评中，必须把定量分析与定性考评结合起来，并根据实际需要结合运用其他方法从多方面、多角度进行，这样才能对领导效能做出全面、客观、公正的评价。

（四）比较考评法

任何领导活动都处于横向的广泛联系之中，因此，可以通过各种方式的比较来考察领导者效能。比较考评法，就是通过选择一定的参照系来对比评价领导者效能的方法。比较的方式很多，可以进行纵向的比较，如现在同过去比较，新班子同老班子比较，年度间的比较，现在与未来之间的比较，完成任务进度与目标的比较等；也可以进行横向的比较，如同一领导组织中领导者之间的比较，不同领导组织的同类领导者、同类领导班子的比较，同类地区部门、单位的比较；还可以进行多视角、多层次、全方位的比较。无论是何种方式的比较，既可以比量，也可以比质；既可以比速度、进度，也可以比效果、效益；既可以比综合指标，也可以比几项或单项指标。一般来说，主客观条件类似的，可比综合指标；差异较大的，则选择单项或几项可比的指标进行比较。利用对比考评法既能较有说服力地评定领导者的效能，又能促进被考评者发现其优点和不足，有利于提高其效能。使用这一方法的关键是选好参照系,注意可比性,如果生搬硬套,乱比一通,就不能达到良好的效果。

(五) 模拟考评法

模拟考评法,就是让被考评者进入一个模拟的工作环境,要求他按照给定的条件进行模拟操作,用多种方法观察他的行为方式、心理素质、反应能力等,并根据这些观察来测评他的各种能力。这一方法是国外一些国家在第二次世界大战中选拔军事人才时创造的,20世纪50年代开始用于企业管理人员的选拔,目前已成为欧美等国家流行的挑选和训练管理人员的重要方法。

模拟考评法主要用来考核和选拔各类专业人员、管理人员和基层领导者。模拟考评法的主要方式如下:

1. 公文处理

这是模拟测试最基本的方式。公文由请示报告、调查报告、财务报表、电话记录、会议记录、命令、备忘录、人事档案、信函等形式组成。其内容可以包括:调整职能机构、选择中层领导、协调人际关系、制定长远规划、处理日常公务、决定引进方案、编制生产计划、分析财务报表、管理调度物资等方面。考评者通过被测试者所完成模拟工作情况来测定其各方面的能力。

2. 小组讨论

这种方法是将5～6名被测试者编成一个小组,进行无主持人方式的讨论。小组讨论会模拟成某董事会或厂长、经理会,给一个案例,每个人都要发表意见,讨论结束后每人均以主持人身份作一个讨论纪要,并就此问题做出决定及阐明理由,整个过程由考评小组在一旁观察评价。

3. 口试

口试是通过答辩会、记者招待会等方式进行的。口试的题目应根据被试对象的情况而精心准备,每人一般应回答两个以上题目。通过口试,可以了解被测试者的知识面、思维反应、语言表达、外语水平、主动精神以及对本行业的熟悉程度等方面的情况。口试中可由主持人追问并展开讨论。

坚持模拟考评法应解决好两个问题:一是测评人员组成要合理,一般应包括组织人事部门的干部、有关专家和被测试者的上级领导。主试人不仅要正直正派,秉公办事,而且要有较宽广的知识面,熟悉业务,判断力强,能够较准确地测评各种能力的强弱和各种素质的高低,能在强手如云中选出真正的优秀者。二是测试内容的设计要科学合理,具有相似性、先进性、适用性和动态性,即在选择案例、编制公文时,要尽量做到真实而具有代表性;在案例的设计上要有一定的难度,使这些案例不仅可以用来考核干部,还可以用来培训干部;测试的内容要切合实际,要能够有效地反映被测试者的实际能力。只有这样,模拟考评才能达到应有的效果。

总之，正确地选择和使用考评方法是实现考评目的的关键环节。因此，必须从实际出发，讲求针对性、适用性和有效性。同时，领导实践和效能都是不断发展的，考评方法也应在实践中不断发展和完善。

四、领导行为的监控

领导行为的监控是指对领导者的管理行为进行监督和修正，是管理学封闭原理的要求。领导者行为监控分为事前监控、实时监控和事后监控。事前监控和实时监控可以通过决策的民主化、领导选拔、过程评估等方式减少可能出现的问题；对领导者的实时监控和事后监控以及对领导者的选换，可以减少损失的进一步扩大，有利于组织效能的提高，是十分必要的。因此，领导行为的监控往往以此为核心，主要方法有以下几种：

（一）引咎辞职

引咎辞职是一种道义上的责任，也就是领导在不需要承担其他责任的情况下主动承担的一种责任。引咎辞职的根本特征是领导的主动性和自愿性，它可能有外在的因素，但以领导内在的判断和选择为主，而这些责任，往往都是由外力强加的，是领导认为自己没有责任的情况下启动的。引咎辞职制度可以让领导通过主动辞职避免被强制罢免的结果，但不能因此而回避司法责任。

（二）问责制

问责制从字面上理解即为追究责任的制度，就是在某项活动中针对领导者相应的权力明确相应的责任，并对相应责任的履行进行严格的科学考核，及时察觉失责，依据相应的失责度量对领导者追究和惩罚，靠"问"的制度化来保证"责权对等"实现的一种机制。有权力就应有对等的责任，建立一个有效的责任制度，是问责制发挥作用的重要条件。

问责制作用的发挥依赖于明晰的责任界定，规范的问责程序、问责纪律和配套的绩效评价与激励机制。

（三）弹劾制

弹劾，作为一种对在职官吏的纠察制度，在我国封建社会的初期就已产生。然而，现代意义上的弹劾制，则起源于14世纪爱德华三世统治下的英国，它指的是西方国家议会对政府的高官犯罪或有严重的失职行为进行控告和制裁的制度。尽管各国政治制度的运作程序、文化背景和观念形态存在差异，弹劾制对维护西方国家的宪政制度，保障公民的政治自由，防止权力的滥用和腐化起着一定的作用。

第五节　提高领导的有效性

一、领导工作的要求

组织行为学家发现，提高任何组织的领导的有效性，都需要遵循基本的领导工作要求：
（1）要及时为组织成员指明目标，并使个人目标与组织目标取得协调一致。
（2）领导者在领导过程中所发布的命令要一致，即实行统一指挥，避免前后矛盾，更不能朝令夕改，使下级部门或人员无所适从，造成工作秩序的混乱。
（3）加强直接管理。
（4）加强组织内外信息沟通联络，保证沟通渠道的畅通。
（5）掌握激励理论，运用适宜的激励和方法，调动群众的积极性。
（6）要不断地改进和完善领导方法。

二、积极提升领导者素质

领导者的素质是影响领导活动效果的最重要因素之一。面对市场的激烈竞争和领导队伍的现实状况，尽快地提高领导者的素质水平，是整个领导活动中的关键一环。

领导者素质是指以领导者个体的先天禀赋为基础，通过后天学习和实践锻炼逐步形成和发展起来的内在的、稳固的、长期的基本观念、基本品质和基本能力的总称。它是领导者从事领导活动必须具备的内在条件。领导者素质的含义不再单纯指一般人的德、智、体等因素，而是指领导者区别于非领导者的根本标志，也可以说是领导者在领导活动中经常发挥作用的本质要素。它既包括领导者实施领导的先天禀赋，如习惯、态度、心理定势与悟性直觉，又包括领导者通过后天接受教育、培养和自身努力学习、刻苦实践所获得的思想品德、知识才能、个性心理以及所形成的观念、思维、作风、风度等方面在领导者身上的有机结合和凝结升华。

总体来说，提高领导者的素质不外乎两个基本的途径，即理论学习和亲身实践。亲身参加认识世界和改造世界的实践，是领导者素质培养和提高的最基础和最关键的环节。一方面，领导活动不同于抽象的理论研究，它必须实实在在地去解决具体的问题。因此，领导者分析和解决问题的能力只有在解决问题的具体实践中才能够形成和提高。古人云："纸上得来终觉浅，绝知此事要躬行"，这里强调要"躬行实践"。"纸上谈兵"不仅是兵家之大忌，也是所有领导者的大忌。另一方面，在充分肯定实践途径的同时，我们也必须看到，理论学习这一途径的重要性和相对独立性越来越突出。这是因为在现代的组织活动中，要解决复杂的实践活动中所产生的种种矛盾和问题，需要有一整套专门的科学知识，这些知识是不能够从个体的日常经验和意识中自然而然地产生出来的。于是，实践之前的理论学习就变成一个非常突出的问题。理论学习和亲身实践这两条途径必须辩证结合，不可偏废。

三、全面发挥领导团队整体效能

提高领导的有效性，领导团队（领导班子）结构配备是否合理是至关重要的。领导班子结构是指为了实现领导班子的预定目标，把不同类型的领导者按照一定的程序和比例进行有机组合。领导班子结构是否合理，对一个组织的效能有很大影响。领导班子不仅要求个体优秀，而且要求班子整体达到最佳组合，这就需要研究领导班子的合理结构。根据领导班子合理结构的基本标准，即领导班子的稳定性、高效性和自我适应性等的要求和注意根据不同层次的任务，选择不同类型的领导者，使领导班子结构达到最优化、合理化。

一个合理的领导班子应该具有以下特征：

（一）梯形的年龄结构

年龄结构是指各个领导成员按年龄分布和组合的状态。一个人的年龄与智能的关系极为复杂，在科学技术很低的情况下，人的年龄越大，经验越丰富，能力也越强；但由于科学技术的发展，知识陈旧周期不断缩短，所以人的知识与年龄之间不存在必然的正比例关系。现代生理科学和心理科学研究表明，人的年龄与智力有一定的关系，以知觉能力而言，最佳年龄是10～17岁；以记忆能力而言，最佳年龄是18～29岁；以比较判断能力而言，最佳年龄是30～49岁；以动作和反应速度而言，最佳年龄是18～29岁。因此，一个组织不断更新换代，保持领导班子的青春活力，是社会现代化的共同趋势。领导班子的合理年龄结构应该是老、中、青相结合，并且逐步使领导班子年轻化，使中青年领导成员占比较大的比重，其组合比例大体上可保持中年占50%～60%，老年和青年占20%～30%较为合理，即呈现两头小中间大的梯形结构。

（二）互补的知识结构

知识结构在领导班子结构中占有重要地位，领导班子的知识化是现代化建设对它的客观要求，也是实现领导班子整体效能的重要因素。领导班子的具体知识结构，应根据不同部门、不同层次的具体情况和实际需要配备不同知识的领导成员，以达到各尽所能、知识互补的目的。一般来说，领导班子应该既要有自然科学方面的人才，也要有社会科学方面的人才，还要有人文科学方面的人才；既要有理论专家，也要有丰富经验的实战专家。领导层次越高，知识结构应越完善。

（三）配套的专业结构

专业结构是指具有不同的专业知识、专业技能和专业经验的领导成员的组合方式及其比例关系。随着科学技术和生产力的发展，专业领域不断深化，分支越来越多，并且学科之间互相渗透和互相交叉，产生许多边缘科学。领导班子就是处在生产与科学技术高度分工和高度综合的环境之中。因此，任何一项领导工作都具有很强的专业性。领导人员如无一定的专业知识和专业技能，领导班子如无多方面的专业人才合理地组合，就很难处理生产经营活动过程中以及其他实务中较为复杂的问题。配套的专业结构就是指领导班子应根据组织管理职能的需要，由不同专业特长的成员合理组成，形成一个各有所长的专业的领导整体。具体来说，领导班子应由以下专业人员组成：具备较高领导才能和经营管理水平的经理（厂长）；能够有力地加强技术管理、推进科技进步的总工程师；能够严格财务纪律、精打细算、开辟财源的总会计师；能够切实改善经营管理水平，提高经济效益的总经济师；能够坚持政治方向，贯彻执行党的方针政策、团结广大职工群众的党委书记。

（四）叠加的智能结构

智能是指人们运用知识的能力。叠加的智能结构是把具有不同知识程度以及掌握和运用知识能力的领导成员按一定的比例和程序组成一个有机整体。人的智能和知识有密切联系，一方面，智能的形成和发展是以知识为基础的；另一方面，智能又具有相对独立性，它具有自身发展的规律。因此，智能可以说是活化了的知识力量。人们的智能是由许多因素构成的，主要包括：自学能力、研究能力、思维能力、表达能力、组织能力、判断能力和创造能力等。对于一个人来说，要同时具备这些能力是困难的，有的人在这方面的能力比较突出，有的人在那方面比较突出，这就形成了不同智能类型的人才。由于领导班子要担负多种功能，所以它的组成成员的智能就不应当是同一类型的。美国通用汽车公司、杜邦财团等公司的调查结果表明，以董事长为首的领导集团，主要是由下列四种类型的人构成的：善于思考的人——从事深谋远虑的工作；善于活动的人——从事各种难题的调解；善于出头露面的人——做打头阵的工作；善于分析的人——从事综合分析工作。由此可见，一个领导班子合理的智能结构应包括：具有高超创造能力的思想型领导，具有高度组织能力的组织型领导，具有踏踏实实工作作风的实干型领导，具有深谋远虑、出谋划策的智囊型领导。在这样的领导班子中，智囊型领导提出各种决策方案，思想型领导做出决策，然后由实干型领导组织实施，化虚为实，组织型领导则起到统一职工思想、合理使用人才、协调和解决各种矛盾的作用，从而保证领导班子整体的高效能。

（五）协调的气质结构

气质是指人的相对稳定的个性特点，它是人们对外界事物的一种习惯性的心理反应。也就是我们常说的人的脾气秉性。气质结构是指由不同的脾气秉性的领导者组成的成员结构。根据心理学的研究，一般把人的气质分为四类，即胆汁质、多血质、黏液质、抑郁质。不同气质的人有着不同的性格，有的人热情开朗，活泼好动；有的人深思熟虑，稳重好静；有的人坚定沉着，反应迟钝；有的人热烈急躁，情绪多变。每种性格都具有好的一面，同时又有不好的一面，但经过环境、教育、培养和锻炼，性格中不好的一面可以得到克服，可以形成自己特有的性格。例如，在十分困难的情况下表现坚强，面临危险情景时表现勇敢，紧急状态下能随机应变等。所以在考虑领导班子结构时，应注意到这些性格的个体差异，把不同性格的人科学地组合起来，互相协调，扬长避短。特别是领导班子的主要负责人，应当具有宽广的胸怀，善于团结，能够与不同意见、不同才智和不同性格的人共同工作。这样，不仅可以促使每个成员的性格优化，而且能够充分发挥每个成员的性格优势，各用所长，各展其能，互相激励，互相制约，产生一种强大的向心力、凝聚力，形成一个团结一致、共同奋斗的强有力的领导核心。

四、科学地运用领导艺术

现代组织在复杂多变的环境中生存和发展，要求组织的领导者不但要运用科学的理论和方法进行工作，而且还必须依靠丰富的经验和直觉判断来处理问题，这就要求有高超的领导艺术。所谓领导艺术，是指领导者在行使领导职能时所表现出来的技巧。它是建立在一定知识、经验基础上的，非规范化、有创造性的领导技能。领导艺术有随机性、经验性、多样性和创造性的特点。

（一）待人艺术

待人艺术也就是人际交往艺术或协调人际关系的艺术。领导工作的核心内容是管好人、用好人，协调好各方面的人际关系，充分调动各方面的积极性和创造性，去有效地完成组织的目标。高明的领导者正是巧妙地运用待人艺术，正确处理上下、左右各种复杂的人际关系，形成一股有利于达到目标的最佳合力。领导者的待人艺术主要包括三方面：

1. 对待下级的艺术

（1）知人善任的艺术。用人之长是处理同下级关系的诀窍。这是因为领导者善于用下级之长，使其才干得以充分发展，下级的工作得到组织和领导的认可，自然就乐于在现任领导手下工作，上下级关系也就必然融洽。否则，如果用其所短，硬要下级做他不善于做的工作，就难以收效，领导也会对其工作不满意，他本人也感到委屈，久而久之，上下级的关系也就必然紧张。

（2）批评教育的艺术。对下级的缺点和错误给予批评教育，是完全必要的。但对下级的批评教育必须掌握方式和方法，注意分寸。在开展批评时，要区别不同对象，采取不同形式。开展批评要考虑被批评者的处境、态度，一时不能接受，可以转开话题，缓和气氛。批评下级要诚恳，不能采用讽刺、挖苦的口吻。批评错了，不能怕有失体面，要敢于主动认错，消除隔阂，以利团结。

（3）关心、爱护的艺术。善于尊重、关心、爱护体贴下级，是处理上下关系的一个技巧。领导者要善于用亲和艺术，理解、关心、信任、包容和尊重下级，创造心情舒畅的氛围，发挥情谊的作用。

（4）助人发展的艺术。"人往高处走"是一般人的心理倾向，作为上级领导者，应该关心下级的进步和成长。那些紧紧吸引着下级的领导者，大多是尽力帮助下级向上发展的人。领导者不仅要让下级感到领导理解他、信赖他，而且要让他感到领导有鼓励人才脱颖而出的襟怀与热诚。

（5）上下沟通的艺术。上下沟通是指领导者与下级之间传达与交流思想、情感、信息的过程。上下沟通是实施领导的基本条件，也是统一下属意志不可缺少的领导艺术。

2. 对待同级的艺术

领导者正确处理同级关系，尤其应当注意方法、讲究艺术，一般应做到：

（1）积极配合而不越位擅权。作为同级领导，既要齐心协力积极开展工作，又要做到不越位擅权，不插手别人分管的工作。要尊重其他部门和其他领导人的职权，维护他们的威信，不干预和随便评论别人的工作。不适当地插手别人职权范围内的工作，会打乱别人的部署，影响别人的工作，伤害别人的感情和自尊心，引起别人的不满。

（2）明辨是非而不斤斤计较。同级领导在一起工作，往往因为在某些事情上意见、态度、看法不一致而发生分歧，甚至会出现争吵。对此，如果处理不好，久而久之就会形成隔阂，影响合作。因此，领导人之间要顾全大局，从维护团结的良好愿望出发，坚持"是非问题弄清楚，一般问题不在乎"的原则。还要注意不要把矛盾公开化，避免把领导之间的分歧扩展到下级和群众中去。对一些无关紧要的"小事"，应采取不细究、不计较的态度，对己严，待人宽，谦和忍让，豁然大度。

（3）见贤思齐而不嫉贤妒能。处理好同级关系，不仅要有容人之短的度量，而且要有容人之长的胸怀，见贤思齐，不怕别人超过自己，要虚心学习别人的长处，增长才干，共同进步。

（4）相互沟通而不怨恨猜忌。同级之间应经常沟通思想，建立和谐的感情氛围。

（5）支持和帮助，不揽功推过。同级之间，常常会遇到一些工作上的交叉，对这些交叉工作，同级之间应当相互支持。其他领导者在工作中遇到困难时，要主动帮助、排忧解难；当对方出现失误或差错时，应当主动补台，不能看人家笑话，更不能落井下石。不能好大喜功，有了功劳往自己身上揽，有了过错往别人身上推。真正做到权力不争、责任不推、困难不让、有功不居、有过不诿，这样领导之间的关系就会更加密切、融洽。

3. 对待上级领导的艺术

（1）找准自己的位置，做到出力而不越位。正确认识和评价自我，找准自己的位置，是领导者处理好与上级关系的前提条件。领导者在同上级相处的时候，扮演的是下级的角色，这就要求必须按照自己的身份，把握好自己的位置，既要尽心尽责地做好本职工作，又要做到出力而不越位。

（2）善于领会领导的意图。

（3）适应上级的特点和习惯开展工作。

（4）在上级面前规矩而不拘谨。

（5）运用"等距外交"，避免交往过密或亲疏不一。

（6）处理好与上级关系的着眼点应该放在努力将自己所承担的工作做好。

（二）提高领导工作效率的艺术

提高领导的工作效率是一项十分重要的领导艺术。国外不仅有专门的论著，而且有专门的训练班对领导进行提高工作效率的训练。要想提高领导的工作效率，必须注意以下几点：

（1）领导者必须干领导的事。领导者干领导的事，这是提高领导工作效率的第一条。领导者必须时时记住自己的工作职责，不能让精力与时间做不必要的消耗。这就要做到不干预下一领导层次的事，不越级指挥。不要颠倒工作主次，领导者要抓全局性重大决策问题，应带领全员前进，而不是代替全员前进。样样管是小生产的习惯，事必躬亲是小生产的"美德"，这些都是现代领导者应该力求避免的。

（2）任何工作都要问三个"能不能"。美国威斯汀豪斯电器公司前任董事长兼总经理伯纳姆是一位享有盛誉的管理专家，他在其名著《提高工作效率》中提出了提高工作效率的三条原则，它们是：当你处理任何工作时，必须自问：①能不能取消它？②能不能与别的工作合并？③能不能用更简便的东西代替？这就是说，可做可不做的坚决不做，可与别的工作合并的就应该合并。这就可以节省大量时间和精力，无形中效率就提高了。更简便的方法包含着更高的效率。一项工作可以首先分解成若干小的部分，然后对每个部分问三个"能不能"，提高工作效率的途径就会逐步显现出来。

（3）要不断地总结经验教训。善于从自己的工作实践中总结经验教训，也是提高领导工作效率的一条重要方法。恩格斯曾指出：伟大的阶级，正如伟大的民族一样，无论从哪方面学习都不如从自己所犯错误的后果中学习来得快。不仅大事要善于总结，就是日常工作也要进行总结，这样就可以找到提高效率的线索，避免浪费，合并"自由时间"，以获得较长的整段时间以资利用。

（4）提高会议效率。在现代管理中，利用开会的方式来进行互通信息、安排、协调、咨询、决策等工作是经常性的，也是十分必要的。但是，会议占用时间太多和会议效果不好也是领导过程中目前常见的弊病。组织好会议，必须明确会议的意义，只开必要的会，不开不必要的会，并且要切实做到精简会议。组织内应当实行会议"六戒"：即没有明确议题的不开；议题过多的不开；没有充分准备的不开；可用其他方式替代的不开；没有迫切需要的不开；会议成本过高的不开。此外，要做好会前准备，包括议题的拟订、会议议程的安排、会议资料的准备、搞好会场会务等。再有，领导者主持好会议也是开好会议的关键。要开好会议，领导者必须有一套驾驭会议的艺术，即要始终抓住会议的主题，要注重激发与会者的思维，要把握会议的时间。

（5）善于统筹时间。国外现代管理专家越来越注意如何利用和支配时间了。应当看到时间是一种最容易耗损而无法储存的物资，昨天的时间过去了，就永远不会再回来。其他物资短缺可以寻找替代品，唯有时间完全不能替代。珍惜时间这项最稀缺的资源，充分利用自己的有限时间，往往是现代领导者取得成功的最重要的因素。1968年美国麻省理工学院对3 000名经理作了调查，发现凡是优秀的经理无不是精于安排时间，使时间的浪费削减到最低限度。因此，世界各国的管理专家花大量的精力去研究节约时间的秘诀。如美国企业管理顾问艾伦·莱金专门从事节约时间的研究，他写了一本《如何控制你的时间和生命》一书，提出了用ABC分类法来控制时间。莱金的做法就在于将有限的时间安排给最重要的工作。

美国《今日世界》曾列举了企业管理者节约时间的十条秘诀：

①处理公事切忌先办小的后办大的，一定要先办当天最重要的事情，然后再办其他的事情。

②用大部分时间去处理最难办的事情。

③把一部分工作交给秘书去办。

④少写信。打电话能解决的就打电话，必须写信时就写便条。

⑤减少会议。

⑥拟好安排工作的时间表。

⑦分析自己时间利用的情况，检查有多少时间被浪费掉了。

⑧减少不必要的报告文件。

⑨把传阅的文件减少到最低限度。

⑩尽量利用空闲时间看文件。

时间总是常数，人的精力也是有限的，但只要领导者能够运用得当，便能产生巨大的经济效益。

（6）要精兵简政。要努力精简机构，压缩人员，克服人浮于事的现象。

思考题

1. 领导的三要素是什么？它们对领导行为分别有什么影响？
2. 领导者的责任和作用是什么？
3. 领导特性理论包括哪些内容？一个优秀的领导者应具备哪些基本素质？
4. 运用领导特性理论分析我国企业经营者常见的问题。
5. 你认为领导特性理论、领导行为理论以及领导权变理论分别有何缺陷？如果你是领导者，你将如何运用这些理论指导自己的领导活动？
6. 结合实际论述领导行为对组织行为的影响主要表现在哪些方面？
7. 三种领导方式理论、管理系统理论分别提出了哪些领导方式？每种领导方式的主要特征是什么？
8. 领导行为四分图理论、管理方格图理论、领导行为连续统一体理论是分别依据什么标准划分领导方式的？管理方格图理论提出的五种典型领导方式分别是什么？

9. 菲德勒模式理论、途径—目标理论、领导者—参与者模式，这三种权变理论分别提出了哪些情境因素？每种情境因素的含义是什么？
10. 试述情境理论的内容和应用。
11. 领导决策的心理障碍有哪些？
12. 领导决策科学化有哪些内容？
13. 领导效能包括哪些要素？如何科学有效地考核领导效能？
14. 对领导行为进行监控的方法有哪些？
15. 领导者选聘的途径和方法有哪些？合理的领导班子应该具有哪些特征？
16. 领导者如何使用领导艺术提高领导工作的有效性？

第六章 组织设计与文化

学习目的和要求

通过本章的学习，重点掌握组织、组织设计、组织结构和组织文化的概念以及组织理论、组织设计的基本要素与程序、组织设计应遵循的原则；掌握工作设计的方法及组织文化的作用、结构与内容，组织文化的建设；了解组织结构的形式。

第一节 组织理论

由于科学技术和生产力的发展在人类社会的各个历史阶段呈现出不同的水平，管理学家们在如何协调、控制和指挥一定组织中人们的协作问题上研究的侧重点不同，使得组织理论自20世纪以来先后经历了古典组织理论、行为组织理论和现代组织理论三个发展时期。

一、古典组织理论

古典组织理论是在20世纪初，资本主义企业有了一定的发展，积累了初步管理经验的基础上产生的。其中具有代表性的理论有：泰罗的科学管理的组织理论、法约尔的组织理论、韦伯的行政组织理论。

（一）泰勒的科学管理的组织理论

泰勒在1911年出版了《科学管理原理》一书，创立了科学管理理论和组织理论。泰勒着重在企业的操作层探求提高工人劳动生产率和管理组织工作。泰勒主张把计划职能与执行职能分开并在企业设立专门的计划和定额机构，他所设计的组织机构的指令是从经理经过厂长、车间主任、工段长、班组长而传达到工人的直线职能制组织。他提出了时间研究和动作研究、操作方法标准化、有差别的工资制度、把计划工作和执行工作分开、实行计划室与职能工长制等组织制度（这种职能制在实际上造成工人接受多头领导而无所适从，因而在实践中未能得到推广)。泰勒提出的"例外原则",即主管人员应把日常例行事务授权给下级处理,使自己能集中精力考虑较重大的问题,为后来的分权化和事业部制等组织原则提供了理论基础。

(二) 法约尔的组织理论

法约尔提出的14项管理原则,涉及计划、组织、人事、领导和控制等的管理职能,其中专门有关组织结构的原则就占6项,它们分别是工作分工、职权与职责、统一指挥、集权、等级链和秩序,这6项原则概括了层级制组织类型在组织结构方面的基本特征。

管理学家最初概括的层级制组织类型的组织模式是直线—职能制组织模式,它起源于20世纪初法约尔在担任煤矿公司总经理时所建立的组织模式,故又称为法约尔模式。它是按照职能组织部门分工,一个组织从高层到基层,把承担相同职能的管理业务及其人员组合在一起,设置相应的管理部门和管理职务。这种组织模式的特点是一定的管理部门和管理人员都明确地、专门地从事某一项职能工作,管理权力高度集中,这些特点虽然使实行这一组织模式的组织具有职责划分明确,整个组织系统保持较高的稳定性,最高领导层能对整个组织实施严格的控制等优点。但是与此同时,这些特点具有不利于充分调动下级部门和人员的积极性,横向协调差,对外部变化反应迟缓等弊端。

直线—职能制组织模式适于规模不大、业务比较单一、技术发展缓慢、外部环境比较稳定的组织。一个组织的规模日益庞大,业务种类越来越多,技术变革速度加快,外部环境发生剧烈变动时,直线—职能制组织模式的弊端就非常突出,需要采用新的组织模式。尽管如此,直线—职能制组织模式仍然在一定程度上保留下来,它强调管理分工、重视统一管理、依靠管理层级进行管理的做法,成为一切层级制组织类型不同程度遵守的准则。因此,直线—职能制组织模式是层级制组织的基础组织形式。

(三) 韦伯的行政组织理论

1910年,德国社会学家韦伯在其名作《社会组织与经济组织理论》一书中,提出了著名的"官僚模型",即理想行政性机构理论。

韦伯认为,官僚结构的形式是现代世界中一直发展着的大规模的行政管理的最有效的工具。他认为经验往往表明,纯官僚式的行政组织,即各种独裁的官僚形式,从纯技术观点上看,能够取得最高的效率。在这个意义上说,它是已知的对人类进行必要管理的最合理的方法。它有优于其他形式的准确性、稳定性、严格的纪律性和可靠性。这样,就有极大的可能来估计组织的领导者和与其有关的执行人员的工作效果。还有,它在效率方面和经营范围方面都比其他形式优越,而且完全可以正式地应用于各种行政管理任务。他还认为在各领域中,公司组织的现代形式的发展就是官僚式行政管理的进一步拓展。在其他情况都一样的条件下,从正式的、技术的观点上看,官僚式行政管理将是最合理的形式。对于现代大型行政管理工作来说,这种官僚主义是不可缺少的。

值得说明的是，韦伯这里所说的"官僚"并非我们平常所指的不负责任、工作效率低下等现象，而是就组织结构的特点和规范而言的。其"官僚模型"是能够"既合法又合理"地行使职权的组织结构，一般具有以下特征：

（1）建立权威与职权等级制度。权威是建立组织的基石，没有权威，组织就不能达成目标，也不能维持秩序。只有合理和法定的权威，才能保持经营管理的连续性和合理性，才能按照才干来选拔人员，并依法定程序行使权力。同时，组织内各种职务可分成不同的层次，形成一个指挥命令链，并明确规定职权的范围。在这个职权的等级体系中，每个成员既要接受其上级的监督控制，对自己的行动负责，又要为自己的下属负责。

（2）专业化强、分工明确。为实现组织目标所进行的全部工作，可将划分为高度专业化的工作任务分配给成员。因为每一职位有明确的权利和义务，所以成员就容易精通本行业的活动（或技艺），成为本行业的专家。

（3）规章制度明确。形成一个受规章制度约束的连续的法定职责的组织，每一职位都要服从有关的规则、纪律，这些规则和纪律不受人事干扰，对任何对象都具有同等效力。它有利于组织内部协调一致，连续稳定，减少冲突，消除不确定性。

（4）有处理工作情况的程序系统。它是一个高度结构化的机械的封闭系统，几乎不考虑组织外部的变化与影响。

（5）人与人之间关系的非人格化。即组织为了做出完全理性的决策，不考虑人的感情和个性因素，只是严格地按规章制度办事。

（6）以技术能力作为挑选和提升组织成员的根据和标准，主张行政性组织中的组织成员应具有终身制职业的忠诚。

显然，这种理论是在层峰结构理论、专业化、抽象规则体系和非人格因素的基础上，以统一命令、明确职权、控制幅度和日常事务授权等为主要特点，为组织理论的发展奠定了基础，因而它的重要观点至今仍是西方企业组织的重要指导思想。但是它也有许多消极作用，如过分强调权威与规章，不考虑员工的心理与感性因素，严重压抑了人们的积极性与创造性；组织呈封闭状态，缺乏弹性，难以适应环境的变化；等等。

二、行为组织理论

行为组织理论是20世纪30—60年代形成的组织理论。这种理论是以古典层峰结构理论为基础，吸收了行为科学和心理学的理论观点，对古典组织理论做了一定的修改和补充而形成的。其主要代表人物有梅奥、麦格雷戈、巴纳德、西蒙等人。

（一）行为组织理论的贡献

行为组织理论对组织理论的贡献主要表现在两方面：一是对古典组织理论的修正和补充；二是系统地研究了非正式组织形态。

1. 对古典组织理论的修正和补充

(1) 在专业化和劳动分工方面，新古典组织理论在霍桑试验的启示下，发展了有关激励、协调和新型领导的一系列理论和观点，补充和发展了古典组织理论。

(2) 在组织结构方面，行为组织理论继承了古典组织理论的一些基本原则，并对组织结构中不同职能之间、直线与参谋之间产生的摩擦进行了研究，提出了一系列消除冲突的方法和措施，例如，参与管理、初级董事会、联合委员会、承认人的尊严以及良好的人际关系等。

(3) 在管理幅度和组织类型方面，行为组织理论认为管理幅度的确要受到管理能力、监督职能、人的品格和交往的有效程度等许多因素制约。组织类型的确定也要看情况，由于组织所处情景不同，具备的条件不同，因此不能一概而论。

2. 对非正式组织的研究

行为组织理论不同于古典组织理论的是，它系统地研究了非正式组织形式。非正式组织是在正式组织图中看不到的人们的自然联合方式。地理上相邻、职业上相近或者利益相同等，都可能自发形成非正式组织。一般为了特殊问题而自愿组合起来的非正式组织比较短暂，一旦问题解决了，非正式组织也就解体了。行为组织理论认为，非正式组织有许多特性，例如：非正式组织一般存在着某种共同的准则和价值观，影响和制约成员的行为；有自身的沟通渠道；非正式组织要求人们之间保持稳定的、持续的关系，因此对有碍于或破坏这种关系的变革，往往产生抵制；有自发产生的领导者；有特殊的交往关系。对行为组织理论，支持者认为，它已经为组织理论提供了有价值的知识。批评者认为它"不比经验性、描述性的信息更好"。行为组织理论也有缺点，这些缺点在现代组织理论中才逐渐被克服。

行为组织理论最积极的作用，就在于强调组织中人的因素，尽量满足人的各种需要，充分发挥人的主动性和创造性，改善领导者与被领导者的关系，比传统等级制更能提高工作效率。但由于它过分强调人际关系和满足人们的社会心理需要，因而降低了专业化的优越性，使工作效率受到一定影响。

（二）行为组织理论的发展与作用

斯科特和福莱特在已有的研究上又进一步发展了行为组织理论。斯科特在集权与分权的问题上，主张更多的分权，并提倡部门化，主张采用"扁平"的组织结构，而不是金字塔式的高耸结构。这也奠定了他的人际关系组织理论。福莱特则主张企业内部关系"一体化"，通过利益的融合减少冲突；主张改变"权力"的概念，变服从个人权力为遵循形势规律。她给"控制"赋予一种新的含义，即根据事实控制而不是因人控制，是人与人之间相互控制而不是上级强加的控制。她还认为领导应以领导者和拥护者的相互影响为基础，而不是以权力为基础。这些思想的中心就是要强调组织中的人，企图尽量满足人的各种需要，以提高其积极性。

行为组织理论最积极的作用，就在于强调组织中人的因素，尽量满足人的各种需要，充分发挥人的主动性和创造性，改善领导者与被领导者的关系，比传统等级制更能提高工作效率。但由于它过分强调人际关系和满足人们的社会心理需要，因而降低了专业化的优越性，使工作效率受到一定影响。

三、现代组织理论

随着科学技术的发展和人员素质的提高，组织所处的环境发生了很大的变化。为了使组织不断适应新的环境，产生了以系统权变方法为主的现代组织理论。这一理论自巴纳德创立之后，经西蒙、劳伦斯、马奇等人的发展，在组织理论的发展史上写下了新的一页。他们把组织看成一个开放的社会系统，主张组织结构和管理方式要服从总体战略目标，但他们并非是固定不变的、放之四海而皆准的唯一模式，而是根据该组织的特点，具有针对性、灵活性和适应性。西斯克认为，组织是一个系统，它由各个子系统构成，且整个系统的能力依赖于每一个子系统的能力；同样，大系统的职能或能力的作用变化，要求子系统做出相应的变化。整个系统的输入可能来源于系统的外部或者系统内部的子系统，它的输出可能输向系统的外部或反馈给任何一个子系统。因此，组织结构及其职能依赖于组织所处的外部和内部的许多环境因素。这就要强调组织的生存价值、社会作用和性格特征，不能单纯用理性的利润指标来衡量企业经营，而要以人为组织的中心，考虑人们的需要与情感等社会心理因素。使每个人产生一种归属感和向心力，并汇聚成群体动力，帮助组织克服困难，完成任务，增强组织对外部环境的适应能力。

（一）巴纳德的组织理论

现代组织理论的创始人巴纳德曾任美国新泽西州贝尔电话公司总经理、洛克菲勒基金委员会主席和美国国家科学基金会主席等职务。他的组织理论的观点集中反映在1938年出版的《经理人员的职能》一书中。在霍桑实验的启发下，他第一个把组织解释为人与人相互合作的系统。主张工人首先是一个社会成员，然后才是组织的参与者，而不是工具。因此，不能把经济收入视为激励工作积极性的唯一因素，而要考虑权力、名誉、合适的工作条件、受人尊重等其他刺激因素。在组织不能提供足够刺激时，要注意劝导与说服，并反复灌输企业目标。因为目标是把组织凝聚成一个整体的重要力量。而在实现企业目标的过程中，必须注意发挥"非正式群体"的作用。它可以沟通许多信息，加强成员之间的感情联系和保护每个人的利益。所以巴纳德十分看重信息交流在组织构成中的地位和作用。

巴纳德认为，所有正式组织不论其级别和规模差别多大，均包含共同的目标、协作愿望和信息沟通三个基本要素，如图6-1所示。组织的产生和发展只有通过这三个基本要素的结合才能实现。

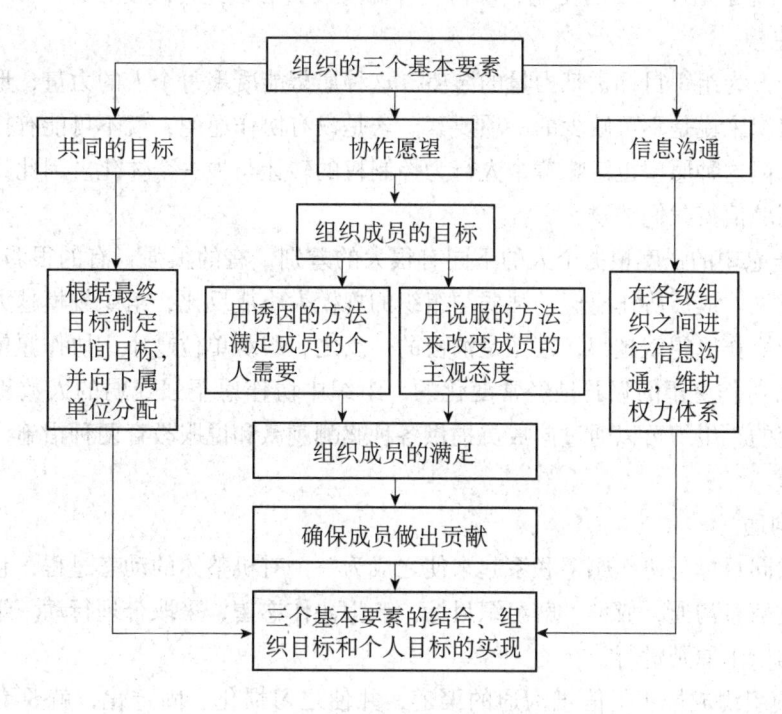

```
                    ┌─────────────────┐
                    │ 组织的三个基本要素 │
                    └─────────────────┘
              ┌───────────┼───────────┐
         ┌────────┐   ┌────────┐   ┌────────┐
         │共同的目标│   │协作愿望│   │信息沟通│
         └────────┘   └────────┘   └────────┘
                          │
                   ┌──────────────┐
                   │组织成员的目标│
                   └──────────────┘
```

图 6-1 组织基本要素构成

1. 共同目标

这是针对每个组织成员来说的，是协作愿望的必要前提。没有目标就没有协作，就无法了解和预测组织对个人的要求和它的决策内容。企业组织的目标一般包括收益目标、稳定发展目标等。组织成员个人的行动与决策要与这些目标统一起来，就必须注意以下四方面的问题：

（1）组织目标不仅要得到各组织成员的理解，而且必须为各个成员所接受。

（2）各个成员在理解目标时，协作性理解和主观性理解会发生矛盾。协作性理解是指组织成员脱离个人立场，从组织的整体利益出发客观地理解组织目标；主观性理解是指以个人的主观想法来理解组织目标。当组织目标单一而具体时，二者发生矛盾的机会较少；当组织目标复杂而抽象时，二者就时常发生矛盾。管理者应当努力克服这一矛盾，让组织成员感受到确实存在一个共同的目标。

（3）每个组织成员都具有组织人格和个人人格两方面，因而必须对组织目标和成员个人目标加以区别。成员的组织人格是指个人为了实现组织的共同目标而采取合理的行动；个人人格是指为了满足个人目的而采取合理的行动。组织目标是外在的、非个体的客观目标；个人目标则是内在的、个体的主观目标。个人之所以对组织目标做出贡献，并非组织目标就是他的个人目标，而是他觉得有利于实现其个人目标。管理者应努力避免组织目标和个人目标的背离，正确处理好个人利益与集体利益和国家利益的关系。

（4）组织为了适应环境的变化，求得生存和发展，必须经常改变目标。

2. 协作愿望

这是指个人为组织目标贡献力量的愿望。这种愿望能凝聚每个人的力量，形成一个整体力量，这对组织来说是不可缺少的一项要素。若是没有协作愿望，就不可能有持久的做贡献的个人努力。但这种愿望也意味着个人行为控制权的转让与失去个体化。因此，巴纳德认为有两方面的问题值得我们注意：

（1）协作愿望的强度根据个人的不同有很大的差别，有的很强，有的很弱；有的消极，有的持反对意见。成员协作愿望的强弱与组织的规模大小成反比，组织规模越大，越是综合性的，成员的协作愿望就越小，甚至是消极的。反之，组织单位越小，协作愿望就越强烈。

（2）个人协作愿望的强弱是经常变化的，组织中协作愿望强或弱的人数也在变化，并不是固定不变的。组织可以通过向成员提供各种奖酬刺激和说服教育两种措施，设法激发成员的协作愿望。

3. 信息沟通

这是将共同目标与协作愿望联系起来使之成为一个有机整体的动态过程，它是一切活动的基础。通过信息沟通，成员了解组织目标，产生协作愿望，采取合理行动。组织中的信息沟通必须依据以下原则进行：

（1）要使组织成员明了信息沟通的渠道，并使之习惯化、固定化，就要更多地强调职位而较少强调个人。

（2）每个成员必须与组织有明确的正式沟通渠道。

（3）信息沟通的路线必须尽可能直接或便捷。

（4）必须经常运用完整的信息沟通路线，以免产生矛盾和误解。

（5）作为信息沟通中心的各级管理人员必须称职，要具有综合能力。

（6）组织在执行职能时，信息沟通的路线不能中断。

（7）每一个信息沟通都必须具有权威性。提高高级职位的权威性，是提高组织信息沟通有效性的一个重要手段。

4. 两个重要的理论观点

巴纳德的现代组织理论除以上思想外，还提出了两个重要的理论观点，那就是诱因和贡献平衡论与权威接受论。

（1）诱因和贡献平衡论。巴纳德的诱因和贡献平衡论，是关于组织生存和发展的理论。其中诱因是指组织为满足个人的动机而提供适当的报酬；贡献是指有助于实现组织目标的个人活动。当组织向每个成员个人提供或分配的诱因同个人的贡献相等或超过个人贡献时，组织就保持平衡。这种平衡决定成员的加入与退出，从而也决定了一个组织的生存与发展。如果它被打破，组织就会消亡。

（2）权威接受论。巴纳德的权威接受论认为，支配下属行为的命令是否为下属所接受，是决定管理者的权威的关键。管理者的权威不能依靠命令来取得，而是靠员工对其内容的理解和信赖才赋有"权威"的意义。因此,权威取决于组织成员,而不是管理者。这样,管理者的权威就处在不稳定状态。为了求得权威,组织调整机能的稳定和维持组织秩序。他又提出"不计较范围"的概念,并指出诱因大于贡献时,"不计较范围"大,组织效率高;反之亦然。

(二) 西蒙的组织理论

西蒙是决策学派的代表人物,他的组织理论实际上也是以决策论为基础的。他认为一个单位的组织结构的建立必须同决策程序联系起来。他的主要论点有:

(1) 关于组织的层次和等级结构。西蒙把组织看成"一块三层蛋糕"。最下层是从事基本操作的过程,在生产性组织里即对原材料加工、生产产品和储存、运输产品的层次。中间一层是从事程序化决策制定的过程,是控制日常生产操作和分配的系统。最上一层是从事非程序化决策制定的过程。这一过程要对整个系统进行设计和再设计,并确定其基本目标,监督其实施。决策过程的自动化和电子计算机等先进技术的运用不会改变这三个基本层次的划分,而只能使各层次间的关系更清楚、更明确。复杂组织不仅分层次,而且分等级,也就是说这些组织被分成小单元,小单元又分成更小的单元,这样依次细分,形成金字塔式的分层等级系统。这是一种普遍现象,几乎存在于自然界一切复杂组织,其原因有三个:

第一,在既定的体积和复杂性的各种系统中,通过"自然选择"的演化过程,最可能出现的是分层等级系统,它的产生速度比同样体积的非分层系统的速度迅速得多。因为分层结构各部分本身都是稳定的系统。

第二,分层等级系统各部分所需要的信息传输量比同样体积和复杂性的其他类型系统少得多。因为随着组织中人数增加,人与人之间关系就以指数式迅猛增加,人与人之间的信息传输量至少以相同比例增长。如果组织分成次单元,那么每个成员只需了解该单元内每个个别的成员活动的详尽信息和其他单元的一般情况的信息,信息传递量相对就少得多。

第三,在分层等级系统中,组织的复杂性同总规模无关。因为无论组织规模发展多大,由于分层和分等级,每个经理不管职责大小,也不管处于什么地位,总是只需和几个下级、几个上级、几个平级的经理合作,他们所直接联系的人数都大致相同,对于组织其他部分只保持一般的,主要是间接的联系。

分层等级系统只有消除了规模和复杂性之间的联系,大的组织才能顺利运行。

(2) 关于集权和分权。尽管第二次世界大战后最初的20年里,美国大企业中出现过一种分权运动,他们发现把有关某种产品或某组相同产品的活动集中到一起,并把大量的决策分散到经营这些产品的部门中去,就能更有效地进行管理,但同时,在这些公司里也出现许多集权的现象。这表明两者并不矛盾,它们都为组织发展所必需。集权和分权问题也是同决策过程密切相关的。有关整个组织的决策,必须是集权的。因为下级人员由于地位、职责的不同,在认识角度、信息来源,以及知识、经验等方面都可能受到限制,不如高层领导具有更全面的认识、丰富的信息、更多的经验和知识等条件,从而就不如高层领导那样能做出更适合整个组织系统的决策。所以，各级管理者的决策要同他们的信息来源和职位相适应。但另外，由于个人认识能力是有限的，即使高层领导者，也不可能"洞察一切"。因此，必须实行适当的分权，让各方面的经理参与决策。特别是对于复杂的具有多种因素的问题，个人难以同时了解和分析其各个方面，就更需要把它分解为各个因素，由不同的专业部门来研究，才能做出正确决策，这又必须实行分权。

由于新技术的发展，使用复杂的模型、借助电子计算机作为决策辅助手段的现象也越来越多。以前用于决策制定方面的大量人力、物力，现在被用在决策设计过程以及基本模型和数据库方面。决策制定的人员相对更少了。此外，来自组织中或组织外的大量的各种各样的信息，成为分析过程的输入和制定决策的依据，决策制定的区域较之过去更为分散和广阔，更多的决策信息流将穿越正式等级结构的界限。具有很大互相依赖性的决策很难孤立地制定出来。就这个意义来说，一方面集权是增多了，而另一方面决策中的参与活动也更广泛了。

(3) 关于直线与参谋的关系。传统组织理论坚持只有直线管理人员有权直接指挥和做决策，而参谋人员只有建议权和咨询权，不能直接做决策，以维护指挥系统的统一性。但西蒙认为，这一原则也有缺陷。因为如果这一原则贯彻到底，在有些领域可能会发生有指挥才能、能够胜任的人不能做决策，而不能胜任的人却来做决策的矛盾。为了解决这个矛盾，西蒙提出两个建议：第一，下级人员可以从几个上级接受命令，但如果这些命令互相发生冲突，那么下级人员就只能服从其中一个上级的命令。这就是所谓狭义的"指挥统一"。第二，每个单位在某一个特定的领域内具有全权。在此领域内拥有全权，也就是在这个领域内它发出的命令是必须服从的，即所谓"权力的分工"。这两条原则既可以单独使用，也可以结合使用。

(4) 关于新型组织。西蒙预言，未来的组织是在可预见的中期前景而不是轮廓尚未分明的遥远前景中的新型组织，应是同我们现在所熟悉的组织很相近的。它的特点是：

第一，将来的组织仍将是由三个阶层所构成的。一个基本的阶层是物质生产与分配过程的系统。另一个层次是支配该系统的日常作业的程序化决策过程，也可能是大规模自动化、程序化决策过程的系统。第三个层次是控制第一层次并对之进行重新设计和改变其价值参数的非程序化决策过程系统。

第二，将来的层级仍将是阶层等级的形式。组织将仍然分成若干部门，各部门又再分成更小的单位，依次细分，这与今日的部门化很相像。但划分部门界限的基础，可能会有所变化。产品部门将成为更为重要的部门，而采购、制造、工程与销售之间的明确界限将逐渐消失。人们解决了温饱问题之后，最大的需要有两个：一个是在挑战性的工作中能施展自己的才能；另一个是同其他人保持友好的相互关系，也就是爱与被爱，尊敬与被尊敬，分享经验，为共同目标而奋斗等。未来组织由于决策的自动化与合理化将创造一种环境，使人们所关心的东西，变得更容易而不是更难以得到。

(三) 德鲁克的组织理论

德鲁克认为传统组织理论，特别是法约尔提出的一些组织原理，至今在小型企业仍有其指导作用，而大型企业则适合斯隆创立的组织形式。但是，由于近几年来环境变化剧烈而迅速，无论是法约尔的理论还是斯隆的模式都越来越不能满足现代组织的要求。

1. 德鲁克指出六方面的不适应

（1）法约尔和斯隆都是以制造业作为研究对象的。而如今面临的挑战是大型组织的非制造业，即大金融商，大零售商，世界范围的运输、通信和为顾客服务的公司，以及医院、大学和政府机关等非营利性组织。这些非制造业机构将越来越成为发达经济的重心。

（2）斯隆创立的通用汽车公司组织模式本质上是单一的产品、技术和市场。而现今典型的情况是多种产品、多样化技术和市场。因此，这里存在着通用汽车公司未曾遇到过的、复杂和多样化组织的问题。而且现今的有些单一产品、单一技术的企业与通用汽车公司也不尽相同。它们不能再分成可以相比的各部分，如制铝公司、铁路、航空、商业、银行。这些企业因为过于庞大，职能结构不适用了，也不适合真正的分权制。

（3）通用汽车公司没有把主要注意力转向国际市场，因此它未能成为跨国公司。而其他那些关注文化、国家、市场和政府的许多公司都已经成为跨国公司。

（4）像通用汽车公司那种单一产品、单一技术的公司，不十分关心信息处理。而多产品、多技术的公司和跨国公司则必然设计出有利于处理大量信息的组织结构。

（5）通用汽车公司员工的 4/5 是体力劳动者或事务性雇员，而现今企业中知识工人成长最快。与当时通用汽车公司不同，现今组织的基本问题都是同知识工人和知识性劳动相关的。

（6）通用汽车公司比较重视管理，却不大重视创业。而如今企业越来越需要创业和革新精神。因此，通用汽车公司模式在这方面不能提供什么指导。

2. 德鲁克提出五项设计原理

为了弥补法约尔和斯隆的组织理论和模式之不足，德鲁克提出：

（1）法约尔的职能制。

（2）斯隆的联合分权制。

以上两项早已存在，虽有不足，但已被看成组织原理。以下三项则是德鲁克提出的"全新"的模式。

（3）工作队组织。一向用在临时突击性任务中，但也适用于某些永久性需要，特别适用于上层管理部门和革新任务。

（4）模拟性分权制。把一种职能或生产程序的某一阶段或某一部分，相对独立出来，当作一个企业来看待，并真正实行自负盈亏，这就是所谓的模拟性分权制。例如，会计中采用转让价格，把管理费用的分摊等都当作市场上的现实来对待。这种模式比较适合于组织过于庞大，因而不能保持职能式组织，又因过于一体化而无法实现真正的分权制的大型组织。

（5）系统结构。系统结构是把工作队组织和模拟性分权制结合在一起的一种结构。例如，美国国家航空和宇航局的太空计划，就是将许多自主的单元，如科研人员和机构、企业、大学以及政府机构等遵循共同的目标，在一个联合的上层管理部门指挥下组合起来，形成统一结构。跨国公司实际也是由文化、政府、企业、市场等组合而成的系统结构。

德鲁克认为组织是复杂多样的。传统的组织原理在一定范围内还是有用的，但它的范围已经比过去小得多。

（四）凯恩和利克特的组织理论

美国社会心理学家凯恩的"交迭角色组"理论和美国行为科学家利克特的"交迭群体"组织理论是群体理论的发展，对现代组织理论产生了很大影响。例如，凯恩把组织看成由许多交迭的、连锁的"角色组"所组成的集合体；利克特则认为组织中传统的个人对个人的关系，可以用更精确的群体对群体的关系来代替。组织是由互相关联的交迭的群体组成的，而在这些群体之间起群体连接作用的个人就称为联结销。他们都在观念上突破了传统的组织理论，为现代组织理论的发展注入了新鲜血液。因此，有人把凯恩和利克特的这些理论纳入到现代组织理论中来。

（五）系统组织理论

美国社会学家霍曼斯从系统概念出发，建立了适于各类组织的社会系统模型。他认为社会系统是由环境所决定的人们的活动、相互作用和人们对环境的感情等因素构成的。因此，组织中任何一个部门所发生的事件和进行的变革，都不是孤立地起作用的，必然要影响组织中的其他部门和周围的环境。这就启发我们的企业管理人员，在处理部门的某种事情、进行某项改革时，必须考虑其他部门和外界的影响。后来，凯茨、卡恩、卡斯特、罗森茨维克、特里斯特等人分别进行了许多研究，把系统组织理论又向前推进了一步。

（六）权变理论

权变理论认为不能用单一的模型解决所有组织设计问题，只能提出在特定情况下有最大成功可能的方案。因而使其有别于古典组织理论、行为组织理论和系统理论。它强调组织的多变性，并力图了解组织在变化着的条件下和在特殊环境中的发展情况。其根本目的就在于提出最适合具体情况的组织设计和管理行为。它注重实践，鼓励人们应用各种不同的模型，包括古典的和现代的，只要这种模型能适合环境情况就行。于是在服从组织的总目标下，同一组织的各个部门可以采取不同的组织设计，完成各自的目标。可见，权变观念实质上就是主张从实际出发，具体问题具体分析，然后找出合适的办法来解决问题。所以，权变理论要求依照工作的性质和人员的特殊要求，确定组织的模式，使任务、人员和组织彼此相适应。

系统的观点能使我们全面地理解组织的整个过程，而权变的观念又能使我们不局限于某种僵化的模式，使我们知道世界上并没有一种简单的、普遍的组织设计和管理的原则。因此，现代组织理论不但反映了各子系统之间的协调关系，而且具有一种应变的观点，要求组织与其环境之间以及各子系统之间协调一致，更为具体地强调子系统之间关系的特点和模式，从而提出具体的组织设计方案，确定管理基础。组织理论的发展演变过程，也就是向着系统和权变观念转变的过程。这种以系统权变方法为主的现代化组织理论，是科技发展的结果和适应新形势的需要。

（七）组织生命周期理论

管理界普遍认为，组织是一种有机体，存在生命周期。1972年，美国管理学家格林纳提出了组织成长与发展的五阶段模型（后又补充了一个阶段），他认为，一个组织的成长大致可以分为创业、聚合、规范化、成熟、再发展或衰退五个阶段。每个阶段的组织结构、领导方式、管理体制、员工心态都有其特点。每一阶段最后都面临某种危机和管理问题，都要采用一定的管理策略解决这些危机以达到成长的目的。

1. 创业阶段

创业阶段是组织的幼年期，规模小，人心齐，关系简单，一切由创业者决策指挥，组织的生存与成长完全取决于创业者的素质与创造力。他们创造了市场，掌握整个组织的活动与发展。这些创业者一般属于技术业务型，不重视管理。随着组织的发展，管理问题日趋复杂，创业者感到无法以个人的非正式沟通来解决问题。因此到了创业期的后期，组织内部管理问题层出不穷，于是产生了"领导危机"。

2. 聚合阶段

聚合阶段是组织的青年时期。企业在市场上取得成功，人员迅速增多，组织不断扩大，职工情绪饱满，对组织有较强的归属感。创业者经过锤炼，自己成为管理者或引进了有经验的专门管理人才。这时，为了整顿正陷入混乱状态的组织，必须重新确立发展目标，以铁腕作风与集权的管理方式指挥各级管理者，这就是"靠命令成长"。在这种管理方式下，中下层管理者事事都必须请示、听命于上级，因而逐渐感到不满，要求获得较大的自主决定权。

但是，高层主管已经习惯于集权管理，一时难以改变，从而产生了"自主性危机"。

3. 规范化阶段

规范化阶段是组织的中年时期。这时企业已有相当规模，增加了许多生产经营单位，甚至形成了跨地区经营和多元化发展。如果组织要继续成长，就要采取授权的管理方式，采用分权式组织结构，容许各级管理者有较大的决策权力，即"靠授权而成长"。但是日久又使高层主管感到，由于采取过分分权与自由管理，企业业务发展分散，各阶层、各部门各自为政，本位主义盛行，使整个组织产生了"控制性危机"。

4. 成熟阶段

为了防止"控制性危机"，组织又有采取集权管理的必要，将许多原来属于中、基层管理的决策权重新收归总公司或高层管理者，但由于组织已采取过分分权的办法，不可能重新恢复到第二阶段的命令式管理。解决问题的办法是在加强高层主管监督的同时，加强各部门之间的协调、配合，加强整体规划，建立管理信息系统，成立委员会组织，或采用矩阵式组织结构。一方面使各部门有所作为，另一方面使高层主管能够掌握、控制整个公司的活动与发展。为此就必须拟订许多规章制度、工作程序和手续。随着业务的发展，这些规定、制度成了妨碍效率的官样文章，文牍主义盛行，产生了"官僚主义危机"或"硬化危机"。

5. 再发展或衰退阶段

此阶段组织的发展前景既可以通过组织变革与创新重新获得再发展，也可以更趋向于成熟、稳定，也可能由于不适应环境的变化而走向衰退。为了避免过分依赖正式规章制度和刻板手续，必须培养管理者和各部门之间的合作精神，通过团队合作与自我控制达到协调配合的目的。另外要逐步增加组织的弹性，采取新的变革措施，如精简机构、划小核算单位、开拓新的经营项目、更换高级管理人员等。

一个组织并不一定都按上述阶段顺序发展，但组织生命周期理论却说明了组织在不同的时期会面临不同的问题，需要采用不同的管理方式。变动性和稳定性是组织的基本属性。任何组织为了完成其职能，必须保持相当的变革性和稳定性。在组织的初建、急速成长和衰亡时期，适应和革新对于组织的生存是至关重要的；但对于达到成熟期的组织来说，稳定性或持续性变得更为重要一些。强调组织的稳定性不能否定组织的变动性，因为处于停顿、过于保守状态的组织是很容易被竞争社会所淘汰的。总之，任何组织要生存和发展都需要变革。

第二节　组织设计

一、组织设计概述

（一）组织设计的概念和作用

组织设计就是对组织任务、责任、权力和利益进行有效组合和协调的活动。具体应包括以下要点：

（1）组织设计是管理者在一定组织中建立最有效相互关系的一种合理化的、有意识的过程。

（2）这个过程包括对组织外部要素和组织内部要素的协调。

（3）组织设计的结果是形成组织结构。

（4）组织结构的内容包括工作职务的专门化、部门的划分以及直线指挥系统与职能参谋系统的相互关系等方面的工作任务组合；建立职权系统、指挥系统、控制幅度和集权分权等人与人相互影响的机制；开发最有效的协商手段；等等。

组织设计对提高组织活动绩效、获得最大的经济效益起重大的作用。有效的组织设计能够为组织活动提供明确的指令，有助于组织内部人员之间的合作，使组织活动更具有秩序性和预见性；有助于及时总结组织活动的成功经验和失败教训，从而形成合理的组织结构；有助于保持组织活动的连续性；也有助于正确确定组织活动的范围及劳动的合理分工与协作，全面提高工作与生产绩效。

（二）组织设计的基本要素

1. 组织的专业化、劳动分工和部门化

（1）专业化。在工业组织中，专业化是指在社会化大生产条件下，随着科学技术的进步，从原有的企业和生产部门中，分离出专门生产一定的成品或半成品，或完成成品生产过程中的某些作业的新的工业企业和部门的过程。这种分离，以社会生产的实际需要和良好的经济效益为前提，并有专用的特殊设备、特殊工艺，以及相应的专业化劳动者。

（2）劳动分工。劳动分工是指按工作任务逐步进行分工和分解，最后把组织分成若干个不同的职位。这样，每个职位都有明确的责任。这种规定把职位和人分离开来，事先明确职位的责任、职务和权限，而不是考虑由谁来担任这一职位。并且规定只有在某种职位存在的前提下，才能选择担任该职务的合适人选。这就叫因事设人。某种职务只有符合某种资格条件的人才能担任，而且，只要是合格的人，谁来担任都可以，组织的权力在职位而不在职位上的人。这是一种让人们去迎合管理的制度。它有利于消除不胜任工作、机构臃肿、人浮于事的不良现象。

（3）部门化。部门化是指对所分工的工作的合理组合，也就是将工作和人员组编成可管理的单位。它与工作专业化直接相关。通常建立组织结构的第一步，就是创设可管理的单位。倘若一个人具有必要的技能、知识与时间，那他就能完成一个企业中的所有工作。因此部门化就会出现在组织的所有层次中。通过部门化过程设立的许多单位，联合组成组织的总体结构，而且在本质上是以工作为中心的、实用性的，因为其根本目的在于有效分工。经常被用作部门化基础的是职能、产品、顾客、地区、过程、序列等。部门化的原则有产出（目标或结果）和内部作业（方法或活动）两大类。其中产出类包括产品型部门化、顾客型部门化、地区型部门化等；内部作业类包括职能型部门化、生产过程型部门化等。在大型组织内可以同时使用几种不同的分工方法，称为混合型部门化。

2. 职权与责任

（1）职权。在传统的观念中，一个合法的中心职权能赋予某个上级以指挥他人的权力，并使下级人员有服从其上级命令的义务。职权是以其正式职位和对奖惩的控制为基础的、要求下级服从的权力，它是非人化的。它来源于职位而不是个人。更为重要的是职权与职责应直接相联系，这就是说，如果一个职员负责完成某项活动，那就应赋予他必要的职权。职权是按照目标的要求统一成员活动的手段，同时也为集中的指导和控制提供一定的基础。

（2）责任。责任是一个下属人员执行其职责和按照既定政策行使职权的义务，它与职权、职责相联系。这种关于职权、职责和责任的观点，为很多传统的管理理论提供了基本的格调。它是使组织等级结构和控制系统合法化，以及建立管理跨度、直线与参谋职能的关系等诸多概念的基础。

3. 组织规模、管理层次和管理跨度

（1）组织规模。组织规模是指组织的大小。其主要特征是人数、工作任务的重要性、所辖范围和编制。它往往由政府部门以法律的形式规定，是决定管理方式、管理层次和管理跨度的前提条件。

(2) 管理层次。管理层次就是组织的纵向等级数，即有多少层次就有多少等级。它是一种垂直方向的分工形式。例如，我国国务院的管理层次分为部—司—处—科四级。可见，行政组织结构中的管理层次把行政机关按本身不同的权限，排列成地位有别的一个行政序列，即沿着直线从高到低垂直分布权力。科学合理划分和组合管理层次是十分必要的，但中间层次过多，又往往是产生官僚主义和办事效率低下的一个重要原因。

(3) 管理跨度。管理跨度，也称管理幅度，是一个上级管理者直接有效地管理下级的人数。其内在含义就是下级人员的活动需要上级的协调。它强调的是能使活动得到有系统的统一的上下级关系。部属增加时，一定会增加领导者与被领导者的直接关系，扩大部属之间的联系。如果超过一定的限度，领导者的精力、能力和时间等都是有限的，很难进行有效管理，所以对管理跨度要有所限制。在近代历史中，英国的汉密尔顿将军、法国管理学家格兰丘纳斯、美国管理学家厄威克等人相继推动了这一思想的发展。对于管理跨度的定量问题，格兰丘纳斯指出，当增加一个下属时，直接单独联系的数量按算术级数增加，而相应的联系总数，由于加上直接团体联系和交叉联系，是按指数比例增加的。如果用 n 表示所监督的人数，便可得以下计算公式：联系总数 $= n(\frac{2^n}{2} + n - 1)$。如直接单独联系中的下属有 4 人，则联系总数 $= 4 \times (\frac{2^4}{2} + 4 - 1) = 44$。下属人数增加，则联系总数也相应增加，这一关系如表 6-1 所示。

表 6-1 管辖人数与联系总数对应表

n	1	2	3	4	5	6	7	8	9	10	11	12
联系总数	1	6	18	44	100	222	490	1 080	2 376	5 210	11 374	24 708

这种几何级数增加的意义是，当下属人数从 4 人增加到 5 人时，工作能力约增加 20%，而"可能的"关系则从 44 增加到 100，即约增加了 127%。所以，格兰丘纳斯认为，控制幅度应限制在"至多 5 人，可能最好是 4 人"。但这一规则有一个例外，即在组织的基层从事例行工作时，工人独立进行工作，他们很少接触其他人，监督工作不太复杂，则可以有一个较宽的控制幅度。而组织的较上层却与此大不一样。

4. 直线与参谋

直线与参谋这对概念是对古典组织原则进行修改后的折中物，它欲使更多有专业知识和技能的人被吸收到管理系统中来，使组织适应复杂的环境。直线组织常被赋予基本的职权（如直线指挥权），并行使组织的主要职能；参谋人员支持直线组织的行动，并向它提出建议。参谋人员是直线组织的助手，是他个人的一种延伸。在不削弱经理的协调职能的情况下，可以利用直接向直线组织汇报工作的参谋人员的知识。这种观点为作为等级链中心和职权源泉的直线组织获得完整性提供了保证。在实际设计工作中，通常把直线与参谋的概念，具体化为直线制组织结构和职能制组织结构。

（三）组织设计的原则

建立一个开放体系的组织机构，必须遵守以下基本原则：

（1）目标明确、功能齐全。任何组织必须适应经济和社会发展的要求，促进生产力的发展，这也是检验一个组织机构设置是否合理和科学的一个标准。一个组织机构除了要有明确的目标外，还必须具有决策、执行、咨询、沟通、监督等功能。

（2）组织内部必须实行统一领导，分级管理。

（3）有利于实现组织目标，力求精干、高效、节约。任何组织一定要因事调职、因职设人，这样才有可能达到上述要求。

（4）有利于转换经营机制和提高经济效益与社会效益。

（5）既要有合理的分工，又要注意相互协作和配合。

（6）明确和落实各个岗位的责、权、利，建立组织内部各种规章制度。

如果我们认真执行这些原则，就可以改变目前机构臃肿、层次重叠、人浮于事、效率低下、脱离群众甚至阻碍生产力发展的不良现象。

（四）组织设计的程序

权变组织设计的总体程序通常包括以下六个基本步骤：

（1）以人为本，确定各级机构的目标。首先确定总体目标，然后进行层层分解，以指标体系图和员工分工表加以细化和表现，并使之人性化。

（2）进行管理业务流程的总体设计。总体设计包括设计主导流程、保证流程和监督流程，以便对计划采用的诸流程进行优选。可以用业务流程总图和分图明示。

（3）设置管理岗位。确定岗位划分标准，划分岗位，进行平衡。可用管理岗位一览表明示。

（4）规定管理岗位内容，建立、健全激励机制。进行岗位作业分析，制定岗位输入、输出和转换的内容。制作岗位经济责任制卡片，制定奖惩措施。

（5）配置岗位人员。确定每个岗位配置人员量和质的要求，可用岗位人员配置一览表明示。

（6）设置管理机构，确定管理机构的形式，划分管理岗位，绘制组织图，编制说明书。

二、组织设计理论

（一）机械型与有机型组织设计理论

在英国，管理学家伯恩斯和斯达克早在20世纪50年代就开始权变组织设计的研究工作,他们把组织分为机械型和有机型两种类型。机械型组织的层次愈高,权力与影响愈大。工作和生产经过精心安排,任务一定,照进度运行,各人的职责非常明确,信息沟通恪守正式的等级渠道,整个组织颇像一架精心设计的机器。与之相反,有机型组织具有更高的灵活性与开放性,工作任务与角色作用的确定不是十分严格,允许人们随机调整以适应需要。有机型组织中的交流与沟通是多向化的,交流内容中的信息与建议多于指令与决定。权威与影响更多来自有才干、有能力处理问题的实干家。其决策非中心化,由各种不同层次、不同职能部门分担;整个组织也更加向周围环境开放。

伯恩斯和斯达克根据权变思想指出,在一定情况下,机械型组织比有机型组织更富于效能。如果任务稳定、明确、不随时间改变,则机械型结构是最佳结构;如果技术、市场以及环境的其他部分极少变动,这种结构就显得更有成效;倘若员工肯听话,则该结构可以如愿以偿地满足他们的需求;如果人们被混乱与缺乏安全保障所威胁,那么这时这种结构就是更有利的结构。

但在其他情况下,有机型结构可能有更大的威力,而这些条件在当代社会中更富于典型性。如果环境是动态的,就要求组织内部结构频繁变动;如果任务尚未充分定型成为例行常规性工作,或人们寻求自主、开放、多样和变革,寻求开拓新途径的机遇,那么有机型结构就是最好的结构。

由此可见,机械型结构更适合稳定的常规性环境和安于这种环境的员工,有机型结构比较适合于不稳定的非确定性环境和能够与不定的、多变的环境相容的员工。即使在同一组织内,不同的部门也可以有适合自己环境的不同类型的组织结构。例如,经营部门可以是有机型结构,而生产部门则多用机械型结构。这两种结构的区别如表6-2所示。

表6-2 机械型组织结构和有机型组织结构的比较

因素	组织系统的特征	
	封闭式/稳定性 机械型结构	开放性/适应性 有机型结构
1. 外在的环境系统: 　一般特性 　可预测性 　环境对组织的影响程度	稳定的 高度的 稳定性低	动态的 高度的 不稳定性高
2. 整个组织系统: 　组织的重点 　行动的预知性 　决策	以绩效为重 相当确定 程序化决策	以解决问题为重 相当不确定 非程序化决策

续表

因素	组织系统的特征	
	封闭式/稳定性 机械型结构	开放性/适应性 有机型结构
3. 目标与价值： 　目标的设定 　目标的重点 　价格标准	以自上而下为主 短期、偏重效率 效率、预知性、安全、避免风险	高度的参与，包括高层及基层人员 长期、偏重发展 绩效、适应力、反应性、冒一定风险
4. 技术系统： 　知识 　时间幅度 　任务的相关性	高度专业化 短期性 低	高度通才化 长期性 高
5. 结构系统： 　结构类型 　规章和程序 　组织的层次 　职权的威信与来源 　责任	正规化结构 很多，常为正式的书面形态多 多 来自在组织中的地位 与职务和地位有关	弹性结构 很少，常为非正式及非书面的形态 少 来自当事人的知识与能力 由个人自行担当
6. 社会及心理系统： 　人际关系 　个人参与 　激励因素 　领导 　忠诚心	正式关系 低 着重较低层次的需要（X 理论） 集权式 对组织的系统	非正式关系 高 着重较高层次的需要（Y 理论） 民主式 对团体和事业
7. 管理系统： 　沟通的内容 　控制程序 　解决冲突的方法	垂直的指示和命令 运用法令规章的措施 由上级处理并列入记录	横向的和垂直的意见劝告和信息 经由人际的接触、说服建议等 由相互作用、团体视情况处理
8. 绩效标准： 　绩效的重点 　时间 　衡量	着重结果 作用和结果之间的时间较短 客观的衡量	着重活动和结果 作用和结果之间的时间较长 客观和主观的衡量

(二)"分化—整合"的组织设计理论

"分化—整合"的组织设计理论是美国哈佛商学院的教授劳伦斯和洛奇在1967年提出的一种新的思维方式。他们通过市场与技术变化情况,集中研究了处在三种不同环境下的一批工业组织结构,证实并发展了伯恩斯与斯达克的研究。劳伦斯等人发现企业根据不同条件,在组织上要有不同程度的分化,同时又必须有整合的概念和措施。如果一个组织的环境是复杂和多变的,必须建立适合于环境的子系统,如销售、生产、研究与开发。每个子系统中的成员会形成与环境相适应的态度和行为,逐渐成为处理他们工作任务的专家。这里的分化就是指组织内分支系统的划分程度,以及所属成员思想和行为的差异。研究结果表明,成功的公司都实现了高度的整合,因为在一个有效的组织中,越要适应环境,就越要加以分化;而分化越大,组织机构越复杂,就越会产生不同观点并导致冲突;但越花费时间和精力去解决冲突,就越需要在结构和措施上进行整合。整合可以通过不同的途径来实现:运用正式的规章制度、权力等级制度或者运用联络人员和跨职能部门的联络小组,使信息能自由沟通,并较多地依靠知识和专长及其他非正式的工作协调手段。整合的途径要与外部环境相适应。对外部环境较稳定、分化较小的企业,可用较正规的整合手段;对外部环境较不稳定、分化较大的企业则要采用精心安排的灵活手段。他们还发现,在所有成功的企业中,一条最普遍的经验是:解决各单位之间的冲突的办法是正面提出问题,找出解决办法,而不是调和矛盾,或者把某种解决办法强加给某个单位。劳伦斯和洛奇对三类工业组织中的高绩效企业的研究如表6-3所示。

表6-3 三类工业组织中的高绩效企业的研究

权变因素	包装容器工业	食品工业	塑料工业
外部环境	低的不确定性	中等的不确定性	高的不确定性
关键的相互依赖关系	销售—生产	销售—研究 研究—生产	销售—研究 研究—生产 销售—生产
分化程度	低	中等	高
关键目标的达成单位	生产	销售	做整合工作的部门
主要问题	进度表,控制	顾客的偏爱	创新,变革
实现高度整合的单位	销售—生产	销售—研究 研究—生产	在做整合工作的单位与其他单位之间
实现整合需花费的精力和时间	低	中等	高
冲突怎样解决	面对面	面对面	面对面
结构的类型	机械的	机械的/有机的	有机的
主要的整合机制	规章、等级	计划 联络人员 工作组	工作组 联络组 其他做整合工作的部门

(三)"技术—结构"组织设计理论

"技术—结构"组织设计理论是指组织结构必须适应技术的组织设计原则。技术是一种转换过程,机器设备和知识技能通过这种过程生产产品和提供服务。它通常由机器、设计和操纵机器所需的知识与技能,以及用来协调和控制生产过程的机制三部分组成。技术往往受环境的影响较大,同时它又常常影响组织。有许多人(如汤普森、希克逊、佩罗等)对此进行了深入的探索,但最著名的研究是英国的社会学家伍德沃德对技术种类做出的分类。

她把技术分为三种类型:

(1)单件生产技术,即用于生产单个顾客的定制产品,以满足顾客的特殊偏好。

(2)批量生产技术,即用标准化的工作程序生产出标准化的产品,是用于生产装配线上的技术。

(3)连续加工技术,即通过一系列连续的加工过程(如化工产品的生产)来对原料进行转换的技术。

伍德沃德根据这三种技术类型,提出了三种技术权变理论思想:

(1)组织的技术类型会影响应采用的组织结构的类型。如果结构的类型与技术的类型相适应,那么组织将更加成功。

(2)组织中的不同部门和部分应该采用不同的技术。因此,这些下级单位应该具有不同的结构,这取决于下级单位的技术类型,而非所有的下级单位都一定要建立相似的组织。

(3)不同类型的技术要有配套的不同类型的协调与控制机制。

这些观点表明,组织的技术调节着组织设计与组织有效性之间的关系,如图6-2所示。

组织的结构形式与技术类型的适合程度对组织的有效性是有影响的,如表6-4所示。

图6-2 组织的结构、技术与有效性的关系

表6-4 伍德沃德关于有效组织设计特点的研究结果

组织的层次的特点	技术		
	单件生产技术	批量生产技术	连续加工技术
较低的层次	不定型的组织	按照定型的结构安排进行组织	按照任务和技术要求进行组织,管理跨度大

续表

组织的层次的特点	技术		
	单件生产技术	批量生产技术	连续加工技术
较高的层次	不定型的组织,在直线人员和职能人员之间没有明确区别	按等级制度构成的组织。直线人员和职能人员之间有明确的区别	不定型组织,没有直线、职能的区别,管理跨度窄
总的特点	层次少,管理跨度大,没有明确的等级,管理人员对操作人员的比例低	员工了解设计,工作专业化明确,有明确的指挥链	多层次的等级
成功的关键	对市场变化的察觉和适应	标准化产品的有效生产	产品开发和新的科学知识
焦点	外部	内部	外部
最有效的结构	有机的	机械的	有机的

伍德沃德对英国南埃塞克斯100家制造厂进行了详细的考察后发现,在各种生产技术条件中,凡是成功的企业都归结为一定的组织结构类型,而最后失败的企业的结构类型则五花八门,无章可循。成功的批量生产企业多为机械型结构,单件按程序生产的成功企业为有机性结构。这里问题的关键在于最适当的组织结构类型应因地制宜,依企业的技术类型而定,技术类型与组织结构的相关关系是一条抛物线,中等技术(成批生产)要求高组织结构,两级技术要求低组织结构。"技术—结构"关系曲线告诉我们,如果技术先进,组织结构更趋向于有机型组织结构,由于这种结构属于人本取向,人们将受惠于这种结构,而机械型结构只是历史长河中的一个阶段。

（四）"战略—结构"组织设计理论

20世纪60年代,根据对美国70多家大企业进行调查的结果,美国组织理论专家钱德勒提出了组织战略和组织结构的关系原则,即组织的结构要服从于组织的发展战略。当一个组织,由于环境的变化,需要有效地运用它的资源时,必须改变它的发展战略。新的战略应产生内部结构的改革,否则战略将归于无效。

钱德勒发现多数大企业的发展战略基本要经过四个阶段：

（1）扩大规模阶段。许多组织起初往往是一个单独的工厂或办公室,只执行一个单独职能,如制造、销售。此时,组织面临的重要战略就是如何扩大规模。

（2）地区开发阶段。这时的组织有多个工厂或办公室,在不同的地方进行职能相同的工作。这时就要有协作、标准化和专业化的部门。

（3）纵向的整体化阶段。组织扩大了它的职能,要求建立相应的职能结构。

（4）横向联合发展阶段,亦称产品的多样化阶段。组织开展多种经营,需要建立按产品划分的组织结构。

并非所有公司都会经历以上四个阶段。各个公司都有其独特的策略，也各自具有自己特色的组织结构；即使采用相同的结构，也各有不同的原因。例如，在美国，杜邦公司从集中走向分散的结构是为了适应其产品多样化的战略要求；通用汽车公司为了把这个通过合并而成的大企业真正组织成为一个整体，而采用产品型的事业部制；新泽西标准石油公司则是零碎地非系统地走向分散化；而西尔斯公司则因难以实行高度集中的结构而转向分散结构。

三、组织结构设计

（一）组织结构的概念

组织结构是指一个组织内各构成要素以及它们之间确立的相关形态，这只是一个静态的概念，如果从实现组织目标的过程来看，组织结构是组织将它的工作划分为具体的任务，并且在这些任务当中实现合作的方式。组织结构是否合理，直接影响组织的工作效率。组织结构是形成组织成员行为的主要决定因素，因为它要将组织的个体和群体结合起来完成工作任务。

（二）组织结构的形式

组织结构的设计经过了直线型、职能型、直线职能制、事业部制、矩阵型、多维立体和委员会等形式的组织结构的演变。为了应付环境的不确定性，近年来理论界和实际部门又发展了一些新的组织结构形式，如项目组织设计、团队、虚拟公司、网络制和自由型组织结构等，并给组织结构赋予了扁平化、柔性化、分立化和网络虚拟化等一些新的特点。下面介绍几种组织结构形式。

1. 直线职能制组织结构设计

直线职能制组织结构模式，既吸收了直线型和职能型的优点，又克服了二者的缺点。它设置了两套系统，一套是按命令统一原则设立的直线指挥系统，另一套是按专业化原则设立的职能管理系统。职能管理系统中的职能人员是直线指挥人员的参谋和助手，只能对下级机构进行业务指导，而不能对它们进行直线指挥和下达命令。

这种组织结构模式的优点是：集中领导，便于调配人力、财力和物力；职责清楚，有利于提高办事效率；秩序井然，使整个组织有较高的稳定性。其缺点是：下级部门的主动性和积极性的发挥受到限制，部门之间互通情报较少，不能集思广益地做出决策；各职能参谋部门与直线指挥部门之间目标不一致，容易产生矛盾，使最高领导的协调工作量加大；难于从组织内部培养熟悉全面管理的人才；信息传递路线长，使整个系统的适应性降低，对复杂情况不能及时做出反应；权力集中于最高领导层，是典型的"集权式"管理组织机构。直线职能制组织结构如图 6-3 所示。

2. 事业部制组织结构设计

20 世纪 20 年代初，美国企业管理专家斯隆在担任美国通用汽车公司副总经理时，研究

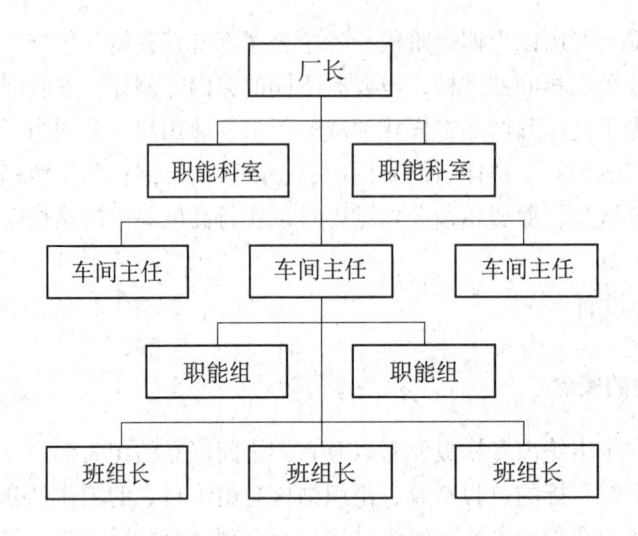

图 6-3 直线职能制组织结构

设计出了事业部制组织结构,人称"斯隆模型"。主张分权的事业部制,其基本管理原则是"集中政策,分散经营"。这种组织结构模式,是指在总公司的领导下,按照产品或地区划分为许多事业部,这些事业部一般是独立核算单位,又称利润中心。这种组织结构的最大特点是总公司只保留预算、重要人事任免和重大问题的决策等权力,其他权力则尽量下放给事业部。各事业部对总公司负有完成利润计划的责任,而该事业部内部的经营管理则具有较大的独立性。事业部制组织结构如图 6-4 所示。

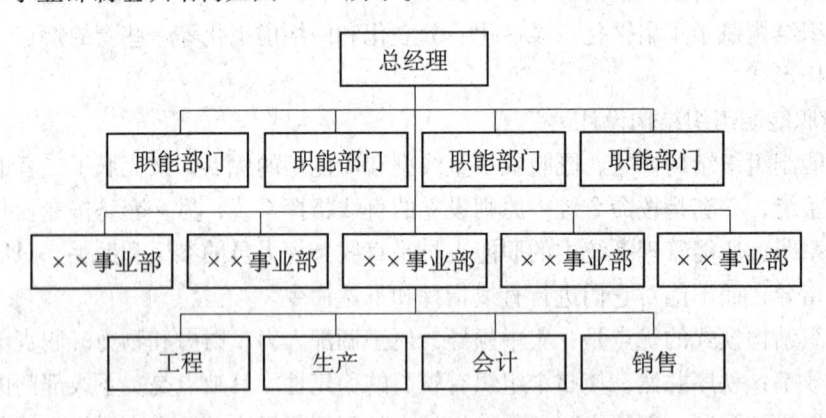

图 6-4 事业部制组织结构

事业部制组织结构模式的优点是:便于组织专业化和实现组织内部的协作;最高管理部门可以摆脱日常行政事务,成为坚强有力的决策机构,同时各事业部自成系统,独立经营,独立核算,可以发挥灵活性和主动性;各事业部之间有比较、有竞争,可以促进事业的发展;生产与销售可以直接联系,供求关系可以很快得到反馈;公司把各个事业部作为自治单位,使各个部的经理能从整体观点组织这一部门的各项业务,经理们能受到全面的考验,从而有条件提升到最高部门，这是培养和训练管理人才较好的组织模式。

其缺点是：机构重复，容易造成管理人员的浪费；由于各个事业部独立经营，使各事业部之间人员互换困难，相互支援差；各事业部经理考虑问题容易从本部门出发，忽视整个企业的整体利益。

目前发达国家又出现了超事业部制。企业规模发展到超大型时，如果总公司领导的事业部过多，管理跨度会过大，不能进行有效管理，所以，就在原事业部之上、总公司之下，增加了一层管理组织机构——超事业部。由超事业部领导各事业部，而总公司只领导各个超事业部。

3. 矩阵型组织结构设计

矩阵型组织是适应多变组织的需要的另一种发展方向。这种矩阵型结构是将一种组织类型叠加在另一种类型的组织结构之上，从而构成对员工个人的两套指挥系统，它特别适用于各类技术人员密集的大规模的特殊工程项目，有利于把组织的各项活动分隔成在人才与资源分配上彼此竞争的项目。矩阵型组织的结构形式如图6-5所示。

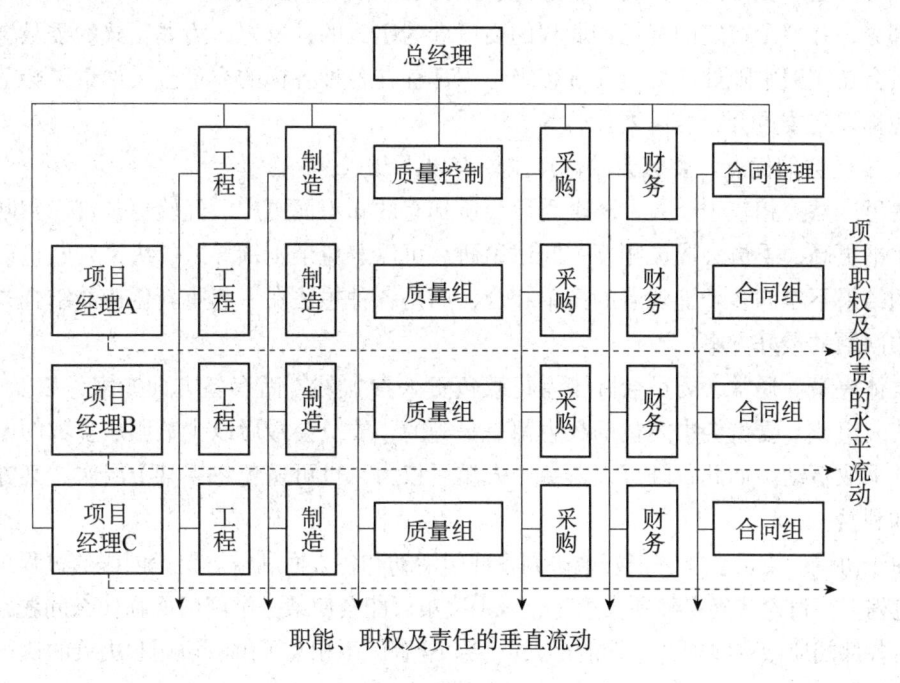

图6-5 矩阵型组织结构

在这个组织中，参加各项目小组的成员接受双重领导，具有双重责任。一方面他们仍同原属职能部门保持组织和业务上的联系，对原属职能部门负责；另一方面又参加项目小组的工作，对项目经理负责。项目经理没有完全的职权，存在"职权差距"。一般来讲，矩阵型组织具有以下优点：打破了传统的一个管理人员只受一个部门领导的原则，使纵向联系和横向联系很好地结合，加强各部门之间的配合，各项目组可以集中有限资源于单一的工程项目,灵活地执行任务,提高工作效率;权力与地位的分布更符合工程技术人员的民主规范,有利于共同决策,集中决策点;对专业人员的使用富有弹性,不同部门的专业人员组织在一起,有助于激发员工的积极性、创造性,发挥和提高其工作能力;组织结构具有较好的适应性与稳定性,项目作业具有内在的控制和平衡;项目组织和职能组织有沟通渠道,在时间、成本与绩效方面均能获得较好的平衡。尽管矩阵组织头绪繁多、运行复杂,在领导关系上具有双重性,往往会发生一些矛盾,但在目前的企业管理中相当流行。

4. 委员会组织结构设计

委员会也是一种常见的组织形式,它是执行某方面管理职能并实行集体行动的一组人。

按时间划分,委员会可分为两种类型:一种是临时委员会,它是为了某种特定目的而组成的委员会,完成特定的目的后即解散;另一种是常设委员会,它作为一个常设机构,促进协调沟通与合作,行使制定和执行重大决策的职能。按职权,委员会也可分为两种类型:一种是直线式的,如董事会,它的决策要求下级必须执行;另一种是参谋式的,它为直线主管人员提供咨询建议和方案等。委员会还可以分为正式的和非正式的,凡是属于组织结构的一个组成部分,并授予特定的责任和职权的委员会为正式的;反之,为非正式的委员会。

委员会在实践中随处可见,几乎各级组织都存在各种各样的委员会,如董事会、工人委员会、职称评定委员会、居民委员会等。

(1)委员会的优点。委员会的优点主要有以下几点:

①集思广益。相较于个人,整个委员会所具有的知识面更广、经验更丰富、判断更准确和管理水平更高,委员会成员相互一起讨论研究可以避免个别领导人的决策判断错误。委员会讨论的结果不是许多个别观点的简单综合,而是各种想法在一起重新创造的结合,因此能产生解决问题的最好方案。

②集体决策。通常,委员会除了有行政负责人参加外,尚有各方面专家,以及各部门、各层次代表组成。委员会中委员的权力都是平等的,委员会最后以少数服从多数的原则解决问题,并采取行动。如此,既可以避免个人滥用权力,也可避免忽视某个层次、某方面人士的意见和利益。

③便于协调。委员会能够很好地协调各部门活动和各方面利益。讨论问题的过程也是沟通协调的过程。当讨论和确定某项决策时,该项决策可能会使某一个部门面临什么问题,为执行这项决策各部门应做哪些配合,均能得到反映,这有助于相互了解、协调和决策的执行。

④鼓励参与。委员会使下级人员有可能参与决策的制定,这有助于调动人们的积极性。

(2)委员会的缺点。由于委员会是许多人共同决策,所以它也有一些缺点:

①委曲求全,折中调和。委员会都有委员意见折中的情况。当意见发生不一致时,要么争执双方互不相让,旷日持久,议而不决;要么讨价还价,各做让步,采取折中的方法加以解决。结果谁也没有完全满意,谁也没有完全失望。但是决议的结论却由于妥协而往往没有留下多少实质性的内容。在妥协不可能时,可以采取少数服从多数的原则做出决议,但多数赞成的决议不一定是好的决议。

②责任不清，缺乏个人行动。个人同意集体的决议并不意味着他的观点完全同决议一致，个人对集体做出的决议或建议，也不承担责任。因此有人认为委员会处理执法性问题如裁判、司法、审判性的问题以及部门与部门之间的争论较为恰当。而对于行使决策、组织、领导、执行等问题，委员会不是有效的形式。

③一个人或少数人占支配地位。委员会的决议应反映集体的智慧。但是，往往是少数人把自己的意志强加给他人甚至整体。虽然委员会是由不同或相同级别的委员组成的，但委员会的主席往往是级别较高的主管。这种做法从根本上否定了委员会产生的前提。

（3）如何发挥委员会的作用。有效发挥委员会的作用应注意以下几点：

①必须明确委员会的目标、任务和职责权力范围。不要让委员会做应当由个人做决策的事情，更不要让委员会议论小事，做无关紧要的决策。

②精心挑选委员会的组成人选。委员们既要有一定的代表性，又要有完成委员会任务所需要的专门才干、品德和权威，这样的委员会才能实现组织的目标。

③委员会的规模不宜过大，能充分讨论问题，反映各方面意见，便于做出正确决策即可。

④讨论的有关议题应事先通知，做好调查研究和数据准备。

⑤委员会主席不应在委员中占支配地位，要有鼓励大家积极参与的能力，要能汲取他人的智慧，能引导和协调集体朝组织目标而努力。

5. 团队组织结构设计

团队是对工作活动进行组织的一种非常普遍的手段，过去它在基层管理的工作设计中被广泛使用。当管理层把团队这一组织形式运用到一个组织的中上层，成为该组织的中心协调手段时，这个组织就实行了团队结构组织模式。

团队组织结构的主要特征是：

（1）它把横亘在一个组织的上层和基层之间的各个职能部门进行分解和弱化，把决策权分散到工作小组的层次上，从而形成一个中间层细小的组织结构。

（2）团队结构的组织成员既是专家，又是通才。

在团队组织模式中，由于中高层管理人员队伍的缩小，一线工作人员的纵向提升机会减少了，而横向流动变得更加频繁。通过横向流动，可以使一线工作人员从事报酬更高的工作，减少长期从事一项工作的单调感和枯燥感，这是对失去纵向提升机会提供的一种补偿。频繁的横向流动，使一线工作人员的技能多样化，变专才为通才。对中高层管理人员来讲，要处理各种各样来自基层的问题，也需要他们有多方面的知识结构，不仅是一个领域的专家，还需要是多个领域的通家。在一些小公司里，团队结构可以覆盖整个组织。而在一些大型的组织里，当团队结构成为整个组织的组织模式时，团队结构的构成要件往往是按照官僚制组织起来，这样，既可实现官僚制标准化的效率，又可获得团队组织形式的灵活性。

6. 自由型组织结构设计

这是国外新近发展的不拘一格的组织形式，其实质就是要帮助组织的领导者对一切

245

"变化"做出有效的管理。这种结构没有单一的模式，而是在特定的时间、特定的要求下采用适宜的组织形式。它要求尽量减少等级制度、硬性的规章制度、定型的上下级关系和指挥系统；应用计算机信息系统考评经营绩效；重视使用年轻有为、敢于开拓的管理人员。一般采用强调经营效果的利润中心的形式，分权运营。高层管理部门对经理人员的控制权，限于利润指标和稀有资源的分配。经理对下属也采用类似的方式，通过参与协作、自我控制、独立自主、个体的积极性、共同的信赖、双向沟通等因素而获得效能。每个利润中心可采用不同的结构形式，但设计要符合行为科学的管理原则。传统理论所强调的生产效率，在这种设计策略中仍然起关键作用。因此，这种结构具有高度的灵活性和适应性，管理人员也要具有相应的灵活性和创造性。

当前国外自由型组织对需要适应不断变化的市场需求的企业、大型的多种经营的联合企业、处于社会消费需要前列的企业、满足军事方面需求的企业特别具有吸引力。这说明，管理要求有一个更具弹性的组织，以适应形势的变化和挑战。但自由型结构并非完美无缺，目前已发现它有三方面的不足：一是经理人员会普遍感到无所适从；二是这种结构主要用于处在迅速变化环境中的高技术性公司，并不是对所有企业都适用；三是经理为了达成目标，可以自行选择自以为最佳的方案，但在失败时难以追究责任。不过这种组织的自主权究竟有多大，还有待进一步研究。

7. 虚拟公司组织结构设计

这是一种企业之间的暂时的组织形式，是不同的企业通过合作所组建的一定形式的"战略联盟"，因此又叫战略联盟组织模式。由于所加盟的各个企业之间没有一个稳定的中心，彼此之间形成一种紧密的合作关系，在组织结构的形态上呈现出一种团状结构，因而还可以把它叫作团簇型组织模式。所加盟的各个企业，可以充分发挥自己的竞争优势，共同开发一种或几种产品，并迅速地把共同开发的产品推向市场。所加盟的各个企业共同分担所有的成本费用，共同享有开发产品所研制的高新技术。一旦联盟的目标实现，先前所组建的虚拟公司即宣告解散，而为了新的战略目标，又可经过重新组合，创建新的虚拟公司。可以预料，为适应市场竞争日益激烈的需要，虚拟公司将会普遍地在世界范围内推行。

虚拟公司组织结构模式与传统的企业组织结构模式相比，具有如下特点：

（1）组织结构上的松散性。虚拟公司打破了传统公司组织结构的层次和界限，是由一些独立的企业在自愿的基础上，为了一定的战略目标而组建的松散企业联盟形式。因此，它没有总部办公室，也没有固定的组织机构图和众多的管理层次。虚拟公司只关心成员企业与联盟战略目标有关的经营问题，对成员企业的其他经营问题则不直接介入。因此，虚拟公司在管理上具有很大的松散性，这便于节约资源，重点发展中心活动。

（2）技术联盟是整个公司战略联盟的基础。虚拟公司的联盟，是以一定的高新技术的开发和应用为基本内容的，实质上是一种技术联盟。为了使这种技术联盟具有较高的市场竞争力，各个加盟的企业要具有所在联盟中心技术上的巨大合作潜力和优势的互补性。联盟的中心技术常常是那些对企业的未来发展生死攸关，而其研究开发又耗资巨大，且风险程度很高的技术。加盟的企业在联盟的中心技术上或者是具有将以所研制的新技术为基础的新产品推广到国内外市场的优势，或者是具有相关的零部件生产优势，或者是具有在该中心技术上的科学技术研究优势。

（3）增强了企业的市场竞争力。虚拟公司是由一些独立的企业组织起来的临时性公司，具有灵活经营的优势，易于抓住转瞬即逝的市场机会为公司争得收益。虚拟公司能够动员众多的成员企业加盟，能够迅速融通巨额资金，综合成员企业各具优势的设计技术和制造技术，组建阵容强大的技术和产品开发团队，具有整体经营的优势。虚拟公司通过若干的企业联盟而达到适宜的经营规模，从而取得单个企业无法实现的规模经济效益，具有规模经营的优势。

8. 网络制组织结构设计

实际上，这一组织模式是由若干相互独立的组织构成的一个成员不断变动的组织系统。在传统组织模式下通常由一些部门完成的工作任务，如产品设计、制造、人力资源管理、培训、会计、数据处理、包装、仓储和交货等，在网络制组织结构模式下将通过承包给其他公司完成。网络制组织结构模式的主体由两个部分构成，一个部分是中心层，另一个部分是外围层。中心层由单个企业家或企业家群体组成，直接管理一个规模较小、支付报酬较低的办事人员队伍，而这个办事人员队伍保持着高度的流动性和最大限度的精干性。外围层由若干独立的公司组成，这些独立的公司与中心层是一种合同关系，而合同关系又经常变更，呈现出极大的不稳定性。而构成一个网络的若干公司与网络中心之间的关系在紧密程度和优惠待遇上也呈现较大的差异。中心层与外围层之间通过电话、传真机、计算机网络、昼夜交货服务和律师等手段进行联系。

网络制组织结构模式与传统的层级制组织结构模式相比，在组织结构上具有如下特点：

（1）网络制组织的中心不像传统的层级制组织类型中的公司总部，它几乎没有直属的职能部门，通常只是一个小规模的经理人员集团。这些经理人员的职责不是直接进行一些生产经营活动，而是对那些从事制造、销售和其他一些主要职能的组织之间的关系进行协调，他们的大部分时间往往用在通过计算机网络系统对外部关系进行协调和控制上。网络中心作为网络制组织的固定存在形态，它在进行各项业务时主要依靠网络外层的公司提供的职能来进行。例如，美国的戴尔计算机公司没有工厂，只负责把外协零部件组装成计算机。

（2）组织结构上的柔性化。网络制组织把重点放在自己能够干得最好的职能工作上，除此之外的任何职能工作，不论是制造、营销，还是运输和其他职能工作，都可让目前还不是该网络组织的其他经营单位去干，只要这些经营单位所提供的产品或服务质量高、价格便宜。这样就保持了组织结构上的灵活性。组织结构上的柔性化，可以最大限度地提高网络制组织的经济效益。

（3）由组织结构的柔性化可知，网络制组织可以把许多并不一定隶属于网络中心的独立经营的公司或者经营单位纳入自己的组织网络，具有组织结构虚拟化的特点。网络制组织在组织结构上的虚拟化功能，使得有人又把网络制组织模式称为虚拟组织模式。我们认为，网络制组织尽管能够通过其虚拟功能，把组织的规模和作用扩大若干倍，但它有一个并不是虚拟存在的网络中心，因此将这种组织模式称为网络制组织更为全面一些，而且，这样做可将网络制组织结构模式与战略联盟组织结构模式区别开来，将全部虚拟与局部虚拟区别开来。

近年来还出现了无界限组织结构模式、女性化组织结构模式、家庭式友好组织结构模式等。

四、工作设计

（一）工作设计的概念

工作设计是指为了有效地达到组织目标，采取与满足工作者个人需要有关的工作内容、工作职能和工作关系的设计。由于将各项任务联合起来创造的个体工作方式、员工在工作时的灵活程度，以及有无组织支持系统等因素都会对员工绩效和工作满意度产生直接影响，所以我们在组织设计中需要搞好工作设计。

尽管人们在设计工作时要充分考虑工作内容、工作职能、工作关系、工作结果以及工作结果的反馈等要素，但以特纳和劳伦斯为代表的组织行为学专家更加注重研究工作任务的特性。他们试图鉴别出工作内容的特性，搞清这些特性是如何组合在一起形成各种职位的，同时找出这些任务特性与员工激励、员工满意度、员工绩效之间是什么关系。于是他们提出了一套研究方法以评价不同种类的工作对员工满意度和缺勤情况的影响。他们预测员工将会偏爱做那些复杂和富有挑战性的工作，即这种工作能够增强员工的满意度并降低缺勤率。他们用变化性、自主性、责任、所需知识及技能、所需的社会交往、可选择的社会交往六个任务特性来界定一项工作的复杂性。一项工作在这六个方面的得分越高，复杂程度也就越高。所以他们认为：生活在大社区中的工人，工作之外兴趣广泛，因而工作对他们的内激励水平较低；而生活在小社区的工人则相反，他们工作之外的兴趣比较少，更乐意做复杂的工作。

在此理论基础上，美国管理学家哈克曼与欧德哈姆以技能多样性、任务同一性、任务重要性、工作自主性和工作反馈五个核心工作维度，建立了工作特性模型，如图6-6所示。

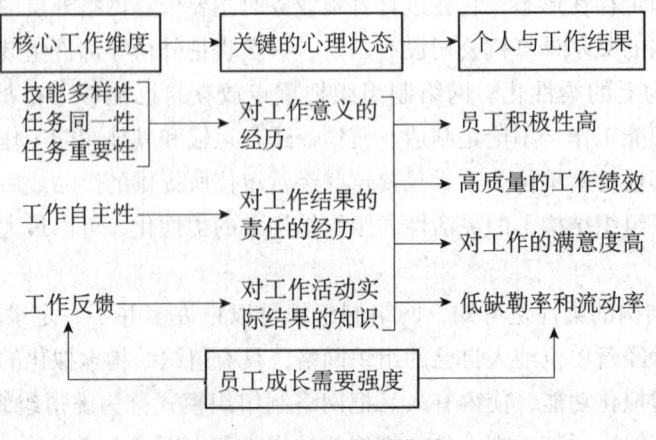

图6-6 工作特型模型

从图6-6可以看出，前三个维度——技能多样性、任务同一性和任务重要性三者之间是如何相互结合，产生出有意义的工作的。同时也表明：当员工得知（关于结果的知识）他个人（体验到的责任）在其喜欢的（体验到的意义）工作方面干得很好时，就能得到内激励。这里的三种心理状态出现的机会越多，员工积极性、工作绩效、满意度就越高，员工缺勤率、流动率就越低。

（二）工作设计的发展过程

工作设计的发展经历了以下三个发展阶段：

（1）第一阶段，大约从19世纪初开始一直到20世纪40年代，工场主集中一批专业化的手工艺工匠，进行某种产品或服务的设计、制造和销售，把小企业合并成小公司，并依据科学管理原理加以管理，开始向劳动分工和工作专业化方向发展。

（2）第二阶段，是从20世纪40年代到60年代，采取工作轮换和工作扩大化的方式，以暂时解决和缓和员工对简单乏味的重复性工作的厌烦和不满情绪，但这仅仅只是权宜之计。

（3）第三阶段，是从20世纪60年代以来，采用工作丰富化和工作特征再设计的方法。通过降低工作专业化程度、变革工作的内容、职能、关系和反馈等，使员工对其工作感到满意，把他的工作设计得更具挑战性、自主性，使员工更具成就感、责任感，从而实现工作的丰富化。并注意有关工作内容、工作职能、工作关系等主要特征的改变，针对每个人的个性特点重新设计工作任务。

（三）工作设计的原则

工作设计应遵循以下基本原则：

（1）从管理哲学角度，要牢牢把握以人为中心的思想，正确处理好人和工作的关系。要根据工作环境的不同，灵活地、有选择性地使用以人为中心的设计方法和以任务—结构为中心的设计方法，并使二者有机地结合起来。在实践中，要根据实际情况针对问题的类型选择不同的方法。实验研究发现，只用一种组织开发的方法不如把两种方法结合起来取得的成效大。

（2）从心理学角度，要认真考虑工作者的个人特征、工作环境中的社会心理因素、整个组织的气氛和管理方式等因素。

（3）从工效学角度，工作设计应注意：某一工作的具体任务适合人们的能力和所拥有的知识和信息；工作任务的时间安排要紧凑、合理，要把时间上紧密联系的和功能上密切相关的一系列任务设计在一起；要使工作本身有不同层次，就需要工作中既有比较常见的操作，又有相当责权的任务，以使工作具有渐进性；工作人员运用的相关联的设备尽可能在同一或邻近的地点。

（4）从技术学角度看，应当重视工艺流程、技术要求、生产和设备等条件对工作设计的影响。

（四）工作设计的方法

1. 工作专业化的设计理论

工作专业化是一种传统的工作设计理论与方法。它是由美国管理之父泰勒和他的同事率先提出的，是至今仍被各类组织时常应用的理论与方法。他们通过对员工劳动的动作和时间的研究，把工作分解为许多很小的单一化、标准化和专业化的操作内容与程序，并对工人进行培训和激励，使工作保持高效率。因此泰勒认为在现代科学管理中最突出的要素是工作任务这个概念。

（1）传统工作设计理论的优点。

①如果每种工作都能分解为最基本的工作单元的话，那么大多数非熟练工人可以不经过很长时间的训练，就能掌握这些工作单元的操作方法。组织管理可以尽量少地依赖个人技能水平。

②这样的设计可以减少训练的成本，增加工人的可互换性，即使工人因病、因事缺勤或调离，别的工人可以很容易顶替，组织生产不会停顿。

③高度机械化的生产方式能减少工人体力劳动强度，从而可以进行连续化的倒班生产。

④工作标准化有助于保证产品质量。

⑤如果工作是严格按工艺设计和规章制度规定的那样去完成的话，整个组织的生产流程和调度可以更容易地被控制和预测，各层级的领导者的管理工作会更有成效。

（2）传统工作设计方法的不足之处。工作设计是有关工作内容、功能和相互关系的改革，以此实现组织的发展和变革。但20世纪50年代以后，社会经济方面的变化使传统工作设计方法显现了不足之处：

①它容易诱发员工的疲劳、厌倦感，产生心绪紊乱和焦虑，易出生产事故。其结果是员工的工伤、转职、缺勤等，会造成很大的间接经济损失。

②单调性的工作付出了很大代价，工人技能普遍低下，消极怠工、罢工等现象时有发生。

③工人感到在这种环境中"英雄无用武之地"，久而久之对自己有多大能力也抱怀疑态度，觉得自己也像工作一样被简单化了。

④就其本质来说，人不同于机械，希望从事有变化、有节奏的工作，不能和机械一样总保持单调的动作。

⑤员工被指派从事某项工作，他只能了解片断的情况，而对自己工作之外的其他工作全然不知，工人只能知道自己工位出现了什么问题，不知道最终产品的情况如何。

⑥极端的专业化工作设计使员工变成机械或规章的附属物，他们没有多少机会与其他人进行社会接触，长期的社会性隔离是大多数人无法忍受的。

2. 工作的重新设计

如果管理人员想重新设计或改变员工的工作结构，一般可采用工作轮换、工作扩大化和工作丰富化三种现代通用的设计方法。

（1）工作轮换。工作轮换也叫交叉培训法，它是在员工觉得一种活动已不再具有挑战性时，把员工轮换到同一水平、技术要求相近的另一个岗位上去工作的设计方法。在保证工作流程不受重大损失的前提下，假定有一条汽车装配线，工作1表示正在安装地毯，工作2正在安装座位，工作3是在安装仪表。在第一段工作时间内工人甲做工作1，工人乙做工作2，工人丙做工作3。在第二段工作时间内，工人甲做工作2，工人乙做工作3，工人丙做工作1。如此实现了一种轮换，给工人提供了发展技术和一个较全面地观察和了解整个生产过程的机会，从而可使厌烦和不满情绪减少到最大限度。

这种工作设计方法的优点在于，通过改变员工工作活动的内容，减少员工的枯燥感、厌烦和不满情绪，使员工积极性得到增强；同时也给公司带来间接的好处。但其缺点也是明显的：如培训费用会提高；当员工在原先岗位上效率已经较高时，让他轮换到一个新岗位，会使组织生产力下降；实行工作轮换后，工作小组的成员要调整与新成员的关系，管理人员也要花更多时间来帮助新成员适应新的工作，并督促他的工作；对那些愿意在自己的专业领域内做一番深入研究的员工来说，也有很多不利之处。

（2）工作扩大化。工作扩大化是一种横向扩展工作的设计方法，主要是扩展工作任务的种类，把多种属于或低于同一水平的不同工作任务结合在一起交给一个人操作。原则上是增加工作任务的数量。这样有助于减少单调感，增强员工对工作的注意力，员工感到自己担负了更多的责任，有利于对工作进行自我控制和有所发挥。

尽管工作扩大化在克服专业性过强、工作多样性不足方面成绩显著，但在给员工活动注入挑战性和重要性方面却没有多大作用。为了克服这种不足，人们发明了工作丰富化的设计方法。

（3）工作丰富化。工作丰富化是在双因素理论基础上提出的，是工作扩大化的发展，是一种纵向的工作扩展。它要让工人有自主权，有机会参加计划与设计，获取信息反馈，估计和修正自己的工作，从而使他们的责任感、成就感和对工作的兴趣增加。赫茨伯格认为工作丰富化包括以下内容：对任务的控制力，承担的责任，绩效评估反馈，在组织目标范围内可自定工作速度、成就以及个人成长与发展。

那么，我们如何进行工作丰富化的具体操作呢？

第一，由一位负责的高层领导者主持设计和控制，由几个部门的领导者执行。第二，选择一些工作任务，分析这些工作任务的激励因素，如何将这些工作任务结合成一个工作整体，而不只是多分配一些不同种类的工作任务。第三，去除因袭想法，接受工作程序是可以改变的，工作任务是可以结合成一个整体的观念。第四，邀请员工参与讨论重组工作任务，强调完成工作任务的激励因素，侧重分析工作内容。第五，员工参与设计与试验丰富化的工作，员工的成就感和态度要在试验前后加以测量。第六，允许生产可能有所下降。第七，允许对试验存在不同的意见，以试验结果表明工作丰富化的成就。

工作丰富化的优点是：它与常规性、单一性的工作设计方法相比较，能够提供更大的激励和更多的满意机会,从而提高工作者的生产效率和产品质量,降低工作者的离职率和缺勤率。

工作丰富化也有它的缺点:为使工人掌握更多的技术,企业因而增加了培训费,增加了整修和扩充工作设备费,给工作者支付了更高的工资,等等。

由于优缺点相比较,优点大于缺点,因此工作丰富化这种方法被许多大公司广泛采用。

无论在理论上,还是在实践中,工作丰富化都存在一定的问题。赫茨伯格的双因素理论是工作丰富化的理论基础,但这种理论并没有明确提出对工作有什么要求才能满足激励的需要,在实施中,也无法判明工作者个人特点与工作丰富化的关系,随着工作多样性增加,责任、自主权等变量也相应有所变化。

3. 工作设计新的发展趋势

传统的工作设计坚持"工作简化"的原则,即尽量减少每次操作动作的时间,减少对操作技能的要求和最大限度地提高质量。现代的工作设计方法是对"工作简化"加以修正,通过技能多样化、任务完整性、任务意义以及独立自主权和结果反馈以提高工人工作激励、工作满意感和工作绩效。然而自主的工作思想和新技术的出现给工作设计带来了新的发展趋势。

(1) 自主的工作小组。自主的工作小组是工作设计的一种新形式,具有以下特征:第一,小组成员有极大的参与机会,他们共同讨论工作任务,选择工作方法,制订实施方案。小组是自行管理的,工作进展和费用支出等都由组内讨论决定。第二,小组尊重的是每个人的能力,组内的气氛是坦诚的,能保证工作高速进行。第三,小组内生产成本低于组织同类小组的水平。第四,小组的领导不全是行政指定的领导,谁能组织哪个方面的生产工作,谁就成为哪个方面的领导,组员也信服他的领导,行政指定的领导只能起秘书的作用,随着情境的变化,不同的人可以在各个方面起实际上的领导作用。第五,组员对小组的归属意识较强,而且对其他小组有些敌意。组织中其他部门对自主工作小组的评价也很高。但有可能出现小组的目标与规范偏离组织的整体目标和规范的情况,若这时对领导人选择不当,就会限制组员的能力,影响生产效率。

(2) 在家办公。在自主工作思想和新技术的影响下,现代社会工作制度也逐渐发生了变化。首先是每周的工作时间大大压缩了,一般由原来的6~7天压缩到4~5天。在缩短工作时间或工作周后,有的公司还采取弹性时间制,允许员工在特定的时间段内,自由决定何时上班。或是允许两个或更多的员工通过平均负担的方式来共同做满一周40小时的工作,从而实现工作分担。

但对许多人来说,因互联网的飞速发展而带来了一种近乎理想化的工作方式,即在家办公:不用乘车往返公司上下班,工作时间灵活,穿着随意,几乎没有同事的打扰。这种方式就是让员工在家里,通过与公司办公室联网的电脑来接洽商务订购活动,填写各种报表,分析处理信息等公务。它是目前发展最为迅速的工作安排方式之一,而且还出现了家庭式友好组织。

（3）企业再造

近年来，有的专家对传统的思想提出了挑战，提出了企业再造的理论，主张对企业的生产工艺流程、管理组织系统进行重组、再造。企业再造（又称业务流程重组）是20世纪80年代末90年代初发展起来的企业管理理论。1993年美国管理学家海默与钱皮联名撰写了《企业再造工程》一书，该书总结了过去几十年来世界成功企业的经验，阐明了生产流程、组织流程对企业市场竞争取胜的决定作用，提出了应付市场变化的新方法——企业生产流程再造。通过对组织运作过程的再设计，最大限度地发挥过程的增值作用，减少不必要的浪费，使企业效益和服务得到改善。该书在世界各地引起了强烈的反响，在管理理论界掀起了研究企业再造理论的热潮，同时也使不少企业开始了企业再造理论实践的新尝试。

哈默对再造工程下的定义是：将组织的作业流程进行根本的重新思考与彻底翻新，以便在成本、品质、服务与速度上获得戏剧化的改善。其中心思想是美国企业必须采取激烈的手段，彻底改变工作方法。因此，他强调企业流程要"一切重新开始"，摆脱以往陈旧的流程框架。哈默认为，企业再造工程必须组成团队来进行，要使信息在各个部门得到充分运用。

再造工程一旦推行，就会带来以下根本性的变化：

①工作单位划分从以职能为基础变成以流程为基础。
②工作内容从单一变成丰富。
③人员的角色从被控制转变为有决策权。
④获得工作能力的方法，从没有系统的训练，变成有全盘计划的教育。
⑤在绩效评价与奖励方面，从观察单一活动，转变为观察其整体活动的结果。
⑥决定晋升的因素，由以绩效为主转变为兼顾绩效与技能。
⑦在价值观方面，将为主管工作变成为顾客工作。
⑧生产线上的管理人员由监督者变为教练。
⑨组织结构由层级式变为扁平式。
⑩高层主管由事后评分变为对员工主动引导。

第三节 工作压力

一、压力的概念、体验与反应

（一）压力的概念

个体在一种动态情境中，常常要面对与自己所期望的目标相关的机会、限制及要求，并且这种动态情境所产生的结果被认为是重要而又不确定的。所谓压力，是指人在应对那些自己认为很难应对的情况时产生的情绪上和身体上的异常反应。它是人和环境的相互作用的结果，是机体内部状态，是焦虑、强烈的情绪和生理上的唤醒，以及挫折等各种情感和反应。

压力在心理上产生的作用就是紧张。压力状态由两个因素构成：一个是威胁，也称"紧张刺激物"；另一个是由个体生理上可测量的变化和个体行为组成的反应。

压力又总是与各种限制和要求相联系，"限制"会阻碍一个人做自己想做的事，"要求"则会使自己丧失所渴望得到的事物。当个人在工作岗位上参加绩效考评时，就会因面对各种机会、限制和要求而感到有压力。例如，好的绩效评定结果可能得到晋升，带来更大的责任，更高的报酬；而较差的绩效评定则可能使个人失去提升的机会，很差的绩效结果还可能导致被解雇。但压力本身不一定就是坏事，尽管一般讨论的是其负面影响，可它毕竟也有积极的、有价值的一面，即它是一种潜在的收益机会。例如，运动员在"紧要关头"常常利用压力的积极作用抓住机会，超常发挥出相当或接近他们最大化的水平，从而创造出优异的成绩。

（二）压力的体验

组织行为学家的研究成果表明，个人是否能够体验到工作压力，主要取决于知觉、经历、压力、工作绩效关系、人际关系等因素。这是因为每个人所具有这四个因素的情况不同，所以压力的体验完全是因人而异的。

受性别、文化背景、遗传、环境和对付压力的方法等各种因素的制约，压力所引起的情感反应因人而异。具有不同个性的人，对同样的压力有相反的反应。例如，现代社会中当企业裁员和进行重组时，经理人员便会经历最为严厉的压力考验。股东的压力感，主要来源于企业内外快节奏的变革，而现在生意场上发生的很多事情也会对他们的日常生活产生影响。除了生产和销售指数在不断地攀升外，其他事情好像都在下滑，如企业运作费用预算、差旅费补助、花销账目、工资增长、晋升机会等。最令经理人员痛苦的是，他们本来是为构建组织、增强企业实力而服务的，现在却要他们拆自己的台；本来需要增加员工，壮大企业力量，而现在却恰恰相反，不得不面临裁员的选择。

（三）压力的反应

人们体验到压力之后，就会有反应。这种反应可以是畏缩或者奋争。这种反应会影响肌肉、眼睛、呼吸速度和心跳速度，使躯体做好临敌逃脱或奋勇抵抗的准备。大脑向位于两肾上端的肾上腺发出指令，该指令迅速得到辨认，人体便开始分泌肾上腺素。下面便是肾上腺素所引起的机体反应：

（1）心跳开始加快，从而能够把血液最大限度地输送到人体周身，使之做好采取任何行为的准备。

（2）呼吸速度加快，从而血液可以把大量的氧气带进肌肉，使之能够有效工作。

（3）血压增高，从而能够充分地向主要器官供血。

（4）皮肤和内脏里的血管自行收缩，从而躯体能够获取比平时更多的血液，进入临阵状态。

(5) 瞳孔放大，使我们既能见到威胁我们的东西，又可看清逃离它的道路。

(6) 血糖急剧上升，提供了大量的能量用以抵抗或逃离"敌手"。

二、压力的来源

一般来说，压力来源于环境因素、组织因素和个人因素三方面。

（一）环境因素

环境的不确定性不仅会影响组织结构的设计，还会影响组织中员工的压力水平，因为几乎所有工作环境中的任何事都可能成为压力源。不好的工作环境，如严寒、酷暑、噪声、光线太强或太暗、放射线、空气稀薄等，都可能使员工产生压力。此外，商业周期性变化带来的经济不确定性会带来压力，如在经济紧缩时，人们会为自己的安全保障而倍感压力；人们在政治不确定的地区和国家中也会感到较大的压力；新技术革新使一个员工的技术和经验在很短时间内过时，也会引发人们的压力感。

（二）组织因素

组织中的员工常常会因以下情况而感到压力：所做的不是自己愿意做的事，或在有限时间里完成工作，工作负担过重，同事令人讨厌，难以相处的老板等。这些组织因素主要包括任务要求、角色要求、人际关系要求、组织结构、组织领导作风、组织生命周期等。

1. 任务要求

员工所担负的组织交给的具体任务也是压力的主要来源之一，它无论什么时候都存在。所担负的任务不同，就会有不同的期望和要求。在模棱两可的任务下，工作职责和责任存在着不确定性。冲突也与模棱两可的任务一样，是组织压力的重要来源。有时员工担负的工作量太多或太少和不同的工作条件也能产生压力。

2. 角色要求

个人在组织中扮演的特定角色也会给他（或她）带来压力。

3. 人际关系要求

群体对组织中人的行为具有很大的影响，人际关系是组织生存和压力潜在来源的关键部分，良好的人际关系可以促进个人和组织目标的实现，而不好的人际关系会产生压力和其他不愉快的后果。

4. 组织结构

组织结构所界定的组织层次分化水平、组织规章制度的效力、决策的地点及其有效范围等，都会成为压力源。如果组织规章制度过多，员工缺乏参与决策的机会，员工在工作中就会受到影响。

5. 组织领导作风

这是指组织高层管理人员的管理风格。有些公司主要负责人的管理风格会导致一种以员工的紧张、恐惧和焦虑为特征的组织文化，他们会使员工在短期内产生幻觉式的压力。

6. 组织生命周期

组织运行是有周期的，一般要经过初创、成长、成熟、衰退这四个阶段的生命周期。这个过程会给员工带来许多不同的问题和压力。尤其在初创和衰退阶段，更是压力重重。

（三）个人因素

员工个人因素包括家庭问题、经济问题、员工个性特点等方面。

一个人会担负很多任务或起很多作用，但只有部分是与组织相联系的，这也是压力来源之一。个人的目标和需要与工作的冲突，个人的需要与家庭需要的冲突，都会产生压力。个人生活中的许多压力是来自结婚、离婚、家庭成员的死亡等重大变化，这些压力都有可能使人得病。国外学者曾对5 000多个病例的病因进行分析，研究结果表明，得病的根本原因是病人脱离了原来的正常生活，即生活发生了重大变化。同时，主要的压力源与员工个人终身经历发展有密切关系，这包括工作安全、提升、调动和发展的机会等。太多或太少的工作任务，都可能使员工感到不利于他的发展。

但这些压力因素都具有可加性，因为压力是逐步积累和加强的。每一个新的持续性的压力因素都会增强个体的压力水平。单个压力因素本身可能无足轻重，但如果加在已很高的压力水平上，它就可能成为"压倒骆驼的最后一根稻草"。因此要评估一个员工所承受的压力总量，就必须综合考虑他所经受的机会压力、限制性压力和要求性压力。

三、压力的后果

压力产生的后果有积极和消极两种，但通常更多地表现在消极方面。压力的消极作用表现在生理、情绪和行为三方面。压力对生理的影响包括血压升高、尿频、易怒、缺乏食欲等；压力对情绪的影响包括发怒、忧虑、意志消沉、影响自尊心、智力功能降低、神经过敏、激动、对领导的愤慨以及对工作不满等；压力对行为的影响包括工作绩效降低、缺勤率高、工伤事故率高、有冲动性行为以及难以沟通等。

压力的消极作用集中表现在对健康和工作绩效的损害方面，这种损害程度与控制能力和个人对压力的态度有密切关系。

（一）压力与健康的关系

研究人员发现冠心病与压力有关，伴随着工作而来的其他健康问题有酗酒、滥用药物、身体的失调和病痛，以及各种思想问题。最近还发现癌症与压力有关。虽然这种压力对健康的影响是很难精确地表示出来的，但无疑大量病痛都是与压力有关的。与压力有关的疾病的产生涉及人力和组织力的耗费。这种花费对个人来说，有时比对组织力的耗费更为严重。

（二）压力与工作绩效的关系

运动员和销售经理可以利用压力的积极影响取得最优的成绩，可城市大医院急救室的医护人员常常因忙于病人的生死而对压力麻木，导致绩效水平下降。可见没有哪一方面压力所带来的积极和消极的影响，能比压力与工作绩效的关系更明显的了。压力从低到高的变化对工作绩效水平的影响是不同的。在低压力的情况下，人们可能不警惕，工作没有挑战性，工作绩效不能达到最好水平。压力达到中等水平时，压力有助于刺激机体，增强机体的反应能力，能改善工作绩效水平。这时候个体的工作会做得更好、更快，并且个体也更加有工作热情。对任何工作任务来说，均存在一个最优的压力水平，过了这个点后，工作绩效就开始变坏。在超过最优压力水平的情况下，员工会过分焦虑，从而影响他们取得好的工作绩效。

管理人员很想知道自己和下属的最适宜的压力点。然而，这个信息是很难取得的。例如，员工可能由于工作枯燥乏味（压力太小），或因为工作过度（压力太大）而经常缺勤。某种程度的压力对做某一特定工作的员工来说，可能是合适的，而对另一个员工来说，可能就不合适。对特定的人所担负的某项任务来说，某种程度的压力是最优，而对这个人所做的另一种工作来说，这种压力也许就是太大或太小了。

（三）压力与工作要求和控制能力的关系

研究成果表明压力与工作要求成正比，与控制能力成反比。工作要求与控制能力的关系可能形成四种格局，这四种格局对个人产生的压力是不一样的，如图6-7所示。

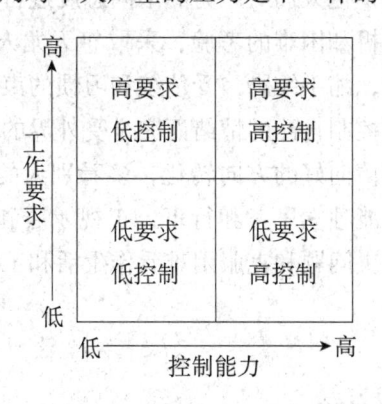

	低控制能力	高控制能力
高工作要求	高要求 低控制	高要求 高控制
低工作要求	低要求 低控制	低要求 高控制

图6-7 压力与工作要求和控制能力组合

1. 高要求，低控制

这是指在工作上提出大工作量、高质量、短时间、与别人协作、采用新的工作方法和手段等高的要求，而个人对工作数量、质量、方法等的决定控制权很小。在这种情况下，员工受到的压力表现得最为明显，是四种情况中压力最大的一种。

2. 低要求，高控制

这与高要求、低控制相反，员工受到的压力最小，是四种情况中压力最小的一种。但是员工受到的挑战和促进前进的动力也最小，进步不快。

3. 低要求，低控制

这种情况对个人压力较小，长期如此，会使员工丧失独立判断能力和接受挑战性工作的能力。

4. 高要求，高控制

在这种情况下，工作虽然对个人提出了高要求，有时甚至使员工对完成任务感到吃力，但由于个人工作的控制力强，有较大程度参与决策的机会，因而，员工受到鼓舞，激励力较大，员工的满意程度最大。

（四）压力与对压力的态度的关系

工作压力是客观存在的，但同样的压力在不同人的身上却会产生不同的后果。澳大利亚的行为科学家斯皮拉那曾用下列公式来表示两种效率不同的管理人员对待压力的不同态度和产生的不同后果。

高效率管理人员的公式为：

$$压力 \to 积极态度 \to 激励$$

低效率管理人员的公式为：

$$压力 \to 消极态度 \to 苦恼$$

斯皮拉那以管理人员为例，把人们对压力的不同态度进行了如下的对比分析。低效率管理人员的态度是：难于经受挫折和困难的考验，采取怨天尤人的态度，不切合实际的自负，对别人依赖，回避矛盾和问题，缩手缩脚，受传统和习惯的束缚，对未来缺乏信心，对人对事采取求全责备的态度，不能控制自己的情绪而完全受外界的影响等。高效率管理人员的态度是：努力克服困难，并使事情向好的方向转化，多看别人的优点和长处，善于激励别人，有很高的期望，不怕冒风险，能独立思考和行事，正视矛盾和问题，毫无怨言地努力工作，勇于创新，有开拓精神，把解决问题和克服困难看作生活和工作的全部意义，并有较强的自我控制能力等。

四、应对压力的措施与方法

我们在前面说过，低于中等水平的压力感有助于员工提高工作绩效。但经受的压力感水平过高，或中等水平压力感持续的时间过长，会使员工绩效降低。这时就需要管理人员采取行动。其实压力感对于员工满意度的影响并不直接，虽然低于中等水平的压力感有助于员工提高绩效，但他们仍然以为这种压力感令人不快。应对压力的方法很多，一般可以采取以下两条措施。

(一) 通过组织途径改变行为方式减轻和抵消压力

有效的管理者认为,首先要善于识别并指出压力的所在及其影响,以改变工作习惯和行为方式来应对太大的压力。管理者的主要任务在于积极寻找应对压力的行为方式,帮助员工正确应对压力。如重新确定目标,改善工作环境,重新设计组织结构和工作职务,提高工作职务的明确性,进行工作职务分析等。

(二) 通过员工个人的解决途径减轻和抵消压力

员工个人可以积极参加体育活动来减轻和抵消压力。研究成果表明,散步、慢跑、打网球、处理家务等,对于抵消和减轻压力都是有益的。任何一种活动都可以增加输入身体和脑部的氧气,促进血液循环,头脑会更灵敏,从而增强抵消压力的本领。员工个人解决压力的有效策略除了增强体育锻炼、进行放松训练外,还可以通过实行时间管理、扩大社会支持网络等方法减轻自己的压力感。

第四节　组织文化

组织文化对组织来讲是一个永恒的主题,在组织管理的过程中,如何做好组织文化建设,是一个组织可持续发展的一个重要基本建设。

一、组织文化的概念与作用

(一) 组织文化的概念

关于组织文化的概念,有多种不同的说法和意见,较为全面的一种解释是:组织文化是组织成员在较长时期的生产经营实践中逐步形成的共有价值观、信念、行为准则及具有相应特色的行为方式、物质表现的总称。在企业中通常称它为企业文化。

企业文化这个概念最早是由美国学者迪尔和肯尼迪提出的。他们在对日美企业管理风格进行比较研究时,发现了非理性强文化管理的巨大作用,而后创立了企业文化理论。其实,这种文化现象在我国古已有之。如战国初期白圭的"乐观时变"与"智、勇、仁、强"的经商秘诀。1895年开办烟台张裕酿酒公司的著名企业家张弼士的价值取向和经营哲学等。直到今天,这些经营哲学仍然闪烁着光芒。因此,我们在学习和研究西方企业文化理论的同时,还必须考虑和结合中国有几千年历史的传统文化,如孔子"天地之性,人为贵"的重人思想等有价值的文化。

（二）组织文化的作用

好的组织文化将会起到以下五方面的作用：

（1）好的组织文化是组织生存和发展的基础与动力。因此一个组织从创业之日起，它的创业者就必须自觉地、有意识地倡导和培育与本组织相适应的组织文化。

（2）好的组织文化是企业久盛不衰的重要条件。由于组织文化具有相对稳定性和持续性，不会因人事变动而衰落，因此能持久地发挥作用。

（3）好的组织文化是管理的灵魂和最高目标。它以价值观、信念武装员工，使员工为实现组织目标而自觉行动。

（4）好的组织文化是思想政治工作、精神文明建设和科学管理三者相结合的产物。

（5）好的组织文化是决定企业经济效益和社会效益的主要因素。

二、组织文化的结构与内容

（一）组织文化的结构

组织文化的结构一般分为三个层次：物质层、制度行为层和精神层。

（1）物质层是组织文化的表层部分，是形成制度层和精神层的条件，它往往能折射出组织的经营思想、经营管理哲学、工作作风和审美意识。对企业来说，它一般体现在企业面貌、产品的外观和包装、技术工艺设备特性、纪念物等方面。

（2）制度行为层是组织文化的中间层次，又称为组织文化的内层。它集中体现了组织文化的物质层及精神层对员工和组织行为的要求，主要是指对组织员工和组织行为产生规范性、约束性影响的行动准则，主要包括工作制度、责任制度、特殊制度、特殊风俗等。

（3）精神层是组织文化的深层，主要是指组织的领导者和员工共同信守的基本信念、价值标准、职业道德及精神风貌，它是组织文化的核心和灵魂，是形成组织文化的物质层和制度层的基础。它的有无是评价一个组织是否形成了自己组织文化的主要标志和标准。一般包括组织经营哲学、组织精神、组织风气、组织道德和组织目标等。

组织的物质层、制度行为层、精神层共同构成组织文化的完整体系。其中，组织的精神层是最根本的，它决定着组织文化的其他两个方面。因此，我们在研究组织文化的时候，要紧紧抓住精神层的内容，只要抓住了精神层，组织文化的其他内容就能顺理成章地揭示出来。这就是为什么许多人对组织文化的研究重点都放在组织哲学、价值观念、道德规范上的原因，也是为什么一些人把组织文化误解为就是组织精神的原因。

（二）组织文化的内容

从组织文化的形式看，其内容可以分为显性和隐性两大类。所谓显性内容，就是指那些以精神的物化产品和行为为表现形式的，人通过直观的视听器官能感受到的符合组织文化实质的内容。它包括组织的标志、工作环境、规章制度和管理行为等部分。而组织文化的隐性内容是组织文化的根本，是最重要的部分。它虽然隐藏在显性内容的背后，但它直接表现为精神活动，直接具有文化的特质，而且它在组织文化中起着根本的决定性作用。因此，我们在研究组织文化的内容时，要牢牢抓住这些隐性内容，作为研究的根本点和出发点。

1. 组织文化的显性内容

（1）组织标志。组织标志是指以标志性的外化形态，来表示本组织的组织文化特色，并且和其他组织明显地区别开来的内容，如企业的厂牌、厂服、厂徽、厂旗、厂歌、商标、标志性建筑等。组织标志不是可有可无的，它有助于组织文化其他方面的建设，有助于组织形象的塑造，有助于激发员工的自豪感和责任感，使全体员工自觉地维护本组织的形象。因此，现在许多组织越来越重视组织标志的建设，组织标志已成为组织最表层的但又不可缺少的重要组成部分。

（2）工作环境。工作环境是员工在组织中办公、生产、休息的场所，包括办公楼、厂房、俱乐部、图书馆等。良好的工作环境是组织爱护员工、保障员工权利的表现，也可以激发员工热爱组织、积极工作的自觉性。因此，以改善员工工作环境为主要内容的环境建设是组织文化的一个组成部分。

（3）规章制度。并非组织所有的规章制度都是组织文化的内容，只有那些可以激发员工积极性和自觉性的规章制度，才是组织文化的内容，其中最主要的就是民主管理制度。组织文化理论侧重于软约束的作用，它要求在组织中建立起一套有利于领导者和员工之间沟通、有利于员工畅所欲言、鼓励员工发明创造的民主管理制度和其他有关制度。组织的这些规章制度是组织以人为本的组织哲学的直接体现，是使员工自觉维护组织利益的重要手段。

（4）管理行为。组织文化所包含的一部分内容就是在以人为本的管理哲学的指导下的领导行为，和以全体员工共同意志为基础的自觉的各种活动。这些行为都是组织哲学、价值观念、道德规范的具体实施，是它们的直接体现，也是这些精神活动取得成果的桥梁。再好的组织哲学或价值观念，如果不能有效地付诸实施，就无法被员工所接受，也就无法成为组织文化。组织文化是在观念—实践—观念的过程中形成的，脱离了实践活动，组织文化就成为空中楼阁，失去了实际作用。

2. 组织文化的隐性内容

（1）组织哲学。组织哲学和其他哲学一样，是组织理论化和系统化的世界观和方法论。它是一个组织全体成员所共有的对世界事物的一般看法，用它指导组织的生产、经营、管理等活动，处理人际关系等，便成为方法论的原则。因此，组织哲学是对贯穿于组织各种活动的统一规律的认识。从一定意义上讲，组织哲学是组织最高层次的文化，它主导、制约着组织文化其他内容的发展方向。组织哲学的不同，组织的建设和发展也必然不同，它是组织人格化的基础，是组织的灵魂和中枢。从根本上说，组织哲学是对组织总体设计、总体信息选择的综合方法，是组织一切行为的逻辑起点。

从组织管理史角度看，组织哲学已经经历了"以物为中心"到"以人为中心"的转变。

泰勒是第一个提出建立组织哲学的人,他认为管理人员不应该是一个执鞭驱策别人的人,而提出了一套新的管理哲学和方法。他的组织哲学着眼于工人操作的标准化,提出了制定标准和时间定额的概念和方法,确立了金钱刺激的原则。行为科学理论则使理性主义哲学开始向人本主义哲学转化,他们注重人或人的行为对组织行为的影响,注意主体在组织中的决定作用,形成了全面肯定人的需求、心理满足的"科学的人道主义"组织哲学。第二次世界大战以后,随着新技术的发明和新科学的出现,理性和科学的方法再次被管理界视为根本的方法。西方现代管理学派确立了实行系统化、定量化、自动化管理的组织哲学。进入20世纪80年代,组织文化理论使组织哲学再次发生变革,形成了我们今天要大力提倡的组织哲学,这就是以人为本、以文化的手段激发员工自觉性的人本主义哲学。

(2) 价值观念。观念,泛指客观世界在人脑中的反映,即意识。价值观念是人们对客观事物的一种评价标准,是对客观事物和人是否具有价值以及价值大小的总的看法和根本观点。包括组织存在的意义和目的,组织各项规章制度的价值和作用,组织中人的各种行为和组织利益的关系,等等。价值观念是组织文化的重要组成部分,它为组织的生存和发展提供了基本的方向和行动指南,为组织成员形成共同的行为准则奠定了基础。

(3) 道德规范。道德在拉丁文中意为风气、习俗,在我国一般是指人的品质和人们的行为准则,而规范就是人们行为的依据或标准。道德规范可以理解为人们在品行方面的准则,而这种准则是自然形成的,它的实现靠人们的自觉行为,它的监督是靠舆论的力量。组织的道德规范是组织在长期的活动中形成的人们自觉遵守的道德风气和习俗,包括是非界限、善恶标准和荣辱观念等。道德规范是调节人们行为的一种手段,它是和组织的规章制度相对应的,它们的区别就在于规章制度是显性的、硬性的管理,是靠约束力保证实施的,而道德规范是隐性的,是软性的约束,是靠人们的自觉性保证实施的。道德规范通过影响员工的思想观念,确立明确的是非观念,引发员工的自觉行为。因此,组织道德规范的作用是不容忽视的。

(4) 组织精神。组织精神是指组织群体的共同心理定式和价值取向。它是组织的组织哲学、价值观念、道德规范的综合体现和高度概括,反映了全体员工的共同追求和共同的认识。组织精神是组织员工在长期的各项活动中,受组织哲学、价值观念和道德规范的影响形成的。由于这些影响因素的不同,因此形成了各具特色的组织精神,如大庆的"铁人精神"、鞍钢的"孟泰精神"、日立的"和"字精神等。这些组织精神虽然千差万别,但其核心内容都是激发员工的工作热情,使其发挥自觉性,明确责任感。组织精神主要包括创业精神、奉献精神、主人翁精神、集体主义精神、创新精神、竞争精神、民主精神、服务精神等。这些组织精神都是对组织哲学、价值观念、道德规范的提炼和概括,并将之上升为一种精神。

以上就是组织文化的四个主要隐性内容。除此之外,组织文化的隐性内容还包括组织的美学意识、组织心理、组织的管理思维方式等内容,这些都是我们在进行更深入的研究中要加以注意的。

三、组织文化的功能

（一）组织文化的导向功能

在激烈的竞争环境中，如果一个组织没有统一的目标，是很难在竞争中求得生存和发展的。组织文化的导向功能，就是把组织整体和组织员工个人的价值取向及行为取向引导到组织所确定的目标上来，从而建立内部的动力机制，成员均认同组织目标。

（二）组织文化的规范功能

组织文化是用一种无形的思想上的约束力量形成一种软规范，制约员工的行为，以此来弥补规章制度的不足，并诱导多数员工认同和自觉遵守规章制度。

（三）组织文化的凝聚功能

文化是一种极强的凝聚力量。组织文化是组织全体员工共同创造的群体意识，是一种黏合剂。它把各个方面、各个层次的人都团结在本组织文化的周围，使组织产生一种凝聚力及向心力，将员工个人的思想感情和命运与组织的安危紧密联系起来，使员工对组织产生归属感和认同感，使他们感到个人的工作、学习、生活等任何事情都离不开组织这个集体，将组织视为自己的家园，认识到组织利益是大家共存共荣的根本利益，从而以组织的生存和发展为己任，愿意与组织同甘共苦。

（四）组织文化的激励功能

组织文化强调以人为中心的管理方法，核心是要创造出共同的价值观念，以及人人受重视、受尊重的文化氛围。良好的文化氛围能产生一种激励机制，使每个成员所做的贡献都会及时得到其他员工及领导的赞赏和奖励，由此激励员工为实现自我价值和组织发展而勇于献身、不断进取。

（五）组织文化的创新功能

建立良好的、积极的、富有个性的具有鲜明特色的组织文化，是组织创新的一个重要方面，是激发员工创新精神的源泉和动力。

（六）组织文化的辐射功能

组织文化塑造的组织内外部形象，除对本组织产生很大影响外，还会对社会公众、本地区乃至国内外组织产生一定的影响，在提高组织知名度的同时构成社会文化的一部分。因此组织文化具有巨大的辐射作用。

四、组织文化的建设

(一) 制约组织文化建设的因素

组织文化建设是组织内外部环境诸因素共同作用的结果。所以,当我们进行组织文化建设时,应当首先明确影响组织文化的各种因素及其强度,以及每种因素的作用方式。

1. 经济体制

国家的经济体制既是影响组织经营管理制度的重要因素,又是影响组织文化发展完善的重要因素。我国目前仍然处于社会主义初级阶段,这个历史阶段的中心任务是大力发展社会生产力。与此任务相适应,我国实行的是社会主义市场经济体制。这样,围绕着改革开放、搞活经济,国家从宏观上实施一系列相应的调控政策和措施。作为国民经济基本单位的组织,势必也要从经营战略基本构思上考虑如何配合与适应整个国民经济发展的要求。因此,组织文化建设必须围绕国民经济大环境的要求,为促进国家经济体制改革服务。

2. 政治体制

当我们具体地观察每一个组织的文化特征时,就会发现:任何组织文化中都体现着一定的政治性,绝对超然的组织文化事实上是不存在的,即政治因素对组织文化有着普遍影响。在社会主义制度下,组织文化体现着国家、集体和个人三者利益的有机结合。当然,任何国度中的组织文化都含有科学、合理、有利于促进生产力发展的人类文明的进步因素。然而,当我们研究并着手实施组织文化建设时,则必须考虑如何体现当时的政治环境并为当时的政治任务服务。

3. 社会文化

组织是在社会文化环境中生存和发展的,组织的文化建设必然接受并服从它所在的环境的影响和要求。从我国组织现存的文化状态考察,就会看到诸如中庸、人伦等几千年一直沿袭下来的封建文化仍然在组织员工队伍中发挥不同程度的影响作用。这说明,社会文化是组织文化的影响因素之一。当然,社会文化本身就是多因素的统一。我国组织文化的主流是生产资料公有制决定了社会主义文化居主导地位。随着我国对外开放政策的长期稳定的实施,不可避免地会流入西方文化因素。国外文化的流入,不论对我国社会还是对组织,都有两方面的影响,即积极的影响和消极的影响。我们的原则是本着批判地吸收,以我为主、博采众长、融合提炼、自成一家的原则正确地、积极地加以对待。

4. 科学技术与生产力发展水平

科学技术与生产力发展水平是影响组织文化的重要因素。这两种因素推动着社会文化的进步,改变着人们的生活方式、交往方式和生产经营方式。在一定意义上说,科学技术和生产力水平是组织文化建设的决定因素,原因就在于这两者都是组织发展壮大的基础。

5. 行业技术经济特点

行业不同,其生产、经营的业务作业必然不同,该行业中的组织文化也必然带有明显的行业特征。不同行业之间,其分工协作关系与特点不同,工艺特征不同,人工作业过程与自然力发挥作用的结合关系不同,各道工序、环节乃至各组织之间的供求关系的表现形式不同,就导致行业经济技术特点不同。而行业经济技术也是科技文化内容的组成部分,所以,其影响组织文化建设的方式、程度都有所不同。我们必须紧密结合本行业组织业务(作业)必然运用的经济技术去研究组织文化的具体内容。

6. 组织所在的空间位置

任何组织及其所属单位都占据一定的空间位置。不同的空间位置承载着不同的社会环境、民族习俗、市场发达程度、生产力布局特征等有差别的组织存在条件,从而直接或间接地成为影响组织文化的重要因素。事实上,当代世界各国都存在着因发展不平衡而加深了地区之间先进与落后的矛盾性。这种空间位置上带有的矛盾性直接影响组织文化,使同行业但处于不同地域的组织在经营上具有差异性。

7. 组织员工的特点

市场经济条件下的组织员工因人才市场和劳务市场的不断健全、完善而处于相对流动状态。但组织的管理又在客观上需要员工队伍中有相对稳定的一大部分人员长期在本组织供职。这样,组织总是拥有一支骨干性的基本员工队伍的。这支队伍在人口统计学方面的各种构成因素,以及因较长时间在本组织工作接受企业影响的程度等,都将形成组织员工队伍特征。这种特征是组织员工普遍带有的某种风气和习惯。这些员工普遍都有的某种风气或习惯事实上已经影响组织成长,成为组织的旧文化基础。当我们在建树或改革组织文化时,就必须重视这个基础。它可能是对新文化有积极作用的,也可能是对新文化有阻碍作用的。人是构成生产力的最活跃的因素,也是对组织文化具有决定性影响的因素。一般而言,人都具有可塑性,尤其是年轻人。所以,组织文化建设中要求考虑员工的特征,其实质是指要因人员队伍的具体情况而制宜,通过适当的思想、文化、道德教育或宣传工作,去引导、培养和提高组织全体员工的素质。

8. 组织的历史传统

任何一个组织,只要是经历了一定时期的成长、发展过程,都会使其成员形成种种约定俗成的价值观念、工作习惯和生活习惯,从而表现为组织传统。这种传统会一代代地传下去,并在相传的历史过程中,越来越加以成形化或者叫作凝固化。但它有两重性,或者因其始终是优良传统而有利于组织的生存和发展,或者因其与生产力发展水平、生产方式变革的进程相比而越来越成为保守、落后的传统,使组织的发展受到限制。因此,组织的历史传统是建树或更新组织文化时必须认真研究并严肃对待的因素。

(二)组织文化的形成机制

一个比较定型的、系统的组织文化,通常是在一定外部环境下,为适应组织生存发展需要,首先由少数人倡导和实践,经过较长时间的传播和规范管理而逐步形成的。

1. 组织文化是在一定环境下组织生存和发展需要的反映

存在决定意识，作为组织文化核心的思想观念首先是组织生存和发展环境，即外部物质力量的反映。因为观念的东西不外是移入人的头脑，并在人的头脑中改造过的物质的东西而已。例如，"用户第一、顾客至上"的经营观念，是商品经济出现买方市场，造成组织间激烈竞争的环境反映。大庆的"为国分忧、艰苦创业、自力更生""三老四严"的精神在某种程度上是20世纪五六十年代我国面临国外封锁、国内经济困难、石油生产又具有分散及一定危险性等客观现实的反映。组织作为社会有机体要生存、要发展，但是客观条件又存在某些制约和困难，为了适应或改造客观环境，产生了某些相应的思想和行为模式。

可见，组织文化是适应组织自身生存发展需要，针对特定环境、条件和矛盾而产生的。同时，也只有反映组织生存发展需要的文化，才能被更多的成员所接受，才有强大的生命力。

2. 组织文化发端于少数人的倡导与示范

文化是人们意识的能动产物，不是客观环境的消极反映。在客观上出现对某种文化需要的情况下，由于人们认识水平存在较大差异，加上这种文化需要往往交织在各种相互矛盾的利益之中，羁绊于根深蒂固的传统习俗之内，因而，一开始总是只有少数人首先觉悟，他们提出反映客观需要的文化主张，倡导改变旧的观念及行为方式，成为组织文化的先驱者。在组织文化的形成过程中，少数领袖人物和先进分子起着十分重要的作用。第一，他们以十分敏锐的洞察力，提出新的思想和主张；第二，他们以非凡的勇气率先进行新的实践。正是他们提出顺应时代的方向、目标和行为方式，并以他们的成功的示范证明其正确，从而启发和感召了组织的其他人，使组织新的文化模式得以形成。

3. 组织文化是坚持宣传、不断实践和规范管理的结果

组织文化的建设是在一个已经存在某种思想观念及行为习惯的群体中进行的，实际上它是一个以新的思想观念及行为方式战胜旧的思想观念及行为方式的过程，这必然是一个充满矛盾、冲突，甚至痛苦的较长的过程。

传统观念及行为习惯的改变是困难的，新的思想观念必须经广泛宣传、反复灌输才能逐步为群众所接受。组织文化一般都要经历一个逐步完善、定型和深化的过程。一种新的观念，需要理论支持和实践的检验，而理论的建立和实践的展开都需要时间。文化的自然演进是相当缓慢的，因此组织文化一般都是规范管理的结果。组织领导者一旦确认新文化的合理性及必要性，就会在宣传教育的同时，制定相应的行为规范、制度，不断考察，实施奖惩，强制性地要求组织成员实践新的文化，在实践中转变组织成员的思想观念及行为模式。一旦新的思想观念及行为变成了多数组织成员自觉的行为，组织文化就建立起来了。

综上所述，组织文化的决定因素是组织需要、环境、倡导者、员工素质及管理水平。相似的需要、环境等，形成组织文化的共性。不同的需要、环境、倡导者、员工素质及管理水平形成组织文化的个性。

（三）组织文化建设的程序和方法

1. 组织文化建设的程序

（1）研究树立阶段。这个阶段首先要调查研究组织的历史和现状，在此基础上，有针对性地提出组织文化建设目标的初步设想，经各有关部门审议之后，向组织全体职工发起组织文化建设的倡议，并动员广大群众积极参加组织的文化建设活动。

（2）培育与强化阶段。这一阶段是将组织文化建设的总任务分解成组织内部各部门、各业务环节明确的工作任务，使各部门根据自己特点而有意识激励本部门职工形成特有的精神风貌和行为规范，把组织文化建设变成具体的行动。

（3）分析评价阶段。这个阶段首先是根据信息反馈将整个组织文化建设工作开展以来的工作成绩和存在问题进行剖析，研讨深层次的原因，评价前阶段的成功与失误，具体内容应该看组织文化建设的目标和内容是否适合本组织实际需求，各基层机构的风气、精神面貌是否体现了组织文化建设的宗旨。

（4）确立与巩固阶段。这个阶段的工作包括处理问题与归纳成效两部分内容。前者是在评价基础上摒弃原来组织文化中违背时代精神的内容；后者是将符合时代精神的组织文化建设经验加以总结，并加工成通俗易懂的、有激励作用的文字形式，用以进一步推广。

（5）跟踪反馈阶段。随着组织经营环境的变化，组织文化的内容也要适应这种变化。这是意识形态上应变的需要。然而，现有已确立的组织文化是否能及时地迎合环境变化，不应该依靠组织管理者的主观判断，而应依靠来源于基层实际情况的反应。这就是反馈信息。但检验组织文化适应性的反馈信息必须是经常性和系统性的。所以，组织文化建设程序的第五阶段，或者说某一循环期的最后阶段的工作是有布置的信息跟踪。这种有意安排的跟踪，一方面能保证及时解决组织文化应变问题，同时也是组织文化建设下一轮循环的基础和起点。

2. 组织文化建设的方法

在上述五个阶段的组织文化建设过程中，还需要有适当的具体塑造方法。塑造组织文化的方法有多种，一般而言，有成效的方法包括：

（1）示范法，即通过总结宣传先进模范人物的事迹，发挥党员、干部的模范带头作用，表扬好人好事等方法给广大职工提供直观性强的学习榜样。这些榜样的事迹和行为，就是组织文化中关于道德规范与行为准则的具体样板。做好这种工作，就是把组织所要建立的文化意识告诉给广大职工。

（2）激励法，即运用精神的与物质的鼓励，包括开展竞赛活动、攻克业务技术难关活动、提口号、提目标、提要求、评先进等，使职工感到自己的事业进取心将有满足的机会，从而主动且努力地工作，并把自己工作能否有成绩的基础，认定是自己的工作岗位、自己的组织。与此同时，还必须从生活方面关心职工，通过不断改革分配制度去满足职工物质利益上的合理要求。

（3）感染法，即运用一系列的文艺活动、体育活动和读书活动等，培养职工的自豪感和向心力，使之在潜移默化的过程中形成集体凝聚力。

（4）自我教育法，即运用谈心活动、演讲比赛、达标活动、征文活动等形式让职工对照组织的要求找差距，进行自我教育，转变价值观念和行为。

（5）灌输法，即通过讲课、报告会、研讨会等宣传手段进行宣教活动，把组织想要建立的文化目标与内容直接灌输给职工。

（6）定向引导法，即有目的地举行各种活动引导职工树立新的价值观念，并创造新价值观念氛围。

思考题

1. 组织理论可以分为哪几类？
2. 简述古典组织理论的主要思想以及其主要代表人物韦伯的主要观点。
3. 简述行为组织理论的主要思想。
4. 现代组织理论的主要思想是什么？
5. 什么是权变理论和组织生命周期理论？
6. 实行部门化的原则是什么？
7. 什么是管理跨度原则？怎样制定管理跨度？
8. 组织设计的原则、步骤是什么？
9. 工作专业化的设计理论是什么？
10. 怎样实施工作丰富化？
11. 工作设计的发展趋势是什么？
12. 如何正确认识和对待工作压力？
13. 组织文化有何重要的作用与意义？
14. 组织文化包括哪些主要内容？
15. 如何搞好组织文化建设工作？

第七章 组织变革与发展

学习目的和要求

通过本章的学习，重点掌握组织变革和组织发展的概念、组织变革与发展的理论、组织变革的程序以及应遵循的原则；掌握组织行为合理化的标准、组织变革的动因、组织变革的内容、组织变革的基本模式；掌握组织变革的阻力及对策、工作生活质量和组织发展的内容及措施；了解当代组织变革的关键问题及组织变革的趋势。

第一节 组织环境

一、组织与环境的关系

美国佛罗里达大学菲尔德曼教授用权变的观点，指出了组织与环境的关系：第一，组织环境的类型会影响应采用的组织结构的类型。如果两者互相适应，那么这个组织就会更加成功。第二，组织中的不同部门或事业都必须与不同的环境相适应。因此，这些下级单位的结构应随着各自的环境类型的不同而有所不同。并非所有的下级单位的结构都一定要千篇一律。第三，组织应调整战略以适应环境，究竟如何调整应视环境的不利程度而定。总之，组织环境可以调节组织结构设计与组织绩效的关系，影响组织的有效性。因此，我们必须把握住它的特征，明了它的种类，以便有效地改善组织的内外环境，形成更好的组织氛围，提高组织效率。

二、组织环境的特征

环境常在有利和不利之间变化。有利的环境促进组织的发展，不利的环境阻碍组织的发展。从组织环境对组织产生有利与不利的影响来看，它通常具有四个特征：稳定性、有序性、复杂性和不确定性。

(一) 稳定性

环境的稳定性与环境变化的快慢程度有关。稳定的环境是指环境的变化很慢，但不是没有变化。例如，商品纸张业相对来说较为稳定，能对便笺簿、擦手纸、棉纸等的生产和销售产生影响的经济、技术和政治等因素很少有迅速的变化。动态环境是指那些变化很快的环境。民用飞机行业的环境就是瞬息万变的，如放松调节政策、价格竞争、新的竞争对手以及消费者旅行时的消费方式等变化很快。一般来说，动态环境对组织发展是不利的。在动态环境中，高层管理人员难以准确地预测市场的变化，相应地，也就难以调整经营战略。

(二) 有序性

环境与组织均是一种开放性的系统，它们是根据某种性质发生关系的要素的集合。而各要素间未发生关系时，要素处于无序的状态或混乱的状态，所以称系统为非混乱状态或有秩序状态的要素集合。但必须申明的是，有秩序状态只是系统处于混乱状态的一种特殊情形。我们用熵来表示这种模糊程度（无秩序程度）的测量值，当熵增加时，有秩序的程度就要降低；当熵最大时，就要引起混乱状态。这样就可以明确地把系统要素与非系统要素区别开来。但由于这项工作带有研究人员的主观性，那些未被作为系统要素而实际上已发生相互关系的要素集合就是环境。所以，环境还是常常处于一种有序的状态之中的，尽管这种状态是混沌状态的一种特例。

(三) 复杂性

环境复杂性是指环境中影响组织的因素的多少。简单环境中影响组织的因素很少，而复杂的环境中影响组织的因素很多。例如，北京首钢股份有限公司就处在一个非常复杂的环境之中。公司经营的产品种类繁多，除各种钢材外，还有远洋货轮等，这就必须对不同市场的多样化做出反应。而且公司同国内外的许多企业都有业务关系，即在每个地方的商品市场上都有不同的竞争对手。这种复杂的环境会给高层领导者带来预测和控制上的困难，因此，对组织来说较为不利。

(四) 不确定性

不确定性是指管理者所掌握的重要的环境因素的信息量的多少。如果管理者对于那些影响重大经营决策的环境因素有非常详尽的资料，那就是说明这种环境是确定的。相反，若是管理者对影响经营决策的环境因素的情况不甚了解，那就说明他们处于不确定的环境之中。例如，玩具公司的环境就是很不确定的，因为要估计消费者对于新玩具的偏好是十分困难的。有的玩具早已卖红了，而有的从未占有过市场。即使某一玩具的销售很成功，但它能走俏多久也是难以预料的。在市场上已经有许许多多的竞争对手，另外还有很多不为人知的竞争对手即将打入市场。因为环境的不确定性，对于市场上的变化，管理人员更难以正确地认识和理解，也就难以有效地应付。

三、组织环境的类型

科学划分组织环境的类型，有利于我们更清楚地认识环境、把握环境。一般来讲，根据组织界限（系统边界）划分，可以把环境分为内部环境和外部环境，或称为工作（具体）环境和社会（一般）环境；如果根据环境系统的特性划分，则可将环境划分为简单—静态环境、复杂—静态环境、简单—动态环境和复杂—动态环境四种类型。第一种划分方式后面将会详述，这里只介绍第二种划分方式（如图7-1所示）。

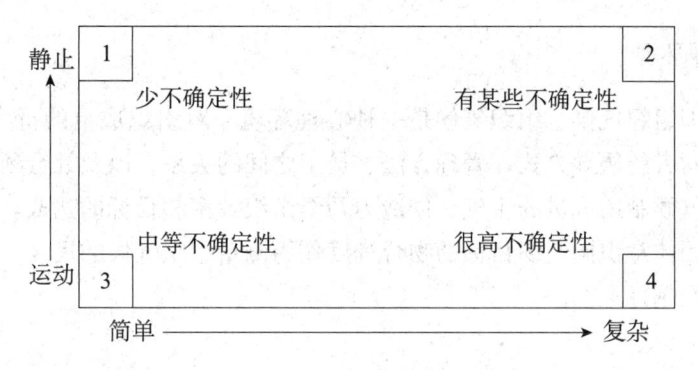

```
静止  1                          2
      少不确定性              有某些不确定性


      中等不确定性            很高不确定性
运动  3                          4
      简单 ───────────────→ 复杂
```

图7-1 复杂多变环境模型

（1）简单—静态环境（图7-1方框1）代表最容易处理的管理情况。在此情况下很少有什么惊人的事情发生，管理的作用在于确保它能一直遵循已有的常规及程序来办事。此种情况所需的管理技术也是最基础的，不需要什么正规训练，一般的在职训练就够用了。

（2）复杂—静态环境（图7-1方框2）为管理人员带来某些不确定性。在这种环境中有许多需要决策的问题，其特点是冒险成分多于不确定性。在冒险的情况下，管理人员对这些问题及其多种解决方案的性质具有相当充分的了解。谁也不能预见将来，然而对于多种解决方案可能产生的效果是可以预计的。这种环境是相对稳定的。但它要求管理人员经过相当训练或是通过实践加深对这种环境的理解。

（3）简单—动态环境（图7-1方框3）要求管理人员有高度的适应性，然而不必在思想上与技术方面受高深的训练。即使发生许多变化，但只要有一定程度的知识和积极性，这些变化就都是可以应付的。通过使用计算机信息系统，管理人员可随时了解这些变化。

（4）复杂—动态环境（图7-1方框4）代表最困难的管理情况，在决策时会遇到许多不确定因素。此时最需要的是专业管理人员，需要对环境有深入的洞察力和丰富的知识。在这种情况下，虽然决策技术能为经理们提供帮助，但无法代替人的判断，经理们遇到的问题不能用现成的规范和程序解决。

四、组织的内部环境

组织内部环境是指组织的具体工作环境,包括工作的物理环境和非物理环境(组织气候)。

(一)物理环境

物理环境包含工作地点的空气环境、光线环境、声音环境和颜色环境等要素,它对于员工的工作心理、行为及工作效率都有极大的影响。

(二)非物理环境

非物理环境即组织气候,组织气候是一种心理环境,对组织成员的行为有直接的影响。它一般由企业经营者的领导方式、管理方法、员工之间的关系,以及社会环境等诸因素相互影响构成。组织气候制约成员的士气、创造力乃至组织效率和目标的达成。通常,我们以员工的工作意识和团体意识同组织目标的吻合程度作为测量组织气候的尺度。二者吻合程度越高,说明组织气候越好。

五、组织的外部环境

组织外部环境是指组织所处的社会环境,可分为一般外部环境和特定外部环境。一般外部环境包括文化、技术、教育、政治、法律、自然资源、人口、社会、经济、机会等因素,它们通常以间接的形式影响组织系统。特定外部环境包括顾客、供给者、竞争者等因素,这些因素对组织系统有直接影响,它们是组织本身难以控制的因素。

(一)一般外部环境

一般外部环境包括以下因素:

(1)文化因素。包括:历史背景、意识形态、价值观和社会准则以及与权威的关系、领导方式、人与人之间的关系、理性主义、科学和技术的看法。文化因素确定了社会机构的性质。

(2)技术因素:社会上科学与技术的发展水平。包括物质基础(工厂、设备与设施)及技术知识基础,科技界能够发展并应用新知识的程度。

(3)教育因素。包括:居民的普遍文化水平,教育制度的完善程度与专业化的程度,受过高等专业及专门训练的人所占的比例。

(4)政治因素。包括:社会的一般政治气氛,政治集中的程度,政治组织的性质(分权的程度、职能的多样化等),政党制度。

（5）法律因素。包括：对宪法的重视、法律的性质、各政府部门的司法权，关于组织的组成、税收及控制的特殊法律。

（6）自然资源因素。包括：自然资源的性质、数量和可用性，包括气候与其他条件。

（7）人口因素。包括：可向社会提供的人力资源的性质，人口数量、分布、年龄与性质，人口的集中或城市化等特征。

（8）社会因素。包括：阶级结构及变动性，社会作用的明晰度；社会组织的性质及社会制度的发展。

（9）经济因素。包括：基本经济结构，包括经济组织的类型；经济计划的集中或分散；银行体制；财政政策；对物质资源投资的水平及消费特征。

（10）机会因素。包括：投资机会、就业机会及取酬机会的平等，并有明确的法律加以保障。

这些环境要素对组织的影响是间接的、长远的。当外部环境发生剧烈变化时，又会导致组织发展的重大变革，或者淘汰某些组织，或者新建一些组织，以适应社会环境发展变化的要求。

（二）特定外部环境

特定外部环境包括以下因素：

（1）顾客因素。所有组织的产品和服务都有现实和潜在的顾客。组织必须对消费者需求的变化很敏感。

（2）供给者因素。供给者会供给劳动力、原材料、设备和零部件等。资源短缺会造成严重困难。

（3）竞争者因素。竞争者对资源的竞争不仅包括对消费者的竞争，还包括对供给者的竞争，如咨询公司竞争客户，公用事业公司争夺煤炭。成功的组织会花费大量精力监控竞争者的活动。

以上诸要素对组织的影响是迅速的、直接的。组织要想有效地运转，就必须时刻注意其特定外部环境的变化。特定外部环境在发展变化过程中带有一定程度的不确定性，因此决策必须承担一定程度的风险。因此，必须减少这种不确定性，以减少决策的风险。

六、营造适合组织发展的环境

任何一个组织都离不开它赖以生存和发展的环境，而环境的变化既给组织的发展带来了机遇，也给组织的发展带来了威胁和挑战。在不断变化的新形势下，管理者必须清楚并能自如地利用组织内部的优势，尽可能地避免劣势，去迎接组织外部环境带来的机遇与威胁。

面对动荡的环境，组织发展常以不确定、不连续的经营环境为前提，其管理者注重监控企业外部环境变化，制订有效的战略计划，利用有限的经营资源，保证企业在动荡环境中能够生存与发展，实施有效的战略管理。

营造适合组织发展的环境通常有以下措施：

（1）建立组织长远的发展方向和奋斗目标，并能在经营工作中兼顾当前和长远发展，做到增强后劲，持续成长。

（2）明确组织在市场竞争中所处的地位，制定并实施有效的经营战略，强化组织的竞争能力。

（3）提高组织的获利能力和经济效益，为组织带来稳定的发展和不断的成功。

（4）组织要在管理思想、管理组织、管理人员、管理方法和管理手段等方面实现现代化，全面推动管理现代化进程。

第二节 组织变革与对策

任何组织在发展壮大过程中，少不了组织变革。当今的组织正经历从20世纪后期开始的巨大变革的冲击，通信等技术的迅速发展和网络社会的兴起缩短了企业的变革周期，也使组织变革的内容和过程变得异常复杂和难以把握。同时新的管理理念（如流程再造、虚拟企业、学习型组织等）和管理模式（如电子商务、电子政务等）不断涌现，追求工作质量和生活质量成为新的时尚，组织发展问题也受到了前所未有的重视。

一、组织变革的基本动因

组织变革是一个相当广泛的概念，最初仅是在一般意义上对组织的某些部分或某些方面进行变革和修正，随着社会的发展，对组织提出的要求越来越高。现在，组织变革已发展到对全部组织进行有计划的、系统的、长远的变革和开发，并形成了一整套开发和变革的战略、措施和方法，成为组织行为学的一个专门的研究领域。任何组织变革的行为都是有因而发的行为，要制定科学的组织变革对策，首先需要对组织变革的基本动因进行分析，以求对这个问题有一个清醒的认识。如果在制定组织变革对策时不考虑或没有正确认识产生变革的原因，变革的行动就很难成功。因此，组织变革的基本动因研究是研究组织变革的起点。组织变革是多种因素综合作用的结果。组织变革的基本动因可分为内在基本动因和外部驱动因素两个方面。

（一）组织变革的内在基本动因

引起组织变革的内在基本动因可归纳为以下几方面：

1. 组织目标的选择与修正

组织目标的选择与修正是决定组织变革方向的主要因素，同时在一定程度上规定了组织变革的范围。组织目标的选择与修正有三种基本状态，这三种基本状态的改变会相应地要求组织进行调整和变革。

（1）组织既定目标已经实现或即将实现，需要寻求新的发展、新的目标。这种选择相应要求组织进行重新调整与变革。

（2）组织既定目标无法实现，需要及时地转轨变型，寻求新的发展。这就要求组织进行变革。

（3）组织目标在实施过程中与组织环境互不适应，出现偏差，要求对原有目标进行修正。目标的修正相应要求组织进行适当的调整与变革。

2. 组织结构的调整和改变

组织结构的调整主要是指对组织结构中的权责体系、部门体系等的调整。组织结构的调整必然要求组织进行相应的变革。组织结构的改变要求调整管理幅度和层次、划分合并新的部门、协调各部门的工作等。组织结构设计不合理或原有结构不适应新的发展变化，也需要进行结构的变革。因此，组织结构的调整与完善也是现代组织变革的内在动因之一。

3. 组织职能的转变

随着社会的发展变化，现代组织的职能和基本内容也会发生相应的变化，而这种变化就成为组织变革的内在要素之一。例如，在传统社会向现代社会的转化中，社会组织的职能发生了两种重要的变化：第一种变化是，社会组织的职能从原来的混沌不清向高度分化转变。这就要求组织变革原有的组织权责体系，明确组织内部合理的管理层次与幅度，建立有效的沟通体系，等等。第二种变化是，社会组织日益强调组织的社会服务职能。传统的企业组织以追求利润为唯一目标，现代的企业组织必须兼顾社会利益。企业组织不仅要维持股东、员工、顾客和广大公众之间的利益平衡，对大众负责，还要承担包括消除种族歧视、防止公害，保护消费者利益等一系列社会责任。这种组织职能的转变，迫使企业必须做出相应的调整和变革，才能求得企业的生存和发展。

4. 组织成员内在动机与需求的变化

在组织中，个体成员的行为是组织运行有效性的基础，个体成员的行为又要以各自的需要为基础。一定的组织结构与组织管理总是与一定成员的需要相适应。当个体成员的需要普遍发生变化时，组织结构也应发生相应变化。因此，组织成员的需要的变化也是构成影响组织变革的又一重要原因。例如，随着组织的发展，员工的内在需要逐渐向高层次发展，纯粹的物质刺激日益不起作用，组织成员有更高的追求，如参与感、责任感、创造性的增强，要求相应地变革组织的激励环境、改进工作设计、变更工作内容、调整工资、改善工作环境、改变工作时间等，以满足组织成员不同层次的需要。

（二）组织变革的外部驱动因素

引起组织变革的外部因素可以归纳为以下几方面：

1. 科学技术的不断进步

现代科学技术的迅速发展，给组织结构、组织的管理层次与幅度、组织的运行要素等带来了巨大的影响，同时也对组织变革提出了新的要求。例如，电子计算机的发明与使用，使组织中信息处理、决策等一系列管理过程与管理方式都发生了重大的变化，这些变化推动着组织不断地进行变革。

2. 组织环境的变动

现代组织所面临的环境要比以往任何时候都复杂多变。对企业而言，其环境的重大变化有：市场的广阔，产品寿命的缩短，科学技术的迅猛发展，复杂的组织联系，社会价值观念的改变，企业社会责任的增加等。

企业组织环境的变化，使得传统的专制集权的组织形态难以适应社会发展的需要，因此需要改变组织结构及管理策略和技术，以适应组织环境中不断变动的情况。例如，通过建立目标管理体制，实现组织内个人目标、群体目标、社会目标的一致性；通过组织技术变革，应用新的技术成果和手段，提高组织的产品竞争力及制定最佳经营决策。组织结构的变革，可以增进组织对外部环境的适应性。

3. 管理现代化的需要

管理无疑是推动组织变革的重要因素。管理现代化要求组织对其行为做出有效的预测和决策，对组织要素和组织运行过程中的各个环节进行合理的协调和组织，所有这一切都将对组织提出变革的要求。

以上介绍了组织变革的内外驱动因素，这些因素会通过各种各样的形式表现出来。这就是组织变革的先兆和信号。一般来说，一个组织在下列情况下应考虑变革：

（1）决策效率低或经常出现决策失误。

（2）组织沟通渠道阻塞，信息不灵，人际关系混乱，部门协调不力。

（3）组织职能难以正常发挥，如不能实现组织目标，人员素质低下，产品产量及产品质量下降等。

（4）缺乏创新。

二、组织变革的内容

组织变革大致涉及组织的人员、任务、技术、结构、环境等。这些是在组织变革的实践中首先应该确定要解决的问题，也就是组织变革冲突的焦点。不同的变革内容所采取的对策、措施是不同的。

（一）以人员为中心的变革

这种变革通过对组织成员的知识、技能、行为规范、态度、动机和行为的变革，来达到组织变革的目的。

(二) 以任务、技术为中心的变革

这种变革通过对组织工作与流程的再设计,改变了为完成组织目标所采用的方法和设备等,建立起组织目标体系,从而达到组织变革的目的。

(三) 以组织结构为中心的变革

这种变革对组织的目标体系、权责体系进行改变,对角色关系进行调整、沟通,建立起有效的协调体系,从而达到组织变革的目的。

(四) 以适应组织环境为中心的变革

这种变革是以调节和控制外部环境为中心的组织变革。组织的发展和变革,不仅要适应外部环境的迅速变化,而且要主动地调节和控制外部环境,使之在最大限度内有利于组织目标的实现。因此,除对组织的内部环境进行变革与调整以适应环境之外,还应该创造一种新的环境使之有利于组织的发展。例如,开辟新的市场,建立广泛的社会联系,加强同外界的信息交流,增加有关的资料输入,等等。

组织变革的四个方面以及在各自基础上制定的各种变革对策是相互依赖、相互影响、相互促进的。在制定组织变革对策的过程中,它们往往构成一个完整的变革规划整体。当然,由于不同组织所处的变革环境及组织内部状况不同,在选择变革内容时,其侧重点是不同的。

三、组织变革的阻力及对策

(一) 组织变革的阻力

1. 来自观念的阻力

由于长时间生活在相对稳定、变化不大的组织环境中,一些人形成了照章办事、按部就班、因循守旧的思想。特别是组织的一些上层领导认为一动不如一静,存在求稳怕乱、不愿担风险的思想,成为组织变革的巨大阻力。

2. 来自地位的阻力

一项变革常常会因改变了原来的体制或结构,调整了人事关系,使组织中权力和地位的关系重新进行配置,造成一部分人丧失或者削弱了原来的地位和权力,从而产生不满和抵触情绪。例如,机构精简或合并、等级层次减少或撤销时,一些原来占有重要地位、握有权力的人会想方设法进行抵抗。他们可能利用掌握着的权力和重要信息去影响下级和上级,阻碍机构变革的顺利进行。他们人数虽不多,但能量极大,对变革的威胁也大。若这个问题不妥善解决,变革将无法向前推进。

3. 来自经济的阻力

在商品经济社会,金钱在实际生活和人们的心目中占有重要地位。如果一项变革引起人们的收入直接或间接下降,就将遭到抵制。这里有几种情况:有的人担心采用新技术或新制度将会使自己失去工作;有的人则害怕改变职务可能降低薪水,有些计时工资制的工人则担心改成计件工资制后,因不熟练而减少收入,如此等等。这些都将形成抵制的力量,从而增加组织变革的困难。

4. 来自习惯的阻力

人们总是按照自己的习惯对外界事物做出反应。在一定组织中长期生活和工作形成的习惯,可能成为个人获得满足的来源。一旦改变了原来的生活方式和工作方式,就不免产生某种不安全感,心里不踏实,产生抵触情绪。例如,原来习惯于依靠技术独立操作,现在要改成自动化流水线操作,使自己原来的技术无用武之地,面对新的规范的动作一下子又适应不了,这样势必产生不满和抱怨。工作制度的变革可能对员工的工作习惯冲击更大。例如,原来从事常日班工作的员工,要改变为从事早、中、夜三班或夜班工作,将使他们不得不改变许多惯常的生活秩序和行为。这就很可能招致他们的强烈抵制。

5. 来自社会方面的阻力

任何工作群体,如一个班组或科室,其成员之间的关系不仅是工作关系,还是社会关系。它包括成员之间的交往和友谊,以及由此而产生的共同的价值观念和行为。良好的社会关系是取得良好的工作绩效的有力保证。假如某项改革的实施,破坏了这种社会关系,同群体的价值观念与行为规范发生冲突,就必然会受到强烈抵制,使变革的进程受阻。

(二) 克服组织变革阻力的对策

组织行为学研究提出一系列减少或克服变革中阻力的对策,其中有一些已证明是比较有效的。

1. 教育

注意在变革以前做好思想教育和宣传工作,经过充分的讨论和沟通,使管理者、员工认识组织发展和变革的基本目标和需要,做好心理准备。这种方法特别适用于信息不准确或信息沟通不良的情况,可以使人们明确目标,积极投入改革。但教育不是一朝一夕能够收效的,需要在变革之前尽早开始这项工作,并在变革中做好试点,以变革的实际成效教育管理者、员工。

2. 参与

让员工有机会参与组织发展计划的制订和实施,使他们对变革有发言权。这样就能大大提高员工的积极性,使变革措施既深入人心,又为人所接受。同时,可以集思广益,使组织发展方案更符合组织各级部门的实际需要。参与的活动应该有组织、有领导地开展,充分发挥各类人员的主动性和创造性。

3. 促进与支持

许多情况下,组织发展和变革在心理上、技能上对人们提出了更高的要求,帮助他们适应这些要求,就能够有效地克服可能产生的抵触与阻力。为此,应该在变革的各个阶段,因人而异地给管理者、员工以心理上的支持和技能上的培训。例如，共同订立工作指标、交流变革中遇到的问题、学习新的技术与知识等，从而使人们尽快适应新的形势，推动组织发展和变革。

4. 奖惩

鼓励先进、教育后进，这也是克服组织发展和变革中阻力的一条有效途径。在组织发展和变革中，要及时对先进单位和个人给予奖励，对阻碍变革的部门或个人进行批评和调整，从而形成积极向上、勇于变革的气氛。对于变革中出现的问题，应及时进行研究，采取相应措施，保证变革的顺利进行。

5. 利用群体动力

组织发展和变革并不是少数几个人的事情，而是整个群体和组织的共同任务。积极地利用群体动力，将有利于克服组织发展和变革中可能出现的阻力。其中重要的一条，是注意使个人、集体和企业组织的变革目标保持一致，运用群体在人们心目中的威望和人们对于群体的归属感，使群体成员积极投入组织发展和变革活动。还应该特别强调各群体之间的协调一致和相互支持，使这个活动成为整个组织上下一致的行动。

6. 力场分析

力场分析的方法是美国心理学家勒温提出的。在贯彻变革的过程中，如果遇到阻力，可以用力场分析的方法去分析组织中支持变革和反对变革的所有因素，采用图示方法进行排队、分析，比较其强弱，然后采取措施。通过增强支持因素和削弱反对因素的办法，推行变革。勒温认为，对于一项变革，组织中存在两种力量：一种是推动力，指有利于变革实现的力量，它能引发一种变化或使变化继续下去；另一种是阻力，是阻止或降低推动力的力量，它阻止变革的发生或变革的继续进行。当这两种力量相等时，就达到平衡。提高生产力或推进某项变革，可通过几个途径来实现：增强推动力，降低阻力，同时提高推动力和降低阻力。

四、组织变革的基本模式

组织变革的模式是关于组织变革的要素构成、运行程序、变革的方式和方法的总体思维框架。关于组织变革的基本模式的研究，国内外学者提出了许多精辟的见解和观点。综合起来，主要有以下几种：

（一）组织变革的动因模式

组织变革的动因模式是从组织变革的内在原因与动机出发探讨组织变革的模式。持这种观点的学者认为，组织变革是一种最重要的组织行为。对于这种现象完全可以运用并且应当运用行为科学的方法进行分析。因此，有的学者提出可以从组织变革的原因、动机、选择、目标四个环节来探讨组织变革的模式与过程。

(二) 组织变革的系统模式

组织变革的系统模式是运用系统的观点,从组织系统互相联系、互相影响的要素体系出发来探讨组织变革的基本模式。

美国学者莱维特认为组织变革的模式由以下四个变量构成,并形成特定的关系:

(1) 结构:组织的权责体系、管理层次和幅度、沟通状况、工作流程等。
(2) 任务:组织存在的使命。组织任务之间具有一定的层次关系和隶属关系。
(3) 技术:组织为实现目标所采用的方法和手段。
(4) 人群:达成组织目标的个体、群体、管理者等。

莱维特认为上述四个变量是相互依赖的,任何一个变量的改变均会引起其他一个或更多的变量的改变。组织变革可以通过改变其中的任一变量或改变几个综合变量来进行。莱维特提出的这一模式为制定组织变革的对策及方法提供了一个基本的轮廓。在进行组织变革时,可以从以下几方面着手:改变组织的工作任务;改变组织结构;改变人的态度、价值观念、行为,以及组织成员之间的沟通程序;改变解决问题的机制,研究解决问题的新方法和采纳这种新方法的程序;等等。

有的学者则将组织变革的系统模式分成三个部分:输入部分、中介变量和输出部分。输入部分主要是指变革的动力,其中包括环境、目标、价值观念、技术、结构、社会心理因素和管理等内容。组织变革的中介变量,主要包括组织结构的性质、人员的态度和动机、领导的方式、对变革后果的了解与预测、上级及主管部门的干预等。组织变革的输出部分,主要是指变革的后果,其中包括有利的后果(人员成长、利润上升)、不利的后果(人员过剩、利润下降)和中性的后果(保持原状)三种,这些结果又反过来影响组织变革的输入。

(三) 组织变革的程序模式

组织变革的程序模式是从研究组织变革的程序与过程入手,来研究组织变革的模式。关于组织变革的程序模式,组织管理学家提出过很多模式,比较具有代表性的模式有以下两种。

1. 勒温的变革程序模式

美国学者勒温从探讨组织变革中组织成员的态度出发,提出组织变革经历"解冻、改变、冻结"三阶段的理论。勒温认为,在组织变革中,人的变革是最重要的,组织要实施变革,首先必须改变组织成员的态度。组织成员态度发展的一般过程及模式,反映了组织变革的基本过程。

解冻是指刺激个人或群体改变其原来的态度,改变人们的习惯与传统,鼓励人们接受新的观念。在解冻期内,管理者向组织成员介绍组织的现状、组织所面临的问题,描述组织变革后将会有的美好未来,使人们理解、支持和强烈渴望改革。通过增加支持改革的力度,减少反对改革的障碍;通过采取一系列的奖惩制度加速解冻的过程。

改变是指通过认同与内在化等方式,使组织成员形成新的态度和接受新的行为方式。认同与内在化在变革中期起很大作用。认同是指组织系统向自己的成员直接提供态度或行为的新模式,组织成员通过对照自己,在言传身教中模仿新的行为形态,逐步学会新的行为模式。内在化则是指人们用心解决问题,并学会如何与这些问题相处的方法。美国组织行为学家沙因认为,离开原有环境的训练可为内在化创造极好的条件。内在化的优点在于,新的态度和行为是经过留存、研究、实验和反复实践,最后被组织成员真心接受并融入一个人的品德之中。在变革期,综合运用"认同"与"内在化",能加速变革的进程。冻结是指利用必要的强化方法,使最后被接受的、融合的、所期望的新态度和行为方式长久地保持下去、成为个人品德中永久的组成部分。强化有连续强化与断续强化两种方式。连续强化是在被改变的人每次接受新的行为方式时,就予以强化,如给予组织成员肯定、鼓励与表扬等。断续强化是按预定的反应次数、间隔时间给予强化。沙因强调,鼓励经理们实行他们新形成的态度,以及奖励他们采用这种态度的组织气氛,是冻结过程所必不可少的。

在这一阶段中,来自社会的理解与支持也是十分重要的。

2. 卡斯特的变革程序模式

美国管理科学家卡斯特认为,组织的变革应分为以下六个环节:

(1) 回顾和反省。组织进行回顾、反省和批评,对组织的内外环境进行必要的调查研究。

(2) 觉察问题。通过调查研究、发现问题,并认识到组织变革的必要性。

(3) 分析问题。通过分析找出存在的问题,找出现在(现状)与将来(变革后的状态)之间的差距。

(4) 提出解决问题的方案。对可供选择的方案进行评估、选优,寻求最佳方案。

(5) 实行变革。这是组织变革的具体实施阶段。

(6) 根据实施效果进行反馈。这一阶段检查效果与计划有无差距,如有问题,还可根据上述步骤再次循环。

五、组织变革的环节与措施

(一) 组织变革的环节

组织变革的环节是指在组织变革中那些对变革的各个方面都会产生强烈影响的节点或中心环节,以及与此相关的变革的配套环节。在组织系统中,组织内部各要素与外部环境的各方面都是相互依赖、相互影响的,因而在制定组织变革对策时,众多相关的改革都是重要的,然而关键环节的选择以及辅助环节的配套是最重要的。整个改革的成功将主要取决于关键环节选择的成功,关键环节改革的成功,以及围绕关键环节建立的成套改革措施体系的成功。

1. 变革的关键环节的选择

变革的关键环节是对改革的各个方面都会产生强烈影响的关键点。要想准确地找到组织变革的关键环节，必须对组织管理的各方面及其相互关系有深刻的认识。

（1）分析组织变革的现状。对变革前的组织管理现状进行深入分析，其范围包括管理的各个环节。从管理思想到管理实践，从静态到动态分析，从组织运行到组织结构，进行全面的分析。其基本任务是，揭露组织管理各个方面、各个环节中的主要问题和弊端，找出产生问题的原因，为制定变革对策提供可靠的理论依据。

（2）明确应变革的问题。在进行组织变革现状分析的基础之上，应明确所要变革的问题，主要包括：明确变革的任务与目标；明确变革的主体与实体，明确由谁来实行变革，变革什么；明确变革的组织程序及变革到什么程度；明确变革的环节，分析各环节之间的关系；明确变革的关键点。在众多相关的变革点之中寻找对各个方面都会产生强烈影响的关键点，寻找变革的突破口或中心环节。

2. 组织变革的其他配套环节

在组织变革中，仅找到变革的关键点是远远不够的。从系统的角度看，任何组织的活动都是多因素相互制约、相互影响的活动。在变革中如果没有其他环节的配合，关键环节的变革是难以实现的。所谓配套环节，主要包括两层含义：第一，它们不是主要的环节，仅起辅助性作用。第二，既然要配套，就应当形成完整的成套体系。对此需要从外部环境和内部结构两方面进行分析。当然，在众多的配套环节中又有主要配套和次要配套之分，对于那些主要配套环节的分析应务求全面。尽管配套环节改革在整个组织变革中只起辅助作用，但是如果忽视其中某一环节的作用，同样会给变革活动造成很大的损失，甚至导致变革的失败。

（二）组织变革的措施

组织的变革措施是指组织在实现变革目标的过程中，针对有关的成员或群体所采取的各种干预活动与方式。组织的变革措施可以有许多不同的分类方法，一般来说，按组织变革措施的作用对象来划分，可将组织变革措施分为以人为中心的变革措施，以任务和技术为中心的变革措施，以及以组织结构为中心的变革措施。

1. 以人为中心的变革措施

以人为中心的变革措施主要包括调查反馈、群体建议和咨询活动三种变革措施。

调查反馈是以数据为基础的一种组织变革。它是调查法和行动研究的综合应用。调查反馈通常在外来的咨询专家和组织工作人员合作下进行。其主要内容包括三个组成部分：收集和分析数据、小组讨论、过程分析。

群体建议是对组织群体进行诊断，使他们为提高工作效益而协同工作，并进行有计划的变革。西方学者认为这是最主要的组织变革干预性措施。群体建议包括四方面：分析问题、完成工作任务、协调群体内部关系，以及改进群体和组织的活动过程。

咨询活动是应用智囊力量帮助个人或群体考察采用什么方法来完成任务的过程。咨询活动主要是通过设计变革人们的态度、价值观和个人技术,改变群体规范和内聚力,以及改变其他活动过程的变量来达到促进组织变革的目的。

2. 以任务和技术为中心的变革措施

以任务和技术为中心的变革措施主要包括工作再设计、目标管理、建立社会技术系统等措施。

工作再设计是为了提高员工的积极性、增加工作的内容、提高工作效率、改善工作绩效而进行的有计划地重新安排工作方式的方法。其主要内容包括工作扩大化、工作丰富化、自治工作群体、工作轮换等。

目标管理是管理者和他们的下属共同为工作绩效和个人发展确定目标,对规定目标的情况进行评价,以及把个人、部门和组织的目标有机结合起来并制定目标的过程。以目标管理来进行组织变革,可以使员工的工作成果与组织的实际变革目标结合起来,并在未来的特定时间内,评定员工达到目标的程度。实践证明,它是组织变革的一项十分有效的措施。

建立社会技术系统是指为提高组织效益,同时采用技术和社会两方面的变革,为使技术和社会两者配合最佳,采用有计划的组织变革的方法。这种方法强调组织的技术和人的因素的最佳结合,强调对完成工作的方法重新设计。它是现代组织变革活动中较为流行的方法之一。

3. 以组织结构为中心的变革措施

以组织结构为中心的变革措施主要包括:建立必要的规章制度,确定合理的奖惩制度,完善信息沟通系统,调整管理层次与管理幅度,建立矩阵组织,采用弹性工作时间制等。

第三节　组织发展

一、组织发展的概念

组织发展是建立在人本主义的民主价值观基础上的有计划变革的干预措施的总和,它寻求的是增进组织的有效性和员工的幸福感。具体地说,组织发展是通过一系列的活动去提高一个组织的战斗力、效率和士气的一种方法,组织的成员们直接参与这一系列的活动,寻找各种各样的方法,把组织的事情办得更好。

通常组织发展是有计划变革的干预,要求系统地诊断组织变革的需要,有计划地努力动员各方面的力量和资源实现组织的变革。一般来说,组织发展涉及整个组织的活动,组织的各个层次都要做出相应的变革;它是由上层领导者自上而下进行的,组织的领导部门必须积极指挥和协调各项工作,才能保证取得实际成效。组织发展的目标是增进组织的效率,使组织健康发展,有明确的目标,合理的组织结构,有效的决策水准,畅通的沟通渠道,和谐的人际关系、群际关系,开放的组织活动,等等。目前组织发展特别强调组织的自我更新能力。提高自我更新能力就要求管理者觉察问题，或者于萌芽阶段发现问题，争取主动，这样才能使组织永葆活力。

二、组织发展的趋势

自20世纪80年代以来，在全球化、市场化和信息化时代大潮中，组织环境一方面呈现出复杂多变的发展趋势，另一方面又为组织应对这种趋势提供了技术工具。在上述背景下，组织变革的重要特点表现在组织结构的变革上。而组织结构变革的总方向又表现出非层级制的趋势。内容除了继续对传统的层级制进行改良外，还表现在许多组织模式对层级制的辩证的否定上，一些组织模式用市场和非层级制组织形式代替层级制，成为当代组织结构变革的主要潮流。具体地说，非层级制的组织手段能够减少甚至消除层级制组织中经常使用的直接监督控制的办法，这些非层级制的组织手段包括计算机网络系统、按照技能支付报酬、收益共享制、直接联系顾客、临时领导、价值观念和自我管理等手段。这种非层级制趋势可能是在层级制组织类型内部从对立面对层级制的进一步完善，也可能是从层级制的外部对层级制组织类型的根本否定。组织结构变革的非层级制总趋势具体表现为分立化、扁平化、柔性化和虚拟化四个基本趋势。人类社会进入21世纪以来，超大规模的大型企业大多实行层级制的组织模式，越来越不适应环境变化的需要。因此，各种从根本上代替层级制的组织手段大量出现。这些对层级制组织类型进行了根本否定的组织手段，实质上是用市场机制代替层级制的行政机制。用直接的市场机制代替层级制，实际就是分立化的变革方向；也可以用一种特殊的市场机制代替层级制，而这实际就是网络虚拟化的变革方向。组织结构的扁平化和柔性化都是对层级制组织类型的进一步完善和发展。

（一）扁平化组织

扁平化组织是指组织结构的扁平化，即管理层级的减少和管理幅度的扩大，组织结构形态由标准的金字塔型向圆筒型转化。

经过长期的演变，在科学管理运动的深刻影响下，西方企业逐渐形成了一套等级森严的层级组织体系，层级越来越多，信息的处理和传递要经过若干环节，致使整个组织对外部环境的变化反应迟钝，在激烈的市场竞争中处于不利位置。20世纪80年代以来，美国不少企业开始对这种传统模式进行大胆的改革，减少管理层级，扩大管理幅度，组织结构呈现扁平化的趋势。20世纪90年代初期，西方出现了一场声势浩大的"企业再造"的运动，核心思想是把原来的金字塔型的组织结构扁平化。美国的企业管理大师彼得斯呼吁要摧毁公司的层级组织结构，认为有15个或20个管理层次的公司已经落后了。

组织结构的扁平化是应对组织环境日益复杂多变提出的挑战的产物。它的顺畅运作需要两个重要条件：一个条件是现代信息处理和传输技术的巨大进步，能够对大量复杂信息进行快捷而及时的处理和传输，能够大大缩减原有的信息处理和传输工作的中间管理层次。现代信息技术的飞速发展，特别是网络技术的日臻完善，满足了当代组织环境对信息处理和传输的要求。以现代计算机技术为基础的网络技术使企业内部的各个部门、各个岗位由四通八达的信息网络紧密联系起来，企业的每一个普通员工都能够通过网络系统获得与自己业务有关的企业内的任何信息，大大减少了企业内部的数据和报表工作，并且使基层工作人员能够直接与最高管理层沟通。另一个条件是组织成员的独立工作能力大大提高，管理者向员工大量授权，组建各种工作团队，员工承担较大的责任，普通员工与管理者，下级管理者和上级管理者之间由传统的被动执行者和发号施令者的关系转变为一种新型的团队成员之间的关系。摩托罗拉公司的前总裁罗伯特·高尔文曾说，普通员工在与顾客接触时，享有与总裁同样的权力。

（二）柔性化组织

柔性化组织是指组织结构的柔性化，即在组织结构上不设置固定的和正式的组织机构，而代之以一些临时性的、以任务为导向的团队式组织。

组织结构柔性化的目的是使一个组织的资源得到充分利用，增强组织对组织环境动态变化的适应能力，它表现为集权和分权的统一，稳定和变革的统一。

组织结构的柔性化表现为集权化和分权化的统一。与一味强调分权的做法不同，为了避免过度分权带来的消极影响，柔性化组织结构在进行分权的同时，要求实行必要的集中。集权，是指最高管理层确定整个组织的战略发展方向，规定上级和下级之间的权限关系。而分权则是指中级、下级管理部门和一线生产经营人员具有处理一些突发性事件的权力。集权和分权统一的关键是上级和下级之间通过一些直接和间接的交流渠道，及时进行信息的沟通，适当地调整权限结构，保证组织的战略发展目标和各项具体活动之间形成有机联结的关系。

组织结构的柔性化表现为稳定性和变革性的统一。为适应组织结构不断变革的需要，组织结构分为两个组成部分：一个部分是为了完成组织的经常性任务而建立的组织结构，这部分组织结构比较稳定，是组织结构的基本组成部分；另一个部分是为了完成临时性的任务而成立的组织机构，是组织结构的补充部分，如各种项目小组、临时工和咨询专家等。

尽管柔性化是集权和分权的统一，稳定和变革的统一，但柔性化更为充分地体现在组织结构的权力下放和不断变革上，柔性化的典型组织形式表现为临时团队和重新设计等形式。

临时团队，是指一种任务单一、人员精干的临时性组织。这种组织形式在当代欧美各国普遍存在。如美国著名的霍尼韦尔公司就曾通过设立临时团队巩固了与客户的关系，它的一个大客户曾经警告这家公司，如果不能很快生产出新的气象监控装置就将寻找其他合作者。这意味着一个大客户即将离去，很大的一块市场要被公司的竞争者占领，公司的市场份额将会显著下降。霍尼韦尔公司立即认识到问题的严重性，迅速组建了由销售、设计和制造部门等机构参加的"突击队"。这个临时机构按照公司的要求，把产品的开发时间由三年缩短为一年，完成了预定的任务，把即将离去的客户拉了回来。临时团队对传统的垂直式组织模式是一个很大的冲击，它突破了传统层级制组织类型等级分明、层次较多、官僚主义特征明显的特性。

重新设计把组织结构的不断自我调整看成是组织结构存在的常态，而不是偶尔进行的一次组织行为。它要求根据环境的变化不失时机地对组织结构进行科学和及时地调整。因此，重新设计的常态化提高了组织结构的弹性应变能力。

美国的一些大企业为了提高自己的组织结构弹性，在组织结构上把核算单位划小，让基层组织有更大的自主权和主动性。可以说，通过划小经营单位，可以提高组织结构的弹性，这是组织结构柔性化的一种表现形式。

（三）分立化组织

分立化组织，是指从一个大公司里再分离出几个小的公司，把公司总部与下属单位之间的内部性的上下级关系变为外部性的公司与公司之间的关系。实质上，这是将层级制的一部分组织机构用市场联结关系代替行政管理关系。这种分立化与那种划小经营单位的方式相比，最大的区别是分立化是以市场平等关系联结公司总部与所属各分公司和子公司之间的关系；而划小经营单位仍然是以企业内部的层级关系进行管理。分立化是在产权关系上进行的变革，公司总部通过股权投资和股东管理等手段，对所分立的各个分公司和子公司进行控制；而划小经营单位是在管理权限上的调整，公司总部对所划小的各个经营单位通过一系列的内部行政管理手段进行控制；通过分立化形成的各个分公司和子公司是独立的法人实体，拥有完全的独立经营地位，而通过划小经营单位形成的各个基层经营单位并不是一个独立的法人，不具有完全的独立经营地位。

分立化分为两种方式：一种方式是横向分立，按照产品的不同种类进行分立；另一种方式是纵向分立，按照同一产品的不同生产阶段进行分立。

横向分立时所分立的各个企业之间的组织结构与企业的产品结构相对应，不同的产品具有不同的功能，因而可以按照不同的产品类别分立不同的公司。通过横向分立，可以最大限度地提高单个产品经营单位的自主权，在一个又一个的单个产品市场上形成自己的优势地位。英国的壳牌公司原来是按地理分布设置管理机构的，后来公司决定取消四个洲际总公司，按勘探开采、石油产品、化工、天然气和煤炭五大产品类别建立了五个企业，实现了各个产品类别的独立经营和发展体系。

纵向分立所形成的各个企业之间的关系是一种同一类别产品内部上下游产品之间的关系，通过纵向分立，可以进一步集中企业的力量，提高企业的专业化生产经营水平。美国硅谷有一家成功的半导体公司，为了建立专业化的分工协作经营系统，决定把资金投入几家做半导体研究和开发工作的小公司，从而形成了一个集研究、开发、制造和销售于一体的经营网络。

（四）虚拟化组织

虚拟化组织是指用一种新型的网络组织模式代替传统组织模式的组织结构形式。事实上，许多经过分立化的公司相互之间以及和原总公司之间，建立了一种紧密联系的网络型关系，分立化和网络虚拟化是紧密相连的。当然，网络虚拟化的形成途径除了大型企业和超大型企业的向外分立外，还有企业之间的联合和并购等途径。

随着市场竞争的日趋激烈，越来越多的美国大公司认识到，庞大的规模和臃肿的机构设置不利于企业竞争能力的提高。因此，许多美国公司在大量裁员、精简机构和缩小经营范围的基础上，对企业的组织结构进行重新构造，突破层级制组织类型的纵向一体化的特点，组建了由小型、自主和创新的经营单元构成的以横向一体化为特征的网络制组织形式。同时，为了增强市场竞争能力，企业之间的联合和并购也是风起云涌，各种企业集团和经济联合体以网络制的形式把若干命运休戚相关的企业紧密联结在一起。这些自20世纪80年代以来大量出现的通过分立、联合和并购等途径形成的企业组织结构模式，体现了网络虚拟化趋势。层级制组织形式的基本单元是在一定指挥链条上的层级，而网络制组织形式的基本单元是独立的经营单位。美国电话电报公司通过企业重组，把企业改组为由20个独立的经营单元组成的网络制组织，在公司的历史上首次让每个基层组织的管理者全面负责定价、营销、产品开发等工作。

企业组织结构的网络虚拟化，具有两个根本特点：

（1）用特殊的市场手段代替行政手段来联结各个经营单位之间及其与公司总部之间的关系。这种特殊的市场关系与一般的市场关系不同，一般的市场关系是一种并不稳定的单一的商品买卖关系，而网络制组织结构中的市场关系是一种以资本投放为基础的包含产权转移、人员流动和较为稳定的商品买卖关系在内的全方位的市场关系。

（2）在组织结构网络虚拟化的基础上形成了强大的虚拟功能。处于网络制组织结构中的每个独立的经营实体都能以各种方式借用外部的资源，如购买、兼并、联合、委托和向外发包等，对外部的资源优势进行重新组合，创造出巨大的竞争优势。通过这种虚拟功能，企业可以获得诸如设计、生产和营销等具体的功能，但并不一定拥有与上述功能相对应的实体组织，它是通过外部的资源和力量实现上述具体功能的。

三、组织发展的目标——构建和谐组织

构建社会主义和谐社会是我们党从建设小康社会，开创有中国特色社会主义事业新局面的全局出发提出的一项重要任务。适应我国改革发展进入关键时期的客观要求，体现了人民群众的根本利益和共同愿望。

构建和谐社会是中国传统哲学思想在现代市场经济社会中的自然延伸。尊重多样性原则是构建和谐社会的基本前提，而构建和谐组织又是建立和谐社会的基础。和谐组织主要是指组织成员之间以"和"为核心形成和谐的人际关系，从而构建有机、长效的组织结构，并能够顺利运行的一种组织形态，它从和谐社会一词引申而来。

四、组织发展战略措施

为实现组织发展的目标，可采取以下战略措施：

（一）激发组织的创新

在现代经济中，创新已越来越成为参与竞争的一个重要手段。那么一个组织怎样才能更具创新性？我们以美国明尼苏达矿业及机器制造公司（以下简称3M公司）为例，3M公司以为其员工提供创新的环境而著称，其视革新为其成长的方式，视新产品为生命。每年，3M公司都要开发200多种新产品，注重创新精神已使其连续多年成为世界最受人羡慕的企业之一。

3M公司成功的秘密是什么？虽然说在这方面没有必然的模式，但研究者在对创新组织进行研究时，发现有一些特征出现的频率极高，归纳起来有三方面的特征：结构、文化和人力资源。如果变革推动者要营造创新的气氛，应考虑在组织中引进这些特征。我们说变革是使事情发生变化，而创新则是一种更具体的变革类型。创新是指用以发明或改进一项产品、工艺或服务的新观点。所有的创新都包含变革，但并不是所有的变革都涉及新的观点或带来显著的改进。组织中创新的范围可以从很小的改进到重大的产品突破。创新的含义还包括新的生产工艺、新结构或经营体制，以及与组织成员有关的新计划或新方案。

在研究创新时，应该关注的一个重要问题是创新源，即可能引起创新的因素和条件。在潜在的创新源方面研究最多的是结构变量。一篇有关组织结构与创新关系的全面综述报告得出如下结论：

（1）结构对创新有积极影响。因为它的纵向变量少，正规化和集权化的程度比较低，有机组织促进了灵活性、适应性和相互影响力，从而使创新更容易被接纳。

（2）创新和长时间的任期有关。很明显，管理者的任期为他如何完成任务以及获得什么样的理想结果提供了合理的理由和相关的知识。

（3）资源的宽松孕育了创新。充足的资源使组织能够购买创新成果，担负创新费用及随机失败的损失。

（4）在创新组织中，部门之间沟通密切。这些组织较多地采用了委员会、特别工作组和其他便于部门之间沟通的机制。

创新的组织往往具有相似的文化：它们都鼓励尝试，无论成功还是失败都给予奖励；它们还赞赏错误。遗憾的是，在大多的组织中，人们都是因为没有成功而不能获得奖励。这样的文化压制了冒险和创新。只有当人们感觉到自己的行为不会受到任何惩罚，他们才会提出新观点，尝试新办法。

在人力资源领域中，我们发现创新组织积极开展员工的培训和开发，使员工跟上时代的脚步。他们为员工提供很高的工作保障，使员工不会担心由于犯错误而被解雇。他们还鼓励个人成为变革的倡导者,一旦出现了一种新观点,变革倡导者就会积极、热情地宣传,提供支持,克服阻力,确保创新顺利推行。一项研究发现,这种变革的倡导者具有共同的个性特征:非常自信,持久有恒,精力充沛,敢于冒险。他们还具有与变革型领导风格有关的特征:他们用自己对创新潜力的远见以及坚定不移的信念来鼓舞和激励他人,他们还善于获得他人的承诺,以支持自己的事业。另外,这些倡导者从事的工作一般能提供相当大的决策自主权,这种自主权有助于他们在组织中引入和实施创新。

3M公司可以称为杰出的产品革新的典范,它虽然不拥有上面所介绍的大多数甚至是全部的特性。但3M公司确实做到了这一点。由于公司高度分权,它拥有小型有机组织的许多特点。3M公司的每个科学家和管理者都面临"跟上时代脚步"的挑战。公司允许科学家和工程师把近15%的时间花在他们选定的项目上,鼓励他们成为新观点的倡导者。公司鼓励员工冒险,不仅奖励成功也奖励失败。非常重要的一点是,3M公司并不随商业周期雇用和解雇员工。例如,在1991年至1992年的经济萧条时期,几乎所有的大公司都解雇员工以降低成本,但3M公司却没有解雇一个员工。

(二) 发展的价值观与可持续发展

组织发展重视人员和组织的成长、合作与参与过程以及质询精神。变革推动者在组织发展中具有指导作用,但同时组织发展也非常重视合作。组织发展中的变革推动者不重视权力、权威、控制、冲突以及强制这样的概念。下面简要概括一下大多数组织发展活动的基本价值观念:

(1) 尊重人。认为个人是负责的、明智的、关心他人的,他们有自己的尊严,应该受到尊重。

(2) 信任和支持。有效的和健康的组织拥有信任、真诚、开放和支持的气氛。

(3) 权力均等。有效的组织不强调等级权威和控制。

(4) 正视问题。不应该把问题掩盖起来,要正视问题。

(5) 参与。受变革影响的人参与变革决策的机会越多,他们就越愿意实施这些决策。

可持续发展,是指既满足现代人的需要,又不对后代人满足需要的能力构成危害的发展。可持续发展以控制人口、节约资源、保护环境为重要条件,其目的是使经济发展同人口增长、资源利用和环境保护相适应,实现资源、环境的承载能力与经济社会发展相协调,从人口、资源、环境、经济、社会相协调中推动经济建设发展,并在发展的进程中带动人口、资源、环境问题的解决。这一理论要求组织在运行中必须树立可持续发展的观念,并解决以下问题:

(1) 肯定发展的必要性。

(2) 强调发展与环境的辩证关系。

(3) 提出了代际公平的概念。当代人必须留给后代人生存和发展所需的资本,这一资本就包括环境资本。

（4）提出了代内公平的概念。

(三) 危机管理

危机管理又名风险管理，是指如何在一个肯定有风险的环境里把风险降至最低的管理过程，其中包括了对风险的量度、评估和应变策略。理想的危机管理，是一连串排好优先次序的过程，对于其中可以引致最大损失及最可能发生的事情优先处理，而对于相对风险较低的事情则压后处理。但现实情况是风险的大小和风险发生的概率是很难确定的，需要权衡两者的比重，才能做出最合适的决定。

危机管理也要面对有效资源运用的难题，这牵涉机会成本的因素。把资源用于危机管理，可能使能运用于有回报活动的资源减少；而理想的危机管理，正希望能够花最少的资源去尽可能化解最大的危机。

管理者所处理的所有事务都可分为"例行问题"和"非例行问题"两类，前者是那些重复出现的、日常性的管理问题，后者是那些偶然发生的、管理者很少遇到的管理问题，危机就是非例行问题。毫无疑义，应对非例行问题的危机，组织要依靠已有的常规部门，这些部门在办事经验、资源占有等方面都有明显的优势。但是，作为"内部人"，常规部门在危机面前常常会出现智慧短缺，因为这些部门的人长期在一个领域工作，长期处理大同小异的例行问题，逐渐形成了自己的思维定式，从而很难对突发性的新事态做出正确的反应。

在危机到来之前能预防并避免是成本最低、风险最小的办法，也是最明智的办法。就像对待疾病一样，危机防范的首要问题就是提高组织的免疫力。提高企业对危机的免疫力，要从以下几方面入手：

（1）强化全员特别是组织的主要管理者的危机意识，使这种意识融入组织文化之中。虽然组织发生突发危机是小概率事件，但从强化危机意识的角度来说，不妨记住墨菲定律：如果事情有可能向坏的方向发展，就一定会向坏的方向发展。认为组织不会发生危机本身就是最大的潜在危机。

（2）加强信用管理，树立组织在公众心目中的良好形象。良好的企业形象就是无声地告诉人们：企业是负责任的、信得过的。有了这11个字，企业就会远离危机。

（3）加强公共关系管理，并持之以恒。很多组织越来越意识到组织公共关系管理的重要性，但不少组织在这个问题上很功利。要做宣传了，就想起了向媒体公关；要贷款了，就想起了向银行公关；出了问题了，就想起了做政府有关部门的工作，以寻求关怀。企业没有一种有远见的系统思维，而是采用东一榔头西一棒槌的堵窟窿的思维方式，即所谓急来抱佛脚。一旦在意想不到的领域出现问题，组织就会感到公共关系资源严重不足。实际上，公共关系管理的产生及兴盛正是源于应对危机。公共关系，只有当它与危机处理联系在一起时，才显得格外重要。在危机出现之前就充分开发公关资源以打好基础是十分必要的。

（4）强化企业团队精神，努力争取员工对企业的忠诚，以免祸起萧墙。

（5）提高主要管理人员的管理能力，强化他们对企业的责任心。

（四）知识管理

知识管理（knowledge management）是利用组织智力或知识资产创造价值的过程。信息社会是智能化、知识化的社会，知识将成为组织获取效益的主要手段。首先，每个现代企业，都必须高度重视知识资源的开发和有效运用，都应善于运用信息网络，把握世界范围内的新知识、新信息、新动向，充分利用全人类创造的知识宝库和精神财富，加快自身的发展。其次，开发知识资源必须高度重视组织员工科学知识水平的提高和潜在能力的发掘。每个现代组织必须着力培育员工，提高员工的科学知识水平，使之成为适应时代要求的智能型劳动者，并充分发挥他们的潜在才能。最后，开发知识资源，应高度重视"外脑"的利用。由于当代管理影响因素复杂多变，组织领导人仅凭个人的知识和能力，难以有效地解决重大战略与管理问题，因而迫切需要借助于众多专家的知识和智慧，促进企业的有效发展。

我们将企业知识管理概括为如下十方面的内容：

（1）知识创新管理。它包括知识创新的模式、条件、环境等内容，其中很重要的一点是显性知识、隐性知识转换产生的创新研究。

（2）知识共享管理。即研究如何通过知识转移缩小知识差距。我们认为，"知识转移"比"知识共享"这个词更富有经济管理含义。知识共享很容易给人们一种免费的感觉，而转移则有一种知识的让渡在里面，知识的让渡意味着价值的让渡，也就意味着让渡方应该得到受让方的回报。

（3）知识应用管理。它主要包括组织如何采取一整套的知识管理解决方案去实施知识管理项目，如何实现企业的变革管理等。知识的应用是提高生产率和竞争力的最终手段。

（4）学习型组织。即从企业文化的角度，讨论企业如何通过"五项修炼"来使企业保持一种不断学习的状态。当然，学习不是目的，创新才是目的。

（5）知识资产管理。即如何从财务的角度管理客户关系资产、人力资本资产、结构资产知识产权资产，以及上述资产之间如何协调发展。

（6）知识管理的激励系统。即从人力资源的角度，考虑如何设计一套绩效考评体系和激励制度来构建知识管理的激励系统。比如，如果是以每个项目年终的业绩来考核，那么各个不同的项目之间拥有的知识就不愿意互相分享。如果分享了，就有可能造成别的团队比自己的团队业绩好。所以在考核体系中应该有考核一个团队和其他团队分享知识的指标。

（7）知识管理的技术与工具。即从信息技术的角度探讨知识管理的支持软件或工具，比如知识地图或知识导航系统就是很好的工具。知识地图是一种帮助用户知道在什么地方能够找到知识的知识管理工具。企业知识地图就是将企业各种资源集合起来，以统一的方式将企业的知识资源介绍给用户。知识地图采用一种智能化的向导代理，通过分析用户的行为模式，智能化地引导检索者找到目标信息。互联网上的各种搜索引擎也是用户的好帮手。

（8）知识产品的定价与版本。知识管理还要考虑知识产品的定价和版本问题。

（9）知识员工的管理。组织的知识管理最终要落实到个人身上，因此这个主题包括知识员工的职业生涯规划与企业的战略规划如何配合、知识员工的个人知识如何成为企业财富、知识员工如何招聘与培养等问题。

(10) 学习与创新训练。这个主题和个人有关，既包括学习与创新的技巧和规范训练，也包括电子学习平台的学习，以及课件和教学资源的开发等内容。

组织知识管理水平，可以用知识创新率（力）、知识传播率（力）、知识应用率（力）三维坐标来衡量，其中每个坐标又可以分为若干个小指标。显然，上述十项中的前三个主题是企业知识能力的表现。第四至第六个主题，是从行为科学的角度讨论知识管理在组织中的应用。第七个主题是从信息技术的角度探讨知识管理的支持软件或工具。第八至第十个主题，分别从单项管理的角度讨论知识管理在组织中的应用。

有人说，知识管理可能将是继工业时代的泰勒管理革命之后的又一次管理革命。事实将会说明，这样的估计不是过高。知识管理学家认为，知识分为组织知识和个人知识，而组织的知识管理不仅仅是对组织中个人而言的，它是指组织整体对知识的获取、存储、学习、共享、创新的管理过程，目的是提高组织中知识工作者的生产力，提高组织的应变能力和反应速度。使组织能顺应市场的挑战，并且能够比竞争者保持至少一步以上的领先。所以知识管理作为获取、存储、学习、传播、应用、共享知识的一种管理方式，是决定当今的企业自身命运的一种管理。知识是企业发展的基础，是企业竞争的"拳头"，做不好知识管理，就无法延续和整合企业的核心竞争力。

（五）提高和改善工作生活质量

工作生活质量是近年来组织行为领域普遍关注的一个课题。提高和改善工作生活质量，不仅是组织发展和变革的一项措施，更是一种有关人与组织关系的指导方针和管理哲学。

1. 工作生活质量概念产生的背景

工作生活质量的理论基础来源于英国塔维斯托克人类关系研究所提出的社会技术系统概念。这一概念的基本思想在于为了提高组织工作效率，不能只考虑技术因素，还要重视人的因素，使技术因素与人的因素协调一致。但工作生活质量的实施方案首先是在美国发展起来的。

在西方发达国家，特别是美国，随着第二次世界大战以后经济的发展，工业自动化水平的改进，以及劳动力教育水平的提高，企业中员工的工作价值观也发生了很大的变化。人们认为工作不应仅仅是谋生的手段，而应当成为维护自身价值和尊严的手段。此外，在美国，政府迫于国内公众的压力，颁布了一些保护少数民族和妇女的法律。在这种情况下，各类组织，尤其是企业组织要对当时的工作价值观和政府立法做出反应，于是提出了有关工作生活质量的各种实施方案。这就是工作生活质量这一概念产生的历史背景。

2. 工作生活质量的概念

工作生活质量的概念是随着实践的发展而发展的。最初仅仅把它看成促进员工个人的工作满意度和心理健康的措施，之后从另一角度认为它是改进工作、提高生产率的特殊技术，或者把它看成一个思想运动，参与管理、"工业民主"就反映了这一思想。但是，我们从工作生活质量的广泛活动内容来看，它的概念应当包括上述所有含义。它既是一种关于人与组织关系的指导方针和管理哲学，又是一种工作方法和措施。它是由工会和管理部门共同合作，以改善员工生活福利和工作环境、增进员工参与决策为手段，为达到提高生产率和员工满意感目的制定的一项根本措施。具体内容至少有下列四项：

（1）合理和公平的报酬。保持员工合理的薪金、福利收入，特别是同他们工作中付出的努力和取得的绩效相比较，被认为是可以接受的报酬。

（2）安全和健康的环境。为员工提供履行职责时的安全、方便的工作条件，创造有利于员工健康的舒适工作环境。

（3）发展人的能力。实施职务专业化和分化的同时要充分考虑发挥和发展员工的知识和技能。

（4）参与各层次的决策。创造条件，使员工能够参与各层次的决策和参与解决问题的活动。

3. 工作生活质量与生产率

一般认为，提高工作生活质量会使人们对自己的工作、工作环境越来越满意，而满意感又会提高劳动生产率。但有证据表明，这样的模式过分简单，因而有时不免发生差错。

工作生活质量与生产率的关系是复杂的，它通过三个途径提高生产率：

（1）工作生活质量措施能改善人们之间的交往，加强员工与组织之间的合作。不同的职务或部门协调统一，有利于全面完成工作任务。这样才能提高生产率。

（2）工作生活质量措施能增强对员工的激励，满足员工迫切的需要，从而激发员工的工作热情和积极性。当他们拥有必要的能力和技术，并且具有必要的环境和条件时，就能提高生产率。而在某些高度专业化并且个人激励受到严格控制的条件下，恐怕只能极有限地影响生产率。

（3）工作生活质量措施能增强员工的能力，使他们能够自行解决群体中的一些问题，更好地参与决策。工作生活质量措施不但能直接影响和提高生产率，而且能间接影响生产率，即通过增加员工福利、提供较好的工作环境和提高员工的满意感影响生产率。

应当指出，提高和改善工作生活质量在美国工业企业里还是一项正在发展的新事物，它体现一种新的工作规范。这种规范非常重视员工的工作满意度和人力资源的价值，因而受到普遍的赞扬。但在制订提高工作生活质量的实施方案时，必须采取严肃、谨慎的态度。现在美国有大量的被冠以"工作生活质量"的具体方案，并夸大其词地吹嘘它们能满足组织和个人的各种需要，被到处兜售。对于这种倾向，我们应予以关注，应在认真分析的基础上吸收有利于我国经济改革的内容，而不能生搬硬套。

（六）创建学习型组织

当今许多管理者和组织理论家都在寻找新的方法，对这个不断变化的世界做出有效的反应，学习型组织的出现引起了他们极大的兴趣。创建学习型组织成为 20 世纪 90 年代中期的潮流，成为推进组织发展的重要措施。

学习型组织是美国管理学学者彼得·圣吉在《第五项修炼》中所倡导的一种新理论。该书的出版在全世界引起了巨大反响。彼得·圣吉以全新的视野考察了影响组织危机最根本的症结所在：是由组织及组织成员片面和局部的思考方式及由此所产生的行动所造成的。为此需要突破习惯的思考方式，排除个人及组织的学习障碍，重新塑造企业的价值观念、管理方式及方法。为此，彼得·圣吉提出了要建立学习型组织，并认为"五项修炼"是建立学习型组织的技能。所谓修炼，对于组织而言，就是通过学习和训练，提高组织内部结构和机能对社会、市场变化的适应能力。对个人而言，是指通过学习提高自身素质。

"五项修炼"的内容包括：

第一项修炼：自我超越。超越一词含有超过、胜过的意思。自我超越就是不断认识自己，认识外界的变化。不断赋予自己新的奋斗目标，突破过去，超越自己。这是一种学习和成长的"修炼"，也是学习型组织的精神基础。

第二项修炼：改善心智模式。心智模式是一种思维方法和行为模式，往往是人们长期实践经验的总结。通常人们的一言一行都受到多年形成的固有的思维和逻辑的影响。比如说，由于外部环境和人们需求的急剧变化，越来越多的企业发现年复一年的传统做法已经不奏效了，那些促成企业往昔成功的方法和手段在今天则成了企业失败的原因。所以，改善心智模式，就是改善认知模式，要求企业能够不断随着外部环境的变化适时调整甚至革新企业内部的习惯做法，只有人的思想和逻辑改变才能使行为发生根本的转变。

第三项修炼：建立共同愿景。愿景是期望的未来远景和愿望。建立共同愿景就是建立一个组织成员共同的远景和愿望，并以这个共同愿景感召全体组织成员为这个愿景而奋斗。显然，共同的愿景是组织产生活力和勇气的源泉。

第四项修炼：团队学习。团队学习是发展团队成员整体合作与实现共同目标能力的过程，团队学习的主要形式为深度汇谈。彼得·圣吉将学习型组织的交谈称为深度汇谈。通过深度汇谈，组织内的成员可以互相帮助，进行沟通，建立共识，使集体思维变得越来越默契，达到团队智商远远大于个人智商的目的。

第五项修炼：系统思考。通常作为整体的一部分，置身其中而想要看清整体的变化非常困难，久而久之，也就形成了"见木不见林"的思考模式。系统思考的修炼就是要人与组织形成系统观察、系统思考的能力，以系统的、动态的观点观察世界，从而正确地行动。

彼得·圣吉认为，判断一个组织是否是学习型的组织，有以下四条基本标准：

（1）人们能不能不断检验自己的经验。

（2）人们有没有生产知识。

（3）人们能否分享组织中的知识。

（4）组织中的学习是否和组织的目标息息相关。

总之，修炼是一种学习的过程。五项修炼是一个组织的学习过程，所以进行五项修炼的组织称为"学习型组织"。但能否真正成为"学习型组织"，并不仅仅看企业是否进行了五项修炼，关键的是五项修炼是否能互相搭配，解决实际学习中所面临的问题。学习的关键不在于形式，而在于组织是否通过学习增强了应对世界变化和自我发展的能力。总体而言，五项修炼是一种观念的改变，是一种信念的改变，一种思维方法的改变，同样也是一种管理方法的改变。它一改过去那种以"管理、组织和控制"为信条的管理思想，取而代之的是以"愿景、价值观和心智模式"为理念的新思想。它的目的在于创造出一种具有共同崇高理想和美好愿景，并为之奋斗的组织群体；同时创造出开放、平等、和睦、奉献的健康的组织环境，合理完美的心智模式，以及洞察一切变化和反应灵敏的组织机制。在这个开放、平等的环境中，没有交流的障碍，每个人思维的缺陷都能够通过自我的反思和相互的探询得以纠正，能对外界的变化迅速有效地做出反应。全体员工不仅在适应这种变化中得到学习，同时在学习中创造出更美好的世界。

第四节　组织行为的评估

现代社会的发展，正深刻地影响各种组织，各种组织只有顺应历史潮流，迎接挑战，不断调整与完善自身的结构和功能，提高自身的灵活性和适应能力，才能求得生存和发展。组织变革与发展的目标就是要实现组织行为的合理化，组织行为合理化就是组织在适应社会发展的进程中，如何使自身的结构和功能更加完善和合理，以提高组织的灵活性和适应性，创造出更和谐的组织环境和更高的社会经济效益的过程。组织行为合理化必须有一定的标准，它是对组织活动全过程的反映，所以其评价准则和尺度不是单一的，而是一个综合的、多层次的指标体系。通常一个组织公道正派的行为准则包括明确的长远理念、开创新的事业、兴和谐之道、立诚信之本。结合组织中的员工行为规范、员工行为准则、组织对内行为规范和对外行为规范，构成一个有机的评价体系。这个体系包括组织的静态、动态和心理要素等方面的评价准则和尺度。具体来讲包括组织结构的合理化、组织运行要素的有效性、组织气氛的和谐性、组织成员绩效的评估等方面。

一、组织结构的合理化

组织结构合理化是从静态标准的角度衡量组织行为合理的标准与尺度。所谓组织结构的合理化，是指组织内部各运行要素的合理有效的配置及运行机制功能的有效发挥。组织结构的合理化程度决定组织的指挥系统与意见沟通系统的有效性，并对组织目标的实现、组织整体功能的发挥及组织成员的心理产生深刻的影响。组织结构合理化的标志主要有下列四方面：

（一）组织目标设置的合理性与适应性

目标是组织活动的方向，组织目标能否合理设置，是衡量组织成熟程度和有效性的重要标志。合理的组织目标应具有以下特征：

（1）组织目标的一致性，即组织目标必须建立在对组织的特征和组织的内部环境与外部环境相互关系的真正理解上，组织目标必须与组织的优势和组织在社会生活中的地位、作用、义务、分工、前途以及与组织的发展相一致。

（2）组织目标的协调性，即组织目标是否与个人目标、群体目标和部门目标有机地统一在一起。

（3）组织目标的适应性，即组织目标是否与社会和经济发展情况以及组织所处的特定环境相适应。

（4）组织目标的可行性，即组织目标的设置是否建立在详尽占有大量资料的基础之上。通过各种可行性分析，确定组织目标实现的可行程度。

（5）组织目标的可操作性，即组织目标的设置具有可实现的科学的步骤、方案、方法和程序。

（6）组织目标的实现度，即在一定时期内目标完成的程度，包括目标实现的数量、质量、效率等。

（7）组织目标的大众参与性，即组织目标是否为组织成员所认可，并为组织成员所理解。

（二）组织管理层次与管理幅度的合理性

管理层次一般决定了组织的纵向结构，而管理幅度则决定了组织的横向结构。因此，组织管理层次与幅度的合理与否在一定程度上决定并反映了组织结构状态的好坏及其是否合理。组织内管理层次和管理幅度合理化的标准主要有以下几方面：

（1）权威的有效性，即组织领导是否有效地掌握决策权和指挥权，并对下级实施有效的领导。

（2）监控的有效性，即组织内部有关部门和成员的工作是否能按照一定的行为规范开展活动，各部门的工作人员是否能相互配合，消除矛盾，和谐地运营。

（3）组织内部信息沟通的灵敏程度，即组织内信息传递渠道是否畅通，信息传递是否准确及时。

（4）管理层次与管理幅度的平衡程度，即管理层次与相应的管理人员的配置。

（三）组织权责体系的合理界定与授权行为的合理性

组织的权责体系主要是指由组织内部各级组织主管人员层层授权行为所组成的，使组织中各机构及其组织成员得以开展工作的权力和责任体系。权责体系是组织系统中推动组织运转的动力能源系统，它在组织结构中占有极为重要的地位。衡量组织权责体系合理性的指标主要有：

（1）组织内权力结构的层次性与有序性。

（2）组织内部同级交叉权力的冲突程度。

（3）组织的权力类型是否能维持组织现状和符合组织发展的需要。

（4）组织内责、权、利的一致性。

（5）组织成员担负责任的相对程度。

（6）组织授权行为的合理性。

（7）组织授权行为的认可度。

（8）组织成员对组织权威的认可度。

（四）组织结构的功能优化

任何组织都是为了实现一定的目标而建立起来的，必须具有确认和达到一定目标的功能。组织的功能反映组织结构的状况，同时又反作用于组织结构。因此，判定组织行为的合理与否，必须分析这一组织在确认可行目标和最有效地达成目标方面是否具有优良的功能。衡量组织结构功能优化的程度可从以下几方面入手：

1. 正确认定组织目标的能力

这是指组织目标能否适应社会发展的需要，具有适宜性和可行性，并为组织成员所理解和认可。

2. 有效达成组织目标的能力

这是指组织能否按时、按质地达到组织所确定的目标。组织目标是否有效达成可以用以下一些具体指标衡量：

（1）时间指标，即组织是提前、如期还是延期达到了预定的目标。在正常情况下，提前或如期达到了目标则表明组织的功能是健全的。

（2）质量和数量指标。高标准地、全面地完成了组织目标所规定的各项任务，就表明组织功能具有健全性。

（3）效益指标。组织能综合利用组织资源，实现投入最小的组织资源取得较大的经济和社会效益。

（4）组织成员的满意度，即组织向组织成员提供任务、责任和相应的权力，使组织成员为组织的生存和发展服务，并在工作过程中得到心理上的满足。

3. 组织的社会责任能力

在现代社会中，任何组织都是整个社会系统的细胞，其行为规范在整体上应与社会发展的总体原则相一致。也就是组织在运行过程中，不仅要对自己负责，还必须向社会负责。组织的社会责任能力的高低，是现代组织行为合理与否的一个重要标志。组织的社会责任能力主要表现在：

（1）组织的目标应与社会发展的需要相一致。组织的行为除了考虑经济效益外，更应该注意努力提高组织活动的社会效益。如厂矿组织应采取有效的措施防治污染，把危害性降到最低限度。与此同时，还应积极向社会提供高质量的服务。

（2）能维护和改善组织的生存环境。任何组织都处在相互作用、相互交往的复杂社会关系中，组织不能以损害他人利益来满足自己的需要。只能在满足他人和社会需要的前提下，争取自己生存和发展的良好环境。

二、组织运行要素的有效性

组织的运行要素是从动态角度出发，对组织在实现目标的过程中的活动进行分析归纳而抽象出来的主要因素。现代组织学特别强调从这个角度出发开展对组织行为的评价。从一般意义上看，领导行为、组织决策、激励措施、控制行为等是组织活动的主要因素。

（一）领导行为的有效性

领导行为是组织行为活动的主要构成要素，领导行为有效性在很大程度上决定并反映整个组织活动的运行状况。关于领导行为的有效性研究，国内外许多学者从不同角度进行了探讨和研究，提出了许多评价领导行为有效性的观点和标准。

关于领导行为有效性的观点归纳起来，主要有下面几种：

（1）领导特性有效论，即从领导者个人特性出发，研究领导行为有效性的标志，以预测何种领导特性才能使组织更有效地运行并有效地达成目标。

（2）领导作风有效论，即研究领导作风类型以及不同的领导作风对组织效能的影响，以期寻求最有效的领导作风。

（3）领导行为有效论，即研究领导者在领导过程中所采取的领导行为方式对组织效能的影响，以寻求最有效的领导行为。

（4）领导权变有效论，即研究领导者所处的具体环境，如领导者的条件、工作性质、时间要求、组织气氛对组织效能的影响，以便使领导行为能适应具体情境的要求及外部环境变化的要求，提高组织效能。

在组织的实际运行过程中，对领导行为有效性的评价，是从多角度、多层次、多方面进行的，而不是采用单一的评价标准。一般通过建立一系列指标或标准体系进行评价。例如，中国科学院心理科学研究所在汲取国外有关研究成果的基础上研制的 CPM（character performance maintenance theory，品德绩效维系理论）领导行为评价法，就是从领导者、领导情境、被领导者等多方面对领导行为的有效性进行评价的。其主要内容包括：

（1）领导行为评价。领导行为评价由各层领导者的直接下级进行评价，包括三个因素：

①领导者的个人品德（简称 C 因素）。评价领导者是否拥有正确地处理公与私，个人与国家、个人与集体、个人与他人的关系，以及坚持原则抵制错误等作为领导者所必备的个人

品德。

②领导者的工作绩效（简称 P 因素）。其目的是测量领导者为完成任务所做的工作的效能，主要考察领导者的工作计划性和设想、决策能力、独创精神、处理各种问题的技巧、进取精神及对下级实施领导的水平。

③领导者处理人际关系的能力（简称 M 因素）。这是指领导者为完成工作任务而体现的对工作集体的关心与维护，可以用来考察领导者的工作方法和与下级的关系。只有处理好人际关系，才能保证组织目标的达成。

(2) 单位工作情境状况评价。单位工作情境状况评价主要评价以下情境因素：

①工作激励。反映组织由工作本身获得的激励程度。

②对待遇的满意程度。

③提高及晋升的机会。

④心理保健。考察在工作环境中的人际关系、职责范围等，以及由此而引起的紧张或不安的程度。

⑤集体工作精神。考察工作集体的集体意识的强弱。

⑥会议成效。考察以会议形式解决工作中遇到的问题的效果和建议受重视的程度。

⑦信息沟通。考察组织内部上下级、同级之间的信息、意见沟通状况。

⑧绩效规范。考察在一个集体中，为实现组织目标和完成任务形成的团体规范。

（二）组织决策的合理性

任何组织要进行活动都必须做出决策。决策是组织目标和结果的中间环节，它决定组织发展的方向。正确的决策会导致正确的组织行为，从而实现组织目标；错误的决策会导致错误的行为，使组织目标难以实现。因此，组织活动能否取得成效，关键在于是否有正确、合理的决策。所谓组织决策的合理性，就是组织决策必须符合客观事物发展的规律性。衡量组织决策合理与否的标志主要有以下几点：

1. 组织决策体制的科学性

组织决策体制是指决策机构和人员所形成的一定的组织体系，及其制定决策的基本程序和制度。它涉及组织决策机构的设置、组织内部的分工、人员的职责、上下级关系，以及所配备的技术装备等方面的问题。实现组织决策的科学化，首先要建立科学、完善的组织决策体制。科学化的现代组织决策体制的特点是：

（1）完备的组织决策体系。决策体系是科学化决策体制的核心。现代组织是由多层次、多要素的众多组织机构所组成的有机整体，其内部职能部门、人员等有自己的职责权限，根据它们的职责权限划分决策范围。在组织内部建立合理分工、上下结合、互相协调、职责分明的决策体系。

（2）拥有独立的参谋咨询系统，"谋"与"断"相分离。运用"智囊团""思想库"等参谋机构，集中专家、学者的智慧，并应用现代化技术手段和科学方法，为组织决策提供各种方案和意见，辅助组织决策。

（3）专门的信息系统。采用现代科学技术和方法进行信息的收集、加工、储存、传输工作，为组织决策提供服务。

（4）人机系统。现代超复杂的组织行为，涉及各个方面，没有全面的科学文化知识和先进的技术装备是难以做好组织决策的。现代的组织决策系统实际上就是人机系统。有科学知识的人与电子计算机系统相结合，为组织决策科学化提供了物质基础。

2. 组织决策者素质的现代化

组织决策合理化的主观条件就是组织决策者素质的现代化。现代组织决策者的素质主要包括：具有一定的决策能力和水平；具有一定的现代科学知识；具有科学性、果断性、灵活性的品格；具有开拓进取精神；具有民主作风，善于集思广益，博采众长。

3. 组织决策民主化

组织成员参与组织决策的程度以及决策者在决策过程中的民主作风是衡量组织决策科学化程度的重要标志之一。组织决策民主化，一般可通过两方面来表现：一是组织成员有参与组织活动及组织做出各项决策的权利；二是组织成员可以通过某些有效的形式和途径充分表达自己对各种未定或已定决策的意见和建议。广泛听取组织成员意见，让组织成员参与民主讨论，实际上也就是为组织决策提出更多的可供选择的方案，或者使原有的决策进一步优化。这有助于决策水平和质量的提高，使组织目标及方案的制订更接近客观现实。组织成员参与组织决策的过程，也是统一对决策目标认识的过程，因此有助于提高组织成员的积极性和主动性，使其自觉为实现组织目标而努力。

4. 组织决策手段的科学化

科学的决策需要采用科学的决策方法和工具。这是组织决策合理化的物质保证。

（三）激励措施的有效性

组织的激励行为是指组织运用各种资源和手段，激发组织成员的内在的正确的动机，激发组织成员的活力和创造性，使组织成员在致力于达成个人期望的同时，达成组织目标的各项活动。组织是否激发出组织成员内在的热情、活力和创造性，组织成员从组织获得的激励程度如何，其本身是难以直接进行测量的。但是可以根据组织成员的行为倾向、态度、意愿以及工作绩效等方面对激励进行间接的评价。一般可采用行为观察法、面谈法、问卷法、自由表述法等方法间接评价组织成员的激励程度。测量组织成员从组织所获得的激励程度一般包括以下标准：

（1）组织成员是否清楚地认识和理解组织目标，认识到所担负的工作的意义，乐于接受组织给予的任务，并承担相应的职责。

（2）组织成员是否有较强的公平感和合理感。

（3）组织成员是否能变压力为动力，充分发挥自己的积极性、主动性和创造性。

（4）组织成员是否能施展自己的专长或特长，使工作富有成效。

（5）组织成员是否对前途充满信心，并有较强的自我发展意识。
（6）组织成员是否对工作有浓厚和强烈的兴趣。
（7）工作本身是否有较强的独立性、自主性和时间弹性。
（8）组织成员是否具有较强的参与意识。
（9）组织成员是否有自我意识，能否进行自我培养。
（10）组织成员是否有效地达成了工作目标。

（四）控制行为的有效性

组织的控制行为就是根据客观环境的变化，根据组织内部需要对组织进行调整、协调、监测、督导等活动。它是组织运行要素的重要方面，其基本功能就是保证组织中各个要素的正常运行以及彼此间的和谐。控制的目的在于排除运行中的各种干扰，确保组织活动按照预定的计划进度和标准进行，防止组织运行偏离既定的目标。有效的控制行为包括以下几方面的内容：

（1）组织监测活动的有效性，即组织通过有效的信息反馈系统，及时了解组织内部各层次、各部门、各组织成员的活动状况，并对组织成员的素质及其行为进行科学的测量与评价，使组织成员能迅速、准确、经济、有效地完成所指派的任务。

（2）协调活动的有效性，即根据组织的目的和有效组织的重要原则，对组织内部的各种关系进行协调。凡是影响组织运行和组织效能的因素，包括工作责任、工作关系、个人与组织之间的关系，都在组织协调的范围之内。通过组织协调行为，使组织内部的各层次、各部门、不同个人的行为相互联系，相互结合，形成一个和谐的整体。这是组织运行有效性的必要条件。

（3）督导行为的有效性，即能及时纠正组织运行中出现的各种违反组织运行原则和工作标准的现象和事件。

三、组织气氛的和谐性

组织不仅是物质性的、结构性的和运行中的组织，它还是一种得到人们普遍承认的心理性组织。任何一种社会组织只有得到了其成员一致的认可，才能形成一个整体，进而开展活动，发挥功用。因此，衡量组织行为的合理性还应从组织的心理因素的构成状态来考察。组织心理要素的构成状态的总体特征就是组织气氛的和谐程度，它是组织心理要素构成状态合理和有效与否的重要标志。组织气氛的和谐性包括以下一些基本内容：

（一）组织成员的认同感

所谓组织成员的认同感，是指组织成员愿意为组织目标而奋斗的精神状态，是组织中成员的群体意识与集体态度的总称。合理的组织能引导其成员正确地认识组织的结构、地位、作用、使命、目标、特征、现状和前途，以及组织内外环境的相互关系和变化趋势。个人应自觉地适应这些目标在变化发展中对自己所提出的要求，在权利与义务、纪律与自由等问题上能摆正个人与组织的关系，积极地服从和服务于组织的共同事业，对组织有强烈的归属感和责任感。组织成员对所属的组织的使命有共同的态度，组织成员忠实于组织的理想和宗旨，同时在组织计划制订和执行过程中具有充分的灵活性和适应性。

（二）组织成员的协同性

组织各群体功能的有效发挥、目标的真正实现，有赖于组织成员在总目标指导下的互相配合。随着现代化技术的发展和社会的进步，群体之间的依赖性大大加强，协调工作有了更为重要的意义。组织群体及其成员如果能明确合作的意义，树立全局观念，克服狭隘的小团体意识，就可以为实现有效的合作而努力。

（三）组织成员的参与意识

行为科学研究成果表明，任何组织内部，其成员都有不同程度的参与意识。这种参与意识的产生与组织成员的自我实现需求有关。而在合理化的组织中，广泛实行民主管理，上级主管人员能让下级和广大员工合理地分享信息、权力和工作成果，员工能主动关心组织，具有强烈的参与意识。日本的经验表明，广大员工参与组织决策的要求如能实现，不仅会在思想上、心情上产生满意感，而且会对参与决策的问题产生亲切感、相关感和责任感。

（四）组织内部人际关系的和谐性

所谓和谐的人际关系，是指以组织成员之间彼此认识协调、情感和谐、行为合作为基本特征的人际相容性。这是组织气氛和谐性的一个重要标志。组织成员之间彼此认识协调，才能心悦诚服、相互顺应、顾全大局、相互平等、求同存异。从而使认识上的先进与落后、正确和错误、公与私的矛盾得到解决，形成心理上的密切关系。情感和谐是由共同活动的满意而产生的一个同化过程。组织成员之间情感和谐，能互相帮助、取长补短、开拓前进。彼此合作是以认识协调、情感和谐为前提的。社会越发展，社会分工越细，越需要加强合作。协同合作既是组织气氛和谐性的标志，同时又是决定组织效能的重要因素。

四、组织成员绩效的评估

绩效评估是组织对其成员在组织活动中行为成效的考核。它的功能很多，可以服务于多重目标。尽管它的每一项功能都很重要，但其重要程度取决于评估者看问题的角度。它的很多功能与人力资源管理决策显著相关，但我们在这里只从组织行为的角度去强调绩效评估对奖酬分配等问题的作用。

我们在第三章中介绍了激励理论，这个理论最能解释个体工作的努力程度。激励理论中一个至关重要的因素就是绩效，特别是努力绩效与绩效奖酬之间的相互关系。人们是否认为努力就能带来绩效，而绩效就一定会带来应得的报酬呢？显然他们必须知道自己所期望的是什么，需要知道自己的绩效怎样被衡量。这就是说，如果他们在力所能及的范围内付出努力，他们肯定感到自信，于是应以其能达到满意程度的绩效为标准衡量工作。最后他们必须自信自己可以达到所要求的绩效，并获得应得的报酬。如果组织成员的行动目标不明确，衡量目标的标准也是含混不清的，成员对他们的努力是否会得到满意的绩效评估缺乏信心，或是认为实现目标绩效后得不到满意的薪酬，那么我们可以预料到，个体在组织的工作中将不会发挥出潜能。

因此，进行组织成员的绩效评估是非常重要的。这项工作通常可以由人力资源管理部门组织被评估者所在部门的直接主管、同事、当事人、直接下属甚至于客户，从个体完成任务的结果、行为、特质等方面进行全方位的评估。在进行绩效评估时，一般采用书面报告法、关键事件法、评定量表法、行为定位评定量表、多人比较法等绩效评估方法。在绩效评估过程中要努力排除个人偏见、歧视或特殊倾向，管理人员应尽可能做到使用多重标准，降低特质的重要性，强调行为，用日记引证绩效行为，使用多个评估人员，开展选择性评估，培训评估人员等。另外，不要忘记绩效反馈，可以开展团队绩效评估，甚至视情况进行全球范围内的绩效评估。

思考题

1. 影响组织外部环境的因素有哪些？
2. 衡量组织行为合理化的标准有哪些？
3. 判断组织结构合理化的标志主要有哪些？
4. 衡量组织权责体系合理性的指标主要有哪些？
5. 衡量组织决策合理与否的标志主要有哪些？
6. 组织气氛的和谐性包括哪些基本内容？
7. 组织变革的内在基本动因有哪几个方面？
8. 组织变革的外部驱动因素有哪些？
9. 组织变革的阻力主要有哪些？有哪些对策可克服这些阻力？
10. 什么是组织变革？组织变革有哪些模式？特点是什么？
11. 组织发展的特征是什么？
12. 试述组织发展的战略措施。

参 考 文 献

［1］孙晓平，季阳．薪酬激励新实战．北京：机械工业出版社，2020.
［2］德鲁克．卓有成效的管理者．许是祥，译．北京：机械工业出版社，2019.
［3］斯坦．高情商领导者．李仁根，译．北京：电子工业出版社，2019.
［4］朱立言，孙健．领导科学与艺术．2版．武汉：华中科技大学出版社，2020.
［5］纳哈雯蒂．领导学——领导的艺术与科学．7版．刘永强，程德俊，译．北京：中国人民大学出版社，2018.
［6］希特，布莱克，波特．管理学．3版．徐二明，译．北京：中国人民大学出版社，2018.
［7］陈春花，曹洲涛，宋一晓，等．组织行为学．4版．北京：机械工业出版社，2019.
［8］余明阳．中国企业经典案例2018．上海：上海交通大学出版社，2018.
［9］陈春花，乐国林，李洁芳，等．企业文化．3版．北京：机械工业出版社，2017.
［10］韦尔奇，拜恩．杰克·韦尔奇自传．曹彦博，孙立明，丁诰，译．北京：中信出版社，2017.
［11］松下幸之助．企业即人：松下幸之助以人为本的经营之道．李静，译．北京：人民邮电出版社，2017.
［12］周敏．领导沟通．北京：研究出版社，2017.
［13］陈春花，乐国林，曹洲涛，等．中国领先企业管理思想研究．北京：机械工业出版社，2016.
［14］罗宾斯，贾奇．组织行为学．16版．孙建敏，王霞，李原，译．北京：中国人民大学出版社，2016.
［15］关培兰．组织行为学．4版．北京：中国人民大学出版社，2015.
［16］袁凌，雷辉，刘朝．组织行为学．2版．北京：中国人民大学出版社，2015.
［17］聂永有．组织行为学．2版．上海：立信会计出版社，2015.
［18］李爱梅，凌文辁．组织行为学．2版．北京：机械工业出版社，2015.
［19］周菲．组织行为学．2版．北京：机械工业出版社，2014.
［20］冯为中．中层领导全书．北京：中国华侨出版社，2014.

[21] 彼得斯．追求卓越．胡玮珊，译．北京：中信出版社，2012．

[22] 邓靖松．管理心理学．北京：中国人民大学出版社，2011．

[23] 库泽斯，波斯纳．领导力．4版．李丽林，张震，杨振东，译．北京：电子工业出版社，2009．

[24] 李津．世界成功管理经典智慧全集．北京：地震出版社，2008．

[25] 安科纳，科奇安，斯库利，等．组织行为学：面向未来的管理．3版．王迎军，汪建新，周博文，译．北京：机械工业出版社，2006．

[26] 尼尔森，埃克诺米．管理圣经．赵雪，译．北京：电子工业出版社，2005．

[27] 西格尔．动态领导：变革时代领导者十大基本素质．胡零，李恩，译．北京：华夏出版社，2004．

[28] 程刚．高效能领导者的七项管理实务．北京：中国商业出版社，2004．

[29] 海勒．领导趋势：国际管理领域前沿报告．李根芳，译．哈尔滨：哈尔滨出版社，2003．

[30] 弗朗西斯科，戈尔德．国际组织行为学．顾宝炎，译．北京：中国人民大学出版社，2003．

[31] 黑尔里格尔，斯洛克姆，伍德曼．组织行为学．岳进，王志伟，俞家栋，等译．北京：中国社会科学出版社，2001．

[32] 孙彤．组织行为学．北京：高等教育出版社，2000．

[33] 石含英，王荣祯．世界管理经典著作精选．北京：企业管理出版社，1995．

[34] 徐联仓．组织行为学．北京：中央广播电视大学出版社，1993．

[35] 加里．组织行为学．彭和平，译．北京：求实出版社，1989．

[36] 俞克纯，沈迎选．激励·活力·凝聚力：行为科学的激励理论与群体行为理论．北京：中国经济出版社，1988．

[37] 冬青．揭开行为的奥秘．北京：中国经济出版社，1987．

[38] 杨锡山．西方组织行为学．北京：中国展望出版社，1986．

后　　记

　　管理是人类社会的永恒主题，正是有了管理，人类社会才能有序发展。而管理科学的出现则是社会发展的要求，管理科学的发展又推动了人类社会的进步。对人的管理是管理的核心问题，因为人是社会活动的主体。在管理中人既是管理者，也是被管理者，因此，对人的行为规律的研究成了管理科学的重要内容。在对人的行为规律的研究中，心理学家、社会学家、哲学家、管理学家都做出了贡献，组织行为学正是在这些研究的基础上产生和发展起来的。组织行为学是综合运用与人有关的各种知识，采用系统分析的方法，研究一定组织中人的行为规律的一门科学。

　　行为科学自20世纪80年代初开始，就在中国越来越受到人们的重视。特别是进入21世纪以来，组织行为学已成为各大院校各种管理专业的主干课程。组织行为学是管理理论的重要组成部分，是各项专业管理的理论基础，是一门广泛吸收多学科知识的边缘学科，具有很强的实践性和应用性，在工商管理专业的教学中占有重要地位。加强此学科的研究和应用，对于提高管理水平，特别是提高各级管理人员对下属员工的心理和行为预测、引导和控制的能力，及时协调个人、群体、组织之间的相互关系，充分发挥和调动人们的积极性、主动性和创造性，有效实现组织目标，取得最佳的经济效益和社会效益，具有十分重要的意义。

　　"组织行为学"课程，是国家开放大学为人才培养模式开放教育试点项目中各种管理专业开设的主干必修课或选修课，共72学时，4学分。

　　本课程开设的历史可追溯到1983年中央广播电视大学为企业管理专业开设的"管理心理学"课程。30多年间，曾聘请过中国人民大学劳动人事学院前副院长孙彤教授、已故的中国科学研究院兼中国行为科学学会前副会长徐联仓研究员、东北财经大学孙成志教授担任主编，北京大学王新超教授担任主讲，相继开发了三种不同版本的课程文字教材和音像教材。在2000年以后为开放教育项目开设的"组织行为学"课程，是经济管理教学部、文法教学部等开设的工商管理、行政管理等专业的必修或选修课程。

　　根据社会经济组织和公共组织发展的需要，以及组织行为学学科自身发展的需要，特别是从"组织行为学"课程在国家开放大学各种管理专业开设的实际情况来看，需要对原有"组织行为学"课程教学资源进行重新改造修订，以适应"人才培养模式改革和开放教育办学模式"中各种管理专业对本课程实施教学的不同需要。因此，我们积极建设新一版高质

后　记

量、高水平的教材,力求将本课程打造成为精品课程。

为保证开放教育人才培养模式的延续性,课程组研究决定继续聘请对本课程教学有丰富经验的东北财经大学孙成志教授担任新修订教材的主编。在《新编组织行为学(第2版)》的基础上,2019年12月,孙成志教授、王承先副教授和王新超教授等作者开始对教材进行修订,2020年4月顺利完成修订工作。

在本教材修订过程中,为适应远程开放教育的需要,除改革传统的学习模式和课程结构外,各位作者还坚持做到反映当前国际上本学科的最新研究成果,力争做到视野开阔、资料丰富、论述精辟、语言简洁、通俗易懂。本教材可作为国家开放大学远程教育各类管理专业的教材,也可作为各级管理人员的培训教材。

本教材编写分工如下(按章节顺序):第一章、第四章由东北财经大学孙成志教授编写;第二章由北京大学王新超教授编写;第三章、第六章、第七章由国家开放大学王承先副教授编写;第五章由东北财经大学孙成志教授、李宏林教授和刘明霞副教授共同编写。最后由孙成志教授和王承先副教授统稿、校稿。

特别值得一提的是,为了保证本教材的编写质量达到国家开放大学教材建设规范的标准,符合教学大纲和一体化方案的要求,同时也为了满足各个系部开设的不同方向的各种管理专业的需求,在编写本教材时,我们荣幸地请到了在中国相对较早地进入行为科学研究与实践领域,获得国务院政府特殊津贴殊荣,曾多次受美国、日本高等院校及研究机构资助赴国外讲学和进行科学研究的大连职业技术学院前院长鲁军教授,出任本教材的主审。他与李林曙、刘臣、刘湘丽、李曼春、周文霞、裴利芳、侯铁珊、王振华几位审定组专家,一起认真地把好了本课程教材建设每道环节的质量关。

为了进一步落实《国家开放大学综合改革方案》关于"创新'六网融通'培养模式与加强教师队伍建设"的要求,进一步提升教学质量,组织行为学课程网络教学团队在学校各级领导的支持与指导下,从2018年春开始试点网络核心课程团队教学工作。由总部主持教师王承先副教授担任本网络教学核心团队负责人。核心团队成员先后有国家开放大学大连分部李慧教授、广西分部卢玉珑副教授、天津分部周素萍教授、成都分部刘晓燕教授、宁夏分部高世民副教授、重庆分部潘璐副教授、新疆分部马晓静副教授、河北分部邢梅教授和山西分部王晓娟副教授等人。其职责是教学督导,以及协调全国各省校分部的本课程责任教师的主体远程教学,共同承担团队项目总体策划和管理工作。

在本课程的教学大纲、一体化方案研讨审定和文字教材书稿审定过程中,除编写组全体成员付出了辛勤的劳动外,课程组的其他成员也贡献了自己的智慧和力量。同时本教材建设工作,还得到了国家开放大学各级领导和东北财经大学的相关领导的关心和大力支持,在此一并表示感谢。

由于时间仓促,加之编者水平有限,书中不当之处在所难免,敬请读者批评指正。

组织行为学课程组组长　王承先
2020年4月